आलोचक अज्ञेय की उपस्थिति

आलोचक अज्ञेय की उपस्थिति

(सर्जनात्मक आलोचना की दिशा)

कृष्णदत्त पालीवाल

वाणी प्रकाशन

वाणी प्रकाशन

4695, 21-ए, दरियागंज, नयी दिल्ली 110 002

शाखा

अशोक राजपथ, पटना 800 204

फ़ोन: +91 11 23273167 फ़ैक्स: +911123275710

www.vaniprakashan.in
vaniprakashan@gmail.com

AALOCHAK AJNEYA KI UPASTHITI
by Krishnadutt Paliwal

ISBN : 978-93-5000-733-4
Criticism

प्रथम संस्करण

आर. टेक ऑफ़सेट, दिल्ली-110095 में मुद्रित

वाणी प्रकाशन का लोगो मक़बूल फ़िदा हुसेन की कूची से

अनुक्रम

भूमिका

मैं समय-समय पर सच्चिदानन्द हीरानन्द वात्स्यायन 'अज्ञेय' पर लिखता रहा हूँ। मैंने पाया है कि अज्ञेय के आलोचक रूप को हिन्दी आलोचना ने दबा दिया है—केवल रचनाकर्म पर विचार होता रहा है। इसलिए आलोचना की लगी बँधी खूँटी से अपने को बचाकर इन लेखों में मैंने अपने को आत्मीय प्रतिक्रियाओं के प्रवाह में मुक्त बहने दिया है। अज्ञेय के आलोचना सूत्रों को पाने-थाहने की दृष्टि से यात्रा-साहित्य, कला-चिन्तन, साक्षात्कार, पत्र-साहित्य तथा वैचारिक आधार से जुड़े लेखों के चिन्तन को एकत्र करके दे दिया है। यह सब देने के पीछे मन यही रहा कि अज्ञेय के आलोचना-कर्म की मनोभूमिका को समझा जा सके। अब तक ये लेख पत्र-पत्रिकाओं में बिखरे पड़े थे उन्हें एक जगह एकत्रित भी करना चाहता था—ताकि पाठकों का ध्यान एकाग्र रूप से उन पर जा सके।

मैंने पाया है कि पिछड़ी पीढ़ी अज्ञेय की अंगरेजियत से आक्रान्त रही है और उन्हें विदेशों का नकलची या अमौलिक साबित करती रही। नयी पीढ़ी अज्ञेय की भारतीयता, देसी ढंग की आधुनिकता या भारतीय आधुनिकता से 'बोर' हुई पड़ी है। और उनके नये पन को पुराना ठहराने में जुटी हुई है। अज्ञेय आज आधुनिकों में प्राचीन हैं और प्राचीनों में आधुनिक। इस दृष्टि से उनकी सर्जनात्मक आलोचना का विशेष महत्त्व है।

कृष्णदत्त पालीवाल

पूर्व प्रोफेसर एवं विभागाध्यक्ष
हिन्दी विभाग
दिल्ली विश्वविद्यालय, दिल्ली-110007

आलोचक अज्ञेय की उपस्थिति

अज्ञेय के आलोचना-कर्म की गहराई और व्यापकता पर एकाग्रता से मन को केन्द्रित करने की आवश्यकता है—क्योंकि उनके इस पक्ष की हिन्दी आलोचना में घोर उपेक्षा की गयी है। प्रायः उनके इस पक्ष को पश्चिम की घटिया नकल कहकर खारिज कर दिया गया है। मार्क्सवादी आलोचना दृष्टि का अधिनायकवादी चक्र अज्ञेय को अमेरिकी पूँजीवादी दलाल, कांग्रेस फार कल्चरल-फ्रीडम का एजेण्ट, रूपवादी-कलावादी, भाववादी-व्यक्तिवादी तथा लघुमानव सिद्धान्त का प्रतिष्ठापक कहकर कोसता रहा है। वे यह निरन्तर भूलते रहे हैं कि अज्ञेय ने आलोचना चिन्तन में रूपवाद-व्यक्तिवाद का समर्थन कभी नहीं किया—हर कीमत पर 'सौन्दर्य-बोध और शिवत्व-बोध' का समर्थन किया है तथा स्वच्छन्दतावादी चिन्तन के विरोध की निरन्तर अगुआई की है।

इस अगुआई का ही नतीजा है कि उन्होंने भारतीय भूमि पर खड़े होकर अपने को पश्चिम के आतंक से मुक्त रखा है और चिन्तन में पश्चिमी औपनिवेशिक आधुनिकता की कठोर आलोचना की है। मानव को निरन्तर माँजने वाली, संस्कार देने वाली, मानवीयता और मुक्ति प्रदान करने वाली देसी आधुनिकता का या भारतीयता का पक्ष ग्रहण किया है। आलोचना चिन्तन के भीतर से गुजरने पर कहा है कि आलोचना कई प्रकार की होती है—क्योंकि वह कई उद्देश्यों से की जा सकती है। सब आलोचना मूल्यवान नहीं होती : उसका उद्देश्य प्रभाव उत्पन्न करना या व्याख्या करना भी हो सकता है। लेकिन अन्ततोगत्वा आलोचना को कहीं-न-कहीं मूल्यों पर विचार करना भी पड़ता है—कृति का मूल्यांकन वह न भी करे तो भी स्वयं उसकी रसास्वादन की प्रक्रिया में उसके स्वीकृत मूल्यों या प्रतिमानों का महत्त्व होता है। समालोचक क्या पाता है, यह इस बात पर निर्भर करता है कि वह क्या लेकर चलता है। यह सब कहने के बाद अज्ञेय ने ध्यान देकर कहा—'और मूल्यांकन—प्रत्यक्ष या परोक्ष बिना मूल्यों या प्रतिमानों के नहीं हो सकता; मानदण्ड के बिना माप कैसे हो सकती है? यहाँ पर हम आलोचना की मूल समस्या के सामने आ खड़े होते हैं।'

प्रश्न उठता है कि 'मूल्य किसे कहते हैं? यह प्रश्न निस्सन्देह बहुत व्यापक है और यह भी कहा जा सकता है कि युग-युगान्तर के दार्शनिकों और साधकों की मूल जिज्ञासा यही रही है : वह अन्तिम कसौटी क्या है जिस पर कसकर हम किसी भी कृति के धातु की पहचान कर सकते हैं। किन्तु अपनी जिज्ञासा को सीमित रखना असम्भव नहीं है और न ऐसी सीमित पड़ताल अनुपयोगी ही होगी।'

अज्ञेय में आत्म-बोध, ज्ञान-बोध और विचार-बोध की जागृत क्लासिकल संवेदना है और इसी क्लासिकल संवेदना के मूल्य-बोध ने उनके आलोचक का निर्माण एवं परिष्कार किया है। अज्ञेय कहते रहे हैं—विनम्रतावश और विनम्रता विद्या-विनय प्रदान करती है उसे लोक चिन्तन से जोड़ती है कि आलोचक में अहं की स्फीति अच्छी नहीं होती है। अज्ञेय ने विनम्रभाव से माना है कि "समीक्षक को जैसा सुपठित शास्त्र निष्णात होना चाहिए वैसे हम नहीं हैं, उसका हमें पूरा ज्ञान है। आचार्यत्व की न हम में पात्रता है न आकांक्षा। किन्तु मूल्यों का प्रश्न केवल आचार्यों के लिए महत्त्व रखता हो, ऐसा नहीं है; साहित्य के प्रत्येक अध्येता के लिए यह एक गुरुतर प्रश्न है और लेखक के लिए तो उसकी मौलिकता असन्दिग्ध है। क्योंकि कृतिकार अपनी कृति का सबसे पहला और सबसे निर्मम परीक्षक है।" यह भी सच है कि सभी-प्रतिमानों का, सब मूल्यों का स्रोत मानव विवेक है। समीक्षा में मानववादी इस मानव विवेक की बौद्धिकता को आदर देता रहता है। वह सौन्दर्य बोध की चर्चा में बुद्धि को हेय मानकर बोध को महत्त्व कैसे दे सकता है। इस तरह आलोचक का एक लक्षण है—रस या आस्वादन क्षमता से सम्पन्न सहृदयता। कला-मूल्य अनुभवों की विविधता से प्राप्त होते हैं, किन्तु अनुभव अपने आप में प्रतिमान नहीं है। प्रतिमान की उपलब्धि तो तर्क बुद्धि से ही होती है—बुद्धि अनुभव के सहारे चलती है और अनुभव व्यक्तिगत, समाजगत, जातिगत, युग युगान्त संचित और अनुभव कोई स्थिर जड़ पिण्ड नहीं निरन्तर गतिशील विकासशील। इस अर्थ में शाश्वत मूल्यों की बात अनुचित अथवा अर्थहीन हो जाती है। स्पष्ट विचार यह है कि अज्ञेय जी आलोचना में शाश्वतवादी दृष्टि को अस्वीकार करते हैं।

अज्ञेय जी की आलोचना-दृष्टि में परम्परा या तारतम्यता का बड़ा भारी आदर है। उन्होंने कहा है कि 'किन्तु विकास का सही अर्थ समझना चाहिए। बुद्धि का नये अनुभवों के आधार पर क्रमशः नया स्फुरण और प्रस्फुटन होता है और नया अनुभव पुराने अनुभव को मिटा नहीं देता, उसमें जुड़कर उसे नयी परिपक्वता देता है। अनुभव के गणित में जोड़ ही जोड़ है—बाकी नहीं है। साहित्य के क्षेत्र में हम परम्परा की चर्चा इसी अर्थ में करते हैं—'तारतम्यता उसमें अनिवार्य है। तो मूल्य या प्रतिमान, शब्दार्थ की दृष्टि से शाश्वत भले ही न हो, स्थायी अवश्य होते हैं। और

उसमें जो परिष्कार या नया संस्कार (परिवर्तन उसे न कहना ही समीचीन होगा) होता है, उसमें शतियाँ लग सकती हैं।' संचित अनुभवों के दबाव नयी दृष्टि देते हैं जिससे बुद्धि का वह व्यापार प्रखरतर आलोक से दीप्त हो उठता है। बुद्धि उस आलोक से लाभ उठाकर अर्थ की नयी प्रतिपत्ति करती है। शिवत्व के प्रतिमान, नैतिक प्रतिमान, सौन्दर्य-बोध के प्रतिमान—मानव विवेक से उद्भूत होते हैं। जैसे साहित्य बँधी-बँधायी लीकों से पाठक को उबारता है वैसे ही आलोचना में लीक-बद्धता को तोड़ती है। कलाकृति के परख की कसौटी नये सौन्दर्य-बोध में निहित रहती है। कलाकृति में 'काव्यत्व' क्या है और 'नया' क्या है? कविता में 'नयी कविता' क्या है? और 'नयी' के साथ 'कविता' को, नयी कविता को प्रतिष्ठित करना अज्ञेय का संकल्प रहा है। अज्ञेय के इस संकल्प का विरोध छायावादी-प्रगतिवादी आलोचकों ने मिलकर किया। लेकिन अज्ञेय उनके सामने न रुके, न झुके—निर्भयभाव से आगे बढ़े और जड़ीभूत सौन्दर्याभिरुचियों के प्रतिमानों पर प्रहार किया। छायावादी-प्रगतिवादी प्रतिमानों से कभी समझौता नहीं किया। बल्कि उसकी बराबर पोल खोली। इसलिए हिन्दी आलोचना में मार्क्सवादी और रसवादी दोनों अज्ञेय से शत्रुता मानते रहे हैं। समाजवादी या लोहियावादी लक्ष्मीकान्त वर्मा ने अज्ञेय के विद्रोही तेवर को पहचानते हुए कहा—'नयी कविता बनाम अच्छी कविता के प्रवर्तक आज अपनी प्रतिष्ठा की उपलब्धि को परम्परा से सम्बन्ध कर के अपने सम्पूर्ण प्रयोगशील व्यक्तित्व को प्रतिष्ठा देना चाहते हैं।' (नये प्रतिमान : पुराने निकष, पृ. 296) समस्या थी स्वच्छन्दतावादी काव्य संस्कारों के प्रतिमान रस में खप जाते थे और नयी कविता बौद्धिक संवेदना की कविता थी—अपने द्वन्द्वमय परिवेश से पूरे तनाव के साथ जूझती कविता थी। अज्ञेय के सामने नये प्रयोगों-नये संस्कारों के प्रश्न थे—वे स्वयं भी प्रश्नाकुल कवि थे। मैथिलीशरण गुप्त के शिष्य थे और विद्रोही संस्कार अज्ञेय जी ने गुप्तजी से अपनी तरह से अपनी शर्तों पर पाये थे। गुप्तजी सरल-सीधे-सपाट बयानी के तुकाराम कवि दिखाई देते हैं, लेकिन हैं जबरदस्त विद्रोही और रीतिवाद विरोधी अभियान में शामिल-आलोचक। अपने इस गुरु स्थानीय मैथिलीशरण गुप्त का प्रभाव अज्ञेय पर प्रत्यक्ष-अप्रत्यक्ष दोनों रूपों में पड़ा है।

रस-सिद्धान्त, रस-विकास, रस-वाद से अज्ञेय कभी आश्वस्त नहीं रहे। अज्ञेय के साथ नयी कविता के सभी रचनाकारों ने रस-चिन्तन के प्रतिमान को अस्वीकार किया। हरिऔध का 'रस-कलश', आचार्य रामचन्द्र शुक्ल का 'रस-मीमांसा' का चिन्तन और डॉ. नगेन्द्र का रस-सिद्धान्त, कभी भी अज्ञेय को रास नहीं आया। अज्ञेय के नयी कविता-सिद्धान्त में रस-सिद्धान्त को एकदम जगह नहीं है। रसानुभूति की अनिर्वचनीयता, अखण्डता, तन्मयता, ब्रह्मानन्द सहोदरता, संविद्

विश्रान्ति में अज्ञेय का दूर-दूर तक विश्वास नहीं है। अज्ञेय ने अनुभव से पाया कि आज के बुद्धि-प्रधान युग में मानव की अनुभूतियाँ रागात्मक नहीं रह गयी हैं—नये रागात्मक-सम्बन्धों के उदय ने उनका पूरा संसार बदल दिया है। अब कोई भी 'साकेत', 'कामायनी', 'रंगभूमि' और 'अन्धायुग' के अंगीरस को खोजने के चक्कर में नहीं पड़ता। जो पड़ता है, वह पिछड़ा हुआ है, क्योंकि नयी कविता का भाव-बोध हमें रिझाता नहीं है—खिझाता है, तनावग्रस्त करता है और तमाम संशयों से भर देता है। डॉ. नगेन्द्र ने रस-प्रतिमान को लेकर अज्ञेय की छोटी कविता 'सोन मछली' का भाष्य किया और समीक्षा के क्षेत्र में उपहास का विषय बने। 'सोन मछली' को लेकर डॉ. नगेन्द्र ने कहा—"अज्ञेय की यह कविता नयी कविता है और सुन्दर भी। इसके आकर्षण का रहस्य क्या है? सुन्दर बिम्ब? हाँ, इन पंक्तियों द्वारा प्रमाता की कल्पना में उद्बुद्ध बिम्ब निश्चय ही अत्यन्त आकर्षक और सजीव है।" (रस सिद्धान्त, पृ. 356-57) लेकिन नयी कविता की आधुनिकता ने रस चिन्तन का विरोध किया। अज्ञेय जी ने कहा (क) रस का आधार है—'समाहिति, अद्वन्द्व। किन्तु नयी कविता द्वन्द्व और असामंजस्य की कविता है।' (ख) नयी कविता वर्तमान पर केन्द्रित है जबकि रस की दृष्टि अतीतोन्मुख रहती है—'नयी कविता का विषय है क्षण की अनुभूति। जबकि रस का आधार है—(जन्मान्तर्गत) वासना और स्थायीभाव।' (अज्ञेय का अभिभाषण) इसी माहौल में डॉ. जगदीश गुप्त ने 'रसानुभूति बनाम सह-अनुभूति' का प्रश्न उठाकर रस-चिन्तन का पूरा गणित ही ध्वस्त कर दिया। नयी कविता के सिद्धान्तकार विजयदेवनारायण साही ने रस सम्बन्धी तमाम बहसों से थककर यह अनुरोध किया कि रस सिद्धान्त पर बहस अब बन्द हो जानी चाहिए, क्योंकि कोई फायदा नहीं निकलेगा। अज्ञेय और साही जी के रस-विरोध चिन्तन का हिन्दी आलोचना में नुकसान यह हुआ कि लोग आचार्य रामचन्द्र शुक्ल के 'रस-मीमांसा' के लेखों में व्याप्त रस-चिन्तन को बिना समझे—अन्धे होकर खण्डित करने लगे। और मौका पाकर मार्क्सवादी आलोचना ने समीक्षा-भूमि को मनमाने ढंग से घेर लिया। हिन्दी आलोचना पर मार्क्सवादी सामन्तवाद के काबिज होने की एक अद्भुत कहानी है। फिर हुई, मार्क्सवादी आलोचना की कम्युनिस्ट परिणति, जिसका इतिहास क्रूर और चौंकाने वाला है।

हिन्दी आलोचना के इसी दौर में विजयदेवनारायण साही ने अज्ञेय, जयशंकर प्रसाद और शमशेर की काव्यानुभूतियों की बनावट के विश्लेषण का बीड़ा उठाया। अज्ञेय से सिर से पैर तक प्रभावित विजयदेवनारायण साही में अकूत बौद्धिकता थी। उन्होंने 'शमशेर की काव्यानुभूति की बनावट' शीर्षक लेख में कहा कि 'नयी कविता की बहसों में यह मान्यता अन्तर्भुक्त रही है कि न सिर्फ कविता का ऊपरी कलेवर

बदला है, या नये प्रतीकों या बिम्बों पर शब्दावली की तलाश हुई है, बल्कि गहरे स्तर पर काव्यानुभूति की बनावट में ही परिवर्तन आ गया है।' साही के इस कथन से नयी कविता के आलोचना संग्राम में तेजी आयी। डॉ. देवराज, डॉ. नामवर सिंह, प्रकाशचन्द्र गुप्त, रामविलास शर्मा, शमशेर, गिरिजा कुमार माथुर, नेमिचन्द्र जैन, भारतभूषण अग्रवाल तमाम प्रबुद्ध समीक्षकों का दल कविता के प्रतिमानों पर विचार करने लगा और लक्ष्मीकान्त वर्मा की पुस्तक 'नयी कविता के प्रतिमान' को किनारे कर दिया गया। हिन्दी आलोचना में बड़ा भारी भीष्म संग्राम हुआ। अनुभूतियों के परिवर्तित सन्दर्भों पर खोज शुरू हुई तो फिर अज्ञेय चर्चा के केन्द्र में आये। क्योंकि पहली बार अज्ञेय ने 'दूसरा सप्तक' 1951 ई. की 'भूमिका' में रागात्मक सम्बन्धों के बदलाव के विचार को पूरा बल देकर उठाया था। अज्ञेय का कथन इस प्रकार है– "यह कहा जा सकता है कि हमारे मूल राग, विराग नहीं बदले–प्रेम अब भी प्रेम है और घृणा अब भी घृणा–यह साधारणतया स्वीकार किया जा सकता है। पर यह भी ध्यान में रखना होगा कि राग वही रहने पर भी रागात्मक सम्बन्धों की प्रणालियाँ बदल गयी हैं–'और कवि का क्षेत्र रागात्मक सम्बन्धों का क्षेत्र होने के कारण इस परिवर्तन का कवि-कर्म पर बहुत गहरा असर पड़ा है।' अज्ञेय के इस कथन में यह विचार भी खुलकर सामने आ गया कि बदलाव के पीछे युग का यथार्थ-बोध है।

अज्ञेय ने अपने विचार को भीतर से खोलते हुए कहा–'निरे तथ्य और सत्य में–या कह लीजिए वस्तु-सत्य और व्यक्ति-सत्य में यह भेद है कि सत्य वह तथ्य है कि जिसके साथ हमारा रागात्मक सम्बन्ध है; बिना इस सम्बन्ध के वह एक बाह्य वास्तविकता है जो तद्वत् काव्य में स्थान नहीं पा सकती। लेकिन जैसे-जैसे बाह्य वास्तविकता बदलती है, वैसे-वैसे उससे हमारे रागात्मक सम्बन्ध जोड़ने की प्रणालियाँ भी बदलती हैं और अगर नहीं बदलतीं तो उस बाह्य वास्तविकता से हमारा सम्बन्ध टूट जाता है। कहना होगा कि जो आलोचक इस परिवर्तन को नहीं समझ पा रहे हैं, वे उस वास्तविकता से टूट गये हैं जो आज की वास्तविकता है। उससे रागात्मक सम्बन्ध जोड़ने में असमर्थ वे उसे केवल बाह्य वास्तविकता मानते हैं, जबकि हम उससे वैसा स्थापित करके उसे आन्तरिक सत्य बना लेते हैं।

प्राचीन शास्त्रीय अवधारणाओं की व्याख्या-पुनर्व्यवस्था में अज्ञेय जैसा सचेत रचनाकार-आलोचक कम मिलेगा। साधारणीकरण की नवीन और प्राचीन समस्याओं पर उनका ध्यान जाता है कि प्राचीन काल में ज्ञान सीमित था–कवि-वैज्ञानिक के अलग-अलग बिल्ले अनावश्यक थे–साधारणीकरण की समस्या दूसरे प्रकार की थी–तब भाषा का केवल एक मुहावरा था। लेकिन आज स्थिति बदल गयी

है—विशेषताओं के युग में भाषा एक रहते हुए भी उसके मुहावरे बदल गये हैं। भाषा आज भी प्रेषण का माध्यम है; यह कोई नहीं कहता कि अब उसने सार्वजनिकता की प्रवृत्ति छोड़ दी है या छोड़ दे। लेकिन अब वह प्रवृत्ति है तथ्य नहीं। ऐसी कोई भाषा नहीं जो सब समझते हों। सब बोलते हों। गणितज्ञ की अंग्रेजी दूसरी है और रचनाकार की दूसरी। ऐसी स्थिति में कवि के सामने रागात्मक सत्य को प्रेषित करने की समस्या है—'इस प्रकार वह साधारणीकरण के लिए ही एक संकुचित क्षेत्र का साधारण मुहावरा छोड़ने को बाध्य होगा अर्थात् एक दूसरे अन्तर्विरोध की शरण लेगा। यदि यह निरूपण ठीक है तो प्रश्न इतना ही है कि दोनों अन्तर्विरोधों में से कौन सा ग्राह्य है। हम इतना ही कहेंगे कि जो दूसरा क्षेत्र चुनता है उसे कम से कम एक अधिक उदार, अधिक व्यापक दृष्टि से देखने या देखना चाहने का श्रेय तो मिलना चाहिए।'

साधारणीकरण का प्रश्न भाषा का प्रश्न है—शब्द-अर्थ का प्रश्न। और इस प्रश्न से अज्ञेय जीवन-भर जूझते रहे हैं। हर साँस में कहते रहे 'जरा भाषा के मूल प्रश्न पर—शब्द और उसके अर्थ सम्बन्ध पर—ध्यान दीजिए। शब्द में अर्थ कहाँ से आता है, क्यों और कैसे बदलता है, अधिक या कम शक्ति पाता है?' अज्ञेय ने उदाहरण देकर समझाया—हम कहते हैं गुलाबी और उससे एक विशेष रंग का बोध हमें होता है। निस्सन्देह इसका अभिप्राय है—गुलाब के फूल जैसा रंग; यह उपमा उसमें निहित है। आरम्भ में गुलाबी शब्द से उसे उस रंग तक पहुँचने के लिए गुलाब के फूल की मध्यस्थता अनिवार्य रही होगी; उपमा के माध्यम से ही अर्थ-लाभ होता रहा होगा। उस समय यह प्रयोग चामत्कारिक रहा होगा पर अब ऐसा नहीं है। अब हम शब्द से सीधे अर्थ तक पहुँच जाते हैं, फूल की मध्यस्थता अनावश्यक है। अब उस अर्थ का चमत्कार मर गया है—अब वह अभिधेय हो गया है।

अज्ञेय ने अपने रचनानुभव से संवाद करते हुए आलोचना में एक बेहद महत्त्वपूर्ण स्थापना की और साधारणीकरण के पुराने सिद्धान्त को नया अर्थ-सन्दर्भ दे दिया। उन्होंने कहा—'यह क्रिया भाषा में निरन्तर होती रहती है और भाषा के विकास की एक अनिवार्य क्रिया है। चमत्कार मरता रहता है और चामत्कारिक अर्थ अभिधेय बनता रहता है। यों कहें कि कविता की भाषा निरन्तर गद्य की भाषा होती जाती है। इस प्रकार कवि के सामने हमेशा चमत्कार सृष्टि की समस्या बनी रहती है—वह शब्दों को निरन्तर नया संस्कार देता चलता है—और वे संस्कार क्रमशः सार्वजनिक मानस में पैठकर फिर ऐसे हो जाते हैं कि उस रूप में कवि के काम के नहीं रहते—'बासन अधिक घिसने से मुलम्मा छूट जाता है।' कवि के सामने वागर्थ प्रतिपत्ति की समस्या हर युग में रहती है और इसी समस्या की ओर कालिदास ने

संकेत किया। "तब इस बात को उन्होंने समझा था और इसीलिए वाक् में अर्थ की प्रतिपत्ति की प्रार्थना की थी। जो अभिधेय है जो अर्थ वाक् में है ही—उसकी प्रतिपत्ति की प्रार्थना कवि नहीं करता अभिधेयार्थयुक्त शब्द तो वह कच्ची मिट्टी—वह कच्चा माल है, जिससे वह रचना करता है; ऐसी रचना जिसके द्वारा वह अपना नया अर्थ उसमें भर सके, उसमें जीवन डाल सके। यही वह अर्थ प्रतिपत्ति है जिसके लिए कवि वागर्थाविव सम्पृक्त पार्वती-परमेश्वर की प्रार्थना करता है।

कवि-कर्म न निरा वैचित्र्य है, न नये पन की खोज। वह निरन्तर नये अर्थ की, नये अर्थ सन्दर्भ की, रागात्मक-प्रतिपत्ति है। इस स्थिति पर अज्ञेय का कथन है—'जब चामत्कारिक अर्थ मर जाता है और अभिधेय बन जाता है तब उस शब्द की रागोत्तेजक शक्ति भी क्षीण हो जाती है। उस अर्थ से रागात्मक सम्बन्ध स्थापित नहीं होता। कवि तब उस अर्थ की प्रतिपत्ति करता है जिससे पुनः राग का संचार हो, पुनः रागात्मक सम्बन्ध स्थापित हो। साधारणीकरण का अर्थ यही है।' साधारणीकरण का यह अर्थ न भट्टनायक को अभिप्रेत था, न अभिनवगुप्त को, न 'साधारणीकरण और व्यक्ति वैचित्र्यवाद' निबन्ध लिखने वाले आचार्य रामचन्द्र शुक्ल को। एक नयी रचना स्थिति का तर्क अज्ञेय ने दिया और कहा—नहीं तो, अगर भाव भी वही जाने पुराने हैं; रस भी, और संचारी-व्यभिचारी सब की तालिका बन चुकी हैं तो कवि को नया करने को क्या रह गया है? क्या है तो कविता को आवृत्ति का नहीं, सृष्टि का गौरव दे सकता है? कवि नये तथ्यों को उनके साथ रागात्मक सम्बन्ध जोड़कर नये सत्यों का रूप दे, उन नये सत्यों को प्रेष्य बनाकर साधारणीकरण करे, यही नयी रचना है। इसे नयी कविता का कवि नहीं भूलता।'

इसलिए यह कहना कि अज्ञेय साधारणीकरण का सिद्धान्त स्वीकार नहीं करते—छायावादी आलोचकों का गलत प्रचार है। साधारणीकरण को लेकर कोई भ्रम न रहे इसलिए कहा है—'साधारणीकरण का आग्रह भी उसका कम नहीं है, बल्कि यह देखकर कि आज साधारणीकरण अधिक कठिन है, वह अपने कर्त्तव्य के प्रति अधिक सजग है और उसकी पूर्ति के लिए अधिक बड़ा जोखिम उठाने को तैयार है। जटिलता उलझी संवेदनाओं के कारण साधारणीकरण का काम कवि-कर्म में चुनौती हो गया है—ज्ञान-विज्ञान की विशेषीकरण की प्रवृत्ति ने कवि-कर्म में इस काम को और अधिक कठिनतर बना दिया है।

अज्ञेय ने 1943 ई. में 'तारसप्तक' में जब हिन्दी के मौलिक समीक्षाशास्त्र की ओर ठोस और निर्भय कदम उठाया तो हिन्दी आलोचनाशास्त्र में एक भूचाल आ गया। लेकिन कुछ समय बाद वाद-विवाद और पाठ-कुपाठ के बाद यह अनुभव किया गया कि सभी नयी अवधारणाओं के बीज 'तारसप्तक' की भूमिका में ही मौजूद हैं।

जबकि अज्ञेय जैसी मूर्धन्य प्रतिभा का अवदान अभी तक सही आकलन की प्रतीक्षा कर रहा है। इस बात को ठीक से समझा नहीं गया कि आधुनिकता, आधुनिक संवेदना, आधुनिक भाव-बोध और 'आधुनिक रचना-स्थिति के तर्क' की शुरुआत 'तारसप्तक' से हुई—'शेखर एक जीवनी' से हुई। कविता को लेकर जिस बेचैन प्रश्नाकुलता, प्रयोगशीलता, नयी सर्जनात्मकता की शुरुआत तब हुई थी—आज वही नये सृजन में फल-फूल रही है। जिन कवियों ने 'राहों का अन्वेषी' कहने पर अज्ञेय का विरोध किया था, वे बदली हवा में अज्ञेय की चरणधूलि सिर पर धारण कर रहे हैं। इन सभी को 'प्रयोग' की सूझ से अनेक राहें दिखाई दे रही हैं। धीरे-धीरे अज्ञेय नये काव्य में विद्रोह के मिथक-पुरुष बन गये। आज अज्ञेय भाग्यवान हैं कि उनकी नयी दृष्टि, नयी परिवेश-चेतना, नयी मूल्य-दृष्टि साहित्य में रचना प्रतिमान बनी है और नयी पीढ़ी अज्ञेय की नयी पढ़त में निकल पड़ी है। साहित्य में अज्ञेय को भुलाकर न शमशेर को समझा जा सकता है, न मुक्तिबोध को, न केदारनाथ अग्रवाल को, न केदारनाथ सिंह को। न श्रीराम वर्मा और नन्द किशोर आचार्य को। अज्ञेय को इस बात की पहचान थी कि आगे आने वाला यन्त्र-युग नये-सृजन-संकट उपस्थित करेगा और जैसे-जैसे कलाकृति केन्द्रित विमर्श केन्द्रीय स्थान प्रात करेगा—वैसे-वैसे प्रतिमानों की चर्चा पर जोर कम होता जायेगा। कलाकृति के भीतर से ही रागदीप्त सच लिये नये प्रतिमान नयी काव्य-समझ से पैदा होंगे। आरोपित मार्क्सवादी प्रतिमान परिधि पर जाकर बिलखते मिलेंगे। क्योंकि कलाकृतियाँ विचारधाराओं की गुलामी स्वीकार नहीं कर सकतीं। रचना की स्वायत्तता का मूल्य-चेतना का अपना तन्त्र होता है। यह समझकर ही स्थापित व्यवस्था के प्रति अज्ञेय ने अपना सत्ता विरोधी, विचारधारा विरोधी, सम्प्रदाय या दल विरोधी आलोचनात्मक रुख अपनाया। शास्त्र-जड़ चिन्तन के लिए अज्ञेय ने विचारों की जिस स्वतन्त्रता की अगुआई की थी, उसका एक गौरवपूर्ण इतिहास नयी पीढ़ी के सामने उपस्थित है। हमारी आलोचना—धर्म-सम्प्रदाय, जाति-वर्ण, उपनिवेशवादी-आधुनिकता से उबरकर उस गहराते सांस्कृतिक संकट का सामना कर रही है—जिसे अज्ञेय ने 'त्रिशंकु' के निबन्धों और 'तारसप्तक' तथा सप्तकों की भूमिकाओं में अनुभव किया था। आज हिन्दी की बहुवचनात्मक दृष्टि और मिश्र-संस्कृति खतरे में है—हमें हर मोड़ पर अज्ञेय की याद आती है। वे तो फासिज्म-विरोधी आन्दोलन के आयोजकों में थे और सृजन में मानव मुक्ति के अलम्बरदार। साहित्य की समाज में जगह बनाने में अज्ञेय अनथक भाव से सक्रिय रहे।

अज्ञेय का 'मौन' और 'सच्चा' का रूप हिन्दी आलोचना को समझ में न आया। उनके सामने 'गुनवन्त' वे ही अपने को समझते रहे जो झूठ मसखरी से साहित्य-वधू

का शीलहरण करते रहे। जबकि अज्ञेय ने लगभग पाँच दशकों तक हिन्दी का सृजन और आलोचना कर्म समृद्ध किया। उनकी आलोचना ने अनेक नयी अवधारणाओं को चिन्तन के केन्द्र में स्थापित किया और 'प्रतीक' 1946 तथा 'नया प्रतीक' 1972 ने नये प्रतिमान साहित्य में प्रस्तुत किये। व्यक्ति-स्वातन्त्र्यवाद, अस्मिता की खोज, प्रयोग परम्परा, मिथक, आख्यान, इतिहास, संस्कृति, आधुनिकता, औपनिवेशिक मानस, काव्यभाषा काव्य-बिम्ब, कथा-भाषा और सम्प्रेषण, कविता और छन्द, लय और ध्वनि-बोध आदि को लेकर न जाने कितने नये से नये प्रश्न उठाये। साथ ही हिन्दी आलोचना को सर्जनात्मकता का नया रंग देते हुए भाषा में सर्जनात्मक निष्पत्तियों को स्थान दिया। वे मार्क्सवाद के विरोधी रहे, लेकिन माानव की मुक्ति और बृहत्तर सामाजिकता, मानव-गरिमा, वरण की स्वतन्त्रता, लघुता पर साहित्यिक दृष्टिपात, रचनाकार के सामाजिक दायित्व का उन्होंने सदैव सम्मान किया। आज जब मार्क्सवाद की सत्ताएँ-व्यवस्थाएँ ढहकर धूल में ध्वस्त हो रही हैं और नवपूँजीवाद उत्तर-औद्योगिक समाज और उपभोक्तावादी-संस्कृति ने नव-इतिहासवादियों—नव-मार्क्सवादियों के सामने नये प्रश्न उठा दिये हैं तब अज्ञेय का चिन्तन बेहद अर्थवान और अज्ञेय की आपत्तियाँ सच सिद्ध हो रही हैं। विचारधाराओं के अन्त के साथ शीतयुद्ध की समाप्ति और 'मार्क्स का प्रेत' घूम रहा है। अब स्थिति यह बनी है कि अज्ञेय की ज्यादातर स्थापनाओं को 'प्रतिक्रियावादी' या 'प्रतिगामी' या 'अमेरिकी पूँजीवादी', 'नव्य-समीक्षावादी', 'लघुमानव सिद्धान्तवादी' 'भाववादी' आदि कहकर खारिज नहीं किया जा सकता। अज्ञेय पर पुनर्विचार और नया भाष्य जरूरी है। आज अज्ञेय के व्यापक अवदान की महिमा एवं गरिमा को स्वीकार करना हिन्दी आलोचना में जरूरी है ताकि नयी पीढ़ी उनके अवमूल्यन से बच सके। अज्ञेय का व्यवस्थित मार्क्सवादी ध्वंस आज की आलोचना में अतार्किक, हास्यास्पद और खिसियाये बौड़मपन की व्यंजना कही जा सकती है।

आखिरकार कोई तो खास बात है कि पिछले साठ वर्षों से भी ज्यादा समय में 'तारसप्तक' 1943 ई. सबसे ज्यादा विवादास्पद और विचारोत्तेजक कविता-पुस्तक का प्रतिमान साबित हुई है। यह कहना गलत न होगा कि पिछली तमाम बहसों-विवादों-संवादों के केन्द्र में 'तारसप्तक' रहा है और अज्ञेय की स्थापनाएँ निरन्तर महत्त्व पाती रही हैं। 'दूसरा सप्तक' 1951 ने 'तारसप्तक' को और अधिक अर्थवान-सन्दर्भवान बना दिया। वे युवा रचनाकार और जो आलोचक 'तारसप्तक', 'दूसरा सप्तक' के प्रति अपरिपक्व बुद्धि के कारण नकार का भाव रखते थे—अब प्रौढ़ हो जाने पर अज्ञेय के 'सप्तकों' को सराहते नहीं थकते। हम में से बहुतों को याद है कि 'तारसप्तक' पर छायावाद के नामी-गिरामी आलोचक नन्ददुलारे वाजपेयी

ने 'प्रयोगवादी कविताएँ' शीर्षक से कितना ध्वंसात्मक लेख लिखा था। जिसे अज्ञेय ने 'दूसरा सप्तक' में 'तर्क विकृति' का अनुपम उदाहरण माना है। लगभग दो-ढाई साल बाद 'कवियों के' कवि शमशेर ने 'तारसप्तक' पर एक गम्भीर समीक्षा लिखी और अज्ञेय को आदर से याद किया। तत्पश्चात् लम्बे समय तक 'प्रयोग' को लेकर करारी बहसें चली हैं।

प्रश्न उठता है कैसे छपा 'तारसप्तक'? इसका उत्तर अज्ञेय ने 'तारसप्तक' के 'विवृत्ति और पुरावृत्ति' में दिया। 'तारसप्तक' श्री जवाहर प्रेस, 161/1 हरिसन रोड कलकत्ता द्वारा मुद्रित और संग्रहीत कवियों की ओर से 'प्रतीक प्रकाशन केन्द्र' पोस्ट बॉक्स 62, दिल्ली में 1943 में ढाई रुपये कीमत पर छपा था। साथ ही इसमें लिखा है 'संग्रहीत कवियों द्वारा सुरक्षित'। 'तारसप्तक' पर अर्धेन्दुदत्त द्वारा बनाया गया—रेखाओं से निर्मित चित्र। योजना के विषय में अज्ञेय ने कहा—"तारसप्तक' में सातयुवक कवियों (अथवा कवि युवकों) की रचनाएँ हैं।" ये रचनाएँ कैसे एक जगह संग्रहीत हुईं, इसका एक इतिहास है। कविता या संग्रह के विषय में कुछ कहने से पहले उस इतिहास के विषय में जान लेना उपयोगी होगा।

दो वर्ष हुए, जब दिल्ली में 'अखिल भारतीय लेखक सम्मेलन' की आयोजना की गयी थी। उस समय कुछ उत्साही बन्धुओं ने विचार किया कि छोटे-छोटे फुटकल संग्रह छापने के बजाय एक संयुक्त संग्रह छापा जाय, क्योंकि छोटे-छोटे संग्रहों की पहले तो छपाई एक समस्या होती है—फिर छपकर भी वे सागर में एक बूँद से खो जाते हैं। इन पंक्तियों का लेखक 'योजना विश्वासी' के नाम से पहले ही बदनाम था, अतः यह नयी योजना तत्काल उसके पास पहुँची और उसने अपने नाम (बदनाम होंगे तो क्या नाम न होगा) के अनुसार उसे स्वीकार कर लिया। आरम्भ में योजना का क्या रूप था और किन-किन कवियों की बात उस समय सोची गयी थी, यह अब प्रसंग की बात नहीं रही। किन्तु यह सिद्धान्त रूप से मान लिया गया था कि योजना का मूल आधार सहयोग होगा अर्थात् उसमें भाग लेने वाला प्रत्येक कवि पुस्तक का साक्षी होगा। चन्दा कर के इतना धन उगाहा जायेगा कि कागज का मूल्य चुकाया जा सके; छपाई के लिए किसी प्रेस का सहयोग मागा जायेगा जो बिक्री की प्रतीक्षा के बाद चुकाया जा सके; छपाई के लिए किसी प्रेस का सहयोग माँगा जायेगा जो बिक्री की प्रतीक्षा करें या चुकाई में छपी हुई प्रतियाँ ले लें।' अज्ञेय ने तो यह इतिहास बताया, लेकिन हिन्दी आलोचना में इस बात को लेकर बड़ा विवाद हुआ कि 'तारसप्तक' की मूल योजना किसकी थी? कौन है इसका प्रवर्तक? अज्ञेय ने कैसे योजना पर कब्जा किया? आदि आदि।'

अज्ञेय ने यह भी स्पष्ट किया कि 'दूसरा मूल सिद्धान्त यह था कि संग्रहीत सभी

कवि ऐसे होंगे जो कविता को प्रयोग का विषय मानते हैं—जो यह दावा नहीं करते कि काव्य का सत्य उन्होंने पा लिया है। केवल अन्वेषी ही अपने को मानते हैं। इस आधार पर संग्रह को व्यावहारिक रूप देने का दायित्व मेरे सिर पर डाला गया।'

यह तो हुआ प्रकाशन का इतिहास। अब कुछ उसके अन्तरंग के विषय में भी कहूँ। 'तारसप्तक' में सात कवि संग्रहीत हैं। सातों एक दूसरे के परिचित हैं—इसके इस ढंग का सहयोग कैसे होता? किन्तु इससे यह परिणाम न निकाला जाय कि वे कविता के किसी एक स्कूल के कवि हैं, या कि साहित्य जगत के किसी एक गुट अथवा दल के सदस्य या समर्थक हैं। बल्कि उनके तो एकत्र होने का कारण यही है कि वे किसी एक स्कूल के नहीं हैं, अभी राही हैं—राही नहीं, राहों के अन्वेषी।' अज्ञेय के इस वक्तव्य को लेकर हिन्दी आलोचना में ऐसा संग्राम हुआ कि उस संग्राम का हिन्दी आलोचना में एक अलग इतिहास है।

अज्ञेय के द्वारा यह भी कहा गया कि 'उनमें मतैक्य नहीं है, सभी महत्त्वपूर्ण विषयों पर उनकी राय अलग-अलग है—जीवन के विषय में, समाज और धर्म और राजनीति के विषय में, काव्य-वस्तु और शैली के, छन्द और तुक के, कवि के दायित्वों के—प्रत्येक विषय में उनका आपस में मतभेद है। यहाँ तक कि हमारे जगत के ऐसे सर्वमान्य और स्वयंसिद्ध मौलिक सत्यों को भी वे समान रूप से स्वीकार नहीं करते जैसे लोकतन्त्र की आवश्यकता, उद्योगों का सामाजीकरण, यान्त्रिकयुद्ध की उपयोगिता, वनस्पति घी की बुराई अथवा काननबाला और सहगल के गानों की उत्कृष्टता इत्यादि। वे सब परस्पर एक दूसरे पर, एक-दूसरे की रुचियों-कृतियों और आशाओं-विश्वासों पर एक-दूसरे की जीवन परिपाटी पर और यहाँ तक कि एक दूसरे के कुत्तों और मित्रों पर भी हँसते हैं।' यही कथन सच सिद्ध हुआ—'तारसप्तक' के कवियों में मत-विरोध उभरा और 'तारसप्तक' की सबसे अच्छी समीक्षाएँ भी 'तारसप्तक' के कवियों ने ही की हैं। 'तारसप्तक' की इन समीक्षाओं में चाहे वह नेमिचन्द्र जैन की हो या शमशेर द्वारा की गयी समीक्षा हो, उसमें हिन्दी आलोचना का एक नया चेहरा, एक नया विचार बिम्ब निर्मित होता हुआ दिखाई देता है। इस तरह यह सच भी उभरता है कि 'तारसप्तक' किसी एक गुट का प्रकाशन नहीं है और 'तारसप्तक' की योजना प्रगतिवाद की हत्या करने के लिए नहीं बनी थी—न वह किसी कलावाद-रूपवाद- सौन्दर्यवाद-प्रयोगवाद का आन्दोलन था।

'तारसप्तक' के कवि 'एकत्र संगृहीत' हैं इसका कारण काव्य के प्रति एक अन्वेषी का दृष्टिकोण उन्हें समानता के सूत्र में बाँधता है। इसका अभिप्राय यह नहीं है कि प्रस्तुत संग्रह की सब रचनाएँ प्रयोगशीलता के नमूने हैं या कि इन कवियों की सब रचनाएँ रूढ़ि से अछूती हैं या कि केवल यही कवि प्रयोगशील हैं बाकी सब

घास छीलने वाले। वैसा दावा यहाँ कदापि नहीं है; 'दावा केवल इतना है कि ये सातों अन्वेषी हैं।' अज्ञेय ने यह भी कहा कि 'तारसप्तक' की कविता वैसी जड़ाऊ कविता नहीं है; वह वैसी हो भी नहीं सकती। जमाना था जब तलवारें और तोपें भी जड़ाऊ होती थीं, पर अब गहने भी धातु को साँचों में ढालकर बनाये जाते हैं और हीरे भी तात धातु की सिकुड़न के दबाव से बँधे हुए कणों से! तारसप्तक में रूपसज्जा को गौण मानकर अधिक से अधिक सामग्री देने का उद्योग किया गया है।

हिन्दी आलोचना में 'तारसप्तक' में अज्ञेय के कवि वक्तव्य पर प्रायः कम ध्यान दिया गया है जबकि अज्ञेय की सृजनात्मक और आलोचनात्मक मानसिकता को समझने के लिए इस 'वक्तव्य' पर ध्यान केन्द्रित करना आवश्यक है। उनका बचपन लखनऊ, काश्मीर, बिहार और मद्रास में बीता; शिक्षा मद्रास और लाहौर में हुई। किन्तु वे साहित्य के साथ-साथ बमबाजी और विषैले रसायनों का अध्ययन भी करते रहे। बाद में इन विषयों का कुछ अभ्यास भी किया। फिर कुछ महीने पुलिस के साथ चोर-छिपौवल करके नवम्बर 1930 में 'मुहम्मद बक्श' नाम से पकड़े जाकर एक महीना लाहौर किले में और साढ़े तीन साल दिल्ली और पंजाब की जेलों में बिताया। फिर दो मास किले में और दो वर्ष नजरबन्दी में। उसके बाद 'सैनिक विशाल भारत' में। मेरठ में साहित्य परिषद की स्थापना की। शान्तिनिकेतन जाते समय दिल्ली रुक गये। आल इण्डिया रेडियो में अढ़ाई वर्ष। फिर खाकी पहनकर सेना में भर्ती, कैप्टन रहे, असमिया मच्छर मारे। इसी बीच कविता-कहानी-निबन्ध और अंग्रेजी कविता का संग्रह। चित्रकला, मूर्तिकला, फोटोग्राफी, मनोविश्लेषण और डॉक्टरी की खब्त और नदी-नालों-वनों की यायावरी। अकेले रहने और चिन्तन करने का अभ्यास बढ़ा। इन सभी ने मिलकर, रचनाकार और आलोचक अज्ञेय की मानसिकता का निर्माण किया।

अज्ञेय के आलोचक ने गम्भीर विवादास्पद भूमिकाएँ लिखीं। लेकिन हमेशा माना कि 'कविता ही कवि का परम वक्तव्य है'। उसके बाहर जो गद्य में कहा जाता है वह कविता की पराजय है। मानव-जीवन के विकास के साथ जटिलता बढ़ी है—इसलिए 'आत्मस्पष्टीकरण' वांछनीय हो गये हैं। यह भी माना कि कवि का कथ्य उसकी आत्मा का सत्य है—वह सत्य व्यक्तिबद्ध न होकर—व्यापक सत्य है और जितना व्यापक है—उतना ही काव्योत्कर्षकारी। जीवन की बढ़ती जटिलता ने जीवन की व्यापकता को सीमित कर दिया है।

आज कवि और पाठक दोनों बदल गये हैं और दोनों पर समकालीनता का दबाव बढ़ा है—'यह आज के कवि की सबसे बड़ी समस्या है। यों समस्याएँ अनेक हैं—काव्य-विषय की, सामाजिक उत्तरदायित्व की, संवेदना के पुनः संस्कार की आदि।

किन्तु इन सबका स्थान इसके पीछे है—क्योंकि वह कवि कर्म की ही मौलिक समस्या है—साधारणीकरण और कम्युनिकेशन की समस्या है और कवि को प्रयोगशीलता की ओर प्रेरित करने वाली सबसे बड़ी शक्ति यही है। कवि अनुभव करता है कि भाषा का पुराना व्यापकत्व उसमें नहीं है—शब्दों के साधारण अर्थ से बड़ा अर्थ हम उसमें कहना चाहते हैं, पर उस बड़े अर्थ को पाठक के मन में उतार देने के साधन अपर्याप्त हैं। वह या तो अर्थ कम पाता है या भिन्न पाता है।'

अज्ञेय के मन में प्रयोगशीलता के प्रति अपार निष्ठा रही है। इसीलिए कहा है "प्रयोग सभी कालों के कवियों ने किये हैं, यद्यपि किसी एक काल में किसी विशेष दिशा में प्रयोग करने की प्रवृत्ति होना स्वाभाविक ही है। किन्तु कवि क्रमशः यह अनुभव करता है कि जिन क्षेत्रों में प्रयोग हुए हैं, उनसे आगे बढ़कर अब उन क्षेत्रों का अन्वेषण करना चाहिए, जिन्हें अभी नहीं छुआ गया या जिनको अभेद्य मान लिया गया है। भाषा को अपर्याप्त पाकर विराम संकेतों से अंकों और सीधी-तिरछी लकीरों से, छोटे-बड़े टाइप से, सीधे या उलटे अक्षरों से, लोगों और स्थानों के नामों से, अधूरे वाक्यों से—सभी प्रकार के इतर साधनों से कवि उद्योग करने लगा कि अपनी उलझी हुई संवेदना की सृष्टि को पाठकों तक अक्षुण्ण पहुँचा सके।" प्रश्न उठता है कि क्या इस कार्य में उसे सफलता मिल सकी? अज्ञेय का उत्तर है—'पूरी सफलता उसे नहीं मिली, जहाँ वह पाठक के विचार-संयोजन सूत्रों को नहीं छू सका, वहाँ उसे पागल-प्रलापी समझा गया या अर्थ का अनर्थ पा लिया गया। बहुत से लोग इस बात को भूल गये कि कवि आधुनिक जीवन की एक बहुत बड़ी समस्या का सामना कर रहा है। भाषा की क्रमशः संकुचित होती हुई सार्थकता की केंचुल फाड़कर उसमें नया, अधिक व्यापक, अधिक सारगर्भित अर्थ भरना चाहता है—और अहंकार के कारण नहीं, इसलिए कि उसके भीतर इसकी गहरी माँग स्पन्दित है—इसलिए वह 'व्यक्ति सत्य' के 'व्यापक सत्य' बनाने का उत्तरदायित्व अब भी निबाहना चाहता है, पर देखता है कि साधारणीकरण की पुरानी प्रणालियाँ, जीवन के ज्वालामुखी से बहकर आते हुए लावा से भरकर और जमकर रुद्ध हो गयी हैं—प्राण संचार का मार्ग उनमें नहीं है।'

प्राण संचार का मार्ग कैसे पैदा होगा? कौन करेगा? कवि करेगा—यह कार्य कि जो व्यक्ति का अनुभूत है उसे समष्टि तक कैसे उसकी सम्पूर्णता में पहुँचाया जाय—'यही पहली समस्या है जो प्रयोगशीलता को ललकारती है।' उसके बाद इतर समस्याएँ हैं कि वह अनुभूत ही कितना बड़ा या छोटा है। फिर अपने को भीतर तक टटोलते हुए कहा—'मैं स्वान्तः सुखाय नहीं लिखता। कोई भी कवि केवलमात्र स्वान्तः सुखाय लिखता है—यह स्वीकार करने में मैंने अपने को सदा असमर्थ पाया

है।’ तुलसीदास स्वान्तः सुखाय लिखने की बात कहते हैं, लेकिन उनके स्वान्तः सुखाय का अर्थ बहुजन हिताय–शिवेतरक्षतये है। उनकी आत्माभिव्यक्ति में लोकाभिव्यक्ति है। हर कोने से व्यक्तिवाद का निषेध है और सुरसरि रसम सब कर हित होई की लोक वाणी है। स्वयं अज्ञेय कहते हैं–‘अपनी अभिव्यक्ति पर किस पर अभिव्यक्ति? इसीलिए अभिव्यक्ति में एक ग्राहक या पाठक या श्रोता मैं अनिवार्य मानता हूँ और इसके परिणामस्वरूप जो दायित्व लेखक का या कवि या कलाकार पर आता है–उससे कोई निस्तार मुझे नहीं दीखा। अभिव्यक्ति भी सामाजिक या असामाजिक वृत्तियों की ही हो सकती है और आलोचक उनका मूल्यांकन करते समय ये सब बातें सोच सकता है, किन्तु वे बाद की बातें हैं।’ प्रयोगशीलता का महत्त्व भाषा में छिपा है–‘जीवन की जटिलता को अभिव्यक्त करने वाले कवि की भाषा का किसी हद तक गूढ़, ‘अलौकिक’ अथवा दीक्षा द्वारा गम्य (Esoteric) हो जाना अनिवार्य है, किन्तु वह उसकी शक्ति नहीं, विवशता है, धर्म नहीं आपद्धर्म है।

अज्ञेय ने मनोविश्लेषण शास्त्र का गहरा अध्ययन-चिन्तन किया है और मनोविश्लेषणवादी-आलोचना के बीज उनमें मौजूद हैं। फ्रायड, युंग, एडलर के चिन्तन से प्रभावित होकर कहा है कि ‘आधुनिक युग का साधारण व्यक्ति यौन वर्जनाओं का पुंज है। उसके जीवन का एक पक्ष है उसकी सामाजिक रूढ़ि की लम्बी-परम्परा जो परिस्थितियों के परिवर्तन के साथ-साथ विकसित नहीं हुई और दूसरा पक्ष है स्थिति-परिवर्त. की असाधारण तीव्रगति जिसके साथ रूढ़ि का विकास असम्भव है। इस विपर्याय का परिणाम है कि आज के मानव का मन यौन परिकल्पनाओं से लदा हुआ है और वे कल्पनाएँ सब दमित और कुण्ठित हैं। उसकी सौन्दर्य चेतना भी इससे आक्रान्त है। उसके उपमान सब यौन प्रतीकार्थ रखते हैं।’ इस तरह प्रतीक हमारे आदिम अवचेतन के देवता हैं जो व्यंजनाओं में बोलते हैं और मुखौटे लगाकर बोलते हैं।

मानव ही प्रतीकों का सृष्टा है और प्रतीक सर्वाधिक सर्जनात्मक-संकेतात्मक-बहुवचनात्मक भाषा है। ‘प्रतीक द्वारा कभी-कभी वास्तविक अभिप्राय अनावृत्त हो जाता है तब वह उस स्पष्ट इंगित से घबराकर भागता है–जैसे बिजली के प्रकाश में व्यक्ति चौंक जाय। ‘डी. एच. लारेन्स की एक कविता के प्रेम-प्रसंग में एकाएक बिजली चमकने पर पुरुष अपना प्रेमालाप छोड़कर छिटककर अलग हो जाता है, क्योंकि The lightning has made it too plain बिजली ने उस व्यापार को उघाड़ कर दिया है और उस आन्तरिक संघर्ष के ऊपर जैसे काठी कसकर एक बाह्य संघर्ष भी बैठा है व्यक्ति का व्यक्ति से नहीं, व्यक्ति-समूह का वर्गों और श्रेणियों

का संघर्ष है। व्यक्तिगत चेतना के ऊपर वर्गगत चेतना भी लदी हुई है और उचितानुचित कर अनुशासन करती है जिससे एक दूसरे प्रकार की वर्जनाओं का पुंज खड़ा होता है और उनके साथ ही उनके प्रति विद्रोह का स्वर जागता है।

कविता के सामने आधुनिक जीवन की जटिलताओं की अनेक समस्याएँ हैं—'एक मार्ग यौन स्वप्न सृष्टि का—दिवास्वप्नों का है—उसे वह अपनाना नहीं चाहता। फिर वह क्या करे? यथार्थ-दर्शन केवल कुण्ठा उत्पन्न करता है। वास्तव की वीभत्सता की कसौटी पर चाँदनी ख़ोटी दीखती है। कवि अपनी काव्य-परम्परा का मूल्यांकन करता है और चारणकाल से लेकर छायावाद काल तक की कविता को तात्कालिक परिस्थिति अथवा जीवन-प्रणाली पर घटित करके समझ लेता है, किन्तु फिर भी आज के जीवन दबाव की अभिव्यंजना का मार्ग उसे नहीं दीखता। क्योंकि आज उसकी अनुभूतियाँ तीव्रतर हैं—तो वर्जनाएँ भी कठोरतर हैं। परिणाम है—'व्यंजना भीरु नेत्रों का विस्फार' जो 'अश्लील' इसलिए है कि भावनाओं और वर्जनाओं के संघर्ष को सहसा सामने ले आता है। और प्रेम? एक थका-माँदा पक्षी, जो साँझ घिरती देख आशंका से भी घिरता है और साहस संचित करके लड़ता भी जा रहा है। निराशा और कुण्ठा से धैर्य पूर्वक लड़ता हुआ, किन्तु विश्वास की निष्कम्प अवस्था से कुछ नीचे—आज के प्रेम का सर्वोत्तम रूप यही है।' लेकिन मूल मंतव्य यह कि आज हमें कवि पर नहीं, कविता पर भरोसा करना चाहिए।

'तारसप्तक' का पुनर्मुद्रण एक इतिहास का निर्माण है साथ ही! "सम्पादक की धारणा है कि 'तारसप्तक' ने अपने प्रकाशन का औचित्य प्रमाणित कर दिया। उसका पुनर्मुद्रण एक ऐतिहासिक दस्तावेज को केवल उपलब्ध बनाने के लिए, बल्कि इसलिए भी संगत है कि परवर्ती काव्य प्रगति को समझने के लिए इसका पढ़ना आवश्यक है। इन सात कवियों का एकत्रित होना अगर केवल संयोग भी था तो भी वह ऐतिहासिक संयोग हुआ, जिसका प्रभाव परवर्ती काव्य-विकास में दूर तक व्याप्त है।" यह भी संयोग है कि योजना के इतिहास को लेकर 'तारसप्तक' के कवियों ने ही बहस-विवाद को जीवन्त रखा। इस पूरे इतिहास पर निगाह डालते हुए अज्ञेय ने कहा है कि।

"जो 1943 के प्रयोगी थे, वे सन् 1963 के सन्दर्भ हो गये।" साथ ही "तब की सम्भावनाएँ अब भी उपलब्धियों में परिणत हो गयी हैं।" यह भी अनुभव किया गया कि 'तारसप्तक' ने जिन विविध नयी प्रवृत्तियों को संकेतित किया था, उनमें एक यह भी रही कि कवि का युग-सम्बन्ध सदा के लिए बदल गया था। ये सभी कवि अपने समय को नये ढंग से बाँध रहे थे और उनके लिए समान-धर्मा का अर्थ था—मानव-धर्मा, कवि-धर्मा। आधुनिक धर्मा अज्ञेय मानवधर्मिता को आधुनिकता से

अलग नहीं देख सकते थे क्योंकि आधुनिकता का एक पहलू है—मानवधर्मिता। सर्जनशील प्रतिभाएँ कोरी वैचारिकता पर नहीं पलती हैं—उन्हें परिवेश चाहिए। सप्तक के कवियों का अलग-अलग दिशाओं में विकास हुआ और मताग्रही-जिदों से दूर रहे। सत्य उपलब्धियों के कारण सभी बोधिसत्व बुद्ध हो गये और इन सातों ध्यानी बुद्धों को परस्पर सम्बन्धों में विशेष अन्तर नहीं आया। उनमें मतैव्य नहीं पनपा, स्वतन्त्र चिन्तन के पथ खुले रहे। अज्ञेय ने 'दूसरा सप्तक' 1951 में 'भूमिका' में यह प्रश्न उठाया कि "क्या ये रचनाएँ प्रयोगवादी हैं? क्या ये कवि किसी एक दल के हैं—किसी मतवाद—राजनीतिक या साहित्यिक के पोषक हैं? प्रयोगवाद नाम के नये मतवाद का प्रवर्त्तन का दायित्व क्योंकि अनचाहे और अकारण ही हमारे मत्थे मढ़ दिया गया है—इसलिए हमारा इन प्रश्नों के उत्तर में कुछ आवश्यक है।" प्रश्नों के उत्तर देने में अज्ञेय का आलोचक जागा और कहा—"प्रयोग का कोई वाद नहीं है। हम वादी नहीं रहे, नहीं हैं। न प्रयोग अपने आप में इष्ट या साध्य है। ठीक इसी तरह कविता का भी कोई वाद नहीं है। कविता भी अपने आप में इष्ट या साध्य नहीं है। अतः हमें प्रयोगवादी कहना उतना ही सार्थक या निरर्थक है जितना हमें कवितावादी कहना।" आत्म-सत्य के अन्वेषी कवि को यह अधिकार है कि वह अन्वेषण के प्रयोगरूपी माध्यम का उपयोग करते समय उस माध्यम की विशेषताओं को परखने का भी अधिकार प्राप्त करे।

प्रयोग और प्रयोगवाद को लेकर पुरानी पीढ़ी के ज्यादातर आलोचक अज्ञेय पर बिगड़े हैं तो उन्हें कहना पड़ा—"जो लोग प्रयोग की निन्दा करने के लिए परम्परा की दुहाई देते हैं, वे यह भूल जाते हैं कि परम्परा कम से कम कवि के लिए, कोई ऐसी पोटली बाँधकर अलग रखी हुई चीज़ नहीं है, जिसे वह उठाकर सिर पर लाद ले और चल निकले (कुछ आलोचकों के लिए भले ही वैसा हो) परम्परा का कवि के लिए कोई अर्थ नहीं है, जब तक वह उसे ठीक से बजाकर, तोड़-मरोड़कर, देखकर आत्मसात् नहीं कर लेता; जब तक वह एक इतना गहरा संस्कार नहीं बन जाती कि उसका चेष्टापूर्वक ध्यान कर उसका निर्वाह करना अनावश्यक न हो जाय। अगर कवि की आत्माभिव्यक्ति एक संस्कार-विशेष के वेष्टन में ही सहज सामने आती है, तभी वह संस्कार देने वाली परम्परा कवि की परम्परा है, नहीं तो वह इतिहास है, शास्त्र है, ज्ञानभण्डार है, जिससे अपरिचित भी रहा जा सकता है।" कवि के साथ बौद्धिकता का अर्थ यह नहीं है कि वह परम्पराद्रोही हो—वह परम्परा का विकास विपरीत दिशा में जाकर भी कर सकता है।

क्या विडम्बना रही है कि साहित्य के शिक्षण से जुड़े लोग प्रयोग के नाम पर बिदकते रहे। कहना पड़ा अज्ञेय को—तो प्रयोग अपने आपमें इष्ट नहीं है। और

दोहरा साधन हैं। क्योंकि एक तो वह उस सत्य को जानने का साधन है जिसे कवि प्रेषित करता है, दूसरे उस प्रेषण की क्रिया को और उसके साधनों को जानने का साधन है। अर्थात् प्रयोग द्वारा कवि अपने सत्य को अच्छी तरह अभिव्यक्त कर सकता है। वस्तु और शिल्प दोनों क्षेत्र में प्रयोग फलप्रद होता है।' इसलिए रचना कर्म में 'प्रयोग' की बड़ी महिमा है। 'प्रयोग का हमारा कोई वाद नहीं है, इसको और स्पष्ट करने के लिए एक बात हम और कहें। प्रयोग निरन्तर होते आये हैं और प्रयोगों के द्वारा ही कविता या कोई भी कला, कोई भी रचनात्मक कार्य, आगे बढ़ सका है। जो कहता है—'मैंने जीवन भर कोई प्रयोग नहीं किया वह वास्तव में, यही कहता है कि मैंने जीवन भर कोई रचनात्मक कार्य करना नहीं चाहा है।' ऐसे व्यक्ति की कविता कविता नहीं है। उसमें कला, शिल्प और रचनात्मकता नहीं है। प्रयोग का महत्त्व तभी है, जब वह गोताखोर की तरह मोती लाता है। इस दृष्टि से 'प्रयोग' का 'वाद' बेमानी है। इस तरह अज्ञेय ने निरन्तर विचार-मग्न होकर कहा कि प्रयोग का कोई वाद नहीं है। 'तीसरा सप्तक' भी यही ध्वनित करता आया। प्रयोग से जुड़ी नयी कविता शिल्प या रूपवाद नहीं है, उसमें जीवन-संवेदना की गहराई और गरमाहट है। कुतर्की प्रयोगवाद पर अड़े रहे, लेकिन प्रयोगवाद के आगे का काल नयी कविता का काल कहलाया। इस नयी कविता में प्रयोगवादी-प्रगतिवाद दोनों प्रेम-संवाद के साथ समा गये।

अज्ञेय ने भारतीय शब्द-परम्परा के चिन्तन का 'तीसरा सप्तक' की भूमिका में विस्तार किया और राहों के अन्वेषण की बात पर पुनः जोर दिया। 'प्रत्येक शब्द का प्रत्येक समर्थ उपयोक्ता उसे नया संस्कार देता है। इसी के द्वारा पुराना शब्द नया होता है—यही उसका कल्प है। इसी प्रकार शब्द वैयक्तिक प्रयोग भी होता है और प्रेषण का माध्यम भी बना रहता है। दुरूह भी होता है और बोधगम्य भी, पुराना परिचित भी रहता है और स्फूर्तिप्रद अप्रत्याशित भी।' नये कवि ने शब्द की लीक नहीं पीटी, उसे नया अर्थ सन्दर्भ दिया। इस दृष्टि से नयी कविता नया भाव-बोध है। नयी भाव-दशा और नयी मनोभूमिका का भाव-स्फोट, नयी मनःस्थिति का प्रकाश। अज्ञेय ने 'नयी कविता' शीर्षक निबन्ध में अपनी कविता 'बह गयीं पिछली हवाएँ चैत की' का उदाहरण देकर कहा कि इस कविता पर अज्ञेय का नाम लिखा है तो यह 'प्रतिक्रियावादी कविता' है अगर इस पर शमशेर, नागार्जुन का नाम लिखा है तो प्रगतिवादी कविता। हिन्दी आलोचना दुर्भाग्यवश नामों की दलबन्दी में फँसकर कृतियों की समीक्षा में भटक गयी है।

कविता में शब्द अपने में न सम्पूर्ण होता है, न आत्यन्तिक। वह स्वयम्भूत अर्थ भी नहीं होता। 'शब्द तो पात्र है, जिसमें कवि अर्थ भरता है। सन्दर्भ उसे अर्थ देता

है। लेकिन जो लकीर के फकीर हैं, उन्हें शब्द का नया प्रयोग नहीं सुहाता। वे पुराने अर्थ-देवता को अन्तर्ध्यान होते नहीं देख सकते। शब्द प्रयोक्ता के साथ पाठक की समस्या सम्प्रेष्य वस्तु की है। हो सकता है हम काव्य के लिए नया विषय और वस्तु उसकी पुरानी ही रहे। यह भी सम्भव है–विषय पुराना रहे, पर वस्तु नयी रहे। पर विषय नये हो सकते हैं–मौलिक नहीं। मौलिकता वस्तु से सम्बन्ध रखती है। विषय सम्प्रेष्य नहीं है–वस्तु सम्प्रेष्य है। मौलिकता की कसौटी का यही क्षेत्र है और यही कवि की शक्ति अथवा प्रतिभा का क्षेत्र है। क्योंकि यह कवि मानस की पहुँच का क्षेत्र है। "यहाँ स्वीकार किया जाय कि नये कवियों में ऐसों की संख्या कम नहीं हैं, जिन्होंने विषय को वस्तु समझने की भूल की है और इस कारण स्वयं भी पथभ्रष्ट हुए हैं और पाठकों में नयी कविता के बारे में अनेक भ्रान्तियों के कारण बने हैं।

आलोचक अज्ञेय ने हमेशा नकलचियों से सावधान किया है, क्योंकि वे माल की असलियत के बारे में धोखा देते हैं। आलोचक का काम है कि वह असली की साख न बिगड़ने दे और नकली के प्रति सावधान करे। हमारे यहाँ नकली कवियों से ज्यादा नकली आलोचक हैं–उनका धातु भी खोटा है और कसौटियाँ भी खोटी हैं। इसी कसौटी पर वे आज भारतेन्दु और मैथिलीशरण गुप्त को 'हिन्दू' कवि कहकर नीचा दिखाना चाहते हैं। अज्ञेय ने द्विवेदी-युग, छायावादी-युग में नकलचियों की बात उठाकर कहा 'प्रगतिवाद ने कम नकलची पैदा नहीं किये। हमें किसी भी वर्ग में उनका समर्थन या पक्ष-पोषण नहीं करना है, पर यह माँग भी करनी है कि उनके पक्षपात के कारण मूल्यवान की उपेक्षा न हो।' प्रगतिवाद की खोटी कसौटी के कारण माखनलाल चतुर्वेदी, बालकृष्ण शर्मा नवीन, सुभद्राकुमारी चौहान, हरिवंशराय बच्चन, रामधारी सिंह दिनकर, नरेन्द्र शर्मा आदि तमाम मूल्यवान कवि निरादर का शिकार हुए। जिनके मूल्यांकन की ओर 'लघुमानव के बहाने हिन्दी कविता पर एक बहस' निबन्ध में विजयदेवनारायण साही ने ध्यान दिलाया है कि असली को नकली से न नापा जाय। प्राचीन समय से रचना कर्म में साधना का, तप का, महत्त्व रहा है–अज्ञेय ने इस साधना परम्परा पर ध्यान केन्द्रित करते हुए कहा है कि साधना अभ्यास और मार्जन का ही दूसरा नाम था। बड़ा कवि वाक्-सिद्ध होता था और भी बड़ा कवि रस सिद्ध होता था। आज वाक् शिल्पी कहलाना अधिक गौरव की बात समझा जा सकता है। आज तो शिल्पी एक गाली है और एक नया वर्ग नयी काव्य-प्रवृत्ति के आन्दोलन को रूपवाद-फार्मलिज्म का आन्दोलन कहकर उड़ा देना चाहा है, जबकि नयी प्रवृत्ति का यह आन्दोलन वस्तु और रूप की अभिन्नता का आन्दोलन है जिसमें कविता बुद्धि की मुक्तावस्था की ओर उन्मुख है।

प्रयोगवाद–नयी कविता पर यह आरोप निराधार है कि 'वह रूपवाद की कविता

है। यह कहना झूठ और भ्रामक है कि केवल प्रगतिवादी काव्य में सामाजिक चेतना है, और कहीं नहीं।' (तीसरा सप्तक-भूमिका) यह मानने में कोई कठिनाई न होनी चाहिए कि प्रगतिवाद सबसे अधिक समाजाग्रही रहा है, पर केवल इसी से यह नहीं प्रमाणित हो जाता कि उस वाद के कवियों में गहरी सामाजिक चेतना है या कि जैसी है वही उसका स्वस्थ रूप है–उसकी पड़ताल प्रत्येक कवि में अलग करनी होगी। 'तीसरा सप्तक' के सभी कवियों की सामाजिक-राजनीतिक-साहित्यिक मान्यताएँ अलग-अलग हैं। कुछ कवि सप्तकों में आमन्त्रित होकर भी रह गये। उन्होंने स्वयं इसमें आना नहीं चाहा, इसलिए कि दूसरे कवियों के साथ उन्हें पसन्द नहीं था। अज्ञेय ने अनथर्क भाव से 'चौथा सप्तक' निकाला तो बड़ी चिक-चिक हुई। अज्ञेय ने एक साक्षात्कार में कहा कि 'चौथा सप्तक' निकालकर कोई अपराध नहीं किया है। 'तीसरा सप्तक' सम्पादक के काव्य-विवेक और काव्य-दृष्टि का प्रतिफलन था तो 'चौथा सप्तक' घोषित तौर पर, एक सम्पादक की काव्य-दृष्टि, साहित्यिक रुचि और साहित्य-विवेक का प्रतिफलन है। लेकिन यह सच है कि 'चौथा सप्तक' को लेकर अज्ञेय पर विवाद बढ़ा और यह सप्तक किनारे कर दिया गया। इसे लेकर मताग्रही आलोचना ने अज्ञेय पर घेरा डाला और अनाप-सनाप थूका। लेकिन अज्ञेय ने कहा कि 'चौथा-सप्तक' या समकालीन कविता के बीज छायावाद-प्रगतिवाद-प्रयोगवाद तीनों में ही थे। आज की कविता उन्हीं बीजों का नया विचार-वृक्ष है। परिस्थितियाँ आज ऐसी हैं कि आज की कविता बोलती बहुत है, उसमें वक्तव्यता बढ़ी है। आज की कविता पर 'मैं' छा गया है, वह अन्य को कम सुनता है। अज्ञेय ने यह भी कहा कि आज की कविता में मुखौटा या पर्सोना का खेल बढ़ गया है–वैसे सृजन में मुखौटा केवल धोखा देने के लिए बल्कि सच्चाई को प्रस्तुत करने के लिए भी लगाये जाते हैं।' (चौथा सप्तक-भूमिका) साधारण जीवन में मुखौटा बुरी चीज है। लेकिन नाटक अथवा काव्य में यथार्थ को प्रस्तुत करने का ढंग है, हुनर है। अज्ञेय का आलोचक समकालीन कविता को लेकर कितना चौकन्ना था–यह बात उनके इस कथन से सामने आती है–'आज की कविता का बहुत बड़ा और शायद सबसे बड़ा दोष यह है कि उस पर एक 'मैं' छा गया है–वह भी एक अपरीक्षित और अविसर्जित मैं। आज की कविता बहुत बोलती है, जबकि कविता का काम बोलना है ही नहीं।' इधर कवियों में राजनीतिक पक्षधरता बढ़ी है, जबकि राजनीतिक पक्षधरता को कसौटी नहीं बनाया जा सकता।

अज्ञेय का ध्यान आपातकाल पर न गया हो–ऐसी बात नहीं है–राजनीतिक-पक्षधरता का स्थान राजनीतिक असहिष्णुता लेने लगी तो उन्होंने अनुभव किया–'आपातकाल ने एक लगभग देशव्यापी आतंक की सृष्टि की तो उसकी

परिधि के भीतर विभिन्न प्रकार की असहिष्णुताएँ आतंक के छोटे-छोटे मण्डल बनाती रहीं। आपातकाल की समाप्ति से आतंक का तो अन्त हो गया, लेकिन मतवादी असहिष्णुताओं के ये वृत्त अभी कायम हैं।' इधर के कवियों ने स्वायत्तता और स्वातन्त्र्य बोध का अनुभव कई तरह से किया है। इसी दौर में अज्ञेय ने पश्चिमाभिमुख आधुनिकता या औपनिवेशिक आधुनिकता की सत्ता पर बहस का जोरदार अभियान चलाया। हालाँकि यह अभियान चल तो 'तारसप्तक' से पड़ा था—लेकिन बाद के सप्तकों में गाँधी, फ्रायड, मार्क्स, लोहिया, जयप्रकाश नारायण आदि प्रत्यक्ष-अप्रत्यक्ष रूप से झाँकने लगे। सभी ने अपनी सहमति और मतभेद का दौर अपनी शर्तों पर लिया। पता नहीं क्यों अज्ञेय ने भारतीय स्वाधीनता के आन्दोलन पर चुप्पी नहीं तोड़ी। जबकि एक समय में अज्ञेय ने 'नेहरू अभिनन्दन ग्रन्थ' नेहरू जी को भेंट किया और भारतीय आधुनिकता, भारतीयता को अपने ढंग से परिभाषित भी किया। समय का संशय भी अज्ञेय को मथता है और वे चिन्तन के तनाव में, राजनीति के अवमूल्यन से कष्टमय दिखाई देते हैं—उस पर व्यंग्य-कविताएँ लिखते हैं—'शाबाश मेरे देश के रौशनजमीर नेताओं तुम्हारी मर्यादा वह हाथी का पैर है जिसमें सीता समा गयी थी' यहाँ ध्यान देने की बात है कि अज्ञेय की आलोचना चाहे वह 'सप्तकों' से आयी हो, 'त्रिशंकु' जैसे निबन्ध संग्रहों से आयी हो, या भवन्ती-अन्तरा-शाश्वती, शेषा जैसी अन्तःप्रक्रियाओं से आयी हो या उनके द्वारा निकाले जाने वाली पत्रिकाओं, अनगिनत निबन्धों, यात्रावृत्तों, व्याख्यानों से आयी हो—वह आलोचना बुनियादी तौर पर सभी संवादों, वाद-विवादों का उद्‌गम-स्रोत है। हिन्दी आलोचना की इन बहसों में अज्ञेय के साथ रघुवीर सहाय, ग. मा. मुक्तिबोध, नेमिचन्द्र जैन, गिरिजाकुमार माथुर, शमशेर, रामविलास शर्मा, प्रभाकर माचवे जैसे धाकड़ व्यक्तित्व हिस्सेदार रहे हैं, लेकिन सच यही है कि हिन्दी आलोचना में नयी बहसों की परम्परा के प्रवर्त्तन का श्रेय अज्ञेय को ही जाता है। उन्होंने प्रथम बार काल-चिन्तन की नयी शुरुआत के साथ स्मृति पर आने वाले संकट के प्रति हमारी पीढ़ी को जागृत किया। 'स्मृति के परिदृश्य' शीर्षक दो व्याख्यानों में 'स्मृति का देश', 'स्मृति का काल'—पर जिस गहराई से चिन्तन किया है, वह हमारी सर्जनात्मक आलोचना की उपलब्धि है।

जिसे हिन्दी में आज हम आधुनिक संवेदना से सम्पन्न बौद्धिक मुक्तावस्था की सर्जनात्मक आलोचना कहते हैं, उसकी शुरुआत अज्ञेय से ही हुई। पन्त-प्रसाद-निराला-महादेवी के सामने पुराने रीतिवाद से जूझने की समस्या रही और उससे जूझकर इन रचनाकार आलोचकों ने आचार्य रामचन्द्र शुक्ल और प्रेमचन्द की दिशा में चलकर हिन्दी में नव-जागरणवादी काव्यशास्त्र के आधार को पोढ़-पुष्ट किया। उस आधार की मदद से अवधारणात्मक चिन्तन का एक नया युग हिन्दी आलोचना में अज्ञेय

ही लाये। उन्होंने रोलाबार्थ की तरह न जाने कितनी नयी बहसों को हमारी आलोचना में जन्म दिया। कठिन बौद्धिक, अवधारणाओं को चाहे वह टी. एस. इलियट—का निर्वैयक्तिकता का सिद्धान्त हो या भोगने वाले प्राणी और रचने वाले प्राणी के दूरी वाला सिद्धान्त या आब्जेक्टिव को रिलेटिव संवेदना के पृथक्करण का सिद्धान्त या परम्परा—वैयक्तिक प्रतिभा से जुड़ा चिन्तन हो—अज्ञेय ने उनका भारतीय सन्दर्भों में सुलझा भाष्य प्रस्तुत किया। हिन्दी में नयी आलोचना संस्कृति को लाने में उनके द्वारा यह बहुत बड़ा काम हुआ। 'त्रिशंकु' 1945 के तमाम निबन्धों का नया चिन्तन इस कार्य का साक्षी है कि कैसे बीसवीं शताब्दी में पश्चिम की विश्व-दृष्टियों के बढ़ते आतंक से अज्ञेय ने हिन्दी आलोचना को आतंक-मुक्त किया।

अज्ञेय ने भाषा-अस्मिता और अस्तित्व का प्रश्न उठाकर बार-बार ध्यान दिलाया कि भाषा ही स्मृति है—इतिहास है, मिथक है—परम्परा है, गल्पकोष है। इसलिए यदि कविता में कोई सत्य होता है तो वह भाषा में ही मौजूद रहता है। 'मैं सच लिखता हूँ, लिख-लिखकर सब झूठा करता जाता हूँ' कहने वाले कवि अज्ञेय का गहरा आशय यह समझ है कि साहित्य सत्य नहीं है, गल्प है। गल्प में धार होती है, इसलिए सर्वसत्तावादी व्यवस्थाएँ साहित्य से भयभीत रहती हैं। कविता का सच है, सत्ता पर निरन्तर सन्देह। राष्ट्रवाद, समाजवाद, साम्राज्यवाद-उपनिवेशवाद के नाम पर बीसवीं शताब्दी में जो भयानक दमन-चक्र चला उसकी पोल किसने खोली? साहित्य ने। साहित्य ने ही केन्द्रीयता को तोड़ा और बहुलतावाद की ओर बढ़ कर रहा। एक ऐसा समय जब शब्द और सत्ता पर निरन्तर हमला हो रहा था—अज्ञेय ने उसकी पवित्र-गरिमा के लिए संघर्ष किया और पाठक में पैदा किया—पावनताजनित विवेक। शब्द को बचाना न रूपवादी होना है, न 'न्यू क्रिटिसिज्म' का पिछलग्गू। इसलिए हिन्दी आलोचना में अज्ञेय को कलावादी-फ्रायडवादी कहना पूरा गलत पाठ पढ़ना है।

अपने मूल भारतीय स्रोतों में गहरे धँसकर अज्ञेय ने कहा—'कविता भाषा में नहीं होती, वह शब्दों में भी नहीं होती, कविता शब्दों के बीच की नीरवताओं में होती है।' जबकि स्वयं अज्ञेय अपनी कविताओं में अनकहा बहुत कम छोड़ते हैं—मितकथनों में व्यंजनाओं को उछालते हैं, नाद सौन्दर्य से अर्थ प्रभाव बढ़ाते हैं और 'काल-का डमरू-नाद' सुनते हैं। अज्ञेय और समकालीन आलोचना को अहसास है कि 'तारसप्तक' के 1943 प्रकाशन के बाद हिन्दी आलोचना में बहुत कुछ ऐसा आया कि आधुनिक, नया, परिवेशजन्य, संस्कृति-संवेदना से परिपूर्ण और प्रयोगशील इतिहास-भूगोल का नक्शा बन गया। अज्ञेय की आलोचना दृष्टि ने रचना का महत्त्व, रचना-प्रक्रिया, रचना-प्रेरणा और प्रभाव-रचना-भाषा-शिल्प-बिम्ब-प्रतीक, मिथक, छन्द-लय, सामाजिकता और वाचिक परम्परा के अनेक विषय आलोचना में स्थापित

किये। प्रयोगवादी और नयी कविता में यह भूमिका अनायास टी. एस. इलियट, डी. एच. लारेन्स, एफ. आर. लीविस की याद दिलाती है, जिनका साहित्य चिन्तन सहकार के रूप में आया। यह कहना आवश्यक है कि शुक्लोत्तर हिन्दी आलोचना और आलोचनाशास्त्र के विकास में अज्ञेय की भूमिकाएँ—'रूपाम्बरा' की 'भूमिका', 'पुष्करिणी की', 'भूमिका', 'सप्तकों की भूमिकाएँ', 'सर्जना के क्षण की भूमिका' नये रूपों-बोधों को रेखांकित करती हैं। आज भी शुक्लोत्तर-आलोचना में इन भूमिकाओं का महत्त्व कम नहीं हुआ है। 'अज्ञेय की भूमिकाएँ' हिन्दी आलोचना का विजय-क्षेत्र बनी हैं और पुराना शम्भु-धनुष इनसे टूटा है।

अज्ञेय ने लगातार समकालीन कृतित्व का पर्यवेक्षण किया और पूर्ववर्ती साहित्य के सन्दर्भ में रखकर उसका भाष्य या डिस्कोर्स किया है। इस भाष्य-विमर्श के आधार पर समकालीन रचना-कर्म के लिए परम्परा के मूल्य, आधुनिकता की दृष्टि पर विचार किया और यह प्रयत्न भी कि समकालीन जटिल संवेदना के लिए पूरे परिवेश का क्या महत्त्व है। विश्व साहित्य में अज्ञेय जैसे बहुत कम रचनाकार आलोचक होंगे, जिन्होंने निरन्तर साहित्य-संवेदना और साहित्यिक परम्परा का इतने मनोयोग से अध्ययन-मूल्यांकन किया हो। अज्ञेय का चिन्तन अपनी रचना-यात्रा की वकालत भर नहीं रहा, उसने स्वतन्त्र चिन्तन-यात्रा का पथ प्रशस्त किया है साथ ही वे अपनी अवधारणाओं को निरन्तर संशोधित करते रहे। 'सर्जना और सन्दर्भ' 'आत्मपरक', 'केन्द्र और परिधि' तथा 'स्मृतिच्छन्दा' के सैकड़ों निबन्धों ने एक नये चिन्तन क्षेत्र का विकास किया है और हिन्दी आलोचना को पश्चिम का 'उपनिवेश' नहीं बनने दिया। उन्होंने आधुनिकतावाद, अस्तित्ववाद, नव्य समीक्षा, पर बहस करते हुए सम्प्रेषण के सैद्धान्तिक महत्त्व की पहचान कराई। पश्चिम और पूर्व की चिन्तन परम्पराओं की तुलना और महत्त्व से कृति-केन्द्रित आलोचना की केन्द्रीयता स्वीकार की और कृति के 'इंटरप्रटेशन' मूल्य-निर्णय में नये आयाम जोड़े हैं।

हिन्दी आलोचना में अज्ञेय ने यह प्रश्न बहुत भरे हृदय से उठाया कि हमने निराला को मुक्त-छन्द-प्रवर्त्तन का श्रेय तो दे दिया—लेकिन उनके प्रयोगों से सीखा नहीं। हमने यह विचार नहीं किया कि मुक्त छन्द में मुक्ति क्या है, क्यों है—और कहाँ तक है? सन्देह होता है कि इसकी 'समुचित समझ' बहुत कम कवियों में विकसित हुई। छन्द के अभ्यास की प्रथा तो उठ ही गयी—बहुत बुरा हुआ। लेकिन छन्द का बोध अभ्यास से अलग चीज है। मात्राएँ और वर्ण गिनना और तुकों के जोड़ कण्ठस्थ रखना अभ्यास का वह अंग था—जिससे छूट पाने से विशेष अहित नहीं हुआ, किन्तु श्रुति की एक दीक्षा थी जो पुरानी स्थितियों में छन्द के अभ्यास के साथ-साथ मिल जाती थी। यह पक्ष उपेक्षा के कारण अब लगभग खो गया है।

श्रुति-संवेदन के प्रति यह उपेक्षा और भी दारुण इसलिए हो गयी कि काव्यालोचन के राजनीतिकीकरण के कारण ऐसे सब विचारों को 'रूपवाद' कहकर उपहास का विषय बनाया गया। इसी तरह 'बोलचाल की भाषा के निकट आने के आग्रह को भी गलत समझा गया और उसका अर्थ यही लगाया गया—गद्य और पद्य की लय में कोई अन्तर नहीं होना चाहिए। आज तो बहुत से कवि-यशः प्रार्थी ऐसे भी हैं जो यह भी नहीं बता सकेंगे कि लय कहते किसे हैं। वे प्रायः यही मानते पाये जायेंगे कि एक तो गीत होता है जिसमें छन्द, तुक, ताल, लय सब कुछ का विचार होता है (और जो इसलिए एक घटिया काव्य रूप है) और दूसरे आधुनिक कविता होती है जो मुक्त छन्द में होती है अर्थात् उनमें इन सब चीजों में से किसी का विचार नहीं होता और यति का निर्णय बिल्कुल स्वैर रूप में किया जाता है। ऐसे बहुत से कवि निराला और मुक्तिबोध की दुहाई भी देंगे—उन्हीं की परम्परा—नहीं, उनकी परम्परा में होने का नहीं, बल्कि उनकी विरासत में होने का दावा भी करेंगे।' (कवि दृष्टि, पृ. 16) उन्हें पता नहीं है कि लयों का वैविध्य निराला में है—मुक्तिबोध में नहीं। मुक्तिबोध को छन्द-लय का कम ज्ञान है—निराला छन्द और संगीत के उस्ताद हैं। अज्ञेय ध्यान दिलाते हैं कि मुक्त-छन्द अनुशासन रहित पद रचना नहीं है—वह छन्द से मुक्त नहीं है, बल्कि मुक्तयुक्त-छन्द है।

अज्ञेय कथाकार, यात्रा-संस्मरणकार, नाटककार, पत्रकार, सम्पादक की अनेक भूमिकाओं में उतरे, लेकिन कहा हमेशा यही—'मैं कवि ही रहूँगा—उपन्यासकार नहीं बनूँगा।' उनकी धारणाएँ 'त्रिशंकु' से लेकर 'स्मृति के गलियारे' तक की पचास साल की विचार-यात्रा में फैली हैं। कवि को वे 'हविष्यवादी अग्निपुरुष' कहते हैं और रचना को यन्त्रणाभरी-तनाव की प्रक्रिया। अज्ञेय में जो 'अर्थ-गर्भमौन' का 'अनुभूति की अद्वितीयता' अनुभूति की ईमानदारी का जो मंथन चलता है, वह फूट-फटकर कह उठता है—'चिन्तन प्रसाद ने अधिक किया है, काव्य निराला का श्रेष्ठ है।' कभी-कभार उनका चिन्तक 'गागर में सागर' भरकर कहता है— 'प्रसाद पढ़ाये जायेंगे, निराला पढ़े जायेंगे, पन्त से सीखा जायेगा।' रचना और आलोचना को सांस्कृतिक-प्रक्रिया मानने के कारण अज्ञेय का सर्वाधिक झुकाव-लगाव प्रसाद जी के प्रति है। विजयदेव नारायण साही ने 'लघुमानव के बहाने हिन्दी कविता पर एक बहस' शीर्षक प्रसिद्ध निबन्ध में लम्बी बहस के बाद यह निष्कर्ष निकाला है, कि लेकिन यदि परम्परा हमेशा परिवर्तन और वैपरीत्य की दिशाओं में फूटती हुई चलती है तो अज्ञेय, आगे के इतिहासकार को प्रसाद की ही परम्परा में दिखाई पड़ेंगे।

दरअसल, अज्ञेय की आलोचना-दृष्टि अपने समय की रचनाशीलता और

रचनात्मक संवेदना से गहरी सम्पृक्ति के कारण अपने युग के तीखे प्रश्नों से टकराती है—चाहे वे प्रश्न आधुनिकतावाद ने उठाये हों, या मार्क्सवाद, फ्रायडवाद ने उठाये हों या नव्य समीक्षा ने, अस्तित्ववाद ने उठाये हों या औपनिवेशिक आधुनिकता के दबावों ने उठाये हों—अज्ञेय उनसे बौद्धिक संवाद करते हैं। पश्चिमवाद को भीतर-बाहर से पढ़ने-समझने पर भी अज्ञेय उस चिन्तन से आचार्य रामचन्द्र शुक्ल की तरह आतंक मुक्त रहते हैं। उनकी आलोचना का पूरा आन्तरिक पाठ भारतीय साहित्यालोचन की गहन-गम्भीर परम्परा से मुकम्मल होता है। इसलिए अज्ञेय की आलोचना आचार्य रामचन्द्र शुक्ल की परम्परा का विकास है—पुनर्नवता का विमर्श है और हिन्दी में एक मौलिक समीक्षाशास्त्र की आधारशिला को दृढ़ करने वाली संकल्पबद्ध तैयारी है। इसके भीतर भारतीय आलोचना का पूरा चरित्र शास्त्रों और विद्याओं को मथते हुए सर्जनात्मक आलोचना का है। इसलिए जो लोग अज्ञेय को 'पश्चिम का नकलची', 'व्यक्ति स्वातन्त्र्यवाद का पूँजीवादी प्रचारक', 'रूपवादी-कलावादी' कहकर बदनाम करते रहे हैं, उन्हें पुनर्विचार की जरूरत है। उन्हें 'इतिहास और स्वातन्त्र्य बोध', 'निरन्तरता और स्वतन्त्रता', 'स्वाधीन कर्तृत्व का ऊर्जा स्रोत', 'मेरी स्वाधीनता सब की स्वाधीनता', 'सभ्यता का संकट', 'समग्र परिवेश की राजनीति', 'देशीयता और मौलिकता', 'कथा भाषा : समस्या के कुछ पहलू', 'भाषा, कला और औपनिवेशिक मानस' तथा 'साहित्य, संस्कृति और समाज परिवर्तन की प्रक्रिया' जैसे चिन्तन-प्रधान निबन्धों पर अवश्य ध्यान देना होगा।

अज्ञेय आलोचक-कर्म को भारतीय अस्मिता की खोज से जोड़ने के लिए निरन्तर संघर्ष करते रहे हैं। ग. मा. मुक्तिबोध जिस 'सभ्यता समीक्षा' के प्रतिमान को सामने लाते हैं, उसमें अज्ञेय की सर्जनात्मक आलोचना का गौरव अक्षुण्ण है। स्वाधीन मनुष्य, स्वाधीन चिन्तन, स्वाधीन भाषा के साथ अज्ञेय स्वाधीनता या मुक्ति की आलोचना में पुकार लगाते हैं—उन्हें यूरोपियन मानस की गुलामी पसन्द नहीं है। संस्कृतियाँ प्रभाव ग्रहण करती हैं—इसलिए पश्चिमी 'प्रभाव' को स्वीकार करते हैं/क्योंकि आदान-प्रदान से दृष्टि में व्यापकता आती है, किन्तु नकलची बनकर, पिछलग्गू बनकर, आत्म-धिक्कार का शिकार होकर, अपने पूरे मूल्यवान चिन्तन को फेंककर पश्चिम से सब कुछ ग्रहण करने में वे भलाई नहीं समझते हैं। आज उत्तर-आधुनिकतावाद, उत्तर-संरचनावाद तथा पाठ और पाठकवादी आलोचना, विरचनावादी आलोचना को भी हमें जस की तस नहीं लेना है, उसे अपनी संस्कृति-परम्परा की शर्तों पर ही ग्रहण करना होगा। क्योंकि सांस्कृतिक-चिन्तन की हमारे पास पश्चिम से ज्यादा समृद्ध परम्परा है, जरूरत उस परम्परा के पुनराविष्कार की है।

अज्ञेय : भूमिकाओं में साहित्य के प्रतिमान

सच्चिदानन्द हीरानन्द वात्स्यायन 'अज्ञेय' (7 मार्च, 1911-1987) उन सर्जकों में हैं, जिन्हें काल की परिधि में नहीं बाँधा जा सकता। उन्होंने पचास वर्षों से अधिक की अवधि में निरन्तर सर्जन, आलोचन एवं सम्पादन किया है। रचनाओं के परिमाण की दृष्टि से कम ही लेखक उनकी बराबरी कर सकते हैं। हजारों कविताओं को रचने वाले इस रचनाकार ने अपने को जीवनभर सम्पादन कर्म में समर्पित भाव से खपाया। उनकी सम्पादकीय भूमिकाओं ने परम्परागत साहित्य-चिन्तन में अभिनव क्रान्ति उपस्थित करते हुए हिन्दी के नवीन समीक्षाशास्त्र की नींव को दृढ़ किया। इसके अलावा उन्होंने उपन्यास, कहानी, नाटक, संस्मरण, निबन्ध कला, शिक्षा, भाषा, राजनीति, दर्शन और साहित्य के विविध-विषयों से सम्बन्धित अपूर्व निबन्ध लेखन किया। कृतियों के मूल्यांकन की दृष्टि से वे उस ऊँचाई तक पहुँचे थे—जहाँ तक इने-गिने महान सर्जक-चिन्तक ही पहुँचते हैं। आज जब हम उनके चिन्तन की ऊँचाई का स्मरण करते हैं तो पाते हैं कि अज्ञेय का चिन्तन हमारी मूल्यवान निधि है।

अज्ञेय के रचनाकार ने यह सत्य अपने संघर्ष से कमाया है कि रचनात्मक साहित्य की समृद्धि के साथ, नयी संवेदना नवीन रचना-दृष्टि का मार्ग खोलती है और एक नवीन सभ्यता-समीक्षा दृष्टि का विकास करती है। नवीन रचना-दृष्टि परम्परागत, बासी मूल्य-दृष्टियों को पछाड़ती चलती है। इस तरह रचना-दृष्टि जड़ीभूत सौन्दर्याभिरुचियों पर प्रहार करने के साथ उन्हें बदलती है—उनमें नया परिमार्जन लाती है। कोई भी सर्जनात्मकता कितनी ही क्रान्तिकारी क्यों न हो—उसके भीतरी तल में युग की मनोभूमिका के तत्त्व सक्रिय रहते हैं। हर समय रचनाकर्म के सामने समस्या नयी वागर्थ की प्रतिपत्ति को लेकर रहती है। क्योंकि निरन्तर प्रयोग से शब्दों का अर्थ चमत्कार भरता रहता है और रचनाकार की प्रमुख समस्या शब्दों के नये अर्थ संस्कार, शब्दों में नये अर्थ भरने की रहती है ताकि नयी संवेदना को नयी भाषा से पाठक में सम्प्रेषित किया जा सके।

हिन्दी में नवजागरण की चेतना से सम्पन्न आचार्य महावीर प्रसाद द्विवेदी, कविवर मैथिलीशरण गुप्त, आचार्य रामचन्द्र शुक्ल, सूर्यकान्त त्रिपाठी निराला, प्रेमचन्द, पन्तजी 'एक भारतीय आत्मा' ने रीतिवाद विरोधी आन्दोलन चलाया और किसी भी कीमत पर पुरानी सैद्धान्तिकता से समझौता नहीं किया। इन आलोचकों, काव्य-सर्जकों ने काव्य-भूमिकाओं, पुस्तकों-लेखों, प्रासंगिक परिचर्चाओं, गोष्ठियों, परिसंवादों, पत्र-पत्रिकाओं, इंटरव्यू आदि के माध्यम से नवीन सर्जनात्मकता को समझने के लिए विस्तार से विचार-विमर्श किया। आचार्य महावीर प्रसाद द्विवेदी ने 'सरस्वती' पत्रिका के माध्यम से रीति-विरोधी आन्दोलन की अगुवाई की तथा आचार्य द्विवेदी की प्रेरणा से मैथिलीशरण गुप्त ब्रजभाषा मोह से मुक्त होकर खड़ी बोली में आये। हमारे स्वाधीनता-संग्राम की भाषा खड़ीबोली रही और खड़ीबोली का अर्थ था रूढ़ियों से विद्रोह करते हुए मुक्ति के लिए संघर्ष। अज्ञेय के गुरु-स्थानीय मैथिलीशरण गुप्त ने श्रीधर पाठक की परम्परा को नया मुक्ति-सन्दर्भ प्रदान करते हुए रीतिवादी साहित्य-शास्त्र और साहित्य-दृष्टि का जोरदार विरोध किया। उन्होंने माइकेल मधुसूदन दत्त के काव्य 'मेघनाद वध' का अनुवाद किया और उस में युग-दृष्टि को वाणी देने के लिए एक विस्तृत भूमिका लिखी। यह 'भूमिका' रीतिवादी अभियान का घोषणा पत्र कही जा सकती है। गुप्त जी के बाद छायावाद के कवियों में पन्त ने 'पल्लव' का प्रवेश, मुक्त छन्द और भाषा को लेकर निराला ने 'अनामिका' की भूमिका, महादेवी ने 'दीपशिखा' की भूमिका तथा जयशंकर प्रसाद ने 'काव्य और कला तथा अन्य निबन्ध' के लेखों से युग-परिवर्तन उपस्थित कर दिया। एक नया स्वच्छन्दतावादी काव्यशास्त्र हिन्दी को नसीब हुआ। इन सभी ने द्विवेदीयुगीन नैतिकतावादी आदर्शवादी नव-शास्त्रवादी प्रतिमानों की जड़ता को अस्वीकार करते हुए मुक्ति का काव्यशास्त्र प्रस्तुत किया। पुराने सिद्धान्तों की नवीन व्याख्या आचार्य रामचन्द्र शुक्ल ने की और हिन्दी के नवीन समीक्षाशास्त्र की नींव रखी है। छायावाद-युग में पन्त और निराला में 'पल्लव' के 'प्रवेश' की भूमिका को लेकर जो वैचारिक संग्राम हुआ, उसने आगे के चिन्तन को दिशा दृष्टि दी। प्रेमचन्द ने यथार्थ और आदर्श के विचार को उठाकर माना कि रचनाकार राजनीति के आगे चलने वाला मशाल होता है। साहित्य को राजनीति का पिछलग्गू नहीं होना चाहिए। प्रेमचन्द के इस विचार को अज्ञेय ने अपनी 'भूमिकाओं' में हजार-हजार गूँजों-अनुगूँजों से प्रस्तुत किया। इस तरह रीतिवाद का प्रतिवाद करने के लिए नवीन रचना-प्रतिमानों, रचना-दृष्टियों की स्थापना के लिए छायावाद, प्रगतिवाद, प्रयोगवाद और नयी कविता के आलोचकों, कवि आलोचकों ने समय-समय पर बहुत ही मूल्यवान चिन्तन किया। इसी चिन्तन के दृढ़ आधार को लेकर अज्ञेय, ग. मा. मुक्तिबोध, विजयदेवनारायण

साही, लक्ष्मीकान्त वर्मा, नामवर सिंह, गिरिजाकुमार माथुर, कुँवर नारायण, शमशेर बहादुर सिंह रामविलास शर्मा रघुवीर सहाय आये हैं।

रचनादृष्टि और काव्य-सिद्धान्तों के स्पष्टीकरण के लिए ही कवि-आलोचकों ने काव्य-संग्रह की भूमिकाओं, सम्पादित पुस्तकों की भूमिकाओं, स्वतन्त्र लेखों, विचार गोष्ठियों, भाषणों, वक्तव्यों, साक्षात्कारों, वैचारिक संवादों के अतिरिक्त-स्वतन्त्र पुस्तकों की भी रचना सिद्धान्त-दृष्टि को लेकर की है। इस प्रकार के सभी निबन्धों-भूमिकाओं, आलोचना ग्रन्थों का नाभिनाल सम्बन्ध आलोचना की सैद्धान्तिक एवं व्यावहारिक दोनों प्रणालियों से अनिवार्यता रहा है। यह अलग बात है कि सैद्धान्तिक ग्रन्थों-निबन्धों में इसकी चर्चा विस्तार से है तथा व्यावहारिक आलोचनाओं में इसके संकेत प्रासंगिक चर्चा में आये हैं।

छायावादोत्तर-रचना और आलोचना दृष्टि में सर्वाधिक क्रान्ति करने का काम स. ही. वात्स्यायन अज्ञेय ने किया। वह 'प्रतिमान मैले हो गये हैं' की घोषणा करते हुए/आये अज्ञेय के इस विद्रोही अलीकी चिन्तन का अन्ध विरोध हुआ, लेकिन वे झुके नहीं। उन्होंने अपने चिन्तन में आत्यन्तिकता का कोई दावा नहीं किया, लेकिन परम्परागत चिन्तन-विधि का पूरा पाठ बदल दिया। काव्य-स्वरूप, काव्य-लक्षण, कवि-कर्म, काव्यानुभूति, काव्य की रचना-प्रक्रिया, रस, ध्वनि, वक्रोक्ति, गुण, अलंकार, उपमान, बिम्ब-प्रतीक, काव्य-भाषा, काव्य-छन्द, काव्य-लय, काव्य प्रेरणा, काव्य-हेतु—प्रतिभा, व्युत्पत्ति, अभ्यास, समाधि, काव्य प्रयोजन, रस और साधारणीकरण, काव्यभाषा और सम्प्रेषण, काव्य-शिल्प, काव्य-मर्मज्ञता, पाठक की प्रबुद्धता, नवीन सिद्धान्त दृष्टियों की उपयोगिता, काव्य तथा शिव-सौन्दर्य-दृष्टि, प्रयोग, परम्परा, प्रगति-आधुनिकता शायद ही कोई क्षेत्र हो जिस पर विस्तार से विचार न किया हो। प्रयोग-प्रगति-परम्परा आधुनिकता की अवधारणाओं को तो पहली बार अज्ञेय विचार-समीक्षा के केन्द्र में लाये और नवीन दृष्टि से चौतरफा विवेचन किया।

अज्ञेय पर मनोविश्लेषण और अस्तित्ववादी चिन्तन सिद्धान्तों का प्रभाव है, लेकिन वे मूलतः न मनोविश्लेषणवादी हैं न अस्तित्ववादी। साहित्यिकों में वे पश्चिम के टी. ई. हुल्मे, ब्राउनिंग, टी. एस. इलियट. डी. एच. लारेन्स, एफ. आर. लीविस, आई. ए. रिचर्ड्स, हेडेगर, नीत्से आदि से प्रभावित हैं—लेकिन 'प्रभाव' ही ग्रहण करते हैं, उनकी नकल नहीं करते। उन पर देशी-विदेशी वादों, काव्यान्दोलनों, विचार-सिद्धान्तों, प्रवृत्तियों की गहरी छाप है, किन्तु इन सभी पर वे सोचते अपनी भारतीय भूमि पर खड़े होकर ही हैं। उन्हें जो लोग चिन्तन में 'बाहरी व्यक्ति' मानते हैं—वे उन्हें समझते ही नहीं। पश्चिमी 'न्यू क्रिटिसिज्म' के अनेक सिद्धान्त-सूत्र, आधुनिकतावादियों के अनेक विचार अज्ञेय के मानस में उमड़ते-घुमड़ते रहते हैं, किन्तु उनके अवचेतन

पर भारतीय चिन्तन की गहरी धमक है। एक तरह से वह नयी कविता के हिन्दी में अभिनवगुप्त हैं जिनमें हमारी चिन्तन परम्परा के पुरखे बोलते हैं और भारतीय जीवन की कालिदासीय लय, नर-नारायण लय सुनाई देते हैं। वह जीवन के अन्तिम वर्षों में भारतीय चिन्तन स्रोतों के मूल तक पहुँचने के लिए भागवत यात्राएँ करने लगे थे।

अज्ञेय का यह तर्क निस्सार नहीं है कि जिस प्रकार परम्परागत या प्राचीन उपमान निरन्तर प्रयोग के कारण घिसकर निष्प्राण हो जाते हैं—उसी प्रकार परम्परागत बिम्ब भी प्रभावहीन हो जाते हैं, उनका अर्थ चमत्कार मर जाता है। भारतीय साहित्यशास्त्र में यह प्रश्न अनेक कोणों से काव्यभाषा और काव्य-शिल्प को लेकर उठाया गया है और अकुंठ भाव से कहा गया है कि रूढ़ उपमानों और उनके आश्रित बिम्बों को त्यागकर नया सर्जक अपनी नवीन सौन्दर्य-चेतना के अनुरूप नये उपमानों-बिम्बों के निर्माण में प्रवृत्त होता है। यूरोप के साहित्यशास्त्र में लोंजाइनस ने अलंकारों-उपमानों की जड़ता पर प्रहार करते हुए नये प्रयोगों, नये उपमानों पर बल दिया था। मध्य-युग में दान्ते इसी विचार को सामने लाते हैं और फिर शेक्सपियर ने नवजागरण का काव्य-शिल्प ग्रहण किया। वर्ड्सवर्थ ने नवशास्त्रवाद की रूढ़ियों का विरोध करते हुए सजीव काव्यभाषा के प्रयोग का समर्थन किया। उसके बाद तो नव प्रयोगों के बीसवीं शताब्दी में अनेक आन्दोलन ही चले हैं। भारतीय काव्यशास्त्र में कालिदास ने रीति अलंकार की जकड़बन्दी को अस्वीकार करते हुए घोषणा ही कर दी 'पुराण, मित्येव हि न साधु सर्वम्।' हिन्दी के रीतिमुक्त कवियों ने—'लोगन कवित्त कीन्हो खेल करि जानो है' कहकर रूढ़ उपमानों की खिल्ली उड़ाई। रीतिवाद विरोधी अभियान के प्रवर्त्तक आचार्य महावीर प्रसाद द्विवेदी ने निर्भय होकर कहा।

"भारती को नवीन कुछ नवीन आभूषणों से अलंकृत करने में हमें संकोच नहीं करना चाहिए। फिर क्या कारण कि बेचारी भारती के जेवर वही भरत, कालिदास, भोज इत्यादि के जमाने के ज्यों के त्यों बने हुए हैं? भारती को क्या नवीनता पसन्द नहीं? (भारती भूषण की प्रस्तावना का पत्र) इसी बात को मैथिलीशरण गुप्त ने गद्य-पद्य दोनों में दुहराया कि कविता को कटक-चटक-मटक से मुक्त कर नवीन पंथों की ओर ले जाना चाहिए। मैथिलीशरण गुप्त ऊपर से सीधे-सपाट दिखाई देने पर भी बड़े विद्रोही रचनाकार और चिन्तक हैं। वे प्राचीन का नवीन भाष्य करने में प्रवीण हैं। गुप्तजी की राह फिर पन्त जी ने 'पल्लव' की भूमिका में विस्तृत की और कहा— 'वे (अलंकार) वाणी के हास-अश्रु, स्वप्न, पुलक, हाव-भाव हैं : जहाँ भाषा की जाली केवल-अलंकारों के चौखटे में फिट करने के लिए बुनी जाती है? वहाँ भावों

की उदारता शब्दों की कृपणजड़ता में बँधकर सेनापति के दाता और सूम की तरह 'इकसार' हो जाती है।' निराला जी ने छन्द-मुक्ति में काव्य-मुक्ति को पाया। अज्ञेय ने इसी परम्परा को अपने भीतर से गुजारने के बाद कहा कि काव्य में नवीनता—नवीन उपमानों, नवीन बिम्बों से निष्पत्ति पाती है। प्रतिभा को इसी कामना से 'अपूर्व वस्तु निर्माण क्षमा' कहा गया है। अज्ञेय का 'बल्कि केवल यही ये उपमान मैले हो गये हैं/देवता इन प्रतीकों के कर गये हैं कूच/कभी वासन अधिक घिसने से मुलम्मा छूट जाता है।' यह अज्ञेय का सिद्धान्त-कथन है।

आज अज्ञेय का पूरा सृजन-चिन्तन अपने सचों की लोकतान्त्रिक बहुलता-विविधता के साथ मौजूद है। यह विविधता उनके द्वारा लिखी गयी 'भूमिकाओं' से पाठक को अपनी अपूर्वता से चमत्कृत कर देती हैं। निबन्ध संग्रह, काव्य-संग्रह, उपन्यास, कहानी, यात्रा-वृत्त, संस्मरण, सम्पादन कुछ भी हो, वह उसकी 'भूमिका' बहुत श्रम से लिखते रहे हैं। आज उनकी भूमिकाएँ उनकी मनोभूमिका के तप-साधना को समझने में सहायक हैं। कई बार तो युग का मन उनकी भूमिकाओं में निवास करता मिलता है। हिन्दी में शायद ही कोई रचनाकार हो जिसने अपनी भूमिकाओं से इतनी बड़ी वैचारिक क्रान्ति उपस्थित की हो, जितनी अज्ञेय ने की है। न जाने कितने अन्धड़ों को झेलकर वे डटे रहे और युग के चिन्तन का नया काव्यशास्त्र गढ़ कर ही दम लिया। विरोधियों ने मुँह भर-भरकर गालियाँ दीं, पर वे विचलित नहीं हुए। निर्मल वर्मा ने ठीक ध्यान दिलाया है कि अपने जीवन में चुप रहने वाले अज्ञेय आज सभी ओर से बोलते हुए सुनाई देते हैं। पाठक का मन छन्द में कीलित उनका पवित्र मन्त्र गाने को करता है—'मैं सभी ओर से खुला हूँ वन-सा/वन-सा अपने में बन्द हूँ/शब्द में मेरी समाई नहीं होगी/मैं सन्नाटे का छन्द हूँ।'

दरअसल, अज्ञेय हिन्दी में बहुआयामी सर्जक-चिन्तक हैं और रचना-कर्म के संकट से जूझने वाले चिन्तक। उनके रचनाकार का विकास काल भारतीय मुक्ति संग्राम की युवा-लय का समय है और भारतीय नव-जागरण की सर्जनात्मकता का दौर। इस समय में उनके विद्रोही मानस ने मुक्ति की प्रेरणा से भरकर अपने रचना कर्म को नया मोड़ दिया। इसलिए उनके सृजन-चिन्तक में जहाँ मुक्ति की बहुलार्थक खोज है और यह खोज ही उनके सम्पूर्ण सृजन-चिन्तन का केन्द्रीय सरोकार रही है, वहाँ उनका रचनाकार एक बृहत्तर सामाजिक स्थिति में नयी भाषा-सम्प्रेषण परिस्थिति की चुनौतियाँ महसूस करता है। इस रचनात्मक-संघर्ष को अज्ञेय ने अपनी 'भूमिकाओं' में हर जोखिम झेलकर प्रतिष्ठित किया है। अज्ञेय यह विचार गाँठ में बाँधकर आगे बढ़ते हैं कि हर समाज और हर भाषा की परम्परा का अपना विशिष्ट चरित्र होता है, मिथक शास्त्र होता है और संस्कृति। यह 'चरित्र'

ही परम्परा का सर्जनात्मक भाष्य करता है। इस परम्परा के भीतर से ही आधुनिकता फूटती है। क्योंकि परम्परा अपनी जड़ों की तलाश है और उसकी अर्थवत्ता के साथ आधुनिक दृष्टि का चिन्तन विस्तार। सच तो यह है कि अज्ञेय जैसा बड़ा चिन्तक इतिहास के भीतर से नयी राहों को खोजने का संकल्प दुहराता है। अज्ञेय का यही संकल्प 'नयी राहों का अन्वेषण' सम्भव कर सका है। अज्ञेय और उनकी समवर्ती पीढ़ी के लेखन में जो प्रयोगशील मन और संस्कारशील मन की रगड़ से रचना-कर्म में बौद्धिक रुझानों से भरी आधुनिकता उभरकर निष्पत्ति पाती है, वह 'नयी रचना-स्थिति के तर्क का पूरी तरह स्वीकार' कही जा सकती है। खोजने पर नयी रचना-स्थिति के ये साक्ष्य पाठक को अज्ञेय और उनके समवर्ती रचनाकारों में प्रचुर परिमाण में मिल जाते हैं।

अज्ञेय की वैचारिक 'भूमिकाओं' का महत्त्व इस दृष्टि से विशिष्ट महत्त्व रखता है कि उन्होंने संकल्पबद्ध होकर अपने सर्जन-चिन्तन में पूरी चेतनता से उन बुनियादी प्रश्नों-शंकाओं-समस्याओं की ओर पाठकों का ध्यान आकृष्ट किया, जिनसे टकराये बिना परवर्ती लेखन की प्रासंगिकता पर प्रश्नचिह्न लग जाता है। 'तारसप्तक'; 1943 के कवि-वक्तव्यों में अज्ञेय का कवि-वक्तव्य अन्य सभी कवियों के वक्तव्यों से न केवल अलग है, बल्कि नयी सम्प्रेषण, स्थिति के तर्क का स्पष्ट बोध कराता है। अज्ञेय ने अपने 'कवि वक्तव्य' में कहा–'कविता ही कवि का परम वक्तव्य है; अतः यदि कविता के स्पष्टीकरण के लिए स्वयं उसके रचयिता को गद्य का आश्रय लेकर कुछ कहना पड़े तो साधारणतया इसे उसकी पराजय ही मानना चाहिए। किन्तु मानव जीवन के विकास के साथ-साथ उसकी जटिलता इतनी बढ़ी है कि इस प्रकार का आत्म स्पष्टीकरण वांछनीय हो गया है। क्यों? इसका कारण है।' (तारसप्तक वक्तव्य) इसके कारण को संकेतित किया कि कवि का कथ्य उसकी आत्मा का सत्य है। फिर ये सत्य व्यक्ति सत्य न होकर व्यापक-सत्य इन दो पराकाष्ठाओं के बीच में उसके कई स्तरों की उद्‌भावना करते हैं और कवि इन स्तरों में से किसी पर भी हो सकता है। और आज इसी की सम्भावना अधिक है कि कवि इन बीच के स्तरों में से किसी एक पर हो। 'व्यापकता' वैसे भी सापेक्ष्य है; जीवन की बढ़ती हुई जटिलता के परिणामरूप 'व्यापकता' का घेरा क्रमशः अधिकाधिक सीमित होना चाहता है। यह ध्यान भी अज्ञेय ने दिलाया कि पहले काव्य एक सीमित समाज की थाती था। आज ऐसा नहीं है। आज अनेक स्तर के पाठक हैं और अनेक तरह की जीवन-परिपाटियों से जुड़े हुए हैं।

सच बात यह है–'यह आज के कवि की सबसे बड़ी समस्या है। यों समस्याएँ अनेक हैं–काव्य-विषय की, सामाजिक उत्तरदायित्व की संवेदना के पुनः संस्कार की,

आदि—किन्तु उन सबका स्थान इन सबके पीछे है। क्योंकि यह कवि-कर्म की मौलिक समस्या है, साधारणीकरण और Communication (निवेदन) की समस्या है। और कवि को प्रयोगशीलता की ओर प्रेरित करने वाली सबसे बड़ी शक्ति यही है। कवि अनुभव करता है कि भाषा का पुराना व्यापकत्व उसमें नहीं है—शब्दों के साधारण अर्थ से बड़ा अर्थ हम उसमें भरना चाहते हैं, पर उस बड़े अर्थ को पाठक के मन में उतार देने के साधन अपर्याप्त हैं। वह या तो अर्थ कम पाता है या कुछ भिन्न पाता है।'

काव्य में प्रयोग को लेकर बेझिझक कहा—"प्रयोग सभी कालों के कवियों ने किये हैं, यद्यपि किसी एक काल में किसी विशेष दिशा में प्रयोग करने की प्रवृत्ति होना स्वाभाविक ही है। किन्तु कवि क्रमशः अनुभव करता आया है कि जिन क्षेत्रों में प्रयोग हुए हैं, उनसे आगे बढ़कर अब उन क्षेत्रों का अन्वेषण करना चाहिए, जिन्हें अभी नहीं छुआ गया था, जिनको अभेद्य मान लिया गया। भाषा को अपर्याप्त पाकर विराम संकेतों से, अंकों और सीधी-तिरछी लकीरों से, छोटे-बड़े टाइप से, सीधे या उलटे अक्षरों से, लोगों और स्थानों के नामों से, अधूरे वाक्यों से सभी प्रकार के इतर साधनों से कवि उद्योग करने लगा कि अपनी उलझी हुई संवेदना की सृष्टि को पाठकों तक अक्षुण्ण पहुँचा सके।" प्रश्न उठता है कि क्या इस कार्य में उसे पूरी सफलता मिल सकी? इसका उत्तर अज्ञेय ने पाठक के विचार-संयोजक-सूत्रों को उठाते हुए दिया—"बहुत से लोग इस बात को भूल गये कि कवि आधुनिक जीवन की एक बहुत बड़ी समस्या का सामना कर रहा है—भाषा की क्रमशः संकुचित होती हुई सार्थकता की केंचुल फाड़कर उसमें नया, अधिक व्यापक, अधिक सारगर्भित अर्थ भरना चाहता है—और अहंकार के कारण नहीं, इसलिए कि उसके भीतर इसकी गहरी माँग स्पन्दित है। इसलिए वह 'व्यक्ति-सत्य' को 'व्यापक-सत्य' बनाने का सनातन उत्तरदायित्व अब भी निबाहना चाहता है, पर देखता है कि साधारणीकरण की पुरानी प्रणालियाँ, जीवन के ज्वालामुखी से बहकर आते लावा से ही भरकर और जमकर रुद्ध हो गयी हैं, प्राण संचार का मार्ग उनमें नहीं है।" इसके बाद अपने कवि मन को खोलते हुए कहा—"जो व्यक्ति का अनुभूत है, उसे समष्टि तक कैसे सम्पूर्णता में पहुँचाया जाय—यही पहली समस्या है जो प्रयोगशीलता को ललकारती है। इसके इतर समस्याएँ हैं।"

अज्ञेय रचना-कर्म के व्यापक सामाजिक-दायित्व के प्रति बहुत सजग होक सोचते रहे हैं। उनका पलायनवादी व्यक्तिवाद में कतई विश्वास नहीं है। जो उन्हें समाज-निरपेक्ष व्यक्तिवादी कहकर कोसते हैं, वे जानबूझकर उन्हें बदनीयती से बदनाम करते हैं। क्योंकि अज्ञेय का 'स्वान्तःसुखाय' तुलसी, भारतेन्दु, मैथिलीशरण,

प्रसाद, निराला से जुड़ा रहा है अर्थात् 'शिवेतरक्षतये' का व्यापक विचार-बीज। इसलिए उनकी आत्मभिव्यक्ति में लोक-चेतना समाविष्ट रही है। अपनी 'भूमिकाओं' में न जाने कितनी नावों में कितनी बार बैठकर यह बात उन्होंने पूरी दृढ़ता से कही है। यहाँ 'भाषा उनके व्यवहार का माध्यम है और उसकी माध्यमिकता इसी में है कि वह एक से अधिक को बोधगम्य हो, अन्यथा वह भाषा नहीं है। जीवन की जटिलता को अभिव्यक्त करने वाले कवि की भाषा का किसी हद तक गूढ़ 'अलौकिक' अथवा दीक्षा द्वारा गम्य (Esoteric) हो जाना अनिवार्य है, किन्तु वह उसकी शक्ति नहीं, विवशता है, धर्म नहीं आपद्धर्म है।'

अज्ञेय के प्रश्नाकुल कवि की प्रश्नाकुलताओं का पार नहीं है। जबकि उन्हें ज्ञात है—आधुनिक युग का साधारण व्यक्ति यौन-वर्जनाओं का पुंज है। उसके जीवन का एक पक्ष है उसकी सामाजिक रूढ़ि की लम्बी परम्परा, जो परिस्थितियों के परिवर्तन के साथ-साथ विकसित नहीं हुई; और दूसरा पक्ष है स्थिति-परिवर्तन की असाधारण तीव्र-गति जिसके साथ रूढ़ि का विकास असम्भव है। इस विपर्यास का परिणाम है कि आज के मानव का मन यौन-परिकल्पनाओं से लदा हुआ है और वे कल्पनाएँ सब दमित और कुण्ठित हैं। उसकी सौन्दर्य चेतना भी इससे आक्रान्त है। उसके उपमान सब यौम प्रतिकार्थ रखते हैं। प्रतीक द्वारा कभी-कभी वास्तविक अभिप्राय अनावृत्त हो जाता है तब वह उस स्पष्ट इंगित से घबराकर भागता है जैसे बिजली के प्रकाश में व्यक्ति चौंक जाय। अज्ञेय डी. एच. लारेन्स की एक कविता का उदाहरण देकर कहते हैं कि प्रेम-लिप्त व्यक्ति कैसे बिजली चमकने पर प्रेमालाप [illegible] र अलग हो जाता है क्योंकि बिजली ने उस प्रेम व्यापार को प्रकाश की चौंध [illegible] दिया है।

[illegible] के लिए परिस्थितिवश और भी कठिनाइयाँ हैं। एक मार्ग स्वप्न-सृष्टि या [illegible] का है जिसे वह नहीं अपनाता। कोरा यथार्थ-दर्शन कुण्ठा उत्पन्न करता [illegible] वीभत्सता की कसौटी पर चाँदनी खोटी दीखती है। कवि अपनी काव्य [illegible] ल्यांकन करता है और चारण-काल से लेकर छायावाद तक की कविता [illegible] क परिस्थिति अथवा जीवन-प्रणाली पर घटित करके समझ लेता है। [illegible] भी आज के जीवन के दबाव की अभिव्यंजना का मार्ग उसे नहीं दीखता। [illegible] आज उसकी अनुभूतियाँ तीव्रतर हैं, वर्जनाएँ (Inhibitions) भी कठोर हैं। परिणाम है व्यंजना भीरु नेत्रों का विस्फार, जो 'अश्लील' इसलिए है कि भावनाओं और व्यंजनाओं के संघर्ष को सहसा सामने ले आता है। इसलिए प्रेम थका-माँदा पंछी है जो साँझ होती देख आशंका से भर जाता है। इसलिए प्रेम में जीवन की अखण्डता गायब है। अतः निवेदन यह है कि कवि पर नहीं कविता पर विश्वास करो—कवि

तो 'इंटेंशनल फेलिसी' में घेरकर धोखा दे सकता है।

'अज्ञेय की भूमिकाएँ' हिन्दी आलोचना में भारी उपद्रवों को जन्म देती रही हैं, क्योंकि उनमें कट्टरपंथियों को चिढ़ाते-उकसाने के लिए बहुत कुछ रहता है। वे जब से लेखक के रूप में जाने-जाने लगे तब से ही रूढ़िवादी रचना-आलोचना को बदलने की तैयारी करने लगे। शुरू से ही उन्होंने रचना और आलोचना कर्म के लिए परम्परा के मूल्य और महत्त्व पर विचार किया है और समकालीन साहित्य की संवेदना, उसकी जटिलता पर चौकन्ने रहे हैं। हिन्दी-रचना और आलोचना के क्षेत्र में इने-गिने कवि ही इस तरह से साहित्यिक-सांस्कृतिक परम्पराओं के प्रति पूरे दायित्व के साथ सजग रहे हैं। एक दायित्वपूर्ण रचनाकर्मी व्यक्ति द्वारा किया गया साहित्य का पर्यवेक्षण पाठक के लिए विशेष अर्थ-सन्दर्भ-रखता है। उनकी सभी साहित्यालोचना से सम्बन्धित मान्यताओं पर प्रबुद्ध पाठक सहमत भले ही न हो, किन्तु उनसे सोचने-परखने की एक दिशा तो मिलती ही है। फिर यह सच है कि 'सर्जक के साहित्य चिन्तन का अर्थ और महत्त्व उसकी स्थापनाओं की मान्यता अथवा स्वीकृति पर निर्भर नहीं करता। उसका महत्त्व इस बात में है कि एक साहित्य-सर्जक के नाते वह भी संवेदन की उसी भूमि पर खड़ा होता है जिस पर उसके समकालीन दूसरे साहित्य-सर्जक होते हैं। उसके चिन्तन का प्रभावी अथवा उत्तेजक होने का कारण यही होता है, यह नहीं कि सब उस पर सहमत हो सकते हैं। संवेदन को समान भूमि पर खड़े होने के कारण उसके चिन्तन में एक पहचान होती है एक बोध होता है, जिसमें दूसरों का भी तत्काल साझा हो सकता है, और उसमें एक चुनौती होती है, जिसे दूसरे टाल नहीं सकते, भले उसका सामना वे अपने-अपने ढंग से करें और उसके बाद अलग-अलग परिणामों पर पहुँचे, अलग-अलग दिशाओं में प्रेरित हों। वे पलटकर लोहा लेना भी चाहें तो वह भी प्रेरणा की एक दिशा है। चुनौती का असर है।' सौभाग्यवश या दुर्भाग्यवश हिन्दी-आलोचना की अज्ञेय-पीढ़ी और उसके बाद की पीढ़ी ने उनसे निरन्तर वाद-विवाद-संवाद किया है। उनके कथनों के जमकर पाठ-कुपाठ हुए हैं।

प्रायः अज्ञेय ने काव्य-उपन्यास-कहानी आदि की 'भूमिका' के रूप में छोटे-बड़े वैचारिक निबन्ध ही लिखे हैं और सुविचारित भी। आज का जागरूक पाठक जब कभी उनके रचनाकार मानस में प्रवेश करना चाहता है तो ये 'भूमिकाएँ' आलोक स्तम्भों का कार्य करती हैं। उनकी भूमिकाएँ उलझे-उपेक्षित-किनारे पड़े विचारों को केन्द्र में लाकर सुलझाने का प्रयास हैं। पाठक काल-क्रम से उनकी भूमिकाओं का अन्तःपाठ करता है तो उनमें लगातार विकासमान साहित्य-दृष्टि क्रियाशील दिखाई दे जाती है। उनमें विकास हुआ है उसके कारण कुछ पहले की मान्यताएँ संशोधित

होती रही हैं—लेकिन उनके आधारभूत-विचार दृढ़ रहे हैं, उनमें अवसरवादिता नहीं है।

दरअसल, इन भूमिकाओं में आधारभूत वैचारिक मान्यताएँ और स्पष्ट होकर परिपुष्टि हुई हैं। अज्ञेय के आलोचक को स्वयं बोध था कि लेखक की इन भूमिकाओं को समान्तर प्रतिपादित विचारों के बराबर रखकर जाँचा जाय तो यही दीखेगा कि इन भूमिकाओं के द्वारा स्थापित की गयी विचार सरणि समकालीन रचनाकारों को प्रभावित भी करती रही है और चुनौती भी देती रही है। बल्कि रचनाकारों को ही नहीं, इन भूमिकाओं ने समकालीन आलोचना की परिपाटी को भी प्रभावित किया है और हिन्दी आलोचना को कई नये शब्द और अवधारणाएँ भी दी हैं, जिनकी समकालीन सन्दर्भ में अत्यन्त आवश्यकता थी। अगर इस शब्दावली और इन अवधारणाओं का प्रयोग स्वयं 'अज्ञेय' की ही आलोचना में भी किया गया तो यह उनके सामर्थ्य और उनकी अर्थवत्ता का ही प्रमाण है, उनके भ्रान्त होने का नहीं।

इन 'भूमिकाओं' ने अज्ञेय के रचना-कर्म को भी दूर तक प्रभावित किया है। अज्ञेय ने माना है कि 'भूमिकाओं' की संगति यह है कि 'विचारों के इस क्रमिक विकास ने 'अज्ञेय' के भी रचना-कर्म को प्रभावित किया है। मेरी आत्मशोधक प्रवृत्ति का एक पहलू यह भी है कि मुझे इतना काफी नहीं जान पड़ता कि ऐसी आलोचना, सिद्धान्त या प्रतिमान सामने रख सकूँ जिनकी कसौटी पर मेरी रचनाएँ खरी उतरें अर्थात् मेरे आलोचना सम्बन्धी विचार केवल अपनी वकालत के लिए नहीं रहे हैं। विचारों की एक स्वतन्त्र यात्रा भी रही है और उनसे मैं जिन परिणामों पर पहुँचता रहा हूँ उन्हें मैंने स्वयं अपने रचना-कर्म पर भी लागू किया है—उनका परीक्षण और शोध भी उनके आधार पर किया है।' इस तरह इन 'भूमिकाओं' के विचार-प्रकाश में अज्ञेय के स्वयं के कृतित्व को समझने-परखने की कुंजी मिल सकती है।

अज्ञेय की अवधारणाएँ निरन्तर संशोधित होकर 'भूमिकाओं' तथा स्वतन्त्र-निबन्धों, डायरियों, साक्षात्कारों, आत्म-वक्तव्यों में आती रही हैं। बहुत आरम्भ से अज्ञेय और उनके समकालीनों का मत रहा है कि पुराने प्रतिमान नये रचना-कर्म को जाँचने-परखने में अपर्याप्त सिद्ध हुए हैं। अतः नये प्रतिमान रचना-कर्म के भीतर से ही खोजने चाहिए। लक्ष्मीकान्त वर्मा ने 'नयी कविता के प्रतिमान' और 'नये प्रतिमान पुरने निकष' शीर्षक से दो पुस्तकें लिखी भी थीं—जिनकी पर्याप्त चर्चा हुई। लेकिन नयी कविता के नये सिद्धान्तकार विजयदेवनारायण साही ने 'शमशेर की काव्यानुभूति की बनावट' शीर्षक निबन्ध में यह कर सभी को चौंका दिया कि नयी कविता का न सिर्फ ऊपरी कलेवर बदला है, या नये प्रतीकों या बिम्बों या शब्दावली की तलाश हुई है, बल्कि गहरे स्तर पर काव्यानुभूति की बनावट में ही फर्क आ गया है। ...

चेतना के जो तत्त्व काव्यानुभूति के आवश्यक तत्त्व दिखते थे, उनमें से कुछ अनुपयोगी या असार्थक दिखने लगे, कुछ अन्य जो पहले अनावश्यक या विरोधी लगते थे, काव्यानुभूति के केन्द्र में आ गये। कुल मिलाकर काव्यानुभूति और जीवन की काव्येतर अनुभूतियों में जो रिश्ता दिखता था, वह रिश्ता ही बदल गया। (छठवाँ दशक, पृ. 195) इसी बात को शमशेर की काव्यानुभूति का विश्लेषण करते हुए सिद्धान्त ध्वनि के साथ साही जी ने कहा– 'समूची नयी कविता को ठीक-ठीक देखने के लिए नयी कविता के प्रतिमान की जरूरत नहीं है, बल्कि कविता के नये-प्रतिमान की जरूरत है'। (वही, पृ. 218) साही जी से यह संकेत पाकर 'कविता के नये प्रतिमान' जैसी पुस्तक भी लिखी गयी और पश्चिम की 'न्यू-क्रिटिसिज्म' की तमाम अवधारणाओं को आधार बनाया गया। किन्तु यहाँ मुक्तिबोध को बड़ा और अज्ञेय को छोटा करने की राजनीति ही प्रबल रही।

अज्ञेय ने 'कवि-दृष्टि' की 'भूमिकाओं की भूमिका' में स्वीकार किया कि इन भूमिकाओं में पूरी दो पीढ़ियों के रचना-कर्म की क्रियाशीलता की व्यंजना है और ये भूमिकाएँ पूरी तरह निर्दोष भी नहीं हैं। महान प्रतिभाएँ प्रायः दोषरहित नहीं होतीं, उनमें बेढब छेद होते हैं। इन छेदों के भीतरी अहसास के साथ ही कहा–'लेकिन इन भूमिकाओं को एकत्र देखकर अपनी दृष्टि की कमी मुझे खटकी, जिसका उल्लेख यहाँ कर देना उचित होगा। यह नहीं कि जो कुछ इन भूमिकाओं में कहा गया वह कमी के कारण कट जाता है। यह भी नहीं कि कुछ ऐसा था जो मुझे नहीं दीखा, पर जिसे दूसरों ने देख लिया था। केवल इतना ही कि परम्परा के मूल्यांकन और उसके नवीनीकरण में और सर्जनात्मक साहित्य में होने वाले परिवर्तन के मूल क्रियाशील कुछ कारणों की ओर मेरा ध्यान कुछ देर से गया और इसलिए उसकी पूरी प्रक्रिया की समझ भी कुछ देर से विकसित हुई। मैं चाहता तो इस बात से सन्तोष कर लेता कि दूसरों का ध्यान तो उधर और भी बाद में, बल्कि तभी गया जब मैंने उस प्रक्रिया की ओर उनका ध्यान आकृष्ट किया। लेकिन अपनी कम समझी की यह सफाई देना कि दूसरों ने तो उन बातों को और भी कम समझा था–मेरे स्वभाव के विरुद्ध है। (कवि दृष्टि–भूमिकाओं की भूमिका –सं. समस्वरूप चतुर्वेदी)

रचनाकार-आलोचक अज्ञेय का आत्मालोचन और आत्म साक्षात्कार इन 'भूमिकाओं' की शक्ति कही जा सकती है। बड़ी ईमानदारी से अज्ञेय कह सकते हैं कि यह प्रक्रिया है वाचिक रचना और श्रुति-परम्परा से लिखित रचना और पठन-परम्परा तक विकास और सम्प्रेषण की स्थितियों अथवा पद्धतियों के इस आमूल परिवर्तन का रचना पर प्रभाव। इस बात का तो मुझे सन्तोष है कि सम्प्रेषण पर मैं आरम्भ से ही बल देता रहा और केवल आत्माभिव्यक्ति के तर्क को मैंने कभी स्वीकार नहीं

किया—'अभिव्यक्ति भी दूसरों पर होती है। इसलिए अभिव्यक्ति को भी सम्प्रेषण प्रक्रिया से अलग किया ही नहीं जा सकता। लेकिन सम्प्रेषण के सैद्धान्तिक महत्त्व को पहचानते और स्वीकार करते हुए भी 'तारसप्तक' की भूमिका लिखी गयी। तब मैंने इस बात को नहीं देखा था कि कविता के स्वभाव में ही इस कारण कितना परिवर्तन हो जाता है कि वह सुनाई जाने वाली और समाज में सुनी जाने वाली न होकर अकेले बैठकर पढ़ी जाने के लिए रची जा रही है। सम्प्रेषण प्रणालियों का यह मौलिक रूपान्तर कवि और उसके भावक के सम्बन्ध का मौलिक रूपान्तर है, जिसके कारण काव्य का स्वरूप बदल जाता है।' यहाँ यह भी समझदारों के लिए बात स्पष्ट की गयी है कि अज्ञेय ने परम्परा का नया भाष्य किया है।

अज्ञेय इन 'भूमिकाओं' में उस युग-भूमि की कहानी कहते हैं जिसे फ्रेंच आलोचक तेन ने 'मिलियू' कहा है। दुर्भाग्य से हिन्दी आलोचना में युग-भूमि मिलियू की यह कहानी अधूरे मन से कही गयी है। साहित्य में संवेदनाओं, स्वप्नों, भावनाओं, धारणाओं, प्रणालियों, मन्तव्यों, प्रेरणाओं आदि को युग भूमि के मनोविश्लेषण से सशक्त रूप में विवेचित किया जा सकता है और एक ही युग-भूमि पर रचने वाले भवानीप्रसाद मिश्र, रघुवीर सहाय, अज्ञेय और मुक्तिबोध के कवि स्वभाव के पार्थक्य और समान तत्त्वों को समझा जा सकता है। अज्ञेय एक खास अर्थ में नयी कविता के दयानन्द हैं कि वे परिष्कृत नैतिक संवेदना और सुधार-चेतना में चूकते नहीं हैं। उन्होंने कहा है—'यह विचार और इस पर आधारित समकालीन काव्य तथा उसकी परम्परा का नया मूल्यांकन मैंने अन्यत्र अपने निबन्धों में प्रस्तुत किया है, लेकिन इन 'भूमिकाओं में' उनका विवेचन नहीं किया है, केवल बाद की दो-एक में उसका संकेत भर है।' अज्ञेय ने नयी दृष्टि और नये काव्य-विवेक से हिन्दी साहित्य के नये परिदृश्य को भारतेन्दु और द्विवेदी युग से देखने का मन बनाया। यह भी देखा कि द्विवेदी युग से छायावाद कहाँ अलग हो रहा है। साथ ही 'छायावाद' नाम को अपर्याप्त मानते हुए पन्त जी के 'पल्लव' की भूमिका 'प्रवेश' में तथा बर्ड्सवर्थ लिखित 'लिरिकल वैलेड्स' की भूमिका में पर्याप्त समानताओं के संकेत दिये। मैथिलीशरण गुप्त, दिनकर, सियारामशरण गुप्त के राष्ट्रीयतावाद—मानवतावाद को प्रस्तुत करने के बाद कहा कि कविता ईश्वरोन्मुख न होकर मानवोन्मुख हुई। उसके केन्द्र में मानव आ गया। आरम्भ में ही खड़ी बोली कविता ने यह बहुत बड़ा काम किया। छायावाद की विद्रोही चेतना में नये काव्य-प्रयोग हुए।' अज्ञेय ने विश्लेषण-विवेचन से पाया कि छायावाद के काव्य से वह काव्य कहाँ और किन कारणों से अलग हुआ, जिसे प्रयोगशील प्रयोगवादी अथवा कुछ बड़े सन्दर्भ में नयी कविता कहा जाता है, इसका भी विचार इन भूमिकाओं में हुआ है।

इन 'भूमिकाओं' ने नये से नये देशी-विदेशी विचारों, सिद्धान्तों का प्रतिपादन किया। 'जो विश्लेषण हुए हैं तथा जो सिद्धान्त प्रतिपादित किये गये हैं उनमें मतैक्य नहीं है, यह तो ठीक है। पर वहाँ जो मतभेद हैं उसका कारण यह देने में कुछ प्रश्न स्पष्ट हो जाते हैं कि यह विवेचन और विश्लेषण साधारणतया दो दृष्टियों से हुआ है जिनकी मूल प्रतिज्ञाएँ अलग-अलग हैं। एक विचारधारा की प्रतिज्ञाएँ मान लेने पर वही दूसरा परिणाम सामने आयेगा जो आता रहा है। इस प्रकार जो मतभेद लक्ष्य होता है उसका कारण विचार के आरम्भ बिन्दु में ही मिल जाता है। ऐसे मतभेद का निराकरण तभी सम्भव है अगर आरम्भ बिन्दु की मूल प्रतिज्ञाओं को एक दूसरे के निकट लाया जा सके—और उसका कोई उपाय नहीं है। लेकिन अज्ञेय ने वाचिक परम्परा और श्रुति परम्परा की ओर ध्यान दिलाकर हिन्दी आलोचना पर कम उपकार नहीं किया है क्योंकि, साहित्य के आलोचक—अध्यापक तक आज विस्मरण के शिकार हैं।

हिन्दी काव्य-रचना की समवर्ती स्थिति पर अज्ञेय का ध्यान बार-बार जाता रहा है। अज्ञेय हर अर्थ में प्रश्नाकुल कवि-चिन्तक हैं, तभी तो ध्यान आकृष्ट करके पाठकों से संवाद करना उनका, व्यसन रहा है। वे रूढ़ि पर नहीं मौलिकता पर बल देते हैं। साथ ही रचना-प्रवृत्ति पर एकाग्र होकर सोचना उनका रचना-स्वभाव है। 'चौथा सप्तक' की भूमिका में उन्होंने नवीन कथ्य और रूप की बात उठाई है—"उस भूमिका की दो-एक विद्रूपात्मक प्रतिक्रियाएँ तो हुईं, लेकिन जिस विषमता की ओर मैंने इशारा किया था, उसकी ओर अगर दो-एक सहृदय बन्धुओं का ध्यान गया भी तो उन्होंने उसके बारे में विशेष कुछ लिखा नहीं। इसे उपेक्षा कहा जाये या उदासीनता। इसी उदासीनता के कारण उन्होंने 'पाँचवाँ सप्तक' नहीं निकाला, अन्यथा वह निकालने का मन रखते थे। दूसरे, हिन्दी-आलोचना की गुटबन्दी, घटिया राजनीति के खेल तथा नासमझी के आरोप अज्ञेय को गहरी पीड़ा पहुँचाते रहे।

आलोचना का उपद्रव केवल काव्य-सर्जना तक सीमित न रहा नाटक और रंगमंच भी उसकी लपेट में आया। नाटक और रंगमंच के पुनः उदय के साथ कुछ बुनियादी कमजोरियों पर भी अज्ञेय का ध्यान गया। उन्होंने पाया कि नाटक का तो जैसे-तैसे विकास हो रहा है—लेकिन काव्य-नाटक (पोयटिक ड्रामा) के प्रति गहरी उदासीनता है। उन्होंने कहा—"यह क्यों और कैसे है कि एक तरफ तो पश्चिम के प्रतिरूपण विरोधी और अयथार्थवादी नाटक के लिए इतना उत्साह हो, और धड़ाधड़ उसके अनुवाद पुस्तकाकार और मंचीय रूप में प्रस्तुत किये जा रहे हों और दूसरी ओर काव्य-नाटकीय दृष्टि की इतनी कम समझ हो, उस दिशा में विकास बिल्कुल बन्द हो? इस विरोध के मूल में कौन से कारण हैं? क्या हम परकीय विदेशी प्रेरणा

के पीछे अन्धे होकर भाग रहे हैं? फिर कहा– "काव्यदृष्टि और काव्य-नाटकीय दृष्टि जिन बिन्दुओं पर मिलती है उनमें एक महत्त्वपूर्ण बिन्दु है–मुखौटा अथवा नाटकीय चरित्र। दृश्य-काव्य में तो मुखौटे का अथवा आहार्य का उपयोग होता ही है; श्रव्य में मुखौटे पहने नहीं जाते, न पोशाक बदली जाती है, लेकिन उसका रूपकात्मक उपयोग होता है और वह काव्य का बहुत बड़ा बल है।" पुराना और नया कवि सब कुछ अपने मुख से ही नहीं कहता, वह चरित्रों के मुँह से कहलाता है। इस दृष्टि से काव्य में मुखौटा एक धोखा भर नहीं है। बृहत्तर सत्यों को ज्यादा समर्थ रूप से कहने का साधन है। एजरापाउंड ने अपने एक काव्य-संग्रह का नाम ही रखा है–'पर्सोना' अर्थात् मुखौटे। इसी तरह ब्राउनिंग ने भी अपने काव्य-संग्रह का नाम 'ड्रामाटिस पर्सोने' रखा और चरित्रों का उपयोग कथावृत्त के लिए न करके भाषा सत्यों के लिए किया। अज्ञेय ने हिन्दी के अनुसादजीवी वातावरण पर व्यंग्य करते हुए कहा कि यह परम्परा हमारे यहाँ भी रही है।

मुखौटा की परम्परा हिन्दी जगत् के लिए नयी नहीं है, बल्कि हमारी ही परम्परा का अंग है–'आज रीति-साहित्य इसका उदाहरण है; उसके नायक और नायिकाएँ सभी 'ड्रामाटिस पर्सोने' हैं, चरित्र हैं, मुखौटे हैं, मुखौटों के श्रव्य-प्रतिरूपक और रीतिकाव्य ही नहीं, सारा वृत्तकाव्य चरित्रों के माध्यम से बोलने की युक्ति अपनाता है और इसी युक्ति का भरपूर उपयोग छायावाद के कवियों ने भी किया है।' अज्ञेय ने ध्यान दिलाया कि एकाएक यह क्या हुआ कि कवि कविता की इतनी बड़ी शक्ति को भूल गया? कवि अपने जीवन में मुखौटा न पहने, निर्भय होकर सत्य कह सके। इसीलिए वह दृश्य-श्रव्यकाव्य में मुखौटों का प्रयोग करता है। इसलिए अगर रंगमंच का उन्मेष होना है जो काव्य-नाटकीय दृष्टि अनिवार्य है। 'दूसरे शब्दों में कविता से मुखौटे अथवा चरित्र का बहिष्कार एक आत्मघाती प्रवृत्ति है। चरित्र के स्वर नयी कविता के लिए जरूरी हैं, कवि को स्वयं चुप रहना सीखना होगा, समझना होगा कि कैसे स्वयं चुप रहते हुए दूसरे मुखों से, दूसरे स्वरों के द्वारा बात कहलवायी जा सकती है। वह बात जिसे फिर चुप कराना सम्भव न हो–कितनी सही मुद्रा थी शमशेरबहादुर सिंह की कि 'बात बोलेगी हम नहीं।'

कई जगह कई बार अज्ञेय ने 'भूमिकाओं' में कहा है कि 'आज कविता बोलती बहुत है; असल में तो मुझे यह कहना चाहिए कि आज कवि इतना बोलता है कि कविता की बोलती बन्द हो जाती है। आज कविता की रचना नहीं होती, बल्कि पद्य का इस्तेमाल होता है कि कवि को बोलने का अवसर मिले। फलतः कवि बोलता है बढ़-बढ़कर बोलता है और उफ, कितना बोलता है, लेकिन कविता मानो चुप हो गयी है।' यह बड़ी ही विचित्र स्थिति है। दूसरे कविता में छन्द को लेकर अज्ञेय ने

अपनी चिन्ता कई रूपों में निरन्तर व्यक्त की है। उनके मन में निराला के मुक्त-छन्द का आदर है। लेकिन वे मानते हैं कि निराला ने छन्द में ऐसे बहुत से प्रयोग किये हैं जो अनुकरणीय नहीं हैं। प्रश्न उठाया है कि मुक्ति-छन्द में छन्द-मुक्ति क्या है? छन्द का अभ्यास तो उठ गया और उसके साथ श्रुति-दीक्षा भी छूट गयी। काव्यालोचन के राजनीतिकीकरण के कारण श्रुति-संवेदन-दीक्षा को 'रूपवाद' कहकर उसका उपहास किया गया। इसी तरह बोलचाल के निकट आने के आग्रह को भी गलत समझा गया और उसका अर्थ यही लगाया गया कि गद्य-पद्य की लय में कोई अन्तर नहीं होना चाहिए। आज हालत यह है कि कवि-गण यह बता सकने में असमर्थ हो गये हैं कि लय होती क्या है एवं आधुनिक काव्य में वह मिलती कहाँ है। गीत में छन्द, तुक, ताल, लय सब कुछ का विचार होता है और दूसरी मुक्त छन्द की कविता होती है जिसमें इन सब का विचार नहीं होता। इन कवियों को निराला-मुक्तिबोध की परम्परा में आप कैसे रेखेंगे और क्यों रखेंगे। वे किस मुँह से निराला-मुक्तिबोध की विरासत का दावा करते हैं। गीत आज की कविता की प्रधान-धारा न होकर उपधारा है और किसी भी समय कविता का मूल्यांकन उसकी उपधारा को लेकर नहीं हुआ, जबकि गीतों ने तमाम तरह के बन्धनों को ढीला किया है। निराला में छन्द के बन्ध की जितनी ज्यादा जानकारी है उतनी ही कम जानकारी ग. मा. मुक्तिबोध को है। निराला संगीत और लय के विषय में जानते थे—जानकारी की यह सुविधा मुक्तिबोध को नहीं थी। फिर निराला छन्द के बन्धन तोड़कर भी संगीत के आकर्षण में बँधे रहे। नये कवियों में अधिकांश नहीं जानते— मुक्त-छन्द अनुशासन रहित रचना नहीं है।

इधर के कवि, आलोचक 'परम्परा की चिन्ता में दुबले हुए जा रहे हैं। उन्हें 'परम्परा' की समझ ही नहीं है। परम्परा स्वीकार से ज्यादा अस्वीकार है। फिर आज के रचनाकार का शब्द-संस्कार कम है—दीक्षा अधूरी है—श्रुति संवेदन मरियल है और भाषा पर अधिकार नहीं है।' शायद यदि विरासत की चिन्ता कुछ कम हो जाय और रचना की चिन्ता अधिक तो कविता का हित ही होगा। इस समय तो ऐसा दीखता है कि विरासत की चिन्ता उन्हीं को शायद अधिक है जिन्हें उनकी अर्थवत्ता का भरोसा कम है। नहीं तो साहित्य-रचना के क्षेत्र में तो यह बहुत ही स्पष्ट दीखते रहना चाहिए कि परम्परा तो वही होती है जो जीवन्त वंशक्रम में स्वयं बोलती है और जीवन्तता के कारण पहचानी जाती है।' लेकिन इस परम्परा को कमाना पड़ता है। कहना चाहिए कि अज्ञेय की इन भूमिकाओं में नये युग का पूरा काव्य शास्त्र मौजूद है। यह काव्य चिन्तन नये आलोचकों को काव्य-सम्पत्ति की परख, व्याख्या या भाष्य और मूल्यांकन की प्रेरणा दे सकता है। हम अज्ञेय से असहमत हो सकते हैं, लेकिन

यह नहीं कह सकते कि उनके पास अपनी मौलिक दृष्टि नहीं है, तर्क नहीं है, सृजन तप का ताप नहीं है। उनमें निरन्तर समकालीन साहित्य सृजन और मूल्यांकन की लगन रही है—और इस लगन के भीतर से ही उनकी 'भूमिकाएँ' निकलकर पाठक तक पहुँची हैं। सजग आलोचक और सहृदय पाठक के लिए उनकी भूमिकाओं की अन्तर्यात्रा एक मूल्यवान अनुभव है।

सच्चिदानन्द हीरानन्द वात्स्यायन अज्ञेय ने साहित्य-सदन, चिरगाँव झाँसी से 2010 वि. में 'पुष्करिणी' शीर्षक से सर्वश्री मैथिलीशरण गुप्त, माखनलाल चतुर्वेदी, सियारामशरण गुप्त, 'दिनकर', 'प्रसाद', 'निराला', सुमित्रानन्द पन्त और महादेवी वर्मा के प्रतिनिधि सृजन का संकलन निकाला था। संकलनकर्त्ता ने 'भूमिका' में कहा कि हिन्दी में काव्य-संकलनों की कमी नहीं है, लेकिन 'पुष्करिणी' इन सभी से अलग है। वह खड़ी बोली कविता का प्रतिनिधि संकलन है। इस विशिष्ट खड़ी बोली काव्य के संकलन के साथ वात्स्यायन जी ने 'भूमिका' के रूप में 'खड़ी बोली की कविता : पृष्ठभूमि' में लम्बा वैचारिक संवाद प्रस्तुत किया है। खड़ी बोली की पृष्ठभूमि में खड़ी बोली कविता की उठान-गति और नवजागरण की चेतना को समझने के लिए ऐसा अद्‌भुत दस्तावेज हिन्दी में अभी तक दूसरा नहीं है। यह राष्ट्रीय मुक्ति संग्राम की पूरी मनोभूमिका का साक्षात्कार कहाने वाला दस्तावेज है। बीसवीं शदी के पूर्वार्द्ध के काव्य कृतित्त्व के विषय में कोई एक साधारण स्थापना करना चाहें तो सबसे अधिक कथनीय बात कदाचित् यही होगी कि वह मानव की पुनः प्रतिष्ठा का काव्य है। अज्ञेय जी इस मानक की पुनः प्रतिष्ठा का ज्यादातर श्रेय अपने गुरु स्थानीय राष्ट्रकवि मैथिलीशरण गुप्त और राष्ट्रीयता की जीवन्त आग माखनलाल चतुर्वेदी को देते हैं। भारतेन्दु की नयी लौकिकता और लोक-भूमि-चेतना को इन कवियों से एक नयी सर्जनात्मक निष्पत्ति मिली है। इनमें देशभक्ति और स्वदेशी—स्वभाषा का विशाल काव्य क्षेत्र खुलता है।

सच्चिदानन्द वात्स्यायन के सम्पादकत्व में 'भारतीय ज्ञानपीठ काशी से 1960 में हिन्दी प्रकृति काव्य का प्रतिनिधि संकलन पाठकों के सामने आया 'रूपाम्बरा'। 'रूपाम्बरा के' सहायक सम्पादक सर्वेश्वरदयाल सक्सेना थे, लेकिन भूमिका 'प्रकृति-काव्य : काव्य-प्रकृति' शीर्षक से वात्स्यायन जी ने लिखी। पहला अवतरण विभावन—अमीर खुसरो से श्यामनारायण पाण्डेय तक, दूसरा अवतरण : भावन—श्रीधर पाठक से लेकर राजेन्द्रप्रसाद सिंह तक, तीसरा अवतरण : अनुभावन—केसरी कुमार से लेकर कीर्ति चौधरी तक तथा चौथा 'रूप-दर्शिका' में चार कवि हैं। इस तरह 'रूपाम्बरा' में खड़ी बोली हिन्दी के शताधिक कवियों की प्रकृति सम्बन्धी श्रेष्ठ कविताएँ एकत्र हैं। एक नया सौन्दर्य लोक हिन्दी कविता का इन कविताओं में निवास करता है। यह ग्रन्थ

श्री सुमित्रानन्दन पन्त की षष्ठिपूर्ति के उपलक्ष्य में प्रस्तुत किया गया था। इसमें अज्ञेय जी ने 'प्रकृति-काव्य : काव्य-प्रकृति' शीर्षक से 'अपूर्व' भूमिका वरदान रूप में हिन्दी को दी। यहाँ कवि के संवेदन पर उसकी दार्शनिक अथवा धार्मिक आस्था के प्रभाव की अनिवार्यता को स्वीकार करके प्रकृति-वर्णन की परम्परा का अध्ययन-विवेचन किया गया है। वैदिक-कवि के प्रकृति-काव्य में मौजूद विस्मय तत्त्व से लेकर हिन्दी की नयी कविता तक प्रकृति-संवेदना की अन्तर्यात्रा करने के बाद यह निष्कर्ष पाया कि प्रकृति के साथ निरन्तर 'राग-तत्त्व' बदलता रहा है। 'नयी काव्य प्रवृत्तियों को सामने रखकर एक अर्थ में कहा जा सकता है कि प्रकृति-काव्य अब वास्तव में है ही नहीं। एक विशिष्ट अर्थ में यह भी कहा जा सकता है कि छायावाद का प्रकृति-काव्य अपनी सीमाओं के बावजूद अन्तिम प्रकृति-काव्य था।' (रूपाम्बरा, भूमिका, पृ. 13) इस तरह पन्त और निराला प्रकृति-काव्य के अन्तिम कवि हैं।

यह अचानक नहीं है कि अज्ञेय की सभी 'भूमिकाओं' पर आधुनिकता, आधुनिकतावाद के चिन्तन का दूर तक प्रभाव है। अज्ञेय के लिए 'आधुनिकता' मल्टीडाइशनल—बहुआयामी अवधारणा है। जिस पर ज्ञानोदय (इनलाइटमेंट) की चमक-दमक का असर है। धर्म का स्थान तर्क विज्ञान ने ले लिया है—और पुराने मूल्य सन्देह के घेरों में आ गये हैं। वैज्ञानिक क्रान्तियों ने सोचने के तरीके बदल दिये हैं, एक नया मनुष्य सामने आ रहा है। अज्ञेय के लिए आधुनिकता संस्कार है—अपने को निरन्तर नया करने का संस्कार। रूढ़ियों को झाड़ने का संस्कार।

अज्ञेय की भूमिकाओं में 'तारसप्तक' 1943 ई. की 'भूमिका' सबसे अधिक विवादास्पद साबित हुई। उस 'भूमिका' से हिन्दी क्षेत्र की वैचारिकता में तूफान आ गया। पिछले पचास-साठ वर्षों में इस 'भूमिका' से ही सारे विवाद-संवाद पैदा हुए। आजादी के बाद हिन्दी क्षेत्र के चिन्तन का यह 'भूमिका' केन्द्र रही है साहित्य सम्बन्धी तमाम धारणाएँ नये 'पाठ' के साथ इस भूमिका से वैचारिक महाभारत बन गयी। विद्वानों में बड़ा भारी 'महाभारत' प्रयोग, परम्परा, आधुनिकता, अन्वेषण, प्रगति, काव्यभाषा, काव्य-सत्य आदि को लेकर हुआ—जिसका ऐतिहासिक महत्त्व भूलने की चीज नहीं है। क्योंकि निरन्तर, 'तारसप्तक' और 'प्रयोग' को लेकर बहस हुई है और आचार्य नन्ददुलारे वाजपेयी ने 'प्रयोग' की निन्दा करते हुए 'प्रयोगवाद' नाम दिया। इस 'प्रयोगवाद' नाम का अज्ञेय ने विरोध किया और कहा—प्रयोग का कोई वाद नहीं है, न हो सकता है। लेकिन काव्य के क्षेत्र में 'प्रयोग' निरन्तर होते रहे हैं। इतना विवाद होने पर भी एक अपर्याप्त नाम 'प्रयोगवाद' चल पड़ा और प्रगतिवादियों ने कहा कि प्रगतिवाद का गला घोंट कर मार डालने के लिए अज्ञेय ने सुनियोजित राजनीति के तहत यह आन्दोलन चलाया है। फिर 'प्रयोगवाद' चुपके

से 'नयी कविता' में समाहित हो गया। इसे आधुनिकतावाद से प्रभावित 'नयी कविता' कहा गया और अज्ञेय का विरोध बढ़ता ही गया। यह विरोध इसलिए बढ़ा कि अज्ञेय ने 'छायावाद' और 'प्रगतिवाद' का नवीन वैचारिक क्रान्ति से टाट पलट दिया। कहना होगा कि छायावाद की बौद्धिक परम्परा को 'तारसप्तक' और 'दूसरा सप्तक' (1951) की भूमिकाओं ने नये भाष्य से पुनर्प्रतिष्ठित किया। एक अर्थ में पन्त के 'पल्लव' के 'प्रवेश' की यह नयी मंजिल 'तारसप्तक' से प्राप्त हुई।

अज्ञेय ने 'तारसप्तक' के सात कवियों की रचनाएँ, उनके संग्रहीत होने की चर्चा के बाद कहा कि–"तारसप्तक, में सात कवि संगृहीत हैं। सातों एक दूसरे के परिचित हैं–बिना इसके इस ढंग का सहयोग कैसे होता? किन्तु इससे यह परिणाम न निकाला जाये कि वे कविता के किसी एक 'स्कूल के कवि हैं, या कि साहित्य-जगत् के किसी एक गुट अथवा दल के सदस्य या समर्थक हैं। बल्कि उनके तो एकत्र होने का कारण ही यही है कि वे किसी एक स्कूल के नहीं हैं, किसी मंजिल पर पहुँचे हुए नहीं हैं, अभी राही हैं–राही नहीं, राहों के अन्वेषी। उनमें मतैक्य नहीं है, सभी महत्त्वपूर्ण विषयों पर उनकी राय अलग-अलग है–जीवन के विषय में, समाज और धर्म और राजनीति के विषय में, काव्य-वस्तु और शैली के, छन्द और तुक के, कवि के दायित्वों के–प्रत्येक विषय में उनका आपस में मतभेद है। यहाँ तक कि हमारे जगत् के ऐसे सर्वमान्य और स्वयंसिद्ध मौलिक सत्यों को भी वे स्वीकार नहीं करते जैसे लोकतन्त्र की आवश्यकता, उद्योगों का समाजीकरण, यान्त्रिक युद्ध की उपयोगिता। वनस्पति घी की बुराई अथवा काननबाला और सहगल के गानों की उत्कृष्टता इत्यादि। वे सब परस्पर एक दूसरे पर, एक दूसरे की रुचियों-स्मृतियों और आशाओं-विश्वासों पर, एक दूसरे की जीवन-परिपाटी पर और यहाँ तक कि एक दूसरे के मित्रों और कुत्तों पर भी हँसते हैं।" तारसप्तक प्र. सं. की भूमिका इस तरह 'तारसप्तक' किसी गुट से जुड़ा नहीं है। सात कवियों के सात अलग-अलग गुट हैं–उनके साढ़े सात व्यक्तित्व–साढ़े सात यों कि एक कवि को अपने व्यक्तित्व के ऊपर संकलनकर्ता का आधा छद्म व्यक्तित्व और लादना पड़ा है।'

अज्ञेय ने इन कवियों के एक स्थान पर एकत्र होने का कारण बताया–"काव्य के प्रति एक अन्वेषी का दृष्टिकोण उन्हें समानता के सूत्र में बाँधता है। इसका अभिप्राय यह नहीं कि प्रस्तुत संग्रह की सब रचनाएँ प्रयोगशीलता के नमूने हैं या कि इन कवियों की रचनाए रूढ़ि से अछूती हैं या कि केवल यही कवि प्रयोगशील हैं और बाकी सब घास छीलने वाले।" दावा यह है कि सातों अन्वेषी हैं। साथ ही 'इधर कविता प्रायः चारों ओर बड़े-बड़े हाशिये देकर सुन्दर सजावट के साथ छपती

रही है। अगर कविता– को शब्दों की मीनाकारी ही मान लिया जाये तब यह संगत भी है। 'तारसप्तक' की कविता वैसी जड़ाऊ कविता नहीं है, वह वैसी हो भी नहीं सकती। यहाँ बात यह भी महत्त्व की है कि जो प्रयोग करता है उसे अन्वेषित विषय का मोह नहीं करना चाहिए।' कहना न होगा कि अज्ञेय के इन रुझानों पर आचार्यों, मठाधीशों, महन्तों, वादग्रस्त विद्वानों में बड़ा भारी कुहराम मचा। अज्ञेय के 'पाठ' का जमकर 'कुपाठ' किया गया।

'तारसप्तक' दूसरे संस्करण की भूमिका–'परिदृष्टिः प्रतिदृष्टि' में अज्ञेय ने ध्यान दिलाया– 'तारसप्तक' का प्रकाशन 1943 में हुआ था। दूसरे संस्करण की भूमिका 1963 में लिखी जा रही है। बीस वर्ष की एक पीढ़ी मानी जाती है। वयमेवयाताः के अनिवार्य नियम के अधीन सप्तक के सहयोगी जो 1943 के प्रयोगी थे, सन् 1963 के सन्दर्भ हो गये हैं। दिक्कालजीवी को इसे नियति मानकर ग्रहण करना चाहिए, पर प्रयोगशील कवि के बुनियादी पैंतरे में ही कुछ ऐसी बात थी कि अपने को इस नये रूप में स्वीकार करना उसके लिए कठिन था।' प्रश्न उठता है कि नये रूप में स्वीकार करना कठिन क्यों था ? क्योंकि 'तारसप्तक' ने जिन नयी विविध प्रवृत्तियों को संकेतित किया था–उनमें एक यह भी रही कि कवि का युग-सम्बन्ध सदा के लिए बदल गया था।' फिर कवि अपने समय को नये ढंग से सर्जनात्मकता में बाँध रहे थे। अतः कोऽपि समानधर्मावाला भवभूति-विश्वास उन्हें मान्य न था। सभी समानधर्मा का अर्थ कवि धर्मा और मानव धर्मा ही ले रहे थे। यहाँ मानव-धर्मा का अर्थ था आधुनिक धर्मा। और आधुनिक धर्मा का अर्थ था आधुनिकता से जुड़ा रचनाकार व्यक्तित्व। "सप्तक के कवियों का विकास अपनी-अपनी अलग दिशा में हुआ है। सर्जनशील प्रतिभा का धर्म है कि वह व्यक्तित्व ओढ़ती है। सृष्टियाँ जितनी विशिष्ट होती हैं, सृष्टा उससे कुछ कम विशिष्ट नहीं होते, बल्कि उनके व्यक्तित्व की विशिष्टताएँ ही उनकी रचना में प्रतिबिम्बित होती हैं। यह बात उन पर भी लागू होती है जिनका रचना प्रबल वैचारिक आग्रह लिये होती है जब तक कि वह रचना है, निरा वैचारिक आग्रह नहीं है।' फिर जोर देकर कहा–"जैसे शिल्पाश्रयी काव्य पर रीति हावी हो सकती है। वैसे ही मताग्रही पर भी रीति हावी हो सकती है। सप्तक के कवियों के साथ ऐसा नहीं हुआ, सम्पादक की दृष्टि में यह उनकी अलग-अलग सफलता (या कि स्वस्थता) का प्रमाण है।" इस दृष्टि से तब की सम्भावनाएँ (बीस वर्ष पहले की) अब की उपलब्धियों में परिणत हो गयी हैं। 'सभी बोधिसत्व बुद्ध हो गये हैं। पर इन सात नये ध्यानी बुद्धों के सम्बन्ध में विशेष अन्तर नहीं आया है। अब भी उनके बारे में उतनी ही सच्चाई से कहा जा सकता है कि उनमें मतैक्य नहीं है, सभी महत्त्वपूर्ण प्रश्नों पर उनकी राय

अलग-अलग है। इन कवियों ने अपनी काव्य-सर्जन-चिन्तन की ताकत से समकालीन काव्य-इतिहास में अपना स्थान बनाया है। 'परवर्ती कुछ प्रवृत्तियाँ उसे हीन अथवा आपत्तिजनक भी जान पड़ती हैं। और निस्सन्देह इनमें से कुछ का सूत्र 'तारसप्तक' से जोड़ा जा सकता है या जोड़ दिया जायेगा, तथापि सम्पादक की धारणा है कि 'तारसप्तक' ने अपने प्रकाशन का औचित्य प्रमाणित कर लिया। उसका पुनर्मुद्रण केवल एक ऐतिहासिक दस्तावेज को उपलब्ध बनाने के लिए नहीं, बल्कि इसलिए भी संगत है कि परवर्ती काव्य-प्रगति को समझने के लिए इसका पढ़ना आवश्यक है। इन सात कवियों का एकत्रित होना अगर केवल संयोग भी था तो भी वह ऐसा ऐतिहासिक-संयोग हुआ, जिसका प्रभाव परवर्ती काव्य-विकास में दूर तक व्याप्त है।'

इसी समकालीन अर्थवत्ता की पुष्टि के लिए अज्ञेय ने केवल पुनर्मुद्रण तक इसे सीमित न रखकर नया संवर्द्धित रूप देने का प्रयत्न किया है। 'तारसप्तक' के ऐतिहासिक रूप (काव्य और वक्तव्य) की अविकल रूप से रक्षा की है—'वहाँ प्रत्येक कवि से उसकी परवर्ती प्रवृत्तियों पर भी कुछ विचार प्राप्त किये गये हैं।' विरोध तो अज्ञेय को लेकर था और यह भी कि 'तारसप्तक' का प्रवर्तक कौन? या 'तारसप्तक' नामकरण किसने किया? या 'तारसप्तक' की मूल योजना का आइडिया किसका था—नेमिचन्द्र जैन का, गिरिजाकुमार माथुर का या प्रभाकर माचवे का? इन प्रश्नों को लेकर भीष्म-संग्राम हुआ। अज्ञेय ने बड़ी शालीनता से यह संकेत दिया "एक पीढ़ी का अन्तराल पार करने के लिए प्रत्येक कवि की एक-एक नयी रचना भी दे दी गयी है। इसी नयी सामग्री को प्राप्त करने के प्रयत्न में सप्तक इतने वर्षों तक अनुपलब्ध रहा, जिनके देर करने का डर था उनसे सहयोग तुरन्त मिला; जिनकी अनुकूलता का भरोसा था—उन्होंने ही सबसे देर की—आलस्य या उदासीनता के कारण भी, असमंजस के कारण भी और शायद अनभिव्यक्त आक्रोश के कारण भी—जो पास रहे, वे ही तो सबसे दूर रहे। सम्पादक ने यह हठधर्मिता (बल्कि) बेहयाई ओढ़ी होती जो पत्रकारिता (और सम्पादन) धर्म का अंग है तो सप्तक का पुनर्मुद्रण कभी न हो पाता। यह जहाँ अपने परिश्रम का दावा है, वहाँ अपनी हीनतर स्थिति का स्वीकार भी है।' अज्ञेय के कटु अनुभव इस तरह के कथनों में बोलते हैं। इन कथनों की विस्तृत व्याख्या होनी चाहिए कि कैसे 'तारसप्तक' निकालने के बाद अज्ञेय को अग्नि पथ पर चलना पड़ा। यहाँ तक कहा गया कि अमेरिकी दलाल (कांग्रेस फार कल्चरल फ्रीडम) अज्ञेय ने विदेशी पैसे से 'तारसप्तक' छपवाया और गुमराह किया। बड़े निर्मम प्रहार झेलने पड़े अज्ञेय को और उन्हें नव-रीतिवादी कहकर—फ्रायडवादी कहकर कोसा गया।"

यहाँ 'दूसरा सप्तक' 1951 की भूमिका को याद करना जरूरी है। इस 'भूमिका' में अज्ञेय ने आचार्य नन्ददुलारे वाजपेयी की 'कुपाठ' भरी आलोचना का प्रत्याख्यान किया। यह विश्वास भी व्यक्त किया कि 'तारसप्तक' के कवि पाठक के सामने लाने लायक थे उनमें—बहुत-कुछ नया है—मौलिक है—रूढ़ि विरोधी है। अपने 'तारसप्तक' के एक मित्र को लेकर लिखा— 'इसलिए काव्य क्षेत्र के अन्वेषी ही—यह तो नहीं कहा जा सकता कि उनमें से सभी अनन्तर काव्य क्षेत्र में बढ़े—कम से कम एक ने तो न केवल ऐलान करके कविता छोड़ दी बल्कि क्रमशः कविता के ऐसे आलोचक हो गये कि उसे साहित्य क्षेत्र से ही खदेड़ देने पर तुल गये और बाकी में से दो-एक और भी कविता से उपराम—से है। फिर भी हम, आज भी समझते हैं कि 'तारसप्तक' का प्रकाशन, प्रकाशन ही नहीं, उसका आयोजन, संकलन, सम्पादन न केवल समयोचित और उपयोगी था—बल्कि उसे हिन्दी काव्य जगत् की एक महत्त्वपूर्ण घटना भी कहा जा सकता है।' हिन्दी के आलोचकों ने 'तारसप्तक' की डटकर चर्चा की है तो महत्त्वपूर्ण घटना तो है ही।

अज्ञेय ने मनोभूमिका में उमड़ते-घुमड़ते प्रश्न को उठाया—'क्या ये रचनाएँ प्रयोगवादी हैं? क्या ये कवि किसी एक दल के हैं, किसी मतवाद—राजनीतिक या साहित्यिक—के पोषक हैं? प्रयोगवाद नाम के नये मतवाद के प्रवर्त्तन का दायित्व क्योंकि अनचाहे और अकारण ही मेरे मत्थे मढ़ दिया गया है, इसलिए हमारा इन प्रश्नों के उत्तर में कुछ कहना आवश्यक है और नहीं तो इसीलिए कि 'दूसरा सप्तक' के संग्रहीत कवि आरम्भ से ही किसी पूर्वग्रह के शिकार न बनें, अपने कृतित्व के आधार पर ही परखे जायें।' (दूसरा सप्तक की भूमिका) हिन्दी की ज्यादातर समीक्षा मतवादी पूर्वग्रहों से पटी रही हैं, उससे यह माँग कि पूर्वग्रह मुक्त होकर कवि कर्म की परख हो, पता नहीं कैसे सम्भव है। हाँ, अज्ञेय ने निर्भय स्वर में कहा—'प्रयोग का कोई वाद नहीं है। हम वादी नहीं रहे, नहीं हैं। न प्रयोग अपने आप में इष्ट या साध्य है। ठीक इसी तरह कविता का भी कोई वाद नहीं है, कविता भी अपने आप इष्ट या साध्य नहीं है। अतः हमें प्रयोगवादी कहना उतना ही सार्थक या निरर्थक है जितना हमें कवितावादी कहना।' वास्तव में, कविता का नयापन प्रयोग पर आधारित होता है—ऐसी स्थिति के कारण आग्रह यह रहा कि कविता रूपी माध्यम को बरतते हुए आत्माभिव्यक्ति चाहने वाले कवि को अधिकार है कि उस माध्यम का अपनी आवश्यकता के अनुरूप श्रेष्ठ उपयोग करे, उसी प्रकार आत्म तत्त्व के अन्वेषी-कवि को अन्वेषण के प्रयोग रूपी माध्यम का उपयोग करते समय उस माध्यम की विशेषताओं को भी परखने का अधिकार है। इतना ही नहीं, बिना माध्यम की विशेषता, उसकी शक्ति और उसकी सीमा को परखे और आत्मसात् किये उस

माध्यम का श्रेष्ठ उपयोग हो ही नहीं सकता।'

प्रयोग और परम्परा के सम्बन्ध को जोड़ते हुए यह कहना भी उन्हें आवश्यक लगा कि 'जो लोग प्रयोग की निन्दा करने के लिए परम्परा की दुहाई देते हैं, वे यह भूल जाते हैं कि परम्परा कम से कम कवि के लिए, कोई ऐसी पोटली बाँधकर अलग से रखी हुई चीज नहीं है, जिसे वह उठाकर सिर पर लाद ले और चल निकले।' (वही) परम्परा के नाम पर एलर्जी रखने वाले आलोचक आधुनिकता की झोंक में अपनी जमीन अपने स्रोत भूल जाते हैं। इसलिए अज्ञेय को कहना पड़ा, 'परम्परा का कवि के लिए कोई अर्थ नहीं है, जब तक वह उसे ठोंक-बजाकर, तोड़-मरोड़कर, देखकर आत्मसात् नहीं कर लेता; जब तक वह एक इतना गहरा संस्कार नहीं बन जाती कि उसका चेष्टापूर्वक ध्यान रखकर उसका निर्वाह करना अनावश्यक न हो जाय। अगर कवि की आत्माभिव्यक्ति एक संस्कार-विशेष के वेष्टन में ही सहज सामने आती है, तभी वह संस्कार देने वाली परम्परा कवि की परम्परा है, नहीं तो—वह इतिहास है, शास्त्र है, ज्ञान-भण्डार है जिससे अपरिचित भी रहा जा सकता है।' लेकिन अपरिचय का आग्रह अज्ञेय का कवि नहीं रखता है, न अतिरिक्त बौद्धिकता का। उनका विचार है कि 'तो प्रयोग अपने-आप में इष्ट नहीं है, वह साधन है। और दोहरा साधन है। क्योंकि एक तो वह उस सत्य को जानने का साधन है, जिसे कवि प्रेषित करता है, दूसरे उस प्रेषण की क्रिया को और उसके साधनों को जानने का भी साधन है। अर्थात् प्रयोग द्वारा कवि अपने सत्य को अधिक अच्छी तरह जान सकता है और अधिक अच्छी तरह अभिव्यक्त कर सकता है। वस्तु और शिल्प दोनों क्षेत्रों में प्रयोग फलप्रद होता है।' फिर व्यंग्य प्रहार करते हुए कहने से नहीं चूकते कि 'ऐसे दुराग्रही अनेक हैं और उस वर्ग में है जो साहित्य-शिक्षण का दायित्व लिए हैं, इससे हमें आतंकित न होना चाहिए। जिस वर्ग की घोषित नीति यह है कि उसके द्वारा ग्राह्य होने के लिए कोई रचना तीन सौ वर्ष पुरानी तो होनी ही चाहिए, उस वर्ग से आज की कविता पर बहस करने से क्या लाभ?' जब उस समय तक आज का प्रयोग--परम्परा की शक्ल में आ गया होगा।

'प्रयोग का हमारा कोई वाद नहीं है' इसको और भी स्पष्ट करने के लिए एक बात हम और कहें। 'प्रयोग निरन्तर होते आये हैं। और प्रयोगों के द्वारा ही कविता या कोई भी कला, कोई भी रचनात्मक कार्य, आगे बढ़ सका है। जो कहता है कि मैंने आज तक जीवन-भर कोई प्रयोग नहीं किया, वह वास्तव में यही कहता है कि मैंने जीवन भर कोई रचनात्मक कार्य नहीं करना चाहा; ऐसा व्यक्ति अगर सच कहता है तो यही पाया जायेगा कि उसकी कविता कविता नहीं है, उसमें रचनात्मकता नहीं है, वह कला नहीं है, शिल्प है, हस्तलाघव है।' जो लोग हस्तलाघव के हुनर को ही

कविता मानते हैं—शीलवश अज्ञेय उनसे कोई झगड़ा नहीं करते। प्रश्न उठाता है 'केवल प्रयोगशीलता का किसी रचना के लिए क्या अर्थ? फिर 'केवल प्रयोगशीलता ही किसी रचना को काव्य नहीं बना देती। हमारे प्रयोग का पाठक या सहृदय के लिए कोई महत्त्व नहीं है, महत्त्व उस सत्य का है, जो प्रयोग द्वारा हमें प्राप्त हो।' कारण, 'पारखी तो मोती परखता है, गोताखोर के असफल उद्योग नहीं।' इसलिए प्रयोगवादी कहना—तर्क परिपाटी की अद्भुत विकृति' ही कही जायेगी। 'श्री नन्ददुलारे वाजपेयी की प्रयोगवादी रचनाएँ शीर्षक निबन्ध तर्क-विकृति का आश्चर्यजनक उदाहरण है।

कभी भी, कहीं भी सम्प्रेषण और सर्जनात्मकता के प्रति सावधान अज्ञेय साधारणीकरण के प्रश्न की उपेक्षा नहीं करते। उनका विचार स्पष्ट है कि 'तारसप्तक के कवियों पर यह आक्षेप किया जाता है कि वे साधारणीकरण का सिद्धान्त नहीं मानते। यह दोहरा अन्याय है। क्योंकि वे न केवल इस सिद्धान्त को मानते हैं बल्कि इसी से प्रयोगों की आवश्यकता भी सिद्ध करते हैं।' यह आवश्यकता क्यों है? 'यह मानना होगा कि सभ्यता के विकास के साथ-साथ हमारी अनुभूतियों का क्षेत्र भी विकसित होता गया है और अनुभूतियों को व्यक्त करने के हमारे उपकरण भी विकसित होते गये हैं। यह कहा जा सकता है कि हमारे मूल राग-विराग नहीं बदले—प्रेम अब भी प्रेम है और घृणा अब भी घृणा, यह साधारणतया स्वीकार किया जा सकता है। पर यह भी ध्यान में रखना होगा कि राग वही रहने पर भी रागात्मक सम्बन्धों की प्रणालियाँ बदल गयी हैं; और कवि का क्षेत्र रागात्मक सम्बन्धों का क्षेत्र होने के कारण इस परिवर्तन का कवि-कर्म पर बहुत गहरा असर पड़ा है। निरे तथ्य और सत्य में—या कह लीजिए वस्तु-सत्य और व्यक्ति-सत्य में—यह भेद है कि सत्य वह तथ्य है जिसके साथ हमारा रागात्मक सम्बन्ध है; बिना इस सम्बन्ध के वह एक बाह्य वास्तविकता है जो तद्वत् काव्य में स्थान नहीं पा सकती। लेकिन जैसे-जैसे बाह्य वास्तविकता बदलती है वैसे-वैसे हमारे उससे रागात्मक सम्बन्ध जोड़ने की प्रणालियाँ भी बदलती हैं—और अगर नहीं बदलतीं तो उस बाह्य वास्तविकता से हमारा सम्बन्ध टूट जाता है।' जो आलोचक इस बात को नहीं समझते, वे उस वास्तविकता से टूट गये हैं जो आज की वास्तविकता है। इस तरह आज की वास्तविकता के आन्तरिक सत्य से साक्षात्कार के लिए रागात्मक सम्बन्धों के बदलावों को समझना जरूरी है।'

आज साधारणीकरण की नयी समस्याएँ उठ खड़ी हुई हैं—क्योंकि विशेष ज्ञानों के इस युग में भाषा एक रहते हुए भी उसके मुहावरे बदल गये हैं। भाषा आज भी प्रेषण का माध्यम है, यह कोई नहीं कहता कि उसने अपनी सार्वजनीनता की प्रवृत्ति

छोड़ दी है। लेकिन अब वह प्रवृत्ति है, तथ्य नहीं। ऐसी कोई भाषा नहीं है जिसे बोलते-समझते हों। गणितज्ञ की अंग्रेजी दूसरी है अर्थशास्त्री की दूसरी और रचनाकार की दूसरी। इस तरह वह अपनी भाषा का मुहावरा छोड़ते ही कठिनाई में पड़ जायेगा। मूल विचार यह कि साधारणीकरण से मुक्ति सम्भव नहीं है।

शब्द-अर्थ के प्रश्न पर भारतीय काव्यशास्त्र ने न जाने कितने कोणों से विचार किया है। शब्द को ब्रह्म मानने वाली परम्परा का सच अज्ञेय के सामने आता है तो वे कहते हैं–'जरा भाषा के मूल प्रश्न पर–शब्द और उसके अर्थ के सम्बन्ध पर–ध्यान दीजिए। शब्द में अर्थ कहाँ से आता है, क्यों और कैसे बदलता है, अधिक या कम व्याप्ति पाता है?' उदाहरण देकर अज्ञेय कहते हैं– 'कभी 'गुलाबी' शब्द में अर्थ-चमत्कार रहा होगा–आज उसका अर्थ चमत्कार मर गया है। अब वह अभिधेय हो गया है।' अपने कवि अनुभव से कहा–'यह क्रिया भाषा में निरन्तर होती रहती है और भाषा के विकास की अनिवार्य क्रिया है। चमत्कार मरता रहता है और चामत्कारिक अर्थ अभिधेय बनता रहता है। यों कहें कि कविता की भाषा निरन्तर गद्य की भाषा होती जाती है। इस प्रकार कवि के सामने हमेशा चमत्कार की सृष्टि की समस्या बनी रहती है–वह शब्दों को निरन्तर नया संस्कार देता चलता है और वे संस्कार क्रमशः सार्वजनिक मानस में बैठकर फिर ऐसे हो जाते हैं कि उस रूप में कवि के काम के नहीं रहते। बासन अधिक घिसने से मुलम्मा छूट जाता है।

वाक् में अर्थ की प्रतिपत्ति को कालिदास ने 'वागर्थाविवसम्मृक्तौ वागर्थ प्रतिपत्तये' कहकर उठाया था और इस कथन में सम्पूर्ण वाक्-चिन्तन की प्रतिपत्ति की व्यंजना है। कालिदास ने 'तब इस बात को समझा था और इसीलिए वाक् में अर्थ की प्रतिपत्ति की प्रार्थना की थी। जो अभिधेय है, जो अर्थ वाक्य में है ही, उसकी प्रतिपत्ति की प्रार्थना कवि नहीं करता। अभिधेयार्थयुक्त शब्द तो वह मिट्टी, वह कच्चा माल है जिससे वह रचना करता है; ऐसी रचना जिसके द्वारा वह अपना नया अर्थ उसमें भर सके, उसमें जीवन डाल सके। यही वह अर्थ-प्रतिपत्ति है जिसके लिए कवि वागर्थाविवसम्पृक्त पार्वती परमेश्वर की वन्दना करता है। और इस प्रार्थना को निरा वैचित्र्य या नयेपन की खोज कहकर उड़ाना चाहना कवि-कर्म को बिल्कुल न समझते हुए उसकी अवहेलना करना है।' इस तरह बार-बार अज्ञेय कवि-कर्म के अर्थ सन्दर्भों पर ध्यान केन्द्रित करते हैं।

उनका यह कहना बहुत अर्थपूर्ण है कि जब चामत्कारिक अर्थ मर जाता है और अभिधेय बन जाता है, तब उस शब्द की रागोत्तेजक शक्ति भी क्षीण हो जाती है। उस अर्थ से रागात्मक सम्बन्ध स्थापित नहीं होता। कवि तब उस अर्थ की प्रतिपत्ति करता है जिससे पुनः राग का संचार हो, पुनः रागात्मक सम्बन्ध स्थापित हो।

साधारणीकरण का अर्थ यही है।' पुराने काव्यशास्त्र में साधारणीकरण का अर्थ था—'अपने-पराये की भेद-बुद्धि से मुक्त हो जाना, भाव का निर्वैयक्तिक हो जाना। यही काव्य का भावकत्व व्यापार है, जिसमें साधारणीकरण आलम्बनत्व धर्म का होता है—कवि-कल्पित समस्त व्यापार का होता है। अज्ञेय ने स्मृति जगाने के लिए कहा—"नहीं तो, अगर भाव भी वही जाने-पुराने हैं, रस भी, और संचारी-व्यभिचारी सब की तालिकाएँ बन चुकी हैं तो कवि के लिए नया करने को रह क्या गया है? क्या है जो कविता को आवृत्ति का नहीं, सृष्टि का गौरव दे सकता है?' देश-विदेश के काव्यशास्त्र में यह प्रश्न कई बार कई रूपों में उठ चुका है। इन प्रश्नों से परिचित अज्ञेय जी भी रहे हैं—इसलिए नयी सर्जनात्मकता को ध्यान में रखते हुए कवि-कर्म के नयेपन पर सोचते रहे हैं।

यह कहना कि 'कवि नये तथ्यों को उनके साथ नये रागात्मक सम्बन्ध जोड़कर नये सत्यों का रूप दे, उन नये सत्यों को प्रेष्य बनाकर उनका साधारणीकरण करे, यही नयी रचना है। इसे नयी कविता का कवि नहीं भूलता। साधारणीकरण का आग्रह भी उसका कम नहीं है, बल्कि यह देखकर कि आज साधारणीकरण अधिक कठिन है, वह अपने कर्त्तव्य के प्रति अधिक सजग है और उसकी पूर्ति के लिए अधिक बड़ा जोखिम उठाने को तैयार है।' इसका कारण है—समय के दबाव से संवेदनाओं का जटिल हो जाना—उलझी हुई होना और पाठक की चेतना में घटित परिवर्तन की तीव्रता। पूरा ज्ञान-विज्ञान अपनी प्रकृति, में विशेषीकरण की ओर उन्मुख है और कवि-कर्म का सभ्यता के विकास के साथ कठिन होते जाना। 'इस बात को पूरी तरह समझकर ही अनुभव किया जा सकता है कि साधारणीकरण का काम कितना कठिनतर हो गया है—समूचे ज्ञान की विशेषीकरण की प्रवृत्ति को उलाँघकर, उससे ऊपर उठकर कवि को विभाजित सत्य को समूचा देखना और दिखाना है। इसलिए उसने सम्प्रेषण या साधारणीकरण की अवहेलना नहीं की है। वह परम्परा को साथ लेकर आगे बढ़ना चाहता है और यह समझना चाहता है कि कल के सत्य की आज अर्थवत्ता क्या है?

प्रयोग को लेकर अज्ञेय में गाँधी जी के सत्य के प्रयोग जैसा भाव रहा है। इसीलिए अज्ञेय के द्वारा प्रयोग की वकालत में पश्चिमी 'एक्स्पेरीमेंटल पोयट्री' और 'न्यू सिगनेचर्स' वाला नकलची भाव नहीं है। उनका पूरा 'अरमान' कविता के नये रागात्मक सत्यों को, राग-दीप्त सत्यों से पाठक का साक्षात्कार कराना रहा है। उन्होंने कहा है कि यद्यपि सभी (तारसप्तक) कवियों में भाषा का परिमार्जन और अभिव्यक्ति की सफाई एक-सी नहीं है और अटपटेपन की झाँकी न्यूनाधिक मात्रा में प्रत्येक में मिलेगी, तथापि सभी को ऐसी उपलब्धि हुई है जो प्रयोग को सार्थक करती है। प्रयोग

के लिए प्रयोग इनमें से किसी ने नहीं किया है। पर नयी समस्याओं और नये दायित्वों का तकाज़ा सबने अनुभव किया है और उससे प्रेरणा सभी को मिली है। दूसरा सप्तक नये काव्य को निश्चित रूप से एक कदम आगे ले जाता है।' '... तारसप्तक' तथा 'दूसरा सप्तक' के कवि वक्तव्यों में आश्चर्यजनक बात यह है कि भारतीय स्वाधीनता संग्राम को लेकर एकदम चुप्पी है। जबकि अज्ञेय और उनके कई कविगण इस स्वाधीनता-संग्राम से सीधे जुड़े थे। कवियों ने मार्क्स-फ्रायड, गाँधी का जिक्र कवि-वक्तव्यों में किया है, लेकिन यहाँ न अम्बेडकर की चर्चा है न जयप्रकाश नारायण और लोहिया की। जबकि कविता में सपाटबयानी, सरलीकरण, अभिधेय अर्थ के विरुद्ध सत्याग्रह—युग का सत्याग्रही तेवर एकदम स्पष्ट दिखाई दे जाता है। सबसे बड़ी बात यह है कि 'तारसप्तक' ने अस्वीकार-असहमति-बहुलता को स्थान दिया और अनेकता में एकता या विरोधों के रहते हुए भी 'विरुद्धों के सामंजस्य के सौन्दर्य की झाँकी प्रस्तुत की। रसमयता-भावाकुलता-हृदयवाद के स्थान पर सर्जन में बुद्धि की मुक्तावस्था को स्थान दिया। मूल बात यह है कि आचार्य शुक्ल की चिन्तन परम्परा को 'हृदय की मुक्तावस्था' से आगे ले जाकर काव्य-समय के अनुकूल उसके बौद्धिक आचरण पर प्रबुद्ध पाठकों का ध्यान केन्द्रित कराया। इससे हिन्दी के नवीन काव्य-शास्त्र को नया दृढ़ आधार मिला है। जो काम नयी कविता के वैचारिक संग्राम में भीष्म-द्रोण नहीं कर पाये वह काम अज्ञेय ने कृष्ण बनकर किया। उन्होंने ही इतिहास-विधाता के रथ को हाँककर नया पथ सुझाया और हमारी पीढ़ी को पश्चिमाभिमुख आधुनिकता, आत्मनिर्वासन, अमानवीकरण के आगे घुटने टेकने से बचाया। पश्चिम से भारतीय मुठभेड़ की जो परम्परा भारतेन्दु, श्रीधरपाठक, मैथिलीशरण गुप्त, जयशंकर प्रसाद ने चलाई थी—उसको नये सन्दर्भ में नये भाष्य के साथ अज्ञेय ने पुनर्नवा रूप दिया। अज्ञेय ने संशय और द्वन्द्व को भारतीय आधुनिकता के ढंग से पुनर्प्रस्तुत करने का जोखिम उठाया और वामपंथियों के तमाम आक्षेपों-प्रहारों को झेलकर भी वे महादेवी का गीत गाते रहे—'जाग तुझको दूर जाना।' इस तरह अज्ञेय में हमारा सांस्कृतिक नवजागरण हजार-हजार आँखें खोलता मिलता है। 'तारसप्तक' की भूमिका इसी सांस्कृतिक-बौद्धिक-साहित्यिक नवजागरण का ऐतिहासिक दस्तावेज है।

'तारसप्तक' तथा 'दूसरा सप्तक' की 'भूमिकाओं' के भीतर से गुजरने पर ऐसा अहसास होता है जैसे हम भरत-भामह, आनन्दवर्द्धन, अभिनवगुप्त, राजशेखर के साथ हृदय-संवाद करते हुए—विचार-मंथन कर रहे हों। आचार्य रामचन्द्र शुक्ल, आचार्य हजारीप्रसाद द्विवेदी और जयशंकर प्रसाद, पन्त, निराला की परम्परा को नये विमर्श 'डिस्कोर्स' से पुनः लिख रहे हों, रच रहे हों। 'तारसप्तक' की भूमिका का

यह अन्तःपाठ मुक्ति की बढ़ती मानव चेतना का ही साक्षात्कार है। इस साक्षात्कार में व्यक्ति और समाज के प्रश्न, परम्परा-प्रयोग-प्रगति और आधुनिकता के साथ काव्यभाषा के तमाम पक्ष नये सिरे से विचार के केन्द्र में रखे गये हैं। रचनाकारों की वैचारिक बहुलता का अज्ञेय के मन में बड़ा भारी सम्मान है। यहाँ विचार के असहमतियों से भरे 'सात स्कूल' हैं और साढ़े सात बौद्धिक। फिर भी इनके सौन्दर्यशास्त्र में 'प्रयोग' के लिए एकजुटता है—सभी नयी-नयी राहों के अन्वेषी हैं—और इन सभी की ओर से सम्पादक अज्ञेय बोलते हैं। इस सौन्दर्य शास्त्र में मानव सम्बन्धों की विविधता का आधुनिक सन्दर्भों में नया न्याव्य है। अनेक प्रकार की बहसों की धाराएँ या नर्मदा के कुण्ड से फूट-फट पड़ी है। यह हिन्दी आलोचना का उज्ज्वल पक्ष है कि अज्ञेय के साथ नेमिचन्द्र जैन, रामविलास शर्मा, गिरिजाकुमार माथुर, प्रभाकर माचवे, ग. मा. मुक्तिबोध आदि सभी वाद-विवाद-संवाद में सक्रिय भागेदारी करते रहे हैं। अपनी परम्परा में 'स्मृति' से नया सर्जन-खमीर उठाते रहे। नये अर्थ-चमत्कारों से नया रागदीप्त-सच उजागर करते रहें। 'तारसप्तक' का रागदीप्त सच 'दूसरा', 'तीसरा', 'चौथासप्तक' में अधिक निखरकर सामने आया। मतभेद, असहमतियाँ सभी सप्तकों के कवियों में रही, इससे हिन्दी सर्जन और चिन्तन का बासीपन टूटा है। प्रसन्नता की बात यह है कि इन सभी का चिन्तन आकाश धर्मा है—मनुष्य को ऊपर उठाता है। यहाँ भी हमें एक आलोक भरी प्रेरणा के दर्शन होते हैं।

'तीसरा सप्तक' (1959) की 'भूमिका', 'नयी कविता : प्रयोग के आयाम' का नया पाठ रचती है—बहुलार्थी और बहुवचनात्मक पाठ इसकी विशेषता है। अज्ञेय ने शुरू ही इस कथन से किया कि 'तारसप्तक' की भूमिका प्रस्तुत करते समय इन पंक्तियों के लेखक में जो उत्साह था, उसमें संवेदना की तीव्रता के साथ निस्सन्देह अनुभवहीनता का साहस भी रहा होगा। संवेदना की तीव्रता अब कम हो गयी है, ऐसा हम नहीं मानना चाहते, किन्तु इसमें सन्देह नहीं कि अनुभव ने नये कवियों का संकलन प्रस्तुत करते समय दुविधा में पड़ना सिखा दिया है।' यह सच है कि 'तीसरा सप्तक' के कवि भी अलग-अलग राहों के अन्वेषण में विश्वासी हैं और इनके रचना-कर्म के भी बने-बनाये मानदण्डों से नहीं आँका जा सकता, नहीं आँकना चाहिए। हाँ, दो सप्तकों से परम्परा की कुछ लीकें बन गयी हैं और नयी कविता पाठकों में ग्राह्य हो गयी है। धुरन्धर आलोचक भी उधर मुड़े हैं। यह सच है कि नयी कविता का पूर्वग्रहरहित अध्ययन नहीं हुआ है और इस बाधा का कारण है—सहानुभूति का अभाव। 'दूसरे शब्दों में परिस्थिति यह है कि कविगण स्वयं एक दूसरे के आलोचक बनकर आवें।' पाठक में विश्वास पैदा करें कि नयी कविता में 'समकालीन

वास्तविकता' है। इसके लिए नये कवि को जज और वकील एक साथ बनना होगा। 'तीसरा सप्तक' के सम्पादन की कठिनाई के मूल में यही परिस्थिति है। 'तारसप्तक' एक नयी प्रवृत्ति का पैरवीकार माँगता था, इससे अधिक विशेष कुछ भी नहीं। 'तीसरा सप्तक', तक पहुँचते न पहुँचते पैरवी अनावश्यक हो गयी है और कवियों की पैरवी का तो सवाल ही क्या है? नया पाठक नयी सर्जना की संवेदना से जुड़ गया है। और 'नयी कविता की प्रयोगशीलता का पहला आयाम भाषा से सम्बन्ध रखता है।' निस्सन्देह जिसे अब नयी कविता कहा जाता है—'वह भाषा सम्बन्धी प्रयोगशीलता को वाद की सीमा तक नहीं ले गयी है—बल्कि ऐसा करने को अनुचित भी मानती है। यह मार्ग प्रपद्यवाद ने अपनाया जिसने घोषणा की कि चीज़ों का एकमात्र नाम होता है और वह (प्रपद्यवादी कवि) प्रयुक्त प्रत्येक शब्द और छन्द का स्वयं निर्माता है।'

सच यह है कि एक शब्द दूसरे शब्द का पर्याय नहीं होता। क्योंकि प्रत्येक शब्द की वाच्यार्थ के अलावा अलग-अलग लक्षणाएँ एवं व्यंजनाएँ होती हैं। अलग संस्कार और अलग ध्वनियाँ। भाषा में प्रायः निन्यानबे का फेर कठिनाइयाँ पैदा करता है—किसी शब्द का कोई स्वयंभूत अर्थ नहीं है। अर्थ उसे दिया गया है, वह संकेत हैं जिसमें अर्थ की प्रतिपत्ति की गयी है। यह शब्द के प्रति एक प्रकार से मानववादी दृष्टि है—शब्द में मानव होता है—मानव का देवता होता है। शब्द को संस्कार इतिहास की गति से मिलता है—'प्रत्येक शब्द का प्रत्येक समर्थ उपभोक्ता उसे नया संस्कार देता है। यही उसका कल्प है। इसी प्रकार शब्द वैयक्तिक प्रयोग भी होता है और प्रेषण का माध्यम भी बना रहता है। दुरूहता न दोष है, न संस्कार। वह स्थिति सापेक्ष्य है। प्रयोक्ता की समस्या सम्प्रेष्य वस्तु की है—फिर काव्य का विषय और काव्य की वस्तु दो अलग-अलग चीजें हैं—जैसे सम्भव है, विषय पुराना रहे, पर वस्तु नयी हो। फिर विषय प्रायः नये हो सकते हैं—मौलिक नहीं—"मौलिकता वस्तु से ही सम्बन्ध रखती है। विषय सम्प्रेष्य नहीं है—वस्तु सम्प्रेष्य है।" (तीसरा सप्तक भूमिका) विषय को सम्प्रेष्य बनाने में कवि का (चेतन-अवचेतन) योग हो सकता है—मौलिकता की कसौटी का यही क्षेत्र है। यही कवि की शक्ति की प्रतिभा का भी क्षेत्र है। कवि नयी परिस्थितियों को स्वायत्त करता है।

अज्ञेय ने यह ध्यान देकर कहा कि नये कवियों में ऐसों की संख्या कम नहीं है, जिन्होंने विषय को वस्तु समझने की भूल की है और इस प्रकार स्वयं भी पथभ्रष्ट हुए हैं और पाठकों में नयी कविता के बारे में अनेक भ्रान्तियों के कारण बने हैं। नकली के प्रति सावधान करना आलोचक का काम है। नकलची हर युग में रहे हैं और प्रगतिवाद ने भी कम नकलची पैदा नहीं किये हैं।

शिल्प-तन्त्र या टेकनीक का विषय भी कम रगड़े-झगड़े का क्षेत्र नहीं रहा है। इसलिए इस विषय पर सम्पादकाचार्य अज्ञेय बोले हैं कि साधना तो 'अभ्यास और मार्जन का ही दूसरा नाम है। बड़ा कवि वाक्-सिद्ध होता है और भी बड़ा कवि रस-सिद्ध होता है। आज वाक्-शिल्पी कहलाना अधिक गौरव की बात समझा जा सकता है, क्योंकि शिल्प आज विवाद का विषय है। यह चर्चा उत्तर-छायावाद काल से ही अधिक बढ़ी है जबकि प्रगति-सम्प्रदाय ने शिल्प-रूप-तन्त्र आदि को गौण कहकर एक ओर ठेल दिया और शिल्पी एक प्रकार की गाली समजाने लगा। इसी वर्ग ने नयी काव्य-प्रवृत्ति को यह कहकर उड़ा देना चाहा कि वह केवल शिल्प का, रूप-विधान का आन्दोलन है—निरा फार्मलिज्म है। 'इस रूप-विधान को के पश्चिम की न्यू क्रिटिसिज्म का प्रभाव कहकर इसे इसी वर्ग ने अमेरिकावाद से जोड़ दिया है। एक साँस में कह डाला कि केवल प्रगतिवाद में सामाजिक चेतना है और कहीं नहीं।' समाजाग्रही प्रगतिवाद ने अज्ञेय को घोर व्यक्तिवादी कहकर हर जगह अपमानित करने का मायाजाल रचा है। वे भूल गये हैं कि अज्ञेय और उनके साथी कवि नयी वस्तु को ग्रहण और प्रेषित करने में शिल्प के प्रति कभी भी उदासीन नहीं रहे हैं। उनके पास नयी वस्तु और नयी शिल्प दृष्टि के लिए पर्याप्त आदर है।

प्रश्न उठाया गया है कि नयी दृष्टि क्या है और किधर जाने की प्रेरणा देती है? 'एक बार फिर इतना ही कहना अलम होगा कि ये कवि किसी एक सम्प्रदाय के नहीं हैं—न सबकी साहित्यिक मान्यताएँ एक हैं—न सामाजिक न राजनीतिक, न ही उनकी जीवन-दृष्टि में ऐसी एकरूपता है। सम्पादक ने चुनाव का आधार कभी यह नहीं बनाया कि कौन उनके सम्प्रदाय का है, कौन नहीं। काव्य में वस्तु-सत्य का रागात्मक रूप होता है इसलिए व्यक्ति-वैचित्र्य की गुंजाइश बराबर रहती है। देखना केवल यह होता है कि सत्य के साथ खिलवाड़ या फलर्टेशन न हो। यहाँ आमन्त्रित कवियों में कुछ आये—कुछ ने अज्ञेय के साथ आना नहीं चाहा। यह 'एक' विकट राजनीति का काव्य में हाशिया है। प्रगतिवादी आलोचकों ने अज्ञेय के खिलाफ दसों दिशाओं से हमला किया और यह प्रचार किया कि अज्ञेय व्यक्तिवादी, यौनवादी-कुण्ठावादी, रहस्यवादी, क्षणवादी, भाववादी, फासिस्टी, समाज विरोधी लेखक है। शठ हैं और उनकी धूर्तता का न आदि है, न अन्त। इसलिए ऐसे शिव के साथ 'वर बौराह बैल असवारा' के साथ आने से बहुत से नये दिमाग डर गये। उन्हें अज्ञेय के साथ आने में हेठी का अनुभव हुआ है।

'चौथा-सप्तक' आया तो अज्ञेय का विरोध 'तीसरे सप्तक' के कवि (बिम्ब-समर्थक कवि) ने किया और यह कहकर किया कि अज्ञेय चुक गये हैं। अज्ञेय ने 'चौथा सप्तक' की 'भूमिका' में काव्य-सत्य का गम्भीर मामला उखाड़ते कहा कि 'दूसरों की

रचनाओं के लिए भूमिका लिखने का काम मुझे हमेशा कठिन जान पड़ा है। साधारणतया उसका कारण यह होता है कि वह एक औपचारिक काम होता है। प्रस्तुत संकलन की भूमिका औपचारिक काम तो नहीं है; चयन और संकलन स्वयं मैंने अपनी रुचि और योजना के अनुसार किया है।' जाहिर है कि संकलित कवियों के कवि कर्म से अज्ञेय प्रभावित हुए। उन्हें यह ध्यान भी रहा है कि पहले तीन सप्तकों के बाद यह—चौथा सप्तक अपेक्षया लम्बे अन्तराल से प्रकाशित हो रहा है। 'इस लम्बी अवधि में हिन्दी में कविता प्रचुर मात्रा में लिखी गयी है। सब अच्छी नहीं हैं, यह कहना किसी रहस्य का उद्घाटन करना नहीं है।' यह कहना कि अधिकांश घटिया है, गलत नहीं होगा। यहाँ लम्बे काल में सैकड़ों कवियों में से सात कवियों का चुनना और उनकी रचनाओं का चयन करना, चुनौती भरा कार्य रहा है।

'तारसप्तक' का जब प्रकाशन हुआ था उसमें संकलित अन्य कवि सभी प्रायः मेरे समवयसी और साथी थे और उनकी रचनाओं के चयन में एक सहजता थी। उनके बारे में कुछ कहना भी इसी कारण कम कठिन था। 'जब दूसरा सप्तक प्रकाशित हुआ तब भी परिस्थिति में कुछ परिवर्तन आ गया था और तीसरा सप्तक में तो परिस्थिति स्पष्टतया बदली हुई थी।' इतना ही नहीं 'तीसरा सप्तक' सम्पादक की काव्य-दृष्टि और काव्य-विवेक का प्रतिफलन था। 'चौथा सप्तक' भी घोषित रूप में सम्पादक की काव्य रुचि, काव्य-विवेक या साहित्यिक विवेक का प्रतिफलन है। फिर इस समय तक अज्ञेय नयी कविता के व्याख्याता-विश्लेषक के रूप में भी पर्याप्त ख्याति अर्जित कर चुके थे और नयी काव्य-प्रवृत्तियाँ भी पाठकों में भिद चुकी थीं। यह भी अनुभव किया जा चुका था कि 'आज जो लिखा जा रहा है उसका सच्चा वकील आज का लिखने वाला ही होना चाहिए।' सत्काव्य के समर्थक अज्ञेय 'चौथा सप्तक' की 'भूमिका' में पता नहीं क्यों—बेहद भीतर से शंकालु दिखाई देते हैं। यहाँ अज्ञेय का वह सम्पादक गायब है जो तीन सप्तकों में हनुमान-भाव से मौजूद था। वह एक पक्ष की वकालत की बात करते हैं तो पाठक को अच्छा नहीं लगता। 'समकालीन आलोचना की एकांगिता ने रचना का बहुत अहित किया है, उसने नये रचनाकार को दिग्भ्रमित किया है और नये पाठक को पथभ्रष्ट।' आज की आलोचना की सभी कसौटियाँ झूठी हैं।

अज्ञेय को आज की कविता की वक्तव्यबाजी बहुत खलती है। कविता पर 'मैं' बुरी तरह छा गया है। यह 'मैं' निषिद्ध नहीं है, लेकिन यह तो समझना पड़ेगा कि कहाँ पर वह कविता का शत्रु बन गया है। कवि को एक मुखौटा पर्सोना अवश्य चाहिए—यह पर्सोना दिखावा नहीं है जरूरी है भीतर के यथार्थ को प्रकट करने के लिए इसकी अपेक्षा रहती है। इसलिए पर्सोना के महत्त्व को हर युग ने पहचाना है।

यह साधारणीकरण के लिए भी एक जरूरी कवि-हुनर है। फिर 'आज की कविता का बहुत बड़ा और शायद सबसे बड़ा दोष यह है कि उस पर एक 'मैं' छा गया है। वह भी एक अपरीक्षित और अविसर्जित मैं। आज की कविता बहुत बोलती है—जबकि कविता का काम बोलना है ही नहीं।' (वही—चौथा सप्तक) यह ठीक है कि आज के कवि की जानकारी पहले के कवियों से ज्यादा है, राजनीतिक जागरूकता बढ़ी है, लेकिन राजनीतिक पक्षधरता को कभी कसौटी नहीं बनाया गया।

"आपातकाल ने एक लगभग देशव्यापी आतंक की सृष्टि की तो उसकी परिधि के भीतर विभिन्न प्रकार की असहिष्णुताएँ आतंक के छोटे-छोटे मण्डल बनाती रहीं। आपातकाल की समाप्ति से आतंक का तो अन्त हो गया, लेकिन मतवादी असहिष्णुताओं के ये वृत्त अभी कायम हैं। चौथा सप्तक के सभी कवि इस परिस्थिति से न केवल परिचित रहे हैं बल्कि उसके दबाव का तीखा अनुभव भी करते रहे हैं और कुछ ने उसके कारण कष्ट सहा है। इसलिए अगर मैं कहूँ कि संकलित कवियों के राजनीतिक विचारों के अलग होते हुए भी एक स्तर पर वे एक सामान्य अनुभव की बिरादरी में आ जाते हैं तो यह कथन अनुचित न होगा और वह सामान्य अनुभव है, एक स्वातन्त्र्य का अनुभव।" कवियों का यह स्वातन्त्र्य-बोध या मुक्ति का बोध बड़ी चीज है और यह बोध इन रचनाओं में जज्ब कहा जा सकता है। अज्ञेय ने पाठकों से इस 'भूमिका' में विनम्रता के साथ यह निवेदन किया कि वे पूर्वग्रह मुक्त होकर इन कवियों की कविताओं का आस्वादन मूल्यांकन करें। जिससे सम्पादक की संस्तुतियों की प्रतिकूल प्रतिक्रिया का दण्ड इन कवियों को न मिले।

दरअसल, हिन्दी के पाठक समाज में 'चौथा-सप्तक' की चर्चा बहुत कम हुई है और जहाँ हुई भी है—वहाँ बहुत अनमने भाव से। नतीजा यह हुआ कि 'भूमिका' पर ठीक से ध्यान ही नहीं गया है। साथ ही यह समय अज्ञेय की उपेक्षा का दौर भी था और अज्ञेय के खिलाफ हिन्दी आलोचना में एक आँधी चल रही थी। ये तो अज्ञेय का ही वज्र-कलेजा था कि वे इस अन्धड़ में बिना रुके चलते रहे और 'सन्नाटे का छन्द' बने रहे। ऐसी स्थिति के कारण अज्ञेय की सप्तकों की 'भूमिकाओं' का महत्त्व और भी बढ़ जाता है। 'उड़ चल हारिल, लिये हाथ में यही अकेला ओछा तिनका' अज्ञेय के कवि-विश्वास का, सर्जना की निष्ठा और ईमादारी का प्रतीक है। इस आस्था के हारिल ने अनथक पंखों की चोटों से हिन्दी कविता और हिन्दी आलोचना का इतिहास बदलकर दम लिया है। ठीक ही अज्ञेय कह रहे थे—'मैं वह धनु हूँ जिसे साधने में प्रत्यंचा टूट गयी है।' उनकी 'भूमिकाओं' की ध्वनियों का दिगूदिगन्त में फूट-फट पड़ना आज का प्रकाश है, जो नयी पीढ़ी को अन्धकार में रास्ता दिखाता रहेगा। उनकी सैद्धान्तिक स्थापनाएँ काव्यालोचन के मुकुट की शोभा

एवं शक्ति रहेगी। फलतः अनेक केन्द्रीय भारतीय परम्परा और आधुनिकता का रिश्ता अज्ञेय से आलोनात्मक होते हुए भी सर्जनात्मक रहा है।

अज्ञेय को 'भूमिका' लिखना हमेशा जरूरी लगता रहा है। राष्ट्रकवि मैथिलीशरण गुप्त की कविताओं के लिए 'स्वस्ति और संकेत' शीर्षक से 'भूमिका' लिखी और कहा कि 'गुप्त जी मेरे तो गुरुस्थानीय थे, इसलिए उनके काव्य के प्रति मेरा श्रद्धापूर्ण होना स्वाभाविक है।' साथ ही यह भी कहा कि गुप्तजी ने हमारी करुणा को ऐसा युगीन संस्कार दिया, जिससे वह आज के अत्यन्त निष्करुण यन्त्र-समाज में भी हमें मनुष्य बनाये रख सकती है।

'सर्जना के क्षण' की भूमिका में कविता को समझने के लिए 'अभिव्यक्ति से भी अधिक 'सम्प्रेषण' की आवश्यकता पर बल दिया। एक समय ऐसा आया कि अज्ञेय ने सर्वेश्वरदयाल सक्सेना के संग्रह 'काठ की घण्टियाँ' की भूमिका लिखी। सर्वेश्वर और रघुवीर सहाय दोनों कवि अज्ञेय के मानस शिष्य थे, लेकिन उनका सृजन मुहावरा अज्ञेय से हमेशा अलग रहा। 'नये साहित्य स्रष्टा' नाम से आरम्भ ग्रन्थमाला की व्यापक आस्था का प्रतिबिम्ब है—यह 'भूमिका'। सर्वेश्वर की कविता-कहानी-उपन्यास आदि पर अज्ञेय ने मुग्धभाव से लिखा है। इसी ग्रन्थमाला के अन्तर्गत कविवर अजित कुमार के संग्रह 'अंकित होने दो' की 'भूमिका' लिखी है। कवयित्री शान्ति मल्होत्रा पर भी अज्ञेय ने उनके संग्रह की 'भूमिका' लिखी थी, किन्तु वह संग्रह मुझे मिल नहीं पाया। क्षमा प्रार्थी हूँ।

रघुवीर सहाय के कहानियों-कविताओं-लेखों से सम्पन्न संग्रह 'सीढ़ियों पर धूप में' की 'भूमिका' अविस्मरणीय है। यह संग्रह 'नये साहित्य-स्रष्टा-दो' का पुष्प है। अज्ञेय ने रघुवीर सहाय को एक्शंस यंग मेन' के वर्ग में रखा है और माना है कि नये हिन्दी गद्य लेखकों में जिन्हें वास्तव में 'माडर्न' कहा जा सकता है, उनमें रघुवीर सहाय अन्यतम हैं।' अज्ञेय ने रघुवीर सहाय के काव्य संग्रह की 'भूमिका' लिखी है और उस 'भूमिका' की नये पाठकों में विशेष चर्चा रही है क्योंकि अज्ञेय ने अपना यह मन्तव्य दुहराया है कि कविता शब्द है।

सहसा पाठक का ध्यान 'पूर्वा' (भग्नदूत, इत्यलम, हरी घास पर क्षण भर) की 'भूमिका' पर जाता है। जहाँ वे कह रहे हैं कि अज्ञेय का पहला कविता-संग्रह 'भग्नदूत' सन् 1933 में छपा था। लेखक उस समय जेल में था। जेल से ही पत्रों के साथ जब-तब भेजी जाती रही कविताएँ एकत्रित करके छपने दे दी गयी थी। लेखक के जेल में होने के कारण ही पुस्तक छपने पर, छपे हुए फरमे पुलिस उठा ले गयी थी। ... हरजाने की धमकी देने पर, पुलिस ने छपे हुए फरमे लौटाये और तब पुस्तक प्रकाशित हो सकी।' 'इत्यलम' 1946 में प्रकाशित हुआ—'भग्नदूत' की

कुछ कविताएँ यहाँ ले ली गयीं। सन् 1949 में 'हरी घास पर क्षणभर' प्रकाशित हुआ। पहले दोनों संग्रह अप्राप्य होने के कारण तीसरे को मिलाकर 'पूर्वा' नाम से प्रकाशित किया गया। कुछ समय बीत जाने पर अज्ञेय ने अपनी श्रेष्ठ रचनाएँ—प्रतिनिधि रचनाएँ आदि के चक्कर से बाहर निकलकर उन्होंने सम्पूर्ण काव्य-संग्रह सदानीरा—भाग 1-2 नाम से प्रकाशित कराये। सदानीरा—भाग 1-2 की भूमिकाओं में फिर से 'तारसप्तक' मूड में नये विचार प्रस्तुत किये हैं। भाग-2 में कहा कि यों भी सदा कहता आया हूँ कि कवि को नहीं, कविता को ही बोलना चाहिए।' साथ ही यह ध्यान भी दिलाया कि किसी भी आलोचक ने मुझे अप्रभावित नहीं माना—अप्रभावित कोई संवेदनशील कवि रह कैसे सकता है?' लेकिन प्रभाव और नकल में अन्तर करना चाहिए—जिसे प्रायः भुला दिया जाता है। ध्यातव्य है कि कवि की स्मृति में एक जातीय सांस्कृतिक परम्परा बोलती है।

अज्ञेय ने डॉ. जगदीश गुप्त के साथ 'नवधा' शीर्षक से सन् 1983 में भारतीय साहित्य-प्रकाशन, मेरठ से नौ नये कवियों के काव्य का संकलन किया और 'नवधा' की अकेले 'भूमिका' लिखी। इस 'भूमिका' में साहित्य की आलोचना पर दुःख व्यक्त करते हुए कहा है कि समकालीन काव्य-रचना का परीक्षण केवल राजनीतिक-आर्थिक आधार पर ही होता है और अच्छी-बुरी, नयी-पुरानी, सही-गलत कविता की कसौटी इसी आधार पर होती है कि कवि के राजनीतिक मन्तव्य क्या हैं अथवा वह समाज के किस तरह के आर्थिक संगठन का समर्थन करता है। आलोचना के लिए और काव्यलोचन की सही और समग्र दृष्टि के विकास के लिए यह एक दुःखद स्थिति ही है। ...और कविता की अच्छाई-बुराई की कसौटी तो इस तरह का राजनीतिक चिन्तन दे ही नहीं सकता।' (नवधा-भूमिका) इस संकलन में जो कवि और उनकी रचनाएँ चुनी गयी हैं, उनके चुनाव में उनकी राजनीतिक विचारधारा और प्रतिबद्धता को महत्त्व नहीं दिया गया है।' नवधा नाम में ही संकेत है कि रचनाएँ किसी एक मार्ग, पद्धति या चिन्ताधारा की नहीं हैं।

अन्ततः एक ऐसा समय भी आया कि अज्ञेय ने राजपाल से 'चुनी हुई कविताएँ' शीर्षक से कविताओं को चुना और छपवाया। साथ ही 'भूमिका' भी लिखी और कहा 'तब फिर इस संकलन की चुनी हुई कविताएँ, क्यों कहा गया है—चुनाव किस आधार पर हुआ है? निश्चय ही मेरी अपनी रुचि और विवेक की उपेक्षा उसमें नहीं हुई है। यह तो है ही कि ऐसा कुछ भी उसमें नहीं आने दिया गया है जो मुझे निर्णय के समय स्तरीय नहीं जान पड़ा।' यह चुनाव इस काव्य-विवेक से किया गया है कि 'पाठक को तृप्ति मिले। पाठक में यह जिज्ञासा भी जागे कि अज्ञेय के काव्य को पूरा पढ़ना जरूरी है।' जो रचनाकार पचास वर्ष तक रचना-आलोचना-सम्पादन,

संकलन, विवाद, प्रत्यालोचन, उलटे-सीधे आक्रमण का लक्ष्य बनता रहा हो—उसके रचना कर्म के भीतर धँसना जरूरी है।

'शेखर : एक जीवनी' भाग 1-2 हिन्दी उपन्यास की अन्तर्यात्रा में एक ऐतिहासिक मोड़ है—एकदम 'अपूर्व' कथ्यात्मक संवेदना-शिल्प से साक्षात्कार। इस अनुपम उपन्यास की 'भूमिका' का 'पाठ' बहुवचनात्मक है। 'भूमिका' में कहा गया है कि 'वेदना में एक शक्ति है। जो यातना में है। वह दृष्टा हो सकता है। 'शेखर : एक जीवनी' जो मेरे दस वर्ष के परिश्रम का फल है—दस वर्षों में अभी कुछ देर है लेकिन 'जीवनी' भी तो अभी पूरी नहीं हुई।' घनीभूत वेदना की केवल एक रात में देखे हुए Vision को शब्दबद्ध करने का प्रयत्न है।' इसके दो-खण्डों के बाद तीसरे खण्ड की प्रतीक्षा प्रतीक्षा ही बनी रही। फिर 'नदी के द्वीप' आया—1951 में। द्वितीय संशोधित संस्करण 1957 में आया। दूसरे संस्करण की भूमिका में कहा—'रचना ऐसी होनी चाहिए कि उसके साथ चलने में पाठक को बिल्कुल परिश्रम न करना पड़े—'ऐसा 'नदी के द्वीप' का लेखक नहीं मानता। फिर भी वह यत्नशील है कि मार्ग बीहड़ होकर भी अनाकर्षक न हो जाये, क्योंकि वह चाहता है—पाठक साथ चले। साथ लेखक के नहीं, कृति के। लेखक कृति से जितना अलग है, पाठक लेखक से भी उतना ही अलग रहे, यही तीनों के लिए श्रेय है। और आलोचक? आज हिन्दी का आलोचक केवल अपने साथ चलता है और किसी के नहीं।' हिन्दी के आलोचक को लेकर अज्ञेय की 'भूमिकाओं' में बड़े कसकते अनुभव हैं।

'अज्ञेय' ने राजपाल एण्ड सन्स से 'सम्पूर्ण कहानियाँ' शीर्षक से संग्रह छपवाया और सभी कहानी संग्रहों को लेकर 'भूमिका' लिखी है। 'अज्ञेय की सम्पूर्ण कहानियाँ' नाम का संग्रह अपने सम्मुख देख कर वह थोड़ा आतंकित भी हुए। विचारोपरान्त कहा—'सम्पूर्ण' क्या होता है? यह ठीक है कि अब तक जितनी कहानियाँ लिखी हैं, वे सभी इस संग्रह में हैं, इसलिए इसे सम्पूर्ण कहना सही है। फिर कहा कि 'यों तो मैंने स्वीकार कर लिया है कि कहानी लिखना मैंने छोड़ दिया है या कि कहानी मुझसे छूट गयी है।' अज्ञेय ने बड़े ही निर्वैयक्तिक भाव से कहानी-कला पर विस्तार से विचार किया है। हिन्दी कहानी के इतिहास में यह उनकी अद्‌भुत अविस्मरणीय 'भूमिकाओं' में से एक भूमिका है।

उल्लेखनीय बात यह है कि अज्ञेय से ज्यादा 'भूमिकाएँ शायद ही किसी रचनाकार ने हिन्दी में लिखी हों—और शायद ही किसी रचनाकार की भूमिकाओं ने अपने विचारों से इतना भारी कोलाहल पैदा किया हो। नयी से नयी अवधारणाओं की ये सभी भूमिकाएँ उद्‌गम स्रोत हैं। इन स्रोतों ने हिन्दी आलोचना को सींचकर नया रूप-रंग दिया है। अज्ञेय ने हिन्दी की प्रतिनिधि कहानियाँ, 'भवन्ती', 'अन्तरा',

'शाश्वती', 'शेषा' की 'पूवपीठिका' (भूमिका) 'समकालीन कविता और छन्द', 'भारतीय संस्कृति : पुरातात्विक आधार', 'सर्जना और सम्प्रेषण', 'भारतीय कला दृष्टि', 'साहित्य और समाज परिवर्तन की प्रक्रिया', 'सामाजिक यथार्थ और कथा भाषा', 'भारतीय परम्परा के मूल स्वर', 'साहित्य और परिवेश', 'आत्मपरक', 'साँचि कहउँ', 'आधुनिक हिन्दी साहित्य', 'स्मृति लेखा', 'हिन्दी के प्रतिनिधि एकांकी नाटक', 'संवत्सर', 'अरे यायावर रहेगा याद', 'एक बूँद सहसा उछली', 'भूमिका हाँ, भूमिका ही तो है', 'बोस्नियाई उपन्यास त्रयी', 'महायात्रा', 'विवेकानन्द', 'सबरंग कुछ राग', 'अपरोक्ष' आदि न जाने कितनी सम्पादित और अपनी मौलिक पुस्तकों की 'भूमिकाएँ' लिखी हैं। मेरा इरादा यही रहा कि पाठक अज्ञेय की भूमिकाओं के समग्र चिन्तन की एक साथ अन्तर्यात्रा कर सके। साथ ही उस संकल्प से भी साक्षात्कार कर सके जो हिन्दी में नये साहित्य-चिन्तन की ठोस नींव रखना चाहती है।

अज्ञेय जी ने हिन्दी आलोचना में परम्परा और आधुनिकता के मध्य आवश्यक संवाद-सेतु निर्मित किया है। इस आलोचना-सृष्टि में हमारी संस्कृति को औपनिवेशिक मानसिकता से मुक्त करने की अहम् भूमिका रही है। साथ ही आलोचना-कर्म में बौद्धिक-संवाद-पर ध्यान केन्द्रित करने के कारण उनके मूल में 'प्रबुद्ध पाठक' बराबर मौजूद रहा है। कहा जा सकता है कि उनकी पूर्ति आलोचना-दृष्टि पाठक-केन्द्रित रही है। यहाँ यह न समझना भूल होगी कि इस बौद्धिक-संवाद में हृदय-संवाद की कोई भूमिका नहीं है। हाँ, उस भूमिका में नये सन्दर्भों से भारी परिवर्तन आ गया है।

विद्रोही-बौद्धिक की आधुनिकता

विद्रोही-बौद्धिक की आधुनिकता का संवाद विवाद क्यों? इस प्रश्न का उत्तर अज्ञेय के पास है। उनके निबन्ध और चिन्तन-स्रोतों से जुड़े रचनात्मक संवाद हैं। अपने संवेदन तन्त्र और रचनात्मक उपकरण, रचना-स्वभाव और रचनाकार का धर्म या साहित्य की ५रीक्षा के लिए अज्ञेय आलोचनात्मक निबन्ध लिखते हैं। संस्कृति, परम्परा, आधुनिकता, अस्मिता, व्यक्ति-मन की गहराई, अनुभव का रागदीप्त सच, अनुभूति की अद्वितीयता, काल और कला चिन्तन, कल्पना, प्रतीक, लय-नाद, बिम्ब-छन्द, शब्द और भाषा, भोक्ता और सृष्टा मन के अलगाव आदि की पड़ताल के लिए निबन्ध जैसा उन्मुक्त क्षेत्र उन्हें कहीं नहीं दिखाई देता। निबन्ध का खुला-स्वतन्त्र रूप अज्ञेय जैसे स्वातन्त्र्य-मूल्य के हिमायती रचनाकार को भाता है। इसलिए इस स्वतन्त्र चेता, रूढ़ि विद्रोही, प्रयोग-विश्वासी, योजनाकार की मानसिकता का सच्चा परिचय उनके सर्जनात्मक निबन्धों में मिलता है। 'सप्तकों' की भूमिकाओं से वे विवाद-बहस के केन्द्र में आये थे और 'त्रिशंकु', 'आलवाल', 'जोग लिखी', 'धार और किनारे', 'आत्मनेपद' आदि संग्रहों के तमाम निबन्धों से उनका मन खुला था। चुप्पा अज्ञेय ने निबन्धीं में मौन तोड़ा है और उन्हें तगड़ा झटका दिया है जो 'प्रतिबद्धता' के नाम पर कहानी के शेर की तरह गुर्राते थे—केवल शेर की खाल ओढ़े थे। इसलिए 'प्रतिबद्धता' की धुनकियों को जब 'उत्तर-आधुनिकतावाद' ने हटा दिया और तब वे सब ढेर हो गये। आज अज्ञेय के निबन्धों के विचारों से असहमति हो सकती है। लेकिन उनकी अन्तर्यात्रा शीतल-जल के स्नान-सी स्फूर्ति देती है। पाठक यहाँ अज्ञेय के 'वर्कशॉप' में प्रवेश करके गैर-रोमांटिक सहज-चिन्तन की महिमा से 'विचार के आलोक' में लिपटकर प्रसन्न हो जाता है। एक प्रखर बौद्धिक की आधुनिकता का यह संसार चकित करने वाला है। अज्ञेय में किसी विचारधारा विशेष का जिद्दी आग्रह नहीं है—क्योंकि मतवाद को वे 'कठघरा' मानते हैं और मुक्ति के आकांक्षी-आग्रही तो वह रहे ही हैं। उनका पूरा रचना-कर्म मानव-मुक्ति की तलाश में समर्पित रहा है। आज अज्ञेय मानव-मुक्ति के लिए संघर्ष करने वाले निबन्धकारों

आलोचकों में अग्रणी हैं।

इन निबन्धों में अज्ञेय ने रचना-कर्म और रचनाशील व्यक्ति के बारे में गहन-सूक्ष्म चिन्तन किया है और कला के स्वभाव और उद्देश्य पर कई कोणों से विचार मंथन है। यह विचार-यात्रा भावुकता प्रधान, रोमांटिक आदर्शवादी यात्रा नहीं है—जीवनानुभवों के ठोस सत्य इनमें ध्वनित हैं। मनोविश्लेषकों में अज्ञेय ने कार्ल युंग का साथ ग्रहण किया है और साहित्य चिन्तन में टी. एस. इलियट तथा यास्पर्स का। जापानी ज़ेन-साधना और मानवेन्द्रराय के रेडिकल मानववाद की उन पर धमक है। वैवे उनकी पूरी रचना-मानसिकता का निर्माण बीसवीं शताब्दी के भारतीय स्वाधीनता-संग्राम की मुक्ति-चेतना ने किया है। वे औपनिवेशिक मानसिकता से डटकर लोहा लेने वाले रचनाकार योद्धा हैं। यह स्वाधीनता-प्रेम अज्ञेय के रचना-संगठन में 'इंटीग्रेट' या गुँथा हुआ है। उनमें मैथिलीशरण गुप्त, जयशंकर प्रसाद, माखनलाल चतुर्वेदी और रायकृष्णदास एक साथ एकाग्र भाव से बोलते मिलते हैं। उनके भीतरी मन का झरोखा 'स्मृति लेखा' के संस्मरणों में मिलता और खुलता है या फिर 'भवन्ती', 'अन्तरा', 'शाश्वती' और 'शेषा' की अन्तःप्रक्रियाओं में/क्या यह सच नहीं है कि रचनाकार के लिए उसका व्यक्तित्व एक वास्तविक नियति होने के साथ 'मानवता' की उद्‌भावना होता है। व्यक्ति की अखण्डता, समर्पण, निष्ठा, आस्था, ईमानदारी, अनुभूति का खरापन अज्ञेय के लिए कोरे शब्द नहीं हैं—'जीवन-दर्शन के संकल्प बिन्दु हैं। रचनाशील व्यक्ति में द्वन्द्वशील प्रवृत्तियों का संगठन होता है। एक ओर व्यक्ति का निजी जीवन, दूसरी ओर निर्वैयक्तिक रचनात्मक प्रतिभा। यह विचार कि सत्य की उपलबब्धि में यातना-वेदना, दर्द, दुःख सबसे बड़े सहायक हैं—'जो यातना में है—वह दृष्टा हो सकता है' या फिर 'दुःख सबको माँजता है।' 'जिज्ञासा ही सबसे बड़ी पीड़ा' है और इस पीड़ा-वेदना के बिना ज्ञान नहीं है। वेदनानुभूति किसका नाम है? ऐसी अनुभूति जो संवेदना को, चेतना को घनीभूत-आलोक का वरदान दे देती है। प्रश्न उठता है—क्या यह वरदान अज्ञेय को मिला है? अज्ञेय के निबन्ध क्या इसी घनीभूत आलोक के साक्षी हैं। शेखर को पुकारती सरस्वती की आवाज 'शेखर अब उतर आओ' हो या रेखा के समर्पण क्षणों में भुवन का भावस्फोट हो—विश्लेषण धर्मी, चिन्तनशील, बौद्धिकता, रागात्मक सम्बन्धों की बदली हुई प्रणालियों की वास्तविकता का अहसास अज्ञेय की रचना-चेष्टा का नया संस्कार है। यही निरन्तर संस्कारित आधुनिकता अज्ञेय के निबन्धों की नवीनता-मौलिकता है।

अज्ञेय के निबन्धों में अन्तर्व्याप्त शिवत्व-बोध और सौन्दर्य-बोध का मूल्यांकन वे लोग नहीं कर सकते, जिनका मन विचारधाराओं की गुलामी से पश्चिमी चिन्तन का दास बन चुका है। कौन नहीं जानता सन् 1943 में 'तारसप्तक' के साथ अज्ञेय

का नाम हिन्दी की आधुनिक रचना-यात्रा में अपरिहार्य हो गया। यह व्यापक स्वीकृति भी छिपी न रह सकी कि अज्ञेय की रचना-यात्रा का इतिहास छायावादोत्तर साहित्य का इतिहास है। अज्ञेय के आलोचक—उन्हें भाववादी-कलावादी-व्यक्तिवादी कहकर नकारते, चाहे कितना भी रहे हों, वे अज्ञेय की विजय-यात्रा के रथ को रोक नहीं सके। आज का पाठक उनमें भोगे हुए यथार्थ अनुभव का आश्वासन पाता है। आज अज्ञेय का प्रिय प्रतीक 'सागर' अपना विराट् अर्थ-पाठ प्रस्तुत कर रहा है। शब्द की साधना का तप अज्ञेय कविता में करते हैं—लेकिन भाषा 'गद्य' में उनका विश्लेषण निर्भय भाव से आगे बढ़ता रहा है। उनके निबन्धों में बैठा 'आलोचक' सतर्क है और खण्डन-मण्डन में चतुर-सुजान। मम से ममेतर की स्वीकृति ने अज्ञेय के रचना-कर्म आलोचना-कर्म को 'आत्मदान' के थीम का रचनाकार बनाया है। 'अन्य' के लिए लुटाने की मुद्रा का भाव उनमें निरन्तर रहा है और यही उनकी 'भारतीयता' है। यह वह भारतीयता नहीं है जो जड़ता को स्वीकार करती है। यह वह भारतीयता है जो संस्कृति में, भाषा में, रचना में 'चित्त की खेती' बनी है। यह संस्कृति आत्मदान की प्रेरणा है। यही है 'असाध्य वीणा' का वह प्रियंवद जो 'शिष्यसाधक' है—कलाकार के दम्भ से दूर फकत साधक-आराधक। इस शिष्य-साधक की मौन साधना ही उसे मुक्त करती है। प्रेम के न जाने कितने रूप अज्ञेय के रचना-कर्म में सदाबहार-छबियों के साथ मौजूद हैं। नारी और प्रकृति सौन्दर्य में अज्ञेय के रचनाकार के प्राण बसते हैं। इस तरह अज्ञेय हिन्दी में कालिदास-भवभूति और जयशंकर प्रसाद का विस्तार-परिष्कार हैं। वे चिन्तन में टी. एस. इलियट में नहीं, जयशंकर प्रसाद में र. ाते हैं—माखनलाल चतुर्वेदी में रमते हैं और मैथिलीशरण गुप्त के प्रेरणा स्रोतों से जुड़ते हैं। जीवन की कालिदासीय लय से भरी रागदीप्त मनःस्थितियाँ कथन-भंगिमाओं से 'जड़ीभूत सौन्दर्याभिरुचियों' पर प्रहार करती हैं। वे अपनी इसी शक्ति के कारण लम्बे समय तक रचना और आलोचना के केन्द्र में रहे हैं। आज अज्ञेय के निबन्ध साक्षी हैं कि प्रतिकूल आलोचना से उन्होंने 'बहुत कुछ' सीखा है—उनके निबन्ध पुराने 'पूर्वग्रहों' के उत्तर हैं—उनकी ज्ञान मीमांसा—(एपोरिया) में ऐतिहासिक काल और अनुभव के काल का 'काल-चिन्तन' चलता है। वे मानते हैं कि अनुभव की संरचना में काल हमेशा उल्टी दिशा में चलता है। परिणाम पहले और कारण बाद में अंकित होता है। भारतीय काल-चिन्तन में काल की अवधारणा को लेकर ही 'संवत्सर' के निबन्ध लिखे हैं अज्ञेय ने। हिन्दी में पहली बार इस तरह के निबन्ध अज्ञेय ने लिखे हैं।

अक्सर कहा जाता है कि अज्ञेय ने विचारपरक और आत्मपरक निबन्ध अपने रचना-कर्म की रक्षा के रूप में लिखे हैं। लेकिन यदि समग्रता में ध्यान दें तो उन्होंने

प्रधानतया सर्जनप्रक्रिया, सर्जक की स्थिति, सामाजिक की सम्प्रेषणीयता, शब्द, मौन, अस्तित्व, अस्मिता, कला-सौन्दर्य आदि के सम्बन्ध-विचार पर कवि-केन्द्रित विचार किया है। इस चिन्तन में काव्य और छन्द, काव्य और संगीत, लय और काव्यभाषा, कथा-भाषा और सम्प्रेषण, काव्य में विषय और वस्तु का महत्त्व, काव्य-सत्य, काव्य-सौन्दर्य, विज्ञान और काव्य आदि के रिश्ते और भिन्नता की चर्चा भी आती रही है। उनके निबन्धों के सामने रचना, रचनाकार-व्यक्तित्व, व्यक्ति और समाज, सर्जक और सामाजिक के हृदय-संवाद की समस्या चुनौती के रूप में रही है। इसीलिए वे रचनाकार की चेतना और समाज के साथ उनके द्वन्द्व से निरन्तर जूझते रहे हैं। काव्य-हेतु (प्रतिभा + व्युत्पत्ति + अभ्यास) काव्य-प्रयोजन, काव्य का अधिकारी, काव्य के उपकरण-उपादान आदि पर भारतीय साहित्य शास्त्र ने लगातार चिन्तन किया है—शंकाओं को उठाकर बहस की है और बहस को जारी रखा है। प्रतिभा को प्रधान 'काव्यांग' मानकर उन्होंने रचना-प्रक्रिया के सन्दर्भ तनाव—'आभ्यन्तर तनाव की स्थिति' को स्वीकार किया है। इलियट और ऐलनटेट ने इसे ही 'टेंशन' का नाम दिया है। अज्ञेय ने इलियट के निबन्ध 'ट्रडीशन एंड एंडिविजुअल टैलेन्ट' का अनुवाद 'रूढ़ि और मौलिकता' शीर्षक से किया है और कहा है कि रूढ़ि माने परम्परा। अज्ञेय पर इलियट की धमक है, लेकिन वे परम्परा से आक्रान्त नहीं हैं—उनका अपना सोच है। वे मानते हैं कि यथार्थ अनुभूति कलात्मक अनुभूति में ढलकर ही काव्यानुभूति या सौन्दर्यानुभूति बनता है। प्रो. जड़ावलाल मेहता कवि कर्म में संस्कारित प्रतिभा की जिस सन्दर्भ में बात करते हैं—वह विचार अज्ञेय को लगभग मान्य रहा है। [दे. कविकर्म और चिन्तन]

दरअसल, अज्ञेय ने रचना-प्रक्रिया को यन्त्रणा भरी प्रक्रिया स्वीकार किया है। यही कारण है कि वे रचनाकार को 'हविष्यवाही अग्निपुरुष' की संज्ञा देते हैं। यह 'अग्निस्नात कवि पुरुष' निरन्तर 'आभ्यन्तर ताप से त्रस्त' रहता है। इसी अर्थ में रचना कर्म विचार-यज्ञ में आहुति है। रचनाकार नियमों, लीकों, रूढ़ियों, प्रतिबन्धों को चुनौती देकर हर कीमत पर अपनी 'स्वाधीनता' की रक्षा करना चाहता है।

अज्ञेय की चिन्ताओं में केन्द्रीय चिन्ता है—संस्कृति और भाषा की। 'केन्द्र और परिधि' का पहला निबन्ध है—'सांस्कृतिक समग्रता : भाषिक वैविध्य।' भारत के 'भावनात्मक समन्वय की समस्या' आजादी का एक पहलू है और 'आजादी को दृढ़तर' करने का एक तरीका। देश की आजादी और देश की अस्मिता का सम्बन्ध होता है और अस्मिता में 'भावनात्मक समन्वय निहित' रहता है। लेकिन भाषाओं और साहित्यों के सन्दर्भ में भावनात्मक समन्वय या एकता की चर्चा का मुद्दा महत्त्वपूर्ण होता है। आश्चर्य तब होता है जब भारतीय भाषाओं के साहित्य के ज्ञान

से शून्य अंग्रेजी जानने वाला तबका इस विचार को झण्डे की तरह उठाता है। अज्ञेय का विचार है कि यह समस्या अंग्रेजी और अंग्रेजी दाँ लोगों की ही बनाई हुई है। ये लोग अंग्रेजी के वातावरण में रहकर देश के जीवन से कट गये हैं और जिनके लिए 'भारतीय अस्मिता का बोध' कठिन है। ये लोग भारत का आजाद होना तो मानते हैं, लेकिन जिन्हें अपने 'भारतीय होने के बारे में सन्देह' है—वे सभी भारतीय परम्परा और संस्कार के साथ जुड़ने में कठिनाई का अनुभव करते हैं। जबकि इन अंग्रेजी दाँ लोगों में कुछ ऐसे भी होते हैं जिन्हें भारतीय इतिहास का अच्छा ज्ञान होता है। फिर भी वे 'समकालीन भारतीय यथार्थ' तथा 'आधुनिक भारतीय संस्कृति' को जानने में असमर्थ रहते हैं। वे 'भारतीय संस्कृति' के नाम से चौंकते हैं। वे कहा करते हैं 'कल्चर' तो ठीक है— 'इण्डियन' भी ठीक है, लेकिन 'भारतीय होते ही सब गड़बड़ हो जाता है। अंग्रेजी दाँ लोगों का मानसिक 'संस्कार' ऐसा रहा है कि वे भारतीय भाषाओं को 'वर्नाक्युलर' नाम से जानते हैं। गाँधी जी ने इस मनोवृत्ति को बदलने का अभियान चलाया। वे सफल भी हुए थे, लेकिन आज फिर वही भारतीय भाषाओं को 'वर्नाक्युलर' मानने की प्रवृत्ति प्रबल हो रही है। इन्हें 'प्रादेशिक भाषाएँ' कहा जा रहा है—जिनमें प्रादेशिक मनोवृत्ति की अभिव्यंजना है—तो भारतीय वे कैसे? हिन्दी इस प्रश्न का सटीक उत्तर है कि कोई भाषा बोली या बोलियों पर आधारित होकर भी 'भारतीय हो सकती' है। भाषा को 'भाखा' और 'भाखा' का शब्द समूह ब्रजभाषा था और 'लिंक लैंग्वेज' थी। ब्रजमण्डल से बाहर सारे देश में सम्मानित भाषा। यह भाषा भारतीय चेतना का संवाहक थी—भारतीय संस्कृति की समग्रता की वाणी थी। आजादी मिलने तक हिन्दी पूरे देश को जोड़ने का काम करती रही। अर्थात् गाँधी के उठ जाने तक। उसके बाद सांस्कृतिक एकता को भाषा की दृष्टि से देखकर राजनीतिक दृष्टि से देखा गया। यह बात ही भुला दी गयी कि 'सांस्कृतिक एकता का आधार एक अस्मिता बोध होता है और अस्मिता का भाषा के साथ गहरा सम्बन्ध है।'

प्रश्न उठता है कि समकालीन स्थिति-परिस्थिति में हमारा आचरण कैसा हो कि एक समग्र सांस्कृतिक-चेतना उभरे। यह प्रश्न राजनीति का नहीं है—संस्कृति का है। हमारे संचार माध्यमों का विकास जानकारी तो बढ़ाता है, लेकिन जानकारी एकांगी एवं विकृत होती है। क्योंकि संचार माध्यम स्वार्थों के समूह से बँधे होते हैं। ऐसी स्थिति के कारण प्रदेशों की संस्कृतियों में आपसी सहयोग-सहानुभूति के लिए कोरी जानकारी नहीं, समग्र दृष्टि चाहिए। यह दृष्टि मानेगी कि प्राचीनकाल से भारत में अलग-अलग संस्कृतियाँ, प्रादेशिक-भाषाएँ स्वायत्त जीवन जीती रही हैं। सांस्कृतिक सीमाओं को जोड़कर ही हम आगे बढ़ सके—जहाँ नहीं जुड़े वहाँ टूट गये। ध्यान में

रखने की बात है कि हमारी जीवन्त विकासमान संस्कृतियाँ जड़ परम्पराओं की रक्षा से दूर रहीं। जीवित संस्कृतियों ने बृहत्तर इकाई के जीवन से जोड़ अपने को समृद्ध किया। धर्म, दर्शन, कला, साहित्य, लोक साहित्य, विज्ञान, राजनीति सभी क्षेत्रों में प्रादेशिक संस्कृतियों ने भरपूर योगदान किया। इस ताकत से भारतीय सांस्कृतिक चेतना विखण्डित नहीं हो सकी। वह निरन्तर विकसित होती रही। इन सभी भारतीय भाषाओं के विकास ने 'भारतीयता' के विकास में योग दिया। जहाँ जातीयता तथा विकृत शुद्धतावाद के आग्रह बढ़े—वहाँ भाषा कमजोर पड़ी और उसकी रचनात्मकता पिछड़ती गयी।

भारतीय दृष्टि के विकास का दूसरा पक्ष साहित्यिक है। जीवित संस्कृति अपने को खोलकर उर्वरा बनाती है। गाँधी जी अपने घरों की खिड़कियाँ खोलकर रखने की बात कहते थे ताकि सभी संस्कृतियों की ताजी हवा आ सके। यहाँ सन्तुलन भी चाहिए क्योंकि साहित्य-संस्कृति अपनी जमीन को छोड़कर नहीं पनप सकता। जमीन छोड़नें पर हम पाते हैं कि भारत का एक अंग परोपजीवी होकर भारत से कट गया है। बाहर की हवा लेने का अर्थ यह नहीं है कि हमारे पैर हमारी साहित्यिक-सांस्कृतिक भूमि से उखड़ जायें। रागात्मक सम्बन्ध हम तोड़ नहीं सकते, लेकिन समग्र चेतना के आधार को छोड़कर बहकने का क्या अर्थ? हमें समग्र भावनात्मक चेतना से जुड़ना होगा। अज्ञेय जी ने इस सन्दर्भ में अपना उदाहरण देकर कहा—"मैं हमेशा भारत की एक भाषा में लिखता हूँ, एक भारतीय भाषा में लिखता हूँ। यह संयोग की और मेरे सौभाग्य की बात है कि उस भाषा में हमेशा एक समग्र भारतीय चेतना व्याप्त रही और उसने समग्र भारत का आदर्श अपने और दूसरों के सामने रखा। मैंने हमेशा चाहा है कि उसके माध्यम से एक भारतीय चरित्र का रूप उभरे। इस संकल्प भाव के कारण ही अज्ञेय में पात्रों के देखने, सोचने, भोगने, जीने में एक समग्र भारतीय दृष्टि उभरी है। उनमें पूरा भारत अपने छबियों के साथ जीवित है। अज्ञेय इस बात को लेकर भी चिन्तित रहे हैं कि आधुनिक यान्त्रिक विकास भारत को तेजी से बदल रहा है। टेक्नोलॉजी सारे संसार में एकरूपता ला रही है जिसने सांस्कृतिक समस्याएँ पैदा की हैं। यान्त्रिक एकरूपता ने 'संस्कृति' मात्र को संकट में डाल दिया है।

'सांस्कृतिक समग्रता : भाषिक वैविध्य' एक ऐसा विचार-प्रधान निबन्ध है जिसमें अज्ञेय जी के चिन्तन के बीज-भाव बड़ी संख्या में मौजूद हैं। उनके अन्य अनगिनत निबन्धों में इन्हीं बीज-भावों का पल्लवन हुआ है। वे जीवन-भर संस्कृति और भाषा पर विचार करते रहे और मानते रहे कि हमें अपनी सांस्कृतिक-बहुलता, अस्मिता को बचाना होगा। हमारी 'भारतीयता' ने जड़ परम्परावाद को कभी भी स्वीकार नहीं किया है। इसलिए परम्परा का संस्कारित रूप आधुनिकता उसमें सदा

रही है। पश्चिमी-आधुनिकता औपनिवेशिक-आधुनिकता हमें बर्बाद कर रही है, उससे हमें अपनी भाषा-संस्कृति-साहित्य को बचाना है। इसी दृष्टि से वे 'हिन्दी के वर्तमान और भविष्य' पर निबन्ध लिखते हैं कि भारत की आधुनिक भाषाओं में हिन्दी ही सच्चे अर्थ में सदैव भारतीय भाषा रही है, क्योंकि वह निरन्तर भारत की समग्र चेतना को वाणी देने का चेतन प्रयास करती रही है। अन्य सभी भाषाओं में प्रदेश बोलता है...हिन्दी में आरम्भ से ही देश बोलता रहा है।' भाषा कल्पवृक्ष है, जो उससे आस्थापूर्वक माँगा जाता है—भाषा वह देती है। हिन्दी बोलने को लेकर ही उन्होंने एक व्यंग्य-निबन्ध लिखा है—'साहब हैं?' टेलीफोन आने पर अज्ञेय 'जी हाँ' कहते हैं तो दूसरी ओर का व्यक्ति समझता है कि क्या यह स्वर 'अज्ञेय' या वात्स्यायन से मिलता है—'होना तो नौकर ही चाहिए।' साहब वर्ग का होता तो अंग्रेजी बोलता। नौकर वर्ग का है हिन्दी बोल रहा है। दिल्ली में समूचे देश की संस्कृति के मानक बनते हैं—जहाँ से कसौटियाँ बाहर भेजी जाती हैं—वहाँ हिन्दी की यह हालत आत्मविसाद पैदा करती है। हिन्दी सेवा वाले हिन्दी को बर्नाक्युलर बना रहे हैं। अंग्रेजी के सहारे भारतीय भाषाओं का नाश करने वाला वर्ग पनप रहा है—यह वर्ग हिन्दी तथा अन्य तीन भाषाओं से घृणा करता है। 'जनतन्त्र में बुद्धिजीवी की भूमिका' शुद्ध मानवीय विवेक पर आश्रित स्वतन्त्र बुद्धिजीवी की नहीं रही है—वैसे बुद्धिजीवी शब्द पश्चिम के प्रभाव से बना है। भारतीय परम्परा में 'इंटलेक्चुअल' या बुद्धिजीवी कोई बहुत अच्छा नाम नहीं है। यदि अच्छा होता तो देश के निर्माण में उसकी भूमिका नगण्य न होती। बुद्धिजीवी का ध्यान शिक्षा-दीक्षा के बाद लाभों पर गया—देश के प्रति, दायित्व के प्रति वह उदासीन रहा। 'तटस्थ' और 'कमिटेड' दोनों नाशकारी सिद्ध हुए। सारी आधुनिकता और प्रगति का आधार पश्चिम है। क्या भारत में मौलिक चिन्तन की परम्परा का अभाव है? आज हम पश्चिम के पिछलग्गू क्यों हैं और कब तक बने रहेंगे। अंग्रेजी में चिन्तन—फिर अनुवाद—मौलिक चिन्तन की सम्भावना को नष्ट करता है।

'चुप की दहाड़' क्या है? अज्ञेय जी मौन अभिव्यक्ति को एक साधन मानते रहे हैं और बड़ा समर्थ साधन। रचनात्मक साहित्य में चुप का बड़ा सन्दर्भ है। मौन एक अस्त्र है, प्रबल अस्त्र। चुप सविनय विरोध का उत्तम साधन। सविनय ही नहीं अविनय का भी बड़ा साधन है। सर्जनात्मक साहित्य से राजनैतिक सन्दर्भ में चले जाने का विशेष कारण आपातकाल का सन्नाटा रहा है। उसके बाद सेंसर—फिर आतंक—फिर अन्य कार्रवाइयाँ। आपातकाल राजनीतिक असहिष्णुता का पर्याय रहा। प्रजातन्त्र का लोप लोकतन्त्रात्मक स्वाधीनता के मूल्य का नाश और उसका मजाक। साधारण जन का साधारण जीवन संकट में पड़ा। साधारण जन की

आपातकाल में चुप्पी। आपात की घोषणा के साथ सर्वसत्तावादी तन्त्र देश पर लादा गया। वह निरंकुशता के साथ खतरनाक था। फिर चुप की ओट यह देश लिये रहा। 'मौन सम्मति लक्षण में' नहीं था। आपातकाल के समर्थक निन्दा के पात्र रहे हैं। मतदान हुआ तो जनता ने अत्याचारी को पलट दिया। चुप जन ने आजादी के पक्ष में मत दिया। बौद्धिक वर्ग क्रीतदास रहा, लेकिन उसे भी बोलना पड़ा। हमने जाना 'चुप भी एक दहाड़ होती' है। अज्ञेय का आपातकाल के दिनों पर लिखा गया यह निबन्ध आज ऐतिहासिक महत्त्व रखता है। क्योंकि 'चुप की यह दहाड़' लोकतन्त्र में ही नहीं, साधारण जन और मानव मात्र में हमारी श्रद्धा का आधार है। जो प्रतिबद्धतावादी बौद्धिक अज्ञेय को आभिजात्यवादी-व्यक्तिवादी 'भीड़ से दूर का रचनाकार' मानते हैं। उनके लिए यह लेख उत्तर है कि अज्ञेय के रचना-कर्म का आधार सामान्य आदमी, मामूली साधारण आदमी रहा है। इस साधारण जन में उनकी अटूट आस्था है और उसकी स्वतन्त्रता के लिए संघर्ष का संकल्प।

अज्ञेय जी ने आजादी के बाद देश में पैदा होने वाले मोहभंग और उदासीनता के कारणों पर 'बौद्धिक की निराशा' निबन्ध में तार्किक विश्लेषण के साथ प्रस्तुत किया है। उन्होंने कहा—"उदाहरण के लिए आजादी को लेकर होने वाला मोहभंग ही लीजिए। मोहभंग का एक रूप वह होता है कि सन् 48 में हमें जो मिला, वह वास्तव में आजादी नहीं थी; अंग्रेजों से आजाद होकर भी हम एक आजाद समाज की स्थापना नहीं कर सके हैं।' इस मोहभंग में आक्रोश है और कर्म प्रेरणा भी कि अगर वह आजादी नहीं मिली तो हम उसके लिए प्रयत्न करें। मोहभंग की एक दूसरी प्रतिक्रिया है कि आजादी एक धोखा है—स्वाधीनता कर्मी पाखण्डी माने जा सकते हैं। मोहभंग चाहे कविताओं में सपाटबयानी का रूप ले या व्यंग्य-वक्रोक्ति, विडम्बना का—वह है पीड़ादायक स्थिति। कवि-कर्म में प्रवृत्त एक नयी पीढ़ी मोहभंग से उपजे अन्धायुग, मूल्यमूढ़ता पर क्षुब्ध रही है। इस मोहभंग के साथ उदासीनता उपजी है—उदासीनतायुक्त मोहभंग समाज में निर्माण के बदले विघटन और भ्रष्टाचार पनपा है—हृदयहीन अत्याचार ने नकारवाद को जन्म दिया है। 'कुछ भी करने से क्या होगा' यह मनोवृत्ति घातक है। क्योंकि परिस्थितियाँ बदली जा सकती हैं—अन्याय से लड़ा जा सकता। अज्ञेय के लिए आस्था का प्रश्न मानवीय अस्ति का प्रश्न पुरानी अस्तित्ववादी लीक पीटना नहीं है। यह तो मानवीय अस्ति में आस्था है। बुद्धि का काम सन्देह पैदा करना ही नहीं है—मानवीय विवेक का दीप जलाना भी है—अर्थात् मानवीय अर्थवत्ता, मूल्यों की खोज और निरन्तर शोध और नवीकरण। जीवन अर्थहीन नहीं है, रचना-कर्म में शब्द उसके अर्थ की तलाश है। इस निबन्ध में अज्ञेय का आस्थावादी जीवन-दर्शन है, जिसमें अकर्मण्य उदासीनता को स्थान नहीं हैं। लीकपीटू

जीवन अज्ञेय को कभी स्वीकार नहीं रहा। भारत का स्वातन्त्र्य युग और उससे पूर्व स्वातन्त्र्य संघर्ष का युग—दोनों को अज्ञेय ने अपनी शर्तों पर जिया-समझा है। 'असन्तोष की पहली पीढ़ी' आज पिछली पीढ़ी से 'संवाद की स्थिति' में है। पर आज की जन्मना आजाद पीढ़ी पकी-पकाई खा रही है—उसे पकाने वाली आग में क्रान्तिकारी विद्रोही अज्ञेय का भी हाथ रहा। आजादी की पहली पीढ़ी—असन्तोष की पहली पीढ़ी जिसे देश आशा का प्रतीक मानता है, लेकिन जिसे देश से कोई आशा नहीं है। जो युवा होकर अपना चेहरा बुढ़ाया हुआ मानता है—और कहता है कि उसका कोई चेहरा है ही नहीं। इस स्थिति के कारण इस पीढ़ी से 'संवाद' कठिन है। लेकिन अज्ञेयं जी ने संकल्पबद्ध होकर आजादी के बाद की इस पीढ़ी से हृदय संवाद और बुद्धि संवाद किया है। एक अर्थ में अज्ञेय का पूरा साहित्य और साहित्येतर चिन्तन नयी पीढ़ी से बौद्धिक संवाद स्थापित करने का ही प्रयत्न रहा है। वे कहते रहे हैं—"लेकिन हम कृतसंकल्प हैं कि वैसा सम्बन्ध बनायेंगे, बनाये रखेंगे; और हमें विश्वास है कि वह स्थापित हो सकता है।' उस बिना चेहरे के युवक से अज्ञेय प्रश्न करते रहे हैं—कौन हो तुम युवक? वह युवक कहता है "मैं आजादी का आदिपुरुष हूँ। आजादी में जन्मा और पला। आजादी मनुष्य का जन्मसिद्ध अधिकार है।" आजादी का मूल्य अज्ञेय के लिए 'अनवरत जागरूकता है।' आजादी के युग से पहले और बाद में शिक्षा पायी। यह पाया कि शिक्षा का आधार है भाषा। और इस देश ने भाषा की प्रामाणिकता को हमेशा स्वीकार किया है। यथार्थ या वास्तविकता रियलिटी भी वाक् के बिना कोई स्थान नहीं रखती। ऐसा सारे पुरखे मानते रहे। लेकिन क्या हो शिक्षा मिली उसका आधार भाषा नहीं मिली। कष्ट से भरे हृदय को लेकर लिखा—"लोग भाषा सीखकर भाषा में वाक्‌सिद्ध होते हैं—मैं कम से कम दो भाषाओं में गूँगा हूँ, जिस समय मैं अपनी सहज बोली में सोचना सीख रहा होता, उस समय मैं पराये शब्द समूह की रचना सीख रहा था; जिस समय मुझे गर्व होता कि मैं अपने को पहचानता हूँ—अपना निर्माता बल्कि अपना रचयिता हूँ—उस समय मैं गर्व कर रहा था कि मैं परायी लादी ओढ़ और ढो रहा हूँ, कि मैं अपना अनुवादक हूँ। यों शिक्षा मुझे मिली, लेकिन बे-पेंदी की।" इस बे-पेंदी की शिक्षा ने संस्कृति और अस्मिता का बंटाधार कर दिया। क्यों ऐसा हुआ? मुझे सभी कुछ मिला, पर सब बे-पेंदी का। शिक्षा मिली पर उसकी नींव भाषा नहीं मिली। आजादी मिली, लेकिन उसकी नींव आत्मगौरव नहीं मिला। राष्ट्रीयता मिली, लेकिन उसकी नींव अपनी ऐतिहासिक पहचान नहीं मिली। 'अज्ञेय' का अनुभव है कि मुझे व्यक्तित्व मिला पर चेहरा नहीं मिला।' जो मिटा हुआ है उसे अपने नंग से लाचारी में छिपा रहा हूँ। अस्तित्व मिला—अस्ति नहीं, अवस्था मिली—आस्था नहीं। यह न

होने का दर्द ही अज्ञेय के होने की पहचान है। यह बेमुँहा मुखौटा ही मुख है—अकविता मेरी कविता है। मैंने इतिहास को पढ़ा कहाँ है, केवल रटा है। गर्व की चीजें 'स्वर्ग-युग' की नहीं 'अन्धयुग' की देन हैं। वहीं से आधुनिक भारतीय संस्कृतियों और समाजों का निर्माण आरम्भ हुआ। भारतीयों के बल पर उसी युग में भारत का व्यापार दूर देशों में फैला। हमारे पूर्वी पड़ोसियों को जन के स्तर भारतीय संस्कृति मिली। पूरा सांस्कृतिक विनिमय उसी 'अन्धयुग' की देन है। "इंडोनेशिया के देहात ने रामायण को उसी युग में पाया—अपनाया, थाई-देश के मन्दिरों पर राम, लक्ष्मण, रावण, सुग्रीव के भित्तिचित्र उसी युग में उकेरे गये, कम्बोडिया के लोक गायकों ने हनुमान की प्रशस्तियाँ गाना उसी युग में शुरू किया; चम्पा में हिन्दू मन्दिर उसी युग में बने।" हाय री विडम्बना बना। जिस युग में भारत आस-पास के देशों में प्रकाश बिखेर रहा था, वह युग हमारा अन्धायुग। क्योंकि नहीं 'मुझे वह भाषा दी जाती जिससे कि मैं अपनी आत्मा खोज सकूँ? क्यों नहीं वह इतिहास मिलता जिससे अपनी इयत्ता पहचान सकूँ। निरे पूर्वापर को परम्परा बनाकर अर्थ दे सकूँ? यह कौन कहेगा कि इस नाम-रूप वदन-विहीन युवक की बात में सार नहीं है? वह ऐसा किससे कहेगा और किस अधिकार से? विदेशी साम्राज्यवादी इतिहासकारों ने हमारी संस्कृति-भाषा-परम्परा को हीन सिद्ध करके हमारी जातीयस्मृति को मिटाने का षड्यन्त्र रचा है। अज्ञेय नयी पीढ़ी से 'संवाद की स्थिति' बनाना चाहते हैं, लेकिन संवाद की भाषा गायब है—परायी भाषा में 'संस्कृति-संवाद' नहीं हो सकता। क्योंकि हर भाषा की अपनी 'विचार-संस्कृति' होती है। नयी पीढ़ी यथार्थ के प्रति अन्धी नहीं है—लेकिन उस विश्वासघात का क्या हो जो 'औपनिवेशिक-आधुनिकता' ने उसके साथ किया है।'

संस्कृति, परम्परा—भाषा-साहित्य पर अज्ञेय सोचते हैं और सोचते हुए अपने निबन्धों में न थमते हैं—न थकते हैं। उस स्थिति पर दुःख व्यक्त करते हैं जो आजाद भारत की त्रासदी रही है—अपनी चिन्तन जड़ों से कटकर पश्चिमवाद का पिछलग्गू बन जाना। वे अपने निबन्ध 'कुछ युग चिन्तन' में कहते हैं कि साहित्य-सम्बन्धी सारा चिन्तन पीढ़ियों-वर्षों के आधार पर हो रहा है। आज प्रश्न उठ रहा है—क्या 'द्विवेदी युग' भी था। प्रश्न उठता है—हम साहित्यधारा को व्यक्ति या वाद के साथ क्यों जोड़ते हैं? महावीर प्रसाद द्विवेदी का रचना-कर्म उनके सम्पादक-कर्म से बड़ा नहीं है। रचनाकार के नाते उनकी प्रतिभा दोयम दर्जे की है—ऐसी नहीं कि उसके आधार पर युग का नामकरण कर दें। अज्ञेय का यह विचार विवादास्पद है—डॉ. रामविलास शर्मा तथा अन्य साहित्येतिहासकार इस मत से असहमत हैं। प्रश्न उठता है कि युग प्रवर्तक रचनाकार-सम्पादक अज्ञेय के कृतित्व-व्यक्तित्व के आधार पर

'नयी कविता युग' को आज 'अज्ञेय युग' कहना अनुचित होगा। जबकि इस युग के अनेक रचनाकारों पर अज्ञेय के कृतित्व-व्यक्तित्व की गहरी छाप है।

द्विवेदी-युग का नाम उस युग के प्रमुख रचनाकार पर न होकर सम्पादक के नाम पर हो, इसमें एक संगति है। वास्तव में, यह युग सम्पादक का युग था। हिन्दी साहित्य वाचिक परम्परा से बाहर निकल कर छपाई के 'आधुनिक' घेरे में आ गया था। गद्य का परिनिष्ठित विकास, इतिहास बोध की प्रबलता, वाचन, श्रवण के बदले पठन-मनन की परम्परा में प्रवेश—आधुनिकता की ओर संक्रमण का यही दौर था। भारतेन्दु और महावीर प्रसाद द्विवेदी ने हिन्दी साहित्य को आधुनिक युग में प्रवेश दिलाने के साथ प्रतिष्ठित किया। उनकी महिमा के आधार पर यह नामकरण गलत नहीं है। अज्ञेय के मन में प्रश्न उठा है—'आज की भारतीय पत्रकारिता' का लोकतन्त्रात्मक समाज में स्थान क्या है? स्वस्थ समाज के समाचार-पत्र स्वस्थ होंगे और बीमार समाज के समाचार-पत्र भी बीमार होंगे। प्रश्न है कि स्वतन्त्र पत्रकारिता का दायित्व किस पर है? क्योंकि समाचार-पत्र एक उद्योग है—बड़ा व्यवसाय है—उद्योग व्यवसाय के नियमों के साथ बँधा है। सरकार पर समाचार-पत्रों की बढ़ती निर्भरता स्वतन्त्रता में कितनी बाधक है। राष्ट्रीय समाचार-पत्रों में 'राष्ट्रीयता' गायब है, केवल बिक्री है। सरकार का उद्देश्य 'राष्ट्रीयता' का विकास नहीं है, पत्र पर नियन्त्रण रखना है—विज्ञान और सम्पादन का आँकना समझना है। अज्ञेय स्वयं 'दिनमान', 'नवभारत टाइम्स', 'वाक्', 'थॉट', 'प्रतीक', 'नया प्रतीक' के सम्पादक रहे और कहा कि समाचार-पत्रों का कार्य पत्रकारिता की स्वतन्त्र भाषा का मुहावरा विकसित करना है। अंग्रेजी समाचार-पत्रों के प्रभुत्व से मुक्त किया है।

अज्ञेय को ज्ञात है कि निबन्ध मन की मुक्त-भटकन है—निबन्धकार को छूट है कि वह किसी सुनियोजित डिजाइन के चक्कर में न पड़े। निबन्ध आख्यायिका नहीं है—विचारों भावों से भरी कही बात है। निबन्ध अपने प्यार के विस्तार में नवकथा, संस्मरण रिपोर्ताज, 'यात्रा-वृत्त आदि को समेट लेता है क्योंकि उसमें गहरी निजता, अनुभवों की अन्तरंगता, वैयक्तिकता के लिए निमन्त्रण रहता है। अज्ञेय ने यायावरी से कमाये सत्यों को निबन्धों में लिखा—लेकिन यह नहीं माना कि अब कोई मूल्य नहीं है बचा है—केवल बाजारवाद, देहवाद और यौनलिप्सा। जबकि उनके चिन्तन पर फ्रायड-एडलर की छाप और छाया रही है। अज्ञेय उस नये मनुष्य की मनुष्यता में आस्था रखने वाले निबन्धकार हैं जो मानते हैं कि मनुष्य का सबसे बड़ा मूल्य है 'स्वाधीनता'। 'मेरी स्वाधीनता सबकी स्वाधीनता' उनके एक निबनध का शीर्षक ही है। वे कहीं भी विशुद्ध निबन्ध तथा आलोचनात्मक निबन्ध के बँटवारे की वकालत नहीं करते। इसलिए लगभग पचास वर्षों के भीतर लिखे उनके निबन्धों

ने हिन्दी आलोचना को एक नया साहित्यालोचन दिया है। वे आचार्य रामचन्द्र शुक्ल, आचार्य हजारीप्रसाद द्विवेदी के साहित्य-चिन्तन को कई अर्थों में आगे बढ़ाते हैं। व्यक्तित्व की खोज, परम्परा, आधुनिकता, भाषा और अस्मिता, काव्यभाषा और लय आदि अनेक अवधारणाओं की महत्त्व-प्रतिष्ठा करते हैं—साथ ही अपने नये भाष्यों से नये विमर्श उठाते रहे हैं।

आद्य निबन्धकार माइकेल द मौन्तेन के कथन अज्ञेय पर सही उतरते हैं कि निबन्धकार को पाठक के पास 'सीधे-सच्चे-सहज रूप में' जाना चाहिए। उसमें कोई दिखावा, छल-छद्म, नकलीपन न हो। अज्ञेय के बचपन का एक नाम 'सच्चा' रहा है—सच्चा के लिए प्रसिद्ध रहा है कि वह झूठ नहीं बोलता। चुप्पा है, लेकिन 'मनहूस' नहीं है—रागी मनुष्य है। यह रागी मनुष्य अपना बौद्धिक चिन्तन 'आयोजन और सांस्कृतिक विकास', 'इतिहास और स्वातन्त्र्य बोध', 'अकेली यात्रा की देहरी पर', 'निरन्तरता और स्वतन्त्रता', 'शिक्षा जोड़ने वाली या तोड़ने वाली', 'अपनी चरम सम्भावनाओं की पहचान', 'स्वाधीन कर्तृत्व का ऊर्जा स्रोत', 'हिन्दी : भारत के हृदय की कुंजी' तथा 'प्रासंगिकता के प्रश्न' जैसे तमाम निबन्धों में संस्कृति और व्यक्ति-स्वातन्त्र्य की चर्चा करता है। 'इतिहास और स्वातन्त्र्य-बोध' उनके स्वाधीनता बोध का आत्म विस्तार है। वे मानते हैं कि 'घटना-क्रम के सन्दर्भ में मानव की अनवरत आत्म-प्रत्यभिज्ञा ही इतिहास है।' पश्चिम के शब्द 'हिस्ट्री' से भिन्न अर्थ दृष्टि भारतीय शब्द 'इतिहास' रखता है। इस इतिहास में परम्परावाद नहीं है—परम्परा की मानवीयता है। इतिहास के साथ हमारे महाकाव्यों ने आत्मबोध और स्वतन्त्रता के उपयोग-उपभोग को सम्भव बनाया है। मरणशील मानव सनातन सत्यों की सृष्टि करता है—उन मूल्यों के लिए प्राण देता है। निष्कर्ष यह कि मानव ही मूल्यों का स्रोत और स्रष्टा है।

देशकाल की स्थिति-परिस्थिति कैसी भी क्यों न हो, मानव परिपक्व विवेक के साथ समस्याओं-जटिलताओं से जूझता है और मानता है कि 'सा विद्या या विमुक्तये' अर्थात् जो शिक्षा, जो विद्या, जो ज्ञान मुक्त नहीं करता, वह विद्या नहीं है। विद्या तो स्वतन्त्र-व्यक्तित्व और चिन्तन का विकास करती है। 'परिवेश के साथ नया अर्थवान-सम्बन्ध जीवन-सन्दर्भ, अनुकूलन की क्षमता, प्रतिभा, बहुलता, निरन्तरता से विद्या का अर्थ बनता है अन्यथा नहीं। परम्परा का, कंटिन्युइटी का उसमें क्या योग है। पहले परम्परा का बँधा अर्थ था ट्रेडिसन। आज 'परम्परा' के बिना 'परिवेश' के अर्थवान रिश्ता बन नहीं सकता है। परम्परा में 'निरन्तरता' का अर्थ है—इतिहास-बोध। इतिहास का अर्थ है—जिसके बिना 'माडर्न' होना ही सम्भव नहीं है। इतिहास तो निरवधि महाकाल में फैलते हुए महावृत्त में एक छोटा-सा आवर्त्त भर है। निरन्तरता

के बिना इतिहास का कोई अर्थ नहीं है, यह निरन्तरता प्रकृति में है, प्रकृति और मानव में है। यहाँ ध्यान देने पर हम पाते हैं कि अज्ञेय का चिन्तन टी. एस. इलियट से अलग होकर भारतीय चिन्तन-परम्परा से जुड़ा हुआ है। इस दृष्टि से उन्हें 'विदेशी नकल, का आलोचक' कहना अपराध है। अज्ञेय ने लारेन्स, इलियट, जार्ज संटायन, वर्जीनिया वुल्फ, एफ. आर. लीविस, कामू-सार्त्र, हेडेगर-तमाम पश्चिम के निबन्धकारों को पढ़ा है, समझा है, उनका प्रभाव ग्रहण किया है—लेकिन उनकी 'नकल' नहीं की है। उनके निबनधों में उनके अपने सोच-विचार की विशिष्टता है और मौलिकता भी। देशी-विदेशी चिन्तन में 'फ्यूजन' पैदा करके अज्ञेय नयी सर्जनात्मक-दृष्टि अपने निबन्धों में पैदा करते हैं। इस दृष्टि से वे हिन्दी साहित्यशास्त्र और साहित्य के नये अभिनवगुप्त कहे जा सकते हैं। व्याख्या में अन्तर्दृष्टि की सम्पन्नता इन निबन्धों की शक्ति है।

अज्ञेय अपने समस्त निबन्ध चिन्तन में विदेशी ढंग की शिक्षा व्यवस्था के कठोर आलोचक हैं—क्योंकि यह शिक्षा भारतीय को अभारतीय बनाती है, उसे अपनी जड़ों से काटकर अज्ञानी बनाती है—'साधारण भारतीय से तोड़कर आपको अलग करती है। पूरे देश की यह बड़ी भारी पराजय है कि भूल रहे हैं कि अपने देश से कटकर विश्व नागरिकता नहीं मिलती। वह देश से एकात्मक होकर उसकी सीमा का अतिक्रमण करने से मिलती है। यह बात भूलने की नहीं है कि हमारे पास एक विशाल और अद्वितीय संस्कृति है। 'संस्कृतियों का अभिन्न सम्बन्ध अपनी देश-भूमि से होता है, इस अर्थ में सभी संस्कृतियाँ अद्वितीय होती हैं। पर उनमें भारतीय संस्कृति का एक विशिष्ट स्थान है, क्योंकि किसी भी संस्कृति की इतनी लम्बी, अटूट और अविस्मृत परम्परा नहीं है।' प्रश्न उठता है कि संस्कृतियाँ क्या करती हैं? संस्कृतियाँ मूल्यों की सृष्टि करती हैं—मानव एक प्रतीक सृष्टा प्राणी है—वह प्रतीकों की सृष्टि करके पशुत्व से अलग हो सकता है। संस्कृति मानव नियति का निरूपण कर स्वतन्त्र करती है। स्वतन्त्रता इसी प्रकार मानव संस्कृति का सबसे बड़ा मूल्य बन जाता है और भी मूल्य हैं जो संस्कृति के साथ उपजते हैं—लेकिन सबसे बड़ा मूल्य है—स्वतन्त्रता। प्राण देकर पीढ़ियाँ इस मूल्य की रक्षा करती हैं। आज पश्चिमी शिक्षा ने सस्ती सफलता देकर हमें बिकाऊ माल बना दिया है। हम मुनाफाखोर संस्कृति का शाप झेल रहे हैं। 'अपनी चरम सम्भावनाओं की पहचान' हम कैसे करें? मोहभंग में जीवित हैं। नारकीय परिस्थितियाँ हैं, खण्डित व्यक्तित्व है, जले सपने हैं—अजनबीपन है, आत्म-निर्वासन की यातना है। क्रान्ति से नैतिकता गायब है और आस्था को भ्रष्ट-विकृत किया गया है। 'स्वाधीन कर्त्तव्य का ऊर्जा-स्रोत' सूख रहा है। एक-तिहाई निरक्षर हैं जो साक्षर हैं, वे अंग्रेजी दिमाग के बुद्धिजीवी हैं।

आजादी के बाद 'प्रासंगिकता का प्रश्न' जोर-शोर से उठा है। रैलेवेन्स के अर्थ में प्रासंगिकता की चर्चा बहुत होती है। हमारा काल-बोध इतना तीखा हो गया है कि हर वस्तु और विषय को हम काल सापेक्ष्य दृष्टि से देखते या देख सकते हैं? या कि इसलिए भी कि काल का ही नहीं, सापेक्ष्यता का भी हमारा बोध आज इतना प्रबल है कि किसी भी वस्तु को कोई न कोई सापेक्ष्य मूल्य दिये बिना हम किसी मूल्य की ही कल्पना नहीं कर सकते? रैलेवेन्स का प्रश्न 'नया' है और अस्तित्ववादी मुहावरे से आया है—वह अस्तित्व की मूल्यवत्ता से जुड़ा है अर्थात् अनिवार्य तथा काल-सन्दर्भ से जुड़ा है। 'मूल्यवत्ता हमेशा एक कालावधि के सन्दर्भ में विचारित होती है।' आत्मानुभव से अज्ञेय ने कहा है कि आज की विसंगतियों से उद्विग्न लोग पूछते हैं—'इसकी प्रासंगिकता क्या है?' 'परम्परा की प्रासंगिकता क्या है?' "धर्म की प्रासंगिकता क्या है?' 'रामायण महाभारत की प्रासंगिकता क्या है?' 'मूल्यों की प्रासंगिकता क्या है?' मानव पहला स्वाधीन पशु है—स्वाधीन होने के नाते पशु नहीं है। मानव मूल्यों का स्रष्टा है—और कोई मूल्य नहीं है जिसके नाम पर अत्याचार न हुआ हो। मूल्य के नाम पर लोग, जलाये-मारे गये। लेकिन आज हम सर्जन-श्रम हैं, स्वाधीन हैं—मूल्यों के स्रोत हैं और इससे बड़ी कोई स्वाधीनता नहीं हो सकती है।

प्रायः मुझे अज्ञेय के निबन्ध अपनी प्रश्नाकुल व्याख्या से, भाष्य-विमर्श से, अर्थ-मीमांसा-ज्ञान मीमांसा से अंग्रेजी-अमेरिकी स्वतन्त्र निबन्ध कला की ओर—ध्यान दिलाते हैं। फ्रान्स, जर्मनी, इटली आदि देशों के निबन्ध साहित्य-कला-समीक्षा तक सीमित रहते हैं। वहाँ आलोचनात्मक निबन्धों का बोलबाला है। अमेरिका में एडीसन, इमर्सन, पो, जेम्स रसेल, थोरो, ऐगनस रेप्लियर, विलियम हेनलिर क्लैरेन्स डे, पाल एल्मेर मोर, जार्ज सेंटायाना के निबन्धों का बड़ा नाम रहा। इन निबन्धों की शक्ति थी और है—इनका जनतन्त्रात्मक चरित्र और मुक्त दृष्टिकोण। यहाँ माना गया कि व्यक्ति-स्वातन्त्र्य के लिए निबन्ध से अधिक उपयुक्त और समर्थ कोई अन्य माध्यम नहीं है। हर माध्यम में कोई न कोई बन्दिश है, लेकिन निबन्ध में कोई बन्दिश नहीं है। इस उन्मुक्तता-निर्बन्धता के कारण भी अज्ञेय जी को निबन्ध लिखना मनपसन्द स्वच्छन्द' माध्यम बनाना भाया है। उन्हें इमर्सन-थोरो पसन्द आये, क्योंकि वे दोनों निरन्तर आत्म-शोधन पर बल देते हैं। इनमें व्यक्ति-चिन्तन के विचार-दीप जलते हैं—स्वावलम्बन का सुन्दर निरूपण है और यही विशेषता अज्ञेय के निबन्धों में मिलती है।

अज्ञेय के निबन्ध-संग्रह 'स्रोत और सेतु' का निबन्ध 'मेरी स्वाधीनता! सबकी स्वाधीनता' के चिन्तन-तार एक अर्थ में इमर्सन से जुड़े हैं। दोनों के लिए व्यक्ति-स्वातन्त्र्य से उपजी स्वाधीनता एक वैविध्य भरा, रंगीन अनुभव है। जब कि

दोनों मानते हैं कि स्वाधीनता की अवधारणा बड़ी जटिल और चुनौती भरी है। अज्ञेय के भीतर 'स्वाधीनता का एक समग्र-बोध' किसने जगाया? जब वे बचपन में घर से भाग गये—निकट के जंगल में जा छिपे। घर छोड़ा तो मन विद्रोह से भरा था—अन्य उत्तेजक-रोमांचक अनुभव थे—किन्तु शाम को थका-हारा घर लौट आया। फिर गुप्त षड्यन्त्रकारी संगठन से जुड़कर—'स्वाधीनता' का एक अलग अर्थ-सन्दर्भ पाया। भूमिगत क्रान्तिकारी आन्दोलन के उद्यमकर्मी के रूप में, राजनीतिक बन्दी के रूप में, सैनिक अधिकारी के रूप में। सैनिक अधिकारी सैनिक के रूप में स्वाधीनता की अलग पहचान हुई। फिर कृतिकार, सम्पादक, कवि रूप में स्वाधीनता का अर्थ जाना और अन्त में यायावर के रूप में स्वाधीनता को पाया। उन्होंने संस्कारवान व्यक्ति के अनुशासन का वरण किया और अराजकतावादी नहीं रहे। अज्ञेय ने अनुभवों से पाया कि स्वाधीनता कोई स्थिर वस्तु नहीं है, इसके विपरीत स्वाधीनता निरन्तर आविष्कार, शोध और संघर्ष माँगती है यहाँ तक कि उस शोध और संघर्ष की ही, स्वाधीनता की अन्तहीन ललक को ही स्वाधीनता का सारसत्व कह सकते हैं।' जिन अनेक अनुभवों से स्वाधीनता की समझ बढ़ी, वह इलहाम नहीं था—भोगा सत्य था। प्रकृति में लयमग्न होकर स्वाधीनता का गहरा अर्थ पाया—"स्वाधीन विकास, स्वाधीनता में विकास, स्वाधीनता की ओर विकास, अपनी चरम सम्भावनाओं की सम्पूर्ण उपलब्धि। मूल विचार यह कि स्वाधीन होना अपनी चरम सम्भावनाओं की सम्पूर्ण उपलब्धि के शिखर तक विकसित होना है।' प्रश्न उठता है कि क्या कोई अकेला स्वाधीन हो सकता है? नहीं, यह तो मानवमात्र की स्वाधीनता से जुड़ा प्रश्न है। मानव जन्म स्वाधीन लेता है, "लेकिन जीवन बन्धनों में व्यतीत करता है। अज्ञेय ने बुद्ध से भी स्वाधीनता का सन्दर्भ पाया और साहित्य से भी। साथ ही यह भी सत्य पाया कि 'साहित्यकार ऐसे समाज में स्वाधीन नहीं हो सकता, जो समाज स्वाधीन नहीं है।' कलाकार कवि अपने स्वाधीनता को सामाजिक दायित्व के साथ पूरे समाज से जोड़ता है। समूचे समाज की स्वाधीनता से जोड़ना ही रचनाकार की स्वाधीनता है।" अज्ञेय इस स्वाधीन कर्म में जीवन भर अर्पित रहे। आधुनिकतावादी व्यक्तिवाद को नकार कर वे जनजीवन-धारा के साथ जुड़े रहे। 'गुण का आस्वाद' अकेले नहीं किया—अपने को सबके लिए पूरे मन से उलीच दिया। सबके लिए अपने को पूरा उलीच देना अज्ञेय का आत्मदान है।

अज्ञेय का निबन्ध 'जीवन के गुणाधार' की प्रतिज्ञा के मूल में सिद्धान्त प्रतिपादन है 'यह आत्म-निबन्ध नहीं है। अस्मिता और आत्मबोध का संकट 'आइडेंटिटी क्राइसिस' आक्रात्मकता से विकृतियों को जन्म दे रहा है। टेक्नोलॉजी पर आधारित समाज नीति से परे हो गया है—मूल्यों की टकराहट का अर्थ

व्यर्थता-बोध में हो रहा है। क्या यह 'सभ्यता का संकट' है। इस संकट पर कौन विचार करेगा—डॉक्टर, इंजीनियर या साहित्यकार। **'सभ्यता' शब्द** परिभाषा माँगता है, क्योंकि सभ्यता दूसरों के बीच रहने की विद्या या हुनर है। सभ्यता का एक व्यापक अर्थ है—'विश्व सभ्यता' और सीमित अर्थ है—भारतीय-सभ्यता, हिन्दू-सभ्यता। लेकिन आज जिस सभ्यता की हम बात कर रहे हैं—यान्त्रिक-सभ्यता है और मानव पहला इतिहास जीवी प्राणी। प्रतीक-स्रष्टा मानव पहला स्वाधीन प्राणी है, जिसके पास भाषा की शक्ति है। भाषा में संस्कृति और स्वाधीनता के मूल्य निहित हैं। स्वतन्त्रता पहला मानव मूल्य है और संस्कृति का आधार है—मूल्य। मानव मूल्य सृष्टि करता है और एक अर्थ में उसके लिए अस्तित्व चरम मूल्य है। पश्चिम में अनास्था का युग है लेकिन हमारे यहाँ वैसी अनास्था की स्थिति नहीं है। हमारे लिए अनास्था इम्पोर्टेड इडीयम है। हमें पश्चिमवाद ने ऐसे जकड़ लिया है कि हम न अनास्था में जी रहे हैं—न आस्था में। दोनों के बीच बेचैनी से जी रहे हैं—जीने का इन्तजार कर रहे हैं। इस तरह के विचार उन्होंने 'भाषा और समाज', 'समग्र परिवेश की राजनीति', 'व्यक्ति और व्यवस्था'—(1) व्यक्ति और समाज तथा (2) समाज और व्यवस्था में पक्त बराबर किये हैं कि व्यक्ति के सामने मूल्यों का संकट है—अपनी भाषा-संस्कृति-अस्मिता की रक्षा का संकट है। अज्ञेय के विचार के तीन केन्द्र यहाँ हैं—भाषा, सर्जनशीलता और समाज। और तीनों आधुनिकीकरण की समस्या से जुड़े हैं। हमारे संस्कृति के सामने अनुवाद की समस्या है—हमने एक अनुवाद जीवी समाज बनाया है, जिसकी सर्जनात्मकता बाधित है।

हमें याद है कि फ्रान्सीसी साहित्य में निबन्ध दुर्दमनीय स्वतन्त्र आकांक्षाओं को लेकर प्रकट हुआ। रूढ़ियों को ध्वस्त करता एक स्वाधीन चिन्ता में मग्न समाज नये चिन्तन की तलाश में जुट गया। यह स्वाधीन-चिन्ता मौन्तेन में चमकी-दमकी और आल्डस हक्सले, वाल्टेयर, रूसो में स्वच्छन्द विस्फोट बनकर मूर्त्त हुई। गम्भीर विषयों को लेकर सार्त्र-कामू उभरे और दार्शनिक आध्यात्मिक चिन्ताओं का मन्थन शुरू हुआ। ऐसा मन्थन हिन्दी में नहीं हुआ। हम ज्यादातर बेलिन्स्की, तुर्गनेव, दास्ताएवस्की, टाल्स्टाय की ओर भाग-दौड़ करते रहे। नाटक, कहानी-उपन्यास-कविता आदि में सामाजिक उपयोगिता पर डटकर विचार करते रहे—लेकिन आत्मपरक निबन्ध कम लिखे गये। व्यक्तिगत-निबन्धों की दिशा में अज्ञेय तमाम आलोचना सहते हुए भी आगे बढ़ते रहे और इस क्षेत्र में प्रतिमान बन गये। 'आत्मनिष्ठ और वस्तुनिष्ठ दो भेद करके अज्ञेय के निबन्धों की व्याख्या करना गलत दिशा में चल पड़ना है। वे कहाँ 'स्व' को छोड़कर 'सर्वमय' हो जाते हैं—यह रेखा खींचना भी कठिन है। क्योंकि उनके निबन्ध भाव-विचार कला-कर्म की उन्मुक्तता का आकाश छूते हैं। उनमें एक

साथ सौन्दर्य, शोध और आनन्द का प्रवाह है, विदग्ध व्यंग्य है और नये चिन्तन की धूप खिली हुई है। वे 'आत्म' के बहाने आत्मरहस्योद्घाटन करते चलते हैं—इसलिए इन निबन्धों में उनकी पूरी—'आत्मकथा' या जीवन कथा का रस-रोमांच मौजूद है।

आचार्य शुक्ल का कथन है—'यदि गद्य कवियों की कसौटी है तो निबन्ध गद्य की कसौटी है।' अज्ञेय ने इस आधुनिक निबन्ध विधा के माध्यम से लगातार समग्र भारतीय चिन्तन को सर्जनात्मकता के साथ पाठकों को परोसने का कार्य किया। उनसे पहले यह कार्य आचार्य हजारीप्रसाद द्विवेदी काफी गम्भीरता से कर चुके थे। लेकिन अज्ञेय जी मूलतः कवि थे—इसलिए अपने कवि-कर्म की कसौटी उनके लिए निबन्ध रही। उन्होंने विचार-प्रधान और व्यक्ति-व्यंजक दोनों प्रकार के निबन्ध संवेदन-घनता को लेकर लिखे। इसलिए उनके निबन्धों की मौलिक परम्पराएँ हैं और वह रागाकुलता जो भारतीय मनुष्य की सहज पहचान रही है। उनके 'मैं' में परम्परा-संस्कृति, समस्त जातीय स्मृति, अनुभव अनुभूति की संग्राहकता एक साथ बोलती है। यहाँ 'मैं' और 'अन्य' का भेद ही गायब है। इसलिए आचार्य शुक्ल की भाँति उनके निबन्ध विचार-सम्पन्न और विचार-सघन होने के साथ बेहद सर्जनात्मक हैं। हिन्दी का यह सर्जनात्मक गद्य हिन्दी का गौरव है, जहाँ समस्त रागात्मकता बुद्धि-तत्त्व में परिणत हो जाती है। इन निबन्धों को अपने बौद्धिक चरित्र के कारण भारतीय आधुनिकता का संस्कार मिला है।

अज्ञेय ने बहुश्रुत-बहुपठित श्रम-साधना से हिन्दी निबन्ध को सांस्कृतिक चेतना और संवेदना के सम्प्रेषण का माध्यम बनाया और चिन्तन की सहज सर्जनात्मकता से प्रमाणित किया कि अहं का विसर्जन कविता की तरह निबन्ध का भी आवश्यक मौलिक गुण है। रागात्मक संवेदना और बौद्धिक ऊँचाई दोनों को रचा-बसाकर अज्ञेय ने हिन्दी निबन्ध का आधुनिक संस्कार परिष्कार किया और लोक-शास्त्र की मैत्री स्थापित की है। 'युग-सन्धियों पर' शीर्षक से उनका जो निबन्ध-संग्रह आये, वे 'साप्ताहिक हिन्दुस्तान' 1980 के अंकों में धारावाहिक छपे थे। इन सभी निबन्धों में विचारों की नयी युग करवट थी। 'शासन : एक जादुई कालीन', 'खाई हुई पीढ़ियाँ', 'संस्कृत : यहाँ, वहाँ, कब्र में?' 'इतिहास और अभिजात पूर्व ग्रह', 'धर्मनिरपेक्षता के दर्जे', 'देशीयता और मौलिकता', 'वन, जन और औपनिवेशिक मन', 'भालू चढ़ गया पहाड़ पर', 'मानव होने का दर्द', 'साहित्यकार का सम्मान : किसलिए?, 'हमारे समाज में नारी', 'संस्कृति बनाम इतिहास : कला की समस्या', 'अच्छा साहित्य कैसे बिके', 'आज गाँव के सिद्ध', 'राजनीतिक संस्कृति और सामाजिक संस्कृति' जैसे निबन्ध घूम-फिर कर संस्कृति की चिन्ताओं को ही बार-बार संकेतित करते हैं। एक विशेष बात यह भी है कि इन सभी निबन्धों में

आपातकाल के बाद के भारत का सांस्कृतिक नरक पूरी कथा-व्यथा के साथ व्यंजित है। 'शासन एक जादुई कालीन' में भ्रष्टाचार (करप्शन) का मनोभाव 'आधुनिक विक्रमादित्य' बनकर सामने आया है। लोकतन्त्र एक मानसिकता है और सारा प्रशासनिक ढाँचा और कार्य पद्धतियाँ उस मानसिकता में से ही निकलती हैं। लोकतन्त्र की सार्थकता और दृढ़ता इस बात पर निर्भर करती है कि हम सामन्तवादी मानसिकता से मुक्त हों। लेकिन यहाँ तो कंकाल-नृत्य हो रहा है, सब बेखबर हैं।

भारतीय समाज में 'खोई हुई पीढ़ियाँ' हैं, क्योंकि ऐसे लोग बचे ही नहीं हैं, जो नैतिक-आध्यात्मिक मूल्यों की ऊँचाई जीते हों। आपा-धापी के मूल्य-दर्शन में नैतिकता का मरुस्थल पैदा हो गया है। तो समस्या है 'संस्कृति' यहाँ, वहाँ या कब्र में। इस पूरे निबन्ध में अज्ञेय ने व्यक्तिगत अनुभवों पर आधारित सत्य को प्रस्तुत किया है कि "मैं विदेशी साहित्य (तथाकथित विश्व साहित्य) भी पढ़ता हूँ, देश-देशान्तर घूमा हूँ, विदेशों में पढ़ा हूँ—या इस रूप में प्रस्तुत किया जाय कि मैं हिन्दी में लिखता भले ही हूँ लेकिन हूँ तो विदेशी संस्कार का ही।" कुछ भी कहिए अज्ञेय ने अपनी जमीन अपनी संस्कृति नहीं छोड़ी। उनका मूल मनोभाव भारतीयता में आस्था का रहा है। अपनी मूल जमीन से जुड़ी उनकी सर्जनात्मकता इसी संस्कृति की उपज है। वे मानते हैं कि 'जिस साहित्यिक रचना में संस्कृति का मूलस्वर नहीं बोलता उसका विश्व साहित्य में स्थान पाने का कोई सवाल ही नहीं है।' कई बार अंग्रेजी मोह में हम अपनी संस्कृति की अवहेलना करते हैं—गाँधी-बुद्ध तक को ठुकरा देते हैं। हमारी अकादमियाँ, कल्चरल रिलेशन्स जैसी स्वायत्त संस्थाएँ पश्चिमोन्मुखी क्यों? इसलिए कि झूठे जनवाद की विकृत हवा में हमने यह स्वीकार करना चाहा है कि 'संस्कृति तो एक बुर्जुआ चीज है, बुर्जुआ है—इसलिए प्रगति विरोधी है।' फलतः प्रगति के समर्थक 'संस्कृति' के नाम से चिढ़ते हैं। अज्ञेय जी इसे 'झूठा और विकृत जनवाद' कहते हैं।

साहित्य का साधारण पाठक जिज्ञासा भाव से समकालीन साहित्य से जुड़ना चाहता है और उसकी रुचि और समझ साहित्य को प्रभावित करती है। 'इतिहास और अभिजात पूर्वग्रह' निबन्ध में अज्ञेय को ध्यान है कि भारतीय समाज बीसियों सदियों से श्रुति परम्परा में पला है, साहित्य को और सांस्कृतिक संवेदन को वह सुनकर ही ग्रहण करता आया है। इसलिए आज भी निरक्षरों में काफी लोग संस्कारवान हैं, साहित्य-विवेक से सम्पन्न हैं। अतः श्रुति परम्परा की उपेक्षा साहित्य के स्रोत की उपेक्षा है। 'वाचिक साक्ष्य को उसका उपयुक्त स्थान दिये बिना समकालीन साहित्य का कोई सही इतिहास नहीं लिखा जा सकता। स्मृति की अविकृत परम्परा का आविष्कार भारत में हुआ—जिसने अध्ययन-परम्परा को

निरन्तरता प्रदान की। आज भी हिन्दी प्रदेशों में तमाम रचनाएँ सुनी जा सकती हैं, जो कहीं अभी तक छपी नहीं हैं। इस तरह लोक समाज, लोक-कला, लोक-संस्कृति, लोक-भाषा, लोक-हृदय पर अज्ञेय के निबन्धों का ध्यान एकाग्र भाव से रहा है।

साहित्य की धर्मनिरपेक्षता, देशीयता और मौलिकता से जुड़े प्रश्न उनके निबन्धकार मन को बेचैन रखते हैं। साहित्य तो भाषा है और भाषा निरन्तर बदलती हुई गतिवान चीज। इसलिए भाषा-परिवर्तनों का साहित्य के अध्ययन के लिए बहुत महत्त्व है—लेकिन भाषाविद् का सन्दर्भ एक है—साहित्य अध्येता का दूसरा। साहित्य में भाषा के परिवर्तन साहित्य की नयी विधाओं का आविष्कार करते हैं। लेकिन साहित्य भाषा अथवा विधा ही नहीं है—सबसे पहले वह एक सम्प्रेषण है। सम्प्रेषण है तो उसकी प्रक्रिया का माध्यम भी है—वह माध्यम जिससे सम्प्रेषण की वह प्रक्रिया सम्पन्न होती है। भाषा एक समय है—युगीन समाज है—परिवेश है। इसलिए भाषा पूर्ववर्ती को नकार कर नहीं चल सकती। रचना परिस्थिति के साथ परम्परा है, और परम्परा से निकली संस्कृति। 'खरी व्यक्तिगत अनुभूति मूल्यवान है, पर खरा भारतीय अनुभव कम मूल्यवान नहीं है और दोनों एक दूसरे की कसौटियाँ हैं। निस्सन्देह बाहर के प्रभाव होते हैं और होने चाहिए, पर सांस्कृतिक प्रभावों की प्रक्रिया इतनी सरल और इकहरी नहीं होती।' वह जटिल और प्राणवान होती है।

जन-समाज की स्मृति पर इतिहास का पूरा पाठ नहीं लिखा होता। लेकिन जन-मानस में रचा-बसा इतिहास (स्मृति) वह आग होता है जो अतीत को जीवित रखता है और वर्तमान को प्रेरणा देता है। 'वन, जन और औपनिवेशिक मन' निबन्ध में यह प्रश्न उठाया गया है कि रामायण में राम का कथन 'रघुकुल रीति सदा चलि आई' जैसे सूत्र वाक्य जन-मानस को बिजली की कौंध की तरह क्यों सूझते हैं। क्यों हम महाभारत का सूत्र नहीं भूलते कि 'सूय्याग्र न दास्यामि बिना युद्धेन केशव।' ये उक्ति पूरी महाभारत कथा को जन-मानस में मूर्त्त कर देती है। यह स्मृति-लोक शक्ति स्रोत है। असमिया के कुमार लाच्छित का वाक्य है—'मेरे मामा से मेरा देश बड़ा है।' राजस्थान के बिश्नोई शहीदों की अमृता देवी की उक्ति है—'सिर कटाकर भी वृक्ष बचाया जा सके तो भी सस्ता सौदा है', ये सभी स्मृति के बीज मन्त्र हैं। पूतो-फलो दूधो नहाओ' का बीज-मन्त्र कितना पावन भारतीय मन है। आजादी के बाद वनों पर ठेकेदारों की आरियाँ चलीं तो आर्थिक स्रोत ही नहीं कटे—देश का प्राण कटे। अंग्रेजों ने चलाया था वनों का—प्रकृति का अधिकाधिक दोहन। और हम भारतीय उनके पीछे हो लिये। क्या बैर और विनाश का रिश्ता उपनिवेशवादी युग का परिणाम नहीं है? अज्ञेय ने नन्दा देवी के वनों के विनाश पर कविताएँ लिखी हैं। पर्यावरण के विनाश से उनका मन क्षुब्ध था। हर जगह 'भालू चढ़ गया पहाड़

पर' या 'मानव होने का दर्द' है तो इसका अर्थ है—मूल के विनाश से कष्ट पाने वाला मन। यही अज्ञेय 'हमारे समाज में नारी' जैसे निबन्ध लिखते हैं, जिनमें गम्भीर बहस है। आधुनिकीकरण और औद्योगीकरण का अभियान हिंसा से जुड़ा है प्रकृति के प्रति हिंसा प्रकृति के साथ बलात्कार, परिवेश के साथ हिंसा ये सभी प्रश्न नारी से जुड़े हैं। समाजव्यापी मूल्यमूढ़ता नारी पर हिंसा कर रहा है—यह नया पागलपन है।

आज अंग्रेजी पढ़े-लिखे लोग समाज-संस्कृति के निर्माता बन रहे हैं—यह चिन्ताजनक स्थिति है। इस चिन्ता पर निबन्ध है—'संस्कृति बनाम इतिहास कला की समस्या :' संस्कृति अर्थात् प्राचीन ऐतिहासिक मान्यताएँ।' सरकारी क्षेत्रों में संस्कृति की जो दुर्गति हुई है, उसका एक पीड़ादायक इतिहास है। शिक्षा-विज्ञान-संस्कृति तीनों धक्के खा रहे हैं। विदेशी कह रहे हैं कि भारतीयों में इतिहास नहीं होता। इतिहास को महत्त्व देने वाली मानसिकता पश्चिम की देन है। हमारा चित्रकार रामायण महाभारत-भागवत के चित्रों में कभी-कभार फिरंगी टोपी क्यों लगा देता है—पगड़ी-टोपी भूल जाता है। सच है कलाकार के लिए मानवता-बोध इतिहास-बोध से बड़ा है। इस तरह अज्ञेय ने भारी तर्कों प्रमाणों से इस तरह के तमाम शोधपरक-निबन्ध लिखे हैं। इन शोध-निबन्धों की विविधता और ज्ञान की गहराई विस्मयकारी है। बड़ी बात यह है कि 'विश्वव्यापी' के चक्कर में अज्ञेय भारतीय संस्कृति परम्परा साहित्य, दर्शन को कम करके नहीं आँकते और आत्मधिक्कार के शिकार नहीं हो जाते। इस दृष्टि से इस तरह के निबन्ध एक नयी ढंग से प्रेरणा देते हैं।

हम कह चुके हैं कि व्यापक अर्थों में अज्ञेय के सभी निबन्ध सांस्कृतिक संवेदना का परिष्करण और नवीकरण हैं। 'धार के किनारे' निबन्ध संग्रह के सभी निबन्ध एक तरह के सांस्कृतिक आलोक से परिपूर्ण हैं। यहाँ 'भारतीय संस्कृति' और 'विश्व संस्कृति' (आलवाल से) तथा 'साम्प्रदायिक और नैतिक शिक्षा' ('जोगे लिखी' से) गृहीत निबन्ध सांस्कृतिक संवेदना के गहन निहितार्थों को व्यंजित करने के कारण ही रखे हैं। 'राजनैतिक संस्कृति और सामाजिक-संस्कृति' निबन्ध में यह बात कही गयी थी कि संस्कृति की बात करने का जमाना नहीं रहा। जो लोग हठपूर्वक संस्कृति की बात करते हैं उन्हें परम्परावादी, प्रतिक्रियावादी कहकर अपमानित किया जाता है। उस देश में अपमानित किया जाता है जहाँ संस्कृति (धर्म) गर्व की वस्तु रही है। लेकिन अज्ञेय ऐसे हठी निबन्धकार हैं कि संस्कृति का चर्चा किये बगैर उनसे रहा नहीं जाता। इतना ही नहीं, वे मानते हैं कि 'संस्कृति के सवाल उठाये बिना न आधुनिक बना जा सकता है, न प्रगति की जा सकती है और न वास्तव में मनुष्य ही बना रहा जा सकता है।' यह बात राजनीति-साहित्य के साथ कला और विज्ञान

का भी सत्य है कि हम जीव-विज्ञान की नयी दृष्टियों में प्रवेश करें। क्योंकि इन नये सन्दर्भों में ही संस्कृति का विचार हो सकता है। साथ ही सामाजिक-राजनैतिक संस्कृति की नये सिरे से व्याख्या की जा सकती है ताकि नये भाष्यों-विमर्शों से नये जीवन, सत्यों के आस-पास पहुँचा जा सके। इसी दृष्टि से अज्ञेय ने निबन्धों में जीवन भर संस्कृति (धर्म) चिन्तन किया है। यहाँ 'धर्म' का पर्याय है–'संस्कृति'। 'धर्म' शब्द से लोग चौंकते हैं, इसलिए अज्ञेय ने 'धर्म' के स्थान पर 'संस्कृति' शब्द का प्रयोग किया है।

यहाँ 'बाल जगत् की देहरी पर' या 'खिलौनों का समाज शास्त्र', 'संस्कृति की चेतना' या 'भारतीय संस्कृति और विश्व संस्कृति', 'विज्ञान और हम' या 'आधुनिकता : संवेदन और सम्प्रेषण', 'विराट का संस्पर्श' या 'शिक्षा : सांस्कृतिक सन्दर्भ' जैसा कोई निबन्ध हो अज्ञेय अपनी प्रखर बौद्धिकता से 'संस्कृति' और 'आधुनिकता' पर 'विमर्श' अवश्य करेंगे। उनकी मानसिकता का गठन इस प्रकार का है कि वे हम जिस 'परिवेश' में जी रहे हैं, उसके ऊपर विचार अवश्य करेंगे ताकि वर्तमान की चिन्ताओं से सामना किया जा सके। इसलिए इन निबन्धों में एक परिवेश के प्रति निरन्तर रचनाकार का राग-दीप्त सच वैचारिक आलोक से फूटता मिलता है। इस राग-दीप्त सच की विशेषता यह है कि वह अपने पाठक या प्रमाता को भीतर तक झकझोरता हुआ मिलता है। चेतना को क्रियाशील करने वाली इस संस्कृति में अज्ञेय की ज्ञान क्रिया इच्छा की परिधि का प्रेरणा रूप में विस्तार होता सुनाई देता है। उनके देश-विदेश की यायावरी के अनुभव की आग पाठक की चेतना का नवसंस्कार करती है। समय-समय पर दिये गये भाषणों-वक्तव्यों, भेंट-वार्ताओं तथा प्रश्नोत्तरी के रूप में लिखित इन निबन्धों की विचार भूमि आत्म-मन्थनपरक है।

ज्यादातर निबन्धों-आलोचनाओं में देशी-विदेशी साहित्य की मूलचेतना, परिवेश, लेखक और गृहीता की स्थिति, वर्तमान की चुनौतियाँ, राग-सम्बन्धों के बदलाव, नवीन यथार्थ के उदय, आधुनिकता-समकालीनता, प्रासंगिकता तथा नये साहित्य की प्रवृत्तियों, प्रश्नों की व्याख्या है। इन चिन्तनपरक और आत्मपरक निबन्धों में अज्ञेय के चिन्तन-क्रम के उन मूल बिन्दुओं को रेखांकित किया जा सकता है, जो उनके समस्त साहित्य में अन्तर्व्याप्त हैं। उनके ज्यादातर निबन्ध युग की मनोभूमिकाओं, रचनाकार की मनःस्थितियों का सूक्ष्म गहन विश्लेषण हैं। अज्ञेय के प्रश्नाकुल मन से सीधे जुड़े होने के कारण इन निबन्धों की अन्तर्वस्तु और रूपकला ने निबन्ध शिल्प को तराशकर एक चेहरा, एक नया व्यक्तित्व दिया है। आज कहा जा सकता है कि अज्ञेय चिन्तनशील परम्परा के उन व्यक्तियों में हैं। जिसे बालकृष्ण भट्ट, बालकृष्ण मुकुन्द गीत, महावीर प्रसाद द्ववेदी, जयशंकर प्रसाद, रामचन्द्र शुक्ल, निराला,

महादेवी, चन्द्रधर शर्मा गुलेरी, राहुल सांकृत्यायन, हजारीप्रसाद द्विवेदी जैसे विद्वानों की तेजस्वी-परम्परा ने जिलाए रखा है और जिसमें हिन्दी की जातीय-स्मृति और चिन्तन-सृजन को पुनर्नवता प्राप्त हुई है। हम जिसे आज मौलिकता, नवीनता या 'आधुनिकता' कहते हैं—वह इसी 'पुनर्नवता' का पर्याय है। इस 'आधुनिकता' में 'उत्तर आधुनिकता' के तमाम बीज मिल सकते हैं। साथ ही एक आलोक-दीप्त नव-औपनिवेशिक चिन्तन। परवर्ती-परम्परा में यही नव-औपनिवेशिक चिन्तन विजयदेवनारायण साही, निर्मल वर्मा, रमेशचन्द्र शाह, मलयज और नन्द किशोर आचार्य के निबन्धों में पूरी बौद्धिक प्रखरता के साथ मिलता है।

अज्ञेय ने अपने को वन-सा बन्द और वन-सा सभी ओर से खुला 'सन्नाटे का छन्द' कहा है—'शब्द में मेरी समाई नहीं होगी—मैं सन्नाटे का छन्द हूँ।' और यह सन्नाटे का छन्द इतना गति-लय से भरा हुआ है कि पाठक को 'कालिदास' की याद आ जाती है। वास्तव में, कालिदास ने अज्ञेय में एक नया जन्म या पुनर्जन्म पाया है, क्योंकि वे एक नये अर्थ और सन्दर्भ के साथ यहाँ जीवित मिलते हैं। वैसे भी कालिदास की गूँज-अनुगूँज उनके रचना कर्म में अक्सर सुनाई देती है। किन्तु 'स्रोत और सेतु' के 'आलवाल' और 'जोग लिखी' के निबन्धों में वे एक साथ नयी सर्जनात्मकता के साथ मिलते हैं। उनके शब्दों की कल्पसृष्टि में 'नदी के द्वीप' कविता की वह काव्य-दृष्टि 'माँ, उसे संस्कार तुम देना' एक अर्थ-व्यंजना में फूट-फट पड़ती है। हिन्दी के ज्यादातर आलोचकों ने 'नदी के द्वीप' कविता की मनमानी, सन्दर्भ से दूर गलत व्याख्या करके यह सिद्ध किया है कि अज्ञेय 'नदी के द्वीप' हैं—यही उनका व्यक्तिवादी दर्शन है। लेकिन यह कैसी व्याख्या है जो 'नदी के द्वीप' कविता का पूरा गलत पाठ करती है। जब कि इस कविता में परम्परा के नये संस्कार की माँग का कवि-दर्शन है।

अज्ञेय के कवि मन की 'अपूर्व' सृजन आकांक्षा का अभी ठीक-ठीक भाष्य होना बाकी है। यह भाष्य मनमाने आरोपित प्रतिमानों से तो नहीं किया जा सकता। अज्ञेय ने सन्त या फकीर बनकर इस संसार को कभी नहीं छोड़ा। वे भोगने में विश्वास करते हैं—भागने में नहीं। इसलिए यह कहना गलत है कि उन्होंने इस दुनिया को छोड़ा या नकारा था। हाँ, आरम्भ के अज्ञेय के रोमांटिसिज्म की एक सीमा थी, जिसे बाद में उनके गैर, रोमांटिक मिजाज ने उससे उन्हें मुक्ति दिलाई। एक ऐसी आलोचनात्मक दृष्टि 'भवन्ती', 'अन्तरा', 'शेषा' में जागृति की जो प्रश्नों को जगाती है और निरन्तर सोचने का तनाव उनके कवि-मन में पैदा करती है। इसलिए यह प्रश्न उठाना ही बेकार है कि क्या अज्ञेय एक बिन्दु पर कबीर की तरह आधुनिक हो पाये हैं। कबीर के आत्मसंहारी अर्थ के सामने अज्ञेय बौने दिखाई देते हैं। अज्ञेय

ने 'अहं' छोड़ा तो 'मैं' से जूझना पड़ा। उनके सामने मुक्ति और स्वतन्त्रता के प्रश्न सदैव मौजूद रहे। वे औपनिवेशिक गुलामी से मुक्ति के लिए अन्तिम क्षणों तक तड़पते रहे। उन्होंने कभी नहीं माना कि हर कवि अपने सृजनात्मक कर्म में सन्त होता है। उनकी दृष्टि में नैतिक अन्तर्दृष्टि की संवेदना का सर्वाधिक आदर रहा है और वह भी सन्त बनकर नहीं, कवि बनकर। इसलिए अज्ञेय का निबन्ध हो या आलोचना-सत्य या कमाया हुआ सत्य यह सत्य उनके सृजन में 'भीतर' ही भीतर लौ की तरह जलता है। लेकिन पाठक को यहाँ भी ग. मा. मुक्तिबोध का यह कथन नहीं भूलना चाहिए कि साहित्य पर आवश्यकता से अधिक भरोसा रखना मूर्खता है। फिर अज्ञेय पर तो मूर्खतापूर्ण बहसों का एक हिमालय खड़ा दिखाई देता है। इसलिए अज्ञेय के रचना-कर्म और चिन्तन पर नये सिरे से भाष्य करने की अपेक्षा बनी हुई है।

यह कैसा अपूर्वता से भरा भाष्य है कि भारत में फासिस्ट विरोधी सम्मेलन का आयोजन करने वाले अज्ञेय को उनके समस्त 'क्रान्तिकारी' चिन्तन से काटकर 'विमर्श' किया जाये। अज्ञेय के विद्रोही मानस में औपनिवेशिक गुलामी से मुक्ति पाने के तमाम प्रश्नों के मगरमच्छ टकराते रहते हैं और वे उनका धैर्य से सामना करते हैं। निबन्ध हो या आलोचना या अन्य गद्य-रूप वे बने-बनाये साँचे तोड़कर नये रूपों का निर्माण करते हैं। उपन्यास-कहानियों-कविताओं-निबन्धों में कभी भी बँधे-बँधाये रूपों का अनुकरण नहीं करते। वे तो उपन्यास कहानी में निबन्ध रचने का सामर्थ्य रखते हैं—'शेखर : एक जीवनी' में उन्होंने कितने ही निबन्ध उपन्यास के भीतर रच डाले। परम्परागत विधाएँ उनमें गड्डमड्ड होकर नया रूप पा जाती हैं—क्यों? यहाँ न उपन्यास ठीक-ठीक उपन्यास है न निबन्ध निबन्ध, न कहानी कहानी न यात्रावृत्त ठीक-ठीक यात्रावृत्त। यह अज्ञेय की, चिन्तन-कला की पुनर्नवता है विधाओं की दिशा में नया प्रयोग।

आश्चर्य की बात है कि अज्ञेय निबन्ध हो, उपन्यास हो, कविता हो अपनी ओर से उसकी 'अपूर्वता' की 'मौलिक प्रयोग' चेतना की डींग नहीं हाँकते। उनका 'मौन' ही सब कुछ कह देता है। इस 'मौन' में सृजन का विराट् देवता कहता है कि 'लिख-लिखकर सब झूठा करता जाता है।' शब्द में समाया समय उस 'सत्य' को भाषित-पुनर्भाषित करता है। 'निबन्ध में तथ्यों का भाष्य नया रहता है—बाकी बहुत कुछ परम्परागत घिसा बासी। हजारीप्रसाद द्विवेदी के लिए विधाएँ—गप्प-गल्प-कल्प हैं—लेकिन अज्ञेय के लिए विधाएँ 'प्रयोग' हैं। क्योंकि 'प्रयोगों' से ही सर्जनात्मकता की प्रगति का सच पाया जा सकता है। यह सत्य ही सोने के ढँके घड़े का ढक्कन उठाना चाहता है। यहाँ भी अज्ञेय को भाषा और लय-छन्द का ही सहारा है। ये

निबन्धों में मिथक गढ़ते हैं, प्रतीक खोजते हैं और प्रतीक स्रष्टा मानव की स्मृति-मति-प्रज्ञा पर भरोसा रखते हैं। 'त्रिशंकु' के निबन्धों से लेकर 'स्मृतिच्छन्दा' तक की निबन्ध-यात्रा में इस तरह की सृजनेच्छा के न जाने कितने रूप मिलते हैं। इन निबन्धों के भीतर की कालिदासीय-लय में 'असाध्य वीणा' के प्रियंवद की तप-साधना का 'शिष्य-साधक' भाव सक्रिय मिलता है।

'परम्परा' और 'आधुनिकता' अज्ञेय के दो प्रिय बीज-शब्द हैं जिनकी व्याख्या मौका मिलते ही वह करने में चूकते नहीं हैं। पूरी परम्परा भारतीय-परम्परा की 'अखण्डता' में निहित समग्रभाव है—और मनुष्यता में उनका विश्वास है। उनके रचनाकार-मन में जीर्ण परम्पराओं के लिए बिसूरने का कोई अर्थ नहीं। लेकिन जीवन्त परम्पराओं की संस्कृति पर चर्चा करने में वे रमते हैं। संस्कृति की चेतना का सम्बन्ध मानव के सौन्दर्य बोध से है और जयशंकर प्रसाद के शब्दों में कहें तो संस्कृति सौन्दर्य बोध के विकसित होने की मौलिक चेष्टा है। भारतीय समाज में संस्कृति का आधार 'धर्म' है और 'धर्म' अपने परिष्कृत सन्दर्भों में 'भारतीयता'। ऐसी भारतीयता जो जड़ चिन्तन का विरोध करती है। भारतीयता और आधुनिकता काल के साथ नये सम्बन्ध का निर्धारण है। इस दृष्टि से आधुनिकता मूलतः एक नये ढंग का कालबोध है तथा हमारे संवेदन पर उसका दूर तक प्रभाव पड़ता है। शुद्धीकरण, यान्त्रिकीकरण, पश्चिमीकरण, आधुनिकीकरण इन सभी से प्रायः आधुनिकता को जोड़ा जाता है जबकि आधुनिकता संवेदन का संस्कार है। 'किन्तु किसी भी कला में आधुनिकता की विकास प्रक्रिया देखने चलें तो हम पायेंगे कि उसके मूल में यह नया काल बोध ही है। काल के साथ नया सम्बन्ध है। मानस का विखण्डन, खण्डित बिम्ब, अमूर्त्तन अतियथार्थ की प्रस्तुति, मिथक और फैंटेसी, कारण और कार्य में विपर्यय अथवा 'अहेतुक' घटना, मुक्त छन्द, ताल और लय की टकराहट अथवा संकर किसी भी कला में कोई भी नयी प्रवृत्ति लीजिए तो वह कहीं न कहीं नये काल-बोध से और उसके सम्प्रेषण के प्रयत्न से जुड़ जायेगी।" इस तरह आधुनिकता नयेपन पर आधारित एक कालदृष्टि है, जो परिवर्तन और नयेपन को स्वीकार करती है। अज्ञेय के इस तरह के चिन्तन पर कुमार स्वामी और रायकृष्णदास की कला दृष्टि का दूर तक प्रभाव है। उनके पूरे चिन्तन में रायकृष्णदास का छन्द है। यह गद्य का छन्द अज्ञेय के निबन्धों में प्राणधारा की तरह प्रवाहित रहा है और इस छन्द ने उनकी आलोचना को सर्जनात्मक बनाया है।

'असाध्य वीणा' में अज्ञेय ने इसी छन्द के 'अपूर्व वस्तुनिर्माण' क्षमता वाले अद्‌भुत तत्त्व पाठक को मुक्तभाव से परोसे हैं। मनःस्थिति के परिवर्तन के साथ छन्द में लय-गति-संगीत में नये-नये सम्बन्ध बनते हुए दिखाये हैं। 'हाँ मुझे स्मरण है'

में पुरी सृष्टि का संगीत 'झिल्ली-दादुर-कोकिल-चातक की झंकार पुकारों की यति में। संसृति की साँय साँय।' पूरी प्रकृति अपनी लय-गति में जीवन्त हो जाती है। इस तरह अज्ञेय के व्यक्तित्व का छन्द ही कविता बना है—निबन्ध बना है—कथा, साहित्य, संस्मरण और डायरी बना है। भाव-दशा के साथ छन्द-परिवर्तन होता जाता है उनके गद्य में एक लय है—एक राग है, जिसने उसकी सर्जनेच्छा को प्रबल और प्रभावशाली बनाया है। पद्य हो या गद्य हो छन्द अज्ञेय के हर धड़कन में रचा-बसा है। वे रूखा-भुरभुरा गद्य नहीं लिखते। सरस, विदग्ध, संस्कारी और नयी व्यंजकताओं से भरपूर मुलायम रेशमी गद्य लिखते हैं। दरअसल, लय प्रत्येक निबन्ध की संरचना में मेहँदी की तरह रची-बसी हुई है। 'पानी बरसा' की 'ओ पिया पानी बरसा', 'हरी घास हुलसानी', 'मालिक के झूमर सी झूमी मधुमालती', 'झर पड़े जीते पीत अमलतास', 'चातकी की वेदना बिरानी' का संसार इस संगीत का ठाट है। यह लय और अर्थ-ध्वनि-पद्य-गद्य में ऐसी बस गयी है कि निबन्ध या कविता समाप्त होने के बाद भी सहृदय में गूँजती रहती है। यहाँ विचार तरंगों की नववधू हँस रही है और कह रही है गेयता है, गति है, गीत है, लय है, प्रणय है सभी कुछ है। सागर के किनारे उगा चाँद है, लहकते लाल गुच्छे हैं। 'कलगी बाजरे का' रूप भरा नया समर्पण है। 'मैं वहाँ हूँ' में अज्ञेय का कवि-व्यक्तित्व पूरे बिम्ब के साथ उभरता है—यह जो मिट्टी गोढ़ता है कोदई खाता है और गेहूँ खिलाता है उसकी मैं साधना हूँ यह जो मिट्टी फोड़ता है मड़िया में रहता है और महलों को बनाता है उसकी मैं आस्था हूँ' श्रमरत-कर्मरत साधारण आदमी में अज्ञेय का अखण्ड विश्वास उनकी 'सर्जनात्मकता को शक्ति देता है। शक्ति पाने की यह कला अज्ञेय ने मैथिलीशरण गुप्त, माखनलाल चतुर्वेदी, जयशंकर प्रसाद और सरोजनी नायडू के साथ जयप्रकाश नारायण और लोहिया से सीखी है। जयप्रकाश नारायण—लोहिया जैसों के विचारों की कौंध वे हमारे मन में उपस्थित कर देते हैं। कुछ भी कहिए अज्ञेय 'सर्जना और सन्दर्भ', 'केन्द्र और परिधि', 'आत्मपरक' के तमाम निबन्धों के माध्यम से प्रयोग-परम्परा-आधुनिकता, संस्कृति, भाषा, रागात्मक सम्बन्धों के बदलाव की एक झाँकी प्रस्तुत कर देते हैं। शब्द और शब्द की आत्मा, भाषा और संस्कार इन सभी की एकाग्र भाव से चिन्ता ने इस चिन्तनशीलता को 'आधुनिकता' से सम्पन्न बनाया है।

प्रायः पाठक निबन्ध में व्यक्तित्व रंजकता और व्यक्ति व्यंजकता की माँग करते हैं। इस माँग ने हिन्दी में ललित निबन्धों की छबि को एक तरह से निखारा है। आचार्य हजारीप्रसाद द्विवेदी, पं. विद्यानिवास मिश्र, माखनलाल चतुर्वेदी के व्यक्ति-व्यंजक निबन्ध इस तरह के निबन्धों के प्रतिमान रहे हैं। अज्ञेय उर्फ कुट्टिचातन् ने 'सबरंग कुछ राग' में यह राग स्वर पूरी उठान से प्रस्तुत किया है।

यहाँ बहुश्रुत-बहुपठित अज्ञेय पर पण्डिताई का बोझ नहीं है, एक प्रबुद्ध रचनाशील मन का चौकन्नापन है--अनूठापन है। यायावर अज्ञेय का यह अनुभव संसार अपनी आत्मव्यंजकता से अनायास भाव-फूलों से गुँथी माला का छन्द बन जाता है। इस गति में निबन्ध की कोई शास्त्रीयता उन्हें मान्य नहीं है। व्याख्यानमूलक, वार्तालापमूलक, कल्पनामूलक और आत्म-चिन्तन मूलक किसी भी तरह का निबन्ध हो--अज्ञेय का निबन्धकार अपनी विचार शृंखला को न खण्डित होने देता है--न स्खलित। इन निबन्धों की गूँथ ऐसी है कि निबन्ध के ढर्रेदार वर्गीकरण यहाँ अपर्याप्त हो जाते हैं और निबन्ध-शैली में नये विचारों का पुनराविष्कार अनेक विविधताओं को सहजता से उजागर कर देता है।

अज्ञेय ने हिन्दी की निबन्ध-शैली को तमाम रूढ़ियों से मुक्त करते हुए उसे एक नया चेहरा प्रदान किया है। अपने सूक्ष्म-गहन-मूलगामी चिन्तन से साहित्य को भाषा और संस्कृति के व्यापक सन्दर्भों में नये 'विमर्श' से आलोकित भी। उन्होंने आज के युग की सभी महत्त्वपूर्ण चिन्ताओं, प्रश्नाकुलताओं, चुनौतियों, विसंगतियों, विद्रूपताओं पर पूरी विवेक वयस्कता और मौलिकता से विचार किया है। आधुनिक जीवन का छोटा से छोटा पक्ष जैसे 'खिलौनों का समाजशास्त्र' तक पर उनकी अचूक निगाह पड़ी है। इस तरह अज्ञेय ने अपनी निबन्ध-साधना की शक्ति से हिन्दी को चिन्तन का एक नया सौन्दर्यशास्त्र एक नया साहित्यशास्त्र दिया है। शायद ही हिन्दी में किसी निबन्धकार ने अपने समय में इतनी नयी बहसों को साहित्य-संस्कृति के केन्द्र में लाकर-उन पर करारी बहसों-विवादों का ऐसा परिवेश निर्मित किया हो, जैसा अज्ञेय ने। अज्ञेय के प्रिय प्रतीक हारिल का तो संकल्प ही जैसे इन निबन्धों में पूर्णता की ओर बढ़ा है--"अनथक पंखों की चोटों से नभ में एक मचा दे हलचल।' यह हलचल आज का पाठक अपने 'भीतर' महसूस कर रहा है। इन निबन्धों के चिन्तन के राग-रंग में एक गूँज है--'मैं सभी ओर से खुला हूँ वन-सा वन-सा अपने में बन्द हूँ शब्द में मेरी समाई नहीं होगी मैं सन्नाटे का छन्द हूँ सच है कि विचार के नये छन्द से अज्ञेय ने हिन्दी-निबन्ध को एक क्लासिकल गरिमा प्रदान करते हुए उसे नया रूपाकार दिया है।

भारतीय कला-चिन्तन की परम्पराओं का सच

भारतीय कला-चिन्तन की परम्परा में रायकृष्णदास का नाम शीर्ष पर रहा है। वह अज्ञेय जी के शब्दों में, भारत के राष्ट्रीयताकामी पूरे समाज की मानो सजीव स्मृति थे। रायकृष्णदास अहिंसक राष्ट्रीय आन्दोलन की प्रेरणाओं के स्मृति-यन्त्र थे और स्वाधीनता-प्रेम उनके चिन्तन में अनुप्राणित था। उनके स्वाधीनता प्रेम के आयाम इतने व्यापक थे कि उनमें कला, साहित्य, इतिहास, दर्शन सब समा जाते थे। आज उनकी जैसी न कोई स्मृति इस देश में है, न उनके जैसा कोई दूसरा व्यक्ति ही इस देश में मिलेगा। रायकृष्णदास का राष्ट्रीय व्यक्तित्व कला-साहित्य-दर्शन के मार्मिक अनुभवों से निर्मित हुआ था। और उनके व्यक्तित्व की गहरी–बहुत गहरी छाप अज्ञेय जी के चिन्तन पर पड़ी है। रायकृष्णदास को आदर से 'सरकार जी' कहा जाता था और उनसे मिलाने के लिए अज्ञेय के पिता पण्डित हीरानन्द शास्त्री ले गये थे। यह वह समय था जब अज्ञेय जी नये-नये जेल से छूटकर आये थे।

अज्ञेय जी ने लिखा है–'मैं जेल से नया-नया छूटकर आया था और देश भ्रमण कर रहा था; पिताजी उन दिनों काशी में होंगे यह जानकर मैं भी कलकत्ता से वहाँ आ गया। उनके सामने यों भी कम बोलता, पर जेल के लम्बे एकान्तवास के कारण मेरा तो लगभग यह हाल हो गया था मानो बोलना ही नये सिरे से सीखना पड़ रहा हो।' (स्मृति लेखा पृ. 37) अज्ञेय के क्रान्तिकारी संस्कार रायकृष्णदास के लिए सरकार जी सम्बोधन सुनकर असमंजस में पड़ गये। फिर परिचय के बाद सहज हुए और दद्दा मैथिलीशरण गुप्त के कारण उनसे बार-बार मिलना-जुलना होता रहा। सरकार जी में अभिजात्य का मनोभाव था और श्रेष्ठ संस्कारों को उन्होंने सारतत्त्व के रूप में आत्मसात् कर लिया था। जब उन्होंने काशी में अद्वितीय कला-संग्रह–'भारतकला-भवन' बनाया था–तब परम्परा पुष्ट उनके संस्कारों में अभिनव सौन्दर्य का निखार आया। 'आज भारत भवन' भारतीय चित्रकला के संसार विख्यात संग्रहों में से एक है।

यह ध्यान में रखने की बात है कि सरकार जी को केवल कला-पारखी और 'आर्ट

हिस्टोरियन' आदि कहकर छोड़ देना केवल उनके साथ अन्याय करना नहीं है, बल्कि उस समूची भारतीय परम्परा के साथ अन्याय करना है, क्योंकि वह उस परम्परा के श्रेष्ठ उदाहरण थे। यों उनकी औपचारिक शिक्षा अधिक नहीं हुई थी, लेकिन धर्म और दर्शन, इतिहास और पुराण, साहित्य और कला, भाषा और लोक व्यवहार सभी क्षेत्रों में उनका ज्ञान और उनकी सूझ अद्भुत थी। प्राचीन परिभाषा में सच्चे ज्ञानवान को 'बहुपठित' और 'बहुश्रुत' कहते थे। बहुश्रुत कैसा हो सकता है—उसके सरकार जी सर्वश्रेष्ठ उदाहरण थे। केवल कला-पारखी विद्वान कह देना उनके लिए काफी नहीं है, क्योंकि कला संवेदना का एक पवित्र गंगा प्रवाह उनके चिन्तन में प्रवाहित था और दृष्टि के विस्तार में केवल 'हम' था—'अन्य' नहीं। कला पारखी कला-व्यसनी, कला-विलासी और साहित्य मर्मज्ञ होकर भी वे पाठक रूप में सहृदय-चक्रवर्ती कहलाने के योग्य थे। उन्होंने कला को—संगीतकला, चित्रकला, स्थापत्यकला, काव्यकला आदि के सीमित अर्थ में ग्रहण नहीं किया और न उपयोगी-कला तथा ललित-कला के स्थूल विभाजन में पड़े। उन्हें ज्ञान था कि भारतीय चिन्तन काव्य और कला में फर्क करता रहा है। आचार्य रामचन्द्र शुक्ल तो काव्य को कला मानने वालों से क्षुब्ध ही रहे और कहते रहे कि हमारे यहाँ सारी गड़बड़ी काव्य को कला मानने के कारण हुई। स्वयं भारतीय संस्कृति के विद्वान रचनाकार जयशंकर प्रसाद ने काव्य को कला नहीं माना। अपने निबन्ध-संग्रह का नाम रखा—'काव्य और कला तथा अन्य निबन्ध'। भारतीय चिन्तन में 'काव्य' को विद्या कहा गया और कलाओं को उपविद्या। फिर रायकृष्णदास तो इन क्षेत्रों के मर्मज्ञ थे।

उनके प्रति कृतज्ञ भाव से भरे हुए अज्ञेय जी ने मुक्त-हृदय से स्वीकार किया है कि—कवि, कहानी लेखक, उपन्यासकार, आलोचक होगा जो सरकार जी से मिला हो और जिसने अपने ही क्षेत्र में अपने ज्ञान में कुछ न कुछ वृद्धि सरकार जी की प्रेरणा से न की हो, जिसने उस ज्ञान को अपने लिए ही अधिक उपयोगी न बनाया हो, जिसकी दृष्टि कुछ अधिक पैनी या विशद न हुई हो, जिसका संवेदन अधिक ग्रहणशील न हुआ हो। मेरे ही गुरु स्थानीय स्व. मैथिलीशरण गुप्त थे, जिनकी रचनाओं से काव्य का पहला संस्कार मुझे मिला; लेकिन इसके बावजूद मुझे सरकार जी से जितना प्राप्त हुआ और जितनी तरह का प्राप्त हुआ उसकी कोई नाप मेरे पास नहीं है। क्योंकि सरकार जी अगर 'कला साधक' थे तो, चित्रकला, संगीत-कला या काव्य-कला तक ही सीमित नहीं थे; उनकी साधना जीवन की कला-साधना थी। सभी कलाओं के लोग उनके अपने थे और सभी कलाओं के लोगों के लिए वह उसके अपने। ऐसा व्यक्ति प्रकट रूप से होता है, अप्रत्यक्ष रूप में उससे कहीं अधिक गहराई तक समाज का निर्माता होता है, क्योंकि वह समाज को नये उदार संस्कार

देता है। वह जीर्ण का उद्धार नहीं करता, जीर्ण में से उसकी अर्थवत्ता को निकालकर सामने लाता है और हमें बताता है कि हमारा जीवन कैसे सम्पन्नतर हो सकता है। जीवन को विस्तार देता हुआ वह उसके छोरों को मिलाता चलता है, जिससे कि विस्तार का कहीं भी बिखराव न होने पाये।' जो भी उनके पास जाता था, वह एक नया आलोक, नयी प्रेरणा, नया जीवन-भाव लेकर लौटता था। उनसे विचारों का मुक्त आदान-प्रदान जीवन को विस्तार देता था और जिज्ञासा को अर्थ।

रायकृष्णदास अपने युग की प्रमुख प्रतिभाओं के निकट सम्पर्क में आजीवन रहे। जयशंकर प्रसाद, मैथिलीशरण गुप्त, महादेवी वर्मा, दिनकर, अज्ञेय आदि न जाने, कितनी प्रतिभाएँ उनकी आत्मीयता के रस में डूबी रही हैं। प्रसाद जी बराबर उनसे विचार-विमर्श करते थे और मैथिलीशरण गुप्त की 'भारत-भारती' तो सरकार जी के विस्तृत संशोधनों के बाद ही प्रकाशित हुई। और तो और क्रान्तिकारी कवि निराला के अपूर्व काव्य 'तुलसीदास' की भूमिका उन्होंने लिखी थी और पन्तजी भी उनसे भूमिका लिखाने के लिए तड़प से भरे रहे। सरकार जी स्वयं कवि थे और उनकी काव्य-समझ गहराई लिये हुए थी। 'कविता उन्होंने लिखी और यदि वह प्रसाद और मैथिलीशरण गुप्त दोनों के अन्तरंग मित्र और उनके बीच की कड़ी न बने रहते तो कदाचित् उनका अपना कवि-रूप और उभरकर सामने आया होता। कविता तनाव की ऊर्जा माँगती है और रायकृष्णदास कितनी भावनात्मक ऊर्जा दोनों कवियों (और कितने अन्य कलाकारों) के तनाव-हल करने में व्यय करते रहे, नहीं जानते थे।' फिर भी उन्होंने गद्य-गीत लिखकर नये मानक संस्थापित किये। यह बात अज्ञेय तब कह रहे हैं जबकि वे गद्य गीत को एक काव्य-विधा के रूप में महत्त्व नहीं देते। हाँ, उन्हें ध्यान है कि गद्य-गीत की विधा को रवीन्द्रनाथ ने 'गीतांजलि' लिखकर अमर किया। सरकार जी ने इस गद्य-गीत विधा से सूक्ष्म अभिव्यक्ति की क्षमता का विकास-परिष्कार किया।

वास्तविकता यह है कि उन्होंने कलालोचन को एक समर्थ, अलीकी समर्थ, रचनात्मक भाषा दी है परम्परा से प्राप्त शब्दावली का संस्कार करते हुए उसे पुनर्नवा रूप प्रदान किया और उसे सजीव बनाया। उनका कला-मर्मज्ञ कहानियों को भी निखारता रहा। फिर उनकी घनिष्ठता डॉ. मोतीचन्द, डॉ. वासुदेवशरण अग्रवाल, आनन्द कुमार स्वामी, कार्ल खंडालावाला, अवनीन्द्रनाथ ठाकुर, नन्दलाल बोस, अर्द्धेन्दु कुमार गांगुली, काशी प्रसाद जायसवाल आदि से भी रही—जिससे उनके कलालोचन चिन्तन में भारी भराव आया। जनवरी 1920 में 'भारतीय कला परिषद' की स्थापना—रवीन्द्रनाथ ठाकुर के सभापतित्व में की और 1930 में सरकार जी ने इस परिषद को 'नागरी प्रचरिणी सभा' का दुर्निवार अंग ही बना दिया। सन् 1950

में काशी विश्वविद्यालय के अंग के रूप में 'भारत कला भवन' की स्थापना की थी।

रचनाकार के रूप में सरकार जी की कई कृतियाँ हैं—'ब्रजरज' 1918, 'साधना' 1919, 'सुधांशु' 1922, 'भावुक' 1928, 'छायापथ' 1928, 'अनाख्या' 1928 में। उन्होंने कला विषयक दो ग्रन्थ दिये हैं—(1) 'भारत की चित्रकला और (2) भारत की मूर्तिकला। दोनों ही कला विषयक उनकी ये कृतियाँ 1939 में प्रकाशित हुई थीं। इस तरह उनका जीवन साहित्य और कला को समर्पित रहा है। 6 नवम्बर, 1972 में जन्मे रायकृष्णदास को बैकुण्ठवास 2 जुलाई, 1980 में मिला। अज्ञेय जी ने उन्हें 'स्मरण का स्मृतिकार' कहकर उनकी स्मृति को नयी पीढ़ी में जीवन्त रखने की दृष्टि से ही 'रायकृष्णदास स्मृति व्याख्यान माला' का आरम्भ किया था। अज्ञेय जी को यह भी ध्यान था कि सरकार जी ने कलालोचन के क्षेत्र में पश्चिम की अन्धाधुन्ध शब्दावली लेकर काम नहीं चलाया है। उनके मन में अनुवादजीवी संस्कृति के प्रति हिचक थी। इसलिए उन्होंने जो चिन्तन और भाषा संस्कृत—कला-दर्शन में उपलब्ध था—उसकी खोज की और उसे ही आगे बढ़ाया/ताकि भारतीय परम्पराओं में उपलब्ध शब्दावली को उबारकर उसका उद्धार किया जा सके। साथ ही अरबी-फारसी के शब्दों की प्रचलित शब्दावली को ग्रहण किया। क्योंकि वे मानते थे कि कला की नींव पर्यवेक्षण पर टिकी है तथा प्रत्येक जीवित कला की अपनी जीवन्त शब्दावली होती है, उसे उसकी जमीन से समूल उखाड़कर रोपा नहीं जा सकता। इस दृष्टि से उनकी 'भारतीय चित्रकला' और 'भारतीय मूर्तिकला' ने इतने महत्त्व का काम किया है कि उसका मोल आँकना कठिन है—उन लोगों के लिए तो असम्भव जिनकी शिक्षा-दीक्षा अंग्रेजी में हुई है और जिनके पाण्डित्य की भित्ति विदेशी संवेदन पर खड़ी है। कला-समीक्षा में भारतीय चिन्तन का कुछ विकास आगे नयी दिशाओं में बढ़ा जिन्हें रायकृष्णदास ने आलोकित किया। नहीं तो नकली चिन्तन पर हम भले ही अनन्तकाल तक प्रसन्न होते रहें, उसे कोई सम्मान मिलने वाला नहीं है।' सरकार जी की स्मृति का एक महत्त्वपूर्ण पक्ष है कि भारतीय जड़ों से गहराई तक जुड़कर उन्होंने भारतीय चिन्तन, अनुभव की परम्परा को आगे बढ़ाने के लिए भगीरथ प्रयत्न किया और परम्परा को, पुनर्जीवित किया। आज का 'भारत-कला-भवन' उसी जातीय-स्मृति का भण्डार है और प्रेरणा की स्मृति, जिससे आज भी सुगन्ध आ रही है।

(2)

कला, सौन्दर्य की या मनोज्ञ की अभिव्यक्ति है और हमारा पूरा इन्द्रियों का जगत् उसी के भीतर रमता रहा है। कला में चिति और चेतना के संयोग ने न जाने

कितने-कितने भाव-संवेदनों के फूल खिलाये हैं और एक कला दृष्टि से कलालोचन को विकसित किया गया है। यूरोप में अठारहवीं शताब्दी में बामगार्टन जैसे कला-वेत्ता हुए, और भारत में भोज जैसे कला-मर्मज्ञ। भोज ने सौन्दर्य, कला और काव्यशास्त्र की त्रयी को जोड़कर एक नया सौन्दर्यशास्त्र या कलाशास्त्र या कला का सौन्दर्यबोध शास्त्र निर्मित किया। प्रो. रमेश कुन्तल मेघ ने 'अथातो सौन्दर्य जिज्ञासा' नामक कला-चिन्तन की अपनी प्रसिद्ध पुस्तक में ठीक कहा है कि यह विषय व्यापक तौर पर साहित्यशास्त्र, काव्यशास्त्र से आगे 'सौन्दर्यबोध शास्त्र' (ऐस्थेटिक्स) कहलाया, जिसमें अनेक प्रकार की कलाएँ और कौशल, विधाएँ और विलास शामिल हो गये। इस संश्लेष में नेत्रों-कानों-नासिका-जिह्वा-त्वचा की संवेदनाएँ और आवेश भी शामिल हो गये। अतः पंचेन्द्रियों के उत्सवों से युक्त नाना कलाओं-विधाओं-साहित्य रूपों का महाशास्त्र ही 'सौन्दर्यशास्त्र' की संज्ञा पा गया। (प्रस्तावना) इस कलाशास्त्र में सभी कलाओं की अनुभूति अभिव्यक्ति की सृष्टि-प्रतिसृष्टि पर ध्यान केन्द्रित किया गया 'सुन्दर' के साथ 'असुन्दर' कुरूप को भी नकारा नहीं गया। मूल बात यह कि ग्रोटेस्क या कुरूप को भी इसमें उदात्त को स्थान मिला है। साथ ही साहित्यलोचन, मनोविज्ञान और दर्शनशास्त्र को इसमें फेंटकर स्थान दिया गया ताकि 'सामंजस्य' की महिमा का विस्तार हो। नतीजा यह हुआ कि कला, कलाकृति, कलास्वाद, कलादर्शन और कलालोचन सभी का इसमें महिमा-मण्डन हुआ और इसमें सीधे-सीधे विचारधाराओं का अड़ंगा भी अल्प ही रहा। मूलाधार यह रहा कि कलानुभूत को कलाशास्त्र में स्वीकृति मिली और इसी दृष्टि से कला मूल्यांकन के प्रतिमान बनाये गये। कलानुभूति और कलानुभव को केन्द्र बनाते हुए उसमें समाज-संस्कृति का विचार संगृहीत किया और कला-सर्जना में जीवन-निधि को प्रवेश मिला। कलाओं का विन्यास कला दृष्टि के रूप में हुआ। जीवन, कला एवं कलाकृति के त्रिकोण को उभारते हुए सौन्दर्य-प्राश्निक या सुमनस ने जिज्ञासा व्यक्त की कि कला में सौन्दर्य की प्रकृति क्या है? कलाकृति में विषयवस्तु और रूप का अन्तर्सम्बन्ध क्या है? और कलाकृति को संस्कृति की अभिव्यंजना कैसे मानें? कला की प्रामाणिक कसौटियाँ कौन-सी हैं। कला के प्रति पहले लगाव रखने वाला 'नागरक'—मध्यकाल का 'सहृदय' या कला-संवादी और आज का प्रेक्षक-दर्शक-पाठक, आसंक कला के दर्शन और मूल्य में कहाँ स्थित है। क्योंकि आज का युग 'समाधि' से टूटकर, तनाव-संघर्ष-द्वन्द्व, आत्म-पीड़न का युग है। उसमें कला का आनन्द खतरे में पड़ गया है। रस का आधार या अद्वन्द्व, चित्त की समाहिति—वह आधार ही दरककर टूट गया है। आज कलाकृति पाठक को रिझाती कम है, खिजाती ज्यादा है। इधर आधुनिकता के 'तर्क' और उत्तर-आधुनिकता में 'विचारधाराओं के अन्त' की

'विस्तृत' पाठ-दृष्टि ने पूरा 'विमर्श' ही बदल डाला है। परम्परा-चिन्तन के ध्वस्त होते ही सभी परम्परागत मूल्य-प्रतिमान निरर्थक हो गये हैं। इसलिए कला-शास्त्र, सौन्दर्य-शास्त्र के सभी प्रश्न-उत्तर संरचनावादी आलोचना में उलट-पलट गये हैं। इंटरनेट, कम्प्यूटर-समाज, मीडिया साम्राज्यवाद की क्रान्तियों ने बिम्बों-प्रतीकों-संकेतों-अभिप्रायों, निहितार्थों, व्यंजक-कोडों के क्षेत्र में भारी उपद्रव खड़े किये हैं। ललित कलाओं के परम्परागत माध्यमों के परखचे उड़ गये हैं और मीडिया क्रान्ति, सूचना समाज ने मानव-चिन्तन का पूरा समाजशास्त्र ही बदल दिया है। केवल गति ही गति का खेल नव-उदारवाद, वृद्ध पूँजीवाद खेल रहा है। हिंसा और सेक्स मॉस मीडिया के पुट्ठे पकड़कर व्यंग्य कर रहे हैं कि उपभोक्तावादी संस्कृति ही 'ग्लोबलाइजेशन' का विश्व-दर्शन है। विज्ञापन, फिल्म, फैशन बाजार हमें नियन्त्रित कर रहे हैं और हम आत्मनिर्वासन के अँधेरे में धकेल दिये गये हैं। आज मानव-अस्मिता के संकट बर्बर व्यक्तिवाद ने खड़े कर दिये हैं। जीभ और जाँघ के भूगोल में 'सब कुछ चलता है' का उत्तर-आधुनिकतावाद मौजूद है।

कला, साहित्य, दर्शन, इतिहास, संस्कृति की सभी पुरानी अवधारणाएँ धूल में ध्वस्त हो चुकी हैं और उत्तर-औद्योगिक समाज में उपभोक्तावादी युग का कब्जा है। इस 'ग्लोबल-विलेज' के 'ग्लोबल कल्चर' में कलाएँ पिटकर किनारे पर कराह रही हैं। कला में अपोलोनियन तथा डायोनिशियन के द्वन्द्व-संघर्ष ने गहरी यातनाओं को जन्म दिया है। कला-चिन्तन गहराई-गम्भीरता को त्यागकर सतही छिछला हो गया है और कला के प्रत्यय टूटकर बिखर गये हैं। अब कला पावनताजनित सौन्दर्य न होकर त्रासजनित कर्म का अन्धा कुण्डवाद है। विद्वान कहते हैं कि भारतीय साहित्य में 'कला' शब्द का प्रवेश ऋग्वेद से हुआ है। 'अमरकोष' ने कला में 'कङ्' धातु बताकर इसका अर्थ किया—प्रसन्न करना। संस्कृत में कला शब्द निपुणता, चतुरता के साथ चन्द्रमा की कलाओं के साथ अर्थ को भी लेकर आया। धीरे-धीरे 'कला' को 'काव्य' का पर्यायवाची मान लिया गया था 'कामसूत्र' में कला के व्यापकत्व या विशदता की महिमा का वर्णन-बखान भी किया गया। फिर एक अर्थ 'आर्ट' को लेकर 'कौशल', 'शिल्प', 'हुनर', 'क्राफ्ट', भाव-भंगिमा की चतुराई को लेकर सामने आया और समस्त कलाएँ (उपयोगी-ललित) दोनों इसके अन्तर्गत मान ली गयी हैं। शैव-दर्शन ने कला को महामाया-शक्ति की रूपविधायिनी शक्ति माना। शिव-माया के पाँच आवरण हैं—काल, नियति, राग, विद्या तथा कला। जब शिव-माया के उन पाँच-कुचक्रों से आवृत्त होते हैं, तब अपना चैतन्य भूलकर 'पुरुष' हो जाते हैं। इसके बाद राग-कला की सीमा तोड़कर शिव पुनः परम-शिव और आणवों के बन्धन काट लेते हैं। ये 'परम', शिव—इच्छा, क्रिया, ज्ञान के क्रियात्मक रूप में पूर्णानन्द, समरस

हो जाते हैं। इस प्रकार भारतीय दर्शन, कला, कलाकृति और कलास्वाद पर गहरा चिन्तन करता रहा है। काव्य-कला की देवी वाग्देवी, त्रिपुरसुन्दरी आद्याशक्ति, सरस्वती लीलामय, क्रीडामय होकर सृष्टि करती है। कला में निर्वैयक्तिकता, निस्संगता को प्रथम शर्त माना गया। हमारा 'साधारणीकरण' सिद्धान्त कला-दर्शन की अनुपम व्याख्या है। पश्चिम में कला का देवता 'अपोलो' म्यूज देवी तथा डायोनिशियन का त्रिकोण है—और वह अनुकरण या भ्रम-भ्रान्ति से जुड़ा हुआ चिन्तन है। यही कारण है कि दोनों संस्कृतियों के कला-चिन्तन में गहरा फर्क है। पश्चिमी अर्थ में ललित कलाओं से लेकर फिल्म, ओपेरा, वैले, डिजाइन, मुद्रण, फोटोग्राफी, सज्जा-कौशल सभी व्यापार की दक्षता (मेकिंग-डूइंग) यह सब कला है। यह कला क्रिया-व्यापार की उपज है और 'बाजार' है, पण्य है—वस्तु है।

सौन्दर्य सामाजिक संस्कृति की उपज है और उसमें मिथकों, रूपकों, चरित्रों का अर्थ-सन्दर्भ निरन्तर परिवर्तन-चक्र में बदलता रहता है। रीतिकाल में जो कला कृत्रिम चमत्कारवाद की सृष्टि करती है—छायावाद में वही कला नवजागरण और मुक्ति की आकांक्षा का गान बन जाती है। भारतीय नाट्यशास्त्र-काव्यशास्त्र में रस, अलंकार, ध्वनि, रीति-गुण, वक्रोक्ति, औचित्य को लेकर न जाने कितनी समस्याएँ 'सौन्दर्य—शब्द और अर्थ को लेकर' उठती रहीं और उनका समाधान नहीं हो सका। 'सहृदयत्व' में 'हृदय-संवाद' और कवि-संवाद में सम्प्रेषणीयता के न जाने कितने अर्थ-सन्दर्भ उठते रहे। फिर एक कोण से यह मान लिया कि हृदय-संवाद ही प्रेषणीयता है। कवि प्रेषणीयता तभी कर सकेगा जब अभिव्यक्ति सक्षम हो। कुन्तक ने 'वाग्वैदग्ध' तथा पण्डितराज ने 'रमणीयता' में सौन्दर्य को पाया। इस तरह भारतीय दर्शन और कला चिन्तन पर काव्यशास्त्र में बहुत विस्तार से विचार किया गया। लेकिन असहमतियाँ बरकरार रहीं। सुन्दरता, चारुता, मंजुता, सुषमता, छाया, रमणीयता, विदग्धता, मनोज्ञता, रसानन्दता पर न जाने कितने कोणों से बहस की गयी और बहस जारी है। मार्क्सवादी सौन्दर्यशास्त्र, मनोविश्लेषणवादी सौन्दर्यशास्त्र, क्रोचे का अभिव्यंजनावाद, अस्तित्ववादी, सौन्दर्यशास्त्र, आधुनिकतावादी सौन्दर्यशास्त्र और अब उत्तर-संरचनावादी सौन्दर्यवाद आया तो भी हम कला, कलाकृति, कलाकार और कला-स्वाद की बहसों को लेकर भन्नाते रहे। भामह और लोंजाइनस, आनन्द वर्धन और अरस्तू, कुन्तक और क्रोचे, क्षेमेन्द्र और हीगल, भरत और टाल्स्टाय, अभिनवगुप्त और रिचर्ड्स, अज्ञेय और इलियट, मर्ढेकर और देरीदा सभी को लेकर हम सोचते तो रहे—पर 'अन्तिम' कुछ नहीं निकला। आचार्य रामचन्द्र शुक्ल के 'रस-मीमांसा' का चिन्तन हो या आचार्य हजारीप्रसाद द्विवेदी के 'साहित्य सहचर' का विवेचन, रमेश कुन्तल मेघ की 'अथातो, सौन्दर्य जिज्ञासा' हो या 'साक्षी है सौन्दर्य

प्राश्निक', नगेन्द्र का 'भारतीय सौन्दर्य-शास्त्र' हो या सुरेन्द्र वारलिंगे का 'कला और सौन्दर्य', ग. मा. मुक्तिबोध का 'नयी कविता का सौन्दर्य-शास्त्र' हो या निर्मल वर्मा का 'कला का जोखिम' या फिर अज्ञेय का 'त्रिशंकु' और—'सर्जना और सन्दर्भ'—इन सभी में जिज्ञासाओं का विस्तार है—बौद्धिक संवाद है। लेकिन सुलझाने का प्रयास प्रयास ही बना रहा है। क्योंकि हम भारतीय जिज्ञासा में जीते हैं—जिज्ञासाओं के अन्तिम समाधान में नहीं।

आज न कलाओं का ललित और उपयोगी कोटि का वर्गीकरण संगत रहा है—न वात्स्यायन के 'कामसूत्र' का चौसठ कलाओं वाला वर्गीकरण कोई औचित्य सिद्ध कर पाता है। पश्चिम में कलाओं के वर्गीकरण की होड़ रही—लेकिन भारतीय मनीषियों ने ऐसा नहीं किया। 'ललित विस्तर' 'शुक्रनीति सार' तथा 'कामसूत्र' की कलासूचियाँ आज अर्थ हो रही हैं। वात्स्यायन के टीकाकार यशोधर ने कहा है कि मूल कलाएँ चौसठ हैं लेकिन अवान्तर भेदों से पाच सौ अठारह हो जाती हैं/इसी तरह कला के पारखी, निरीक्षक, सहृदय, अशंसक ही कलालोचन का निर्णय पक्ष है। समसामयिक गृहीता, बौद्धिक पाठक अब 'सहृदय' के आगे का गृहीता है। लेकिन उत्तर-आधुनिक चिन्तन में 'सौन्दर्य' और 'कला' दोनों अस्पष्ट हो गये हैं। पिकासो की 'एविग्नान की कुमारियाँ' का पाठ अब एक नयी पढ़त के फेर में है। हर कोने से पूछा जा रहा है कि सौन्दर्यानुभव क्या है? कलाकृति के पाठ में पाठक प्रवेश करके उसमें सोये हुए अर्थ को कैसे जगाता है? क्या यह सच नहीं है कि 'पाठ' की बहुलार्थकता पाठक की मनोभूमि से सम्बद्ध होती है। विशेष बात यह है कि पाठक ही पाठ को नहीं पढ़ता है—पाठ भी पाठक को पढ़ता है। 'कामायनी' या 'असाध्यवीणा' का कितने ही लोग 'पाठ' केन्द्रित भाष्य करें, लेकिन उनका पूरा अर्थ निचुड़कर बाहर नहीं आ पाता। इस तरह पाठक केन्द्रित आलोचना के साथ कलाकृति की चुनौतियाँ कम नहीं हुई हैं। हिन्दी में अज्ञेय इन पाठ से जुड़ी चुनौतियों से टकराते हैं और उनसे एक-नया अर्थ प्रकाश सामने लाते हैं।

(3)

सच्चिदानन्द हीरानन्द वात्स्यायन अज्ञेय के मन में था कि स्व. रायकृष्णदास की स्मृति में प्रतिवर्ष एक व्याख्यान-माला हुआ करे ताकि नयी पीढ़ी भारतीय संस्कृति, साहित्य और विभिन्न कलाओं के विशेष में अपनी रुचि का परिष्कार कर सके। इस स्मृति समारोह का आरम्भ 1981 में 'वत्सलनिधि' ने किया। पहली रायकृष्णदास व्याख्यान-माला पटना में, दूसरी प्रयाग में और तीसरी लखनऊ में आयोजित की गयी। व्याख्यान-माला के इन सात-निबन्धों का संकलन करते समय अज्ञेय जी को

ध्यान था कि सभी निबन्ध ज्ञान अथवा विज्ञान की उपलब्धियों को विशेष रूप से रेखांकित करते हैं। साथ ही उन्होंने यह भी कहा कि आज जब देश, संस्कृत, मानस, चेतना, जीवन के हर स्तर पर विभाजन, विखण्डन और परमुखापेक्षा का तर्क ही एकमात्र जीवनोपाय के रूप में प्रस्तुत किया जा रहा है—तब ऐसी समग्र, संश्लिष्ट और विशद दृष्टि हमारी अस्मिता और चैतन्य के लिए कितनी स्वास्थ्यप्रद और प्रेरणा देने वाली हो सकती है, यह बताना आवश्यक नहीं है। (भारतीय कला-दृष्टि—भूमिका) अज्ञेय जी के सामने उत्तर-आधुनिकतावाद से उत्पन्न संकटों के मेघ छाने लगे थे और भूमण्डलीकरण के प्रेत घूमने लगे थे। उन्हें 'स्मृति लोप' का खतरा साफ दिखाई दे रहा था। 'ग्लोबलाइजेशन' अर्थात् संस्कृति का अमेरिकीकरण होने पर—भारतीयता का क्या होगा यह सोचने पर वे विवश हुए थे। उनके मन में विकलता का कारण था—'भारतीय-संस्कृति', भारतीयता के प्रति एक गहन लगाव। यह लगाव ही व्याख्यान-मालाओं के लिए उन्हें प्रेरित करता था। दुर्भाग्यवश इस लगाव को हिन्दी के कुछ आलोचक 'भारत व्याकुलता' का नाम देते रहे हैं।

प्रसिद्ध चिन्तक श्री नारायण चतुर्वेदी ने 'कित जैहे उड़ि चातकी' शीर्षक व्याख्यान में कहा है कि रायकृष्णदास बहुमुखी प्रतिभा के महापुरुष थे, लेकिन उनकी कला की साधना और हिन्दी भाषा और साहित्य की सेवा का महत्त्व अनुपम है। वे भारतेन्दु की पीठ पर उनके निधन के सात-आठ वर्ष बाद पैदा हुए किन्तु इस समय भी भारतेन्दु की गर्मी परिवेश में व्याप्त थी। निधन के बाद 'भारतेन्दु समितियाँ' बनीं जिनमें 'स्मृति' की प्रेरणा का अपना आलोक था। राजस्थान-कोटा ने भारतेन्दु की प्रेरणा से हिन्दी को राजभाष। घोषित किया और इस प्रेरणा में भारतेन्दु ही थे। वहाँ गिरधर शर्मा 'नवरत्न' झालरापाटन के और गोपीनाथ पुरोहित जयपुर आदि नागरी प्रचारिणी सभा के मन्त्रों पर मुग्ध थे। भारतेन्दु ने उस युग में वेगवान तूफान के समान हिन्दी प्रचार-प्रसार का कार्य किया। आज हम लोग उस समय के संकेतों से अपरिचित हैं। राजभाषा फारसी थीं और अंग्रेज अधिकारियों को फारसी सीखनी पड़ती थी। जबकि फारसी न जनता की भाषा थी, न शासकों की। इसलिए उन्होंने तय किया कि राजकाज का वह अंश जिसका सम्बन्ध जनता से है, वह जनता की भाषाओं में किया जाये और जो अंश, नीतिगत जनता तक नहीं पहुँचता वह अंग्रेजी में। बंगला-मराठी में उनकी भाषा में काम होने लगा, किन्तु उत्तरी भारत में 'हिन्दुस्तानी' चलाई गयी। फलतः अंग्रेज अफसर और उनके अमला फारसी लिपि में अरबी-उर्दू प्रधान भाषा का प्रयोग करते रहे। क्योंकि फारसी में उनका अभ्यास अच्छा था। बाद में मध्य प्रदेश और बिहार में देवनागरी और हिन्दी चली, लेकिन उत्तर प्रदेश और दिल्ली में वही फारसी लिपि और उर्दू भाषा चलती रही। समस्या तब

गहराई जब यह प्रश्न उठा कि प्राइमरी और मिडिल स्तर पर कौन सी लिपि और भाषा पढ़ाई जाये। उस समय सर सैय्यद अहमद खाँ का सरकार में बोलबाला था। अतः उस समय भारतेन्दु ने हिन्दी-भाषा की स्थिति को समझा और उसके लिए जीवन-समर्पित कर दिया। शिवप्रसाद सितारे हिन्द अपनी चतुर राजनीति में हिन्दी की ओर न झुककर उर्दू की ओर झुके थे। इसलिए उनसे भारतेन्दु का टकराव होना ही था। भारतेन्दु यह कैसे स्वीकार कर सकते थे कि शिक्षा का माध्यम उर्दू हो। मुसलमान समुदाय देवनागरी लिपि तथा हिन्दी के विरोध में डट गया—जिसके दूरगामी परिणाम हुए। राजा साहब का यह प्रस्ताव मान लिया गया कि उर्दू माध्यम रहे—लेकिन देवनागरी लिपि में लिखने की छूट दे दी जाये। इस पर भी मुसलमानों ने राजा साहब को गलियाते हुए कहा कि उन्होंने तो उर्दू को मार डाला। इस पर भारतेन्दु ने 'हरिश्चन्द्र चन्द्रिका' के जून 1874 के अंक में 'स्यापा' नाम से एक व्यंग्यात्मक टिप्पणी लिखी। लिखा—'है है उरदू हाय हाय। कहाँ सिधारी हाय हाय।' भारतेन्दु के साथ हिन्दी के लोग राजा साहब से अप्रसन्न हो गये। अदालतों में हिन्दी के प्रयोग के लिए भारतेन्दु ने 'धुआँधार प्रचार' किया।

सरकार की नीतियों से हिन्दी आन्दोलन ने जोर पकड़ा और 1900 में अदालतों में फारसी-अक्षरों के साथ देवनागरी लिपि के उपयोग का आदेश दे दिया गया। किन्तु समस्या ज्यों की त्यों बनी रही। काशी में भारतेन्दु ने हिन्दी का झण्डा झुकने न दिया—वे ब्रजभाषा के कवि थे। 'भारतेन्दु समिति' पर पं. जगन्नाथ दास रत्नाकर, राधाकृष्णदास, सेवक राम आदि मुग्ध थे। भारतेन्दु के बाद 'भारतेन्दु समाज' तथा 'रसिक समाज' समस्या पूर्ति में लगा रहा जिसमें श्रीधर पाठक, नाथूराम शर्मा 'शंकर' तथा मथुरा के नवनीत चौबे तक रहे। चौबे जी सवैया छन्द के उस्ताद कवि, 'रसिक-समाज' से श्रीधर पाठक के साथ 'रसाल जी' भी प्रयाग में जुड़े। और कवि के काव्यशास्त्र ज्ञान की थाह लेने की होड़ चल पड़ी। एक ऐसा माहौल बना कि रत्नाकर के साथ आचार्य रामचन्द्र शुक्ल ने भी ब्रजभाषा में कविता लिखी। रायकृष्णदास ने ब्रजभाषा प्रेम में ब्रजरस, काव्य लिखा। भारतेन्दु का स्वदेशी स्वभाषा आन्दोलन नवजागरण में रंग लाया। पत्रकारिता में महावीर प्रसाद द्विवेदी, बालमुकुन्द गुप्त, माधवराव सप्रे, माधव मिश्र, जगन्नाथ प्रसाद चतुर्वेदी, लज्जाराम मेहता, अमृतलाल चक्रवर्ती ने काया पलट दी। रायकृष्णदास ने प्रसाद जी की तरह कहानियाँ लिखीं—गद्य-गीत लिखे, जिस राह पर गद्य-गीतों में माखनलाल चतुर्वेदी चले। माखनलाल जी गद्य-गीत लिखते ही नहीं थे—गद्य-गीत बोलते थे। रायसाहब ने लेख और संस्मरण लिखे तथा कला पर पुस्तकें लिखीं। उन्होंने गीता पर भाष्य लिखा, जबकि वह शुद्धाद्वैत दर्शन के अनुयायी थे। इस तरह श्री नारायण चतुर्वेदी का पूरा

लेख रायकृष्णदास के मूल्यांकन पर केन्द्रित है। स्व. रायकृष्णदास की प्रथम पुण्यतिथि पर 'वत्सल निधि' द्वारा काशी में आयोजित स्मृति समारोह का यह प्रथम भाषण है और इसी भाषण से अज्ञेय जी ने 'रायकृष्णदास स्मारक व्याख्यान माला' का संकल्प लिया।

अज्ञेय जी के सखा और भाई भाव से भरे पं. विद्यानिवास मिश्र ने 'कुमार स्वामी का भारत-चिन्तन' विषय पर व्याख्यान दिया। उन्होंने कहा कि 'कई रातों से कुमार स्वामी को पढ़ रहा हूँ और बहुत भरा हुआ हूँ कुमार स्वामी से'। उन्होंने कुमार स्वामी को लेकर कहा कि वे थे कौन? क्या थे? और उनका संकल्प क्या था? श्रीलंका में जन्मे तमिलमूल के हिन्दू थे, जिनकी माँ ब्रिटिश थीं। शिक्षा-दीक्षा इंग्लैण्ड में हुई। पर वे गाँधी—रवीन्द्रनाथ के प्रति बड़े आकृष्ट रहे। पूरे भारत की उन्होंने तीर्थयात्रा की और अमूल्य कलाकृतियों का संग्रह किया। बास्टन के कला संग्रहालय के वे सब कुछ रहे और अनेक शास्त्रों में, परम्पराओं में प्रवेश किया। उन्होंने रमकर 'हिस्टरी ऑफ इंडियन एंड इंडोनेशियन आर्ट' पुस्तक की रचना की और प्रतीकों मिथकों में रमकर 'यक्ष' पर पुस्तक लिखी। उन्होंने अपने उत्तरकालीन चिन्तन में जिस चीज पर चोट की है—वह है आधुनिकता। वह चिन्तन प्रतिपादित करता है कि यह जो पश्चिमी चिन्तन का सूर्यास्तकाल है, ये जो उसके ह्रास के चरमबिन्दु हैं, उनको एक महिमा से मण्डित करके हम आधुनिक काल कह रहे हैं और उस देश-काल की उपेक्षा कर रहे हैं जहाँ जीवन बचा हुआ है, जहाँ रोशनी बची हुई है। हम विनाश के कगार पर बैठे हुए हैं, उस रोशनी को अनदेखा कर रहे हैं। अब भी समय है कि सहज, नैसर्गिक और अनायास जो एक जीवन-पद्धति परम्परा से प्राप्त है, उस पद्धति को, उस पद्धति ने जिनसे मूल्य प्राप्त किये हैं, उन प्रथम सिद्धान्तों को उन फर्स्ट प्रिंसिपल्स को हम पहचानें, पश्चिम के लोग पहचानें, इस रूप से न पहचानें कि पूर्व हमारी ओर झुकेगा, अपनी पहचान करायेगा। 'इस दृष्टि से पहचानें कि आवश्यकता हमारी है।' (भारतीय कलादृष्टि, पृ. 28) यह बात कुमारस्वामी ने अमेरिका में उनसे कही थी जो सारे संसार को सभ्य बनाने का अहंकार पाल रहे थे। कुमार स्वामी ने उसी अहंकार पर चोट की। हम भारतीयों का कुमारस्वामी को याद करना धधकती अग्नि को याद करना है। वे भारत को एक सनातन संस्कृति के रूप में देखते रहे। उन्हें इस बात का कष्ट था कि भारत पश्चिम का पिछलग्गू बनकर अपना मूल्यवान नष्ट कर रहा है और उनके संकट को ढोकर अपने यहाँ ला रहा है। यहाँ इतिहास हॉवी नहीं है—परम्परा का प्रवाह है। कुमारस्वामी ने इतिहस और परम्परा के बीच लकीर खींची है। पश्चिम का ज्ञान ऐन्द्रिय संवेदन का ज्ञान है—भारत इस ज्ञान को दूसरी श्रेणी में रखता है। क्योंकि मूल ज्ञान तो मन और

आत्मा से जुड़ा ज्ञान है। भारत में धर्म, कला-साहित्य से अलग चीज नहीं है। अतः भारतीय 'धर्म' के 'विराट्' चिन्तन को समझना होगा। यहाँ सहज की साधना ही परम पुरुषार्थ है– यह मानकर ही उन्होंने चण्डीदास और विद्यापति पर भूमिकाएँ लिखी हैं।

पं. विद्यानिवास मिश्र ने कुमारस्वामी का भारत चिन्तन-: कलादृष्टि पर अलग से तात्त्विक चर्चा की है। यहाँ सहज भक्तिकालीन साहित्य का विशिष्ट रूप है। वही सहज काव्य के साथ चित्रकला-संगीतकला में अंकित हुआ है। यह सहज इराटिसिज्म या रतिवाद नहीं है–रागाकुलता है–प्रेमासक्ति की साधना है। जिस रूप में कुमारस्वामी ने 'कला' को देखा–वह आज 'आर्ट' के रूप में प्रयुक्त अर्थ से भिन्न है। 'आर्ट' शब्द का 'कला' सही अनुवाद नहीं है–कला का अर्थ है–कटना और जोड़ना। इसलिए कला के दो या चार विभाजन व्यर्थ हैं। आप कला को पश्चिम के एस्थेटिक से मत जोड़िए। वहाँ सौन्दर्य-दर्शन पर इन्द्रियवाद का कब्जा है।

विद्वान चिन्तक शि. रंगनाथ राव ने 'सिन्धु घाटी की समस्या, लिपि और भाषा' पर व्याख्यान में विचार किया है। किसी भी अज्ञात लिपि को पढ़ना विचारों के इतिहास में मूल्यवान योग दे सकता है। 'इस सन्दर्भ में कहा जा सकता है कि सिन्धु लिपि को पढ़ने, और उसकी भाषा को भारोपीय परिवार की एक भाषा के रूप में पहचानने से अनेक विचारों और अवधारणाओं का इतिहास निर्धारित करने में अमूल्य सहायता मिलती है। उदाहरण के लिए 'ऋत और नीति', 'भगवान और राजा का धर्म', 'शक्ति और स्रोत' और 'समाज का विकास' कुछ इसी कोटि की अवधारणाएँ हैं।' (वही, पृ. 47) रंगनाथ राव का विश्वास है कि हड़प्पीय जन एक जटिल लेखन पद्धति का विकास इसलिए कर सके कि जीवन के अन्य क्षेत्रों में भी उन्होंने 'उच्चकोटि का अनुशासन' प्राप्त कर लिया था। 'उनकी विकसित नागरिक दीक्षा' नगर और कस्बे का व्यवस्थित नियोजन, व्यापार की व्यवस्था और माप-तौल का प्रतिमानीकरण सभी इसके साक्षी हैं।' उन्होंने भौतिक और आध्यात्मिक उन्नति की गतिशीलता का परिचय दिया। उन्होंने परवर्ती पीढ़ियों के लिए मुद्राओं सहित प्रायः तीन हजार कला-वस्तुएँ छोड़ी हैं, जिनमें अनेक तो कला के उत्कृष्ट नमूने हैं। जो अभिलेख मिले हैं, उनकी न तो लिपि ज्ञात है, न भाषा ही। यहाँ प्रवाही अक्षर चिह्नों और चित्राभासी चिह्नों के साथ जड़ और जीव के लिए चित्राक्षरों का उपयोग है। इसलिए सभी शोधकर्ताओं ने सिन्धु लिपि को नाभचिह्न लिपि अथवा चित्राक्षर लिपि माना है। प्रत्येक चिह्न को एक विचार का पर्याय मानकर भाषा गढ़ी है। हड़प्पीय लेख न संस्कृत की भाँति हैं, न चीनी लिपि की भाँति हैं। रंगनाथ राव ने चिह्नों को ध्वन्यात्मक वर्ण सिद्ध करते हुए अपनी पुस्तक 'द डिसाइफरमेंट ऑफ द इंडस

स्क्रिप्ट' (1982) में पूरा संरचनात्मक विश्लेषण किया है तथा हड़प्पीय भाषा के निरूपण का एक मार्ग सुझाया है। डॉ. एस. ए. डांगे यह स्वीकार करते हैं कि सिन्धु घाटी-सभ्यता की जातियों के अनुष्ठान और अग्निपूजा की विधि ऋग्वैदिक आर्यों से भिन्न भी रही हो सकती है।

प्रो. आनन्दकृष्ण ने 'प्रारम्भिक मुगल चित्र-शैली' लेख में मुगल राजवंश या चगताई तुर्क वंश को बौद्ध मंगोलों और मुगलों से उनके वैवाहिक सम्बन्धों को जोड़कर विचार किया है। दोनों ही संस्कृतियों के ताने-बाने से इस कुल के संस्थापक तैमूर ने अपनी दरबारी-संस्कृति का निर्माण किया। उसकी राजधानी मध्य एशिया के समरकन्द में थी। इसी वंश ने क्रमशः ईरान-अफगानिस्तान में साम्राज्य विस्तार किया। इनकी अनेक शाखाएँ हो गयीं। उनके अपने-अपने केन्द्र बने, इन पर स्थानीय-संस्कृति का गहरा प्रभाव था। वस्तुतः अब इनकी संस्कृति और कला ईरानी हो गयी और पुरानी चगताई मंगोल परम्पराएँ भी चलती रहीं। इन केन्द्रों में चित्र, विशेष रूप से चित्रित ग्रन्थों का पर्याप्त प्रचार हुआ।' (वही, पृ. 74) सोलहवीं सदी में ईरान के इस्फहान में सफवीवंश ने राज्य स्थापित किया। यह वंश बड़ा कला प्रेमी था। इसके राजकीय चित्रकारों में बिहजाद प्रमुख थे। उसने नयी शैली से परम्पराओं को नया मोड़ दिया। बाबर इसी कला का प्रेमी था—परन्तु उसे भारतीय आकृतियों ने भी प्रभावित किया था। प्राक् राजस्थानी शैली और आगरा स्थित 'राम-बाग', 'आराम बाग' की वास्तु भी भारतीयता से प्रभावित हुई। बाबर की इच्छा के घोर विपरीत हुमायूँ भी यहाँ सफवी दरबार के चित्रकारों को लाया, जिसमें प्रधान रूप से मीर सैयद अली का नाम लिया जा सकता है। अकबर ने अक्षर-ज्ञान न होने पर भी चित्रकला का अभ्यास किया। उसके सचिव अबुल फजल ने 'आईने-अकबरी' में माना है कि 'हम भारतीय हैं, हमें भारतीयता पर गर्व है। भारतीय चित्रकार विश्व के सर्वश्रेष्ठ चित्रकार हैं।' यद्धीत-कालीन समाज रहीम के ब्रजभाषा काव्य में दिखाई देता है। अकबर ने चित्रशाला का निर्माण किया और डेढ़ सौ चित्रकारों को आदर से बुलाया। इन परम्परागत चित्रकारों के चित्रों को मीर सैयद अली 'अकबरी शैली' में ढालते थे। इसी 'अकबरी शैली' से मुगल-शैली का आविर्भाव हुआ। गुजरात में अपभ्रंश में पन्द्रहवीं शताब्दी में 'बाल गोपाल स्तुति' से वसन्ती वातावरण की शैली निकली। उधर मांडू के सुलतान गयास शाह खिलजी ने पाक-कला पर एक स्वतन्त्र पुस्तक तैयार कराई—'नियामतनामा'। इसमें सुलतान स्त्रियों से घिरा मिलता है—एक ओर मध्य एशियाई स्त्रियाँ हैं—दूसरी ओर भारतीय। स्त्रियाँ प्राक्-राजस्थानी शैली में हैं। इन दोनों शैलियों का समन्वय 'हम्जानामा' में मिलता है। इस तरह यह आनन्द कृष्ण का बड़ा ही शोधपरक व्याख्यान है। 'तूतीनामा', 'रज्मनामा',

'नियामतनामा', 'शाहनामा'। 'अकबरनामा' आदि का विवरण बहुत ही ज्ञान से भरा हुआ है। इस काल में अकबरी शैली का प्रभाव लेकर रहीम के चित्रकार चटक रंग के आलंकारिक चित्र बना रहे थे। इस तरह अकबरकालीन चित्रकला भारतीय चित्रकला की विशिष्ट उपलब्धि है।

संगीत के विशेषज्ञ मुकुन्द लाठ का लेख 'संगीत और रस-सिद्धान्त : एक समस्या' विशिष्ट ढंग का व्याख्यान है। सवाल यहाँ उठाया गया है कि संगीत में रस को कैसे समझा जाये? यह एक उलझन भरा प्रश्न है। आधुनिक समय में हमारे यहाँ शिल्प और कला की परम्पराओं में बहुत उथल-पुथल हुई है—मौलिक परिवर्तन आये हैं। पश्चिमी प्रभाव से सभी कलाओं के रूप-विन्यास में एक नया मोड़ आया है। कुछ कलाओं में जैसे स्थापत्य, चित्रकला, मूर्तिकला में तो नयी परम्परा का जन्म हुआ है—एक ऐसी परम्परा का जिसका हमारी पुरानी परम्परा से सम्बन्ध नहीं के बराबर है। साहित्य में भी परिवर्तन आये हैं, किन्तु अभी भी भाषा की जड़ें परम्परा में गहरी हैं। आज का भारत कई संस्कृतियों का संगम है, किन्तु भारत तथा पश्चिम की संस्कृतियों में सहचार होने पर भी संगम नहीं हो पाया है। भारतीय नृत्य और संगीत पर पश्चिम का प्रभाव नहीं के बराबर है। इस अर्थ में संगीत को संस्कृति की पहचान कहा जा सकता है और हमारी वासना का, राग का भी अपना छन्द है। यह तो संगीत ही है जो राग-वृत्ति के विभिन्न छन्दों को मुखर करता है। शब्द-अर्थ शिव-पार्वती की तरह अभिन्न हैं—शब्द और अर्थ की अभिन्नता में 'साहित्य' है और साहित्य लाठ जी की दृष्टि में कला है। चित्र और चित्रित का विश्लेष सम्भव है—इस माध्यम में फार्म और कॉन्टेंट का द्वैधी भाव है। कुन्तक इसे ही 'निर्मिति' और 'तत्त्व' कहते हैं। निर्मिति और तत्त्व का अभेद संश्लेष कला की एक बड़ी कसौटी है। एक सीमा के बाद लाठ जी रस को कला का पर्याय ही मानते हैं। संगीत में 'रस' की भाषा नहीं है—रस की निष्पत्ति है, स्वाद है। 'नाट्यशास्त्र' का 'रस-सूत्र' हमारे यहाँ बुद्धि-व्यायाम बना रहा। आनन्द वर्धन ने माना कि रसानुभव ही काव्यानुभव या सौन्दर्यानुभव है। लाठ जी रस के स्वरूप की विस्तार से चर्चा करते हैं और अभिनवगुप्त के 'महारस' को लेकर मानते हैं कि सभी रसों के मूल में महारस होता है। भरत के नृत्य और नृत्त की विवेचना के बाद लाठ जी कहते हैं कि 'भारतीय एस्थेटिक्स बहुत समृद्ध है।' (वही, पृ. 111)

हिन्दी के प्रसिद्ध कवि-पत्रकार और चिन्तक रघुवीर सहाय ने यहाँ 'आधुनिक कविता और संगीत' पर विचार किया है। यह मानकर कि कविता की समझ में संगीत भी शामिल है। हमें लोक-संगीत की सदाबहार विरासत मिली है, पहले कविता, फिर संगीत या कविता और संगीत एक ही साथ पैदा होने के सिद्धान्त

अपनी तरह से जीवित रहे हैं। संचार-माध्यमों का दुरुपयोग करने वाले पहले संगीत फिर कविता पर घूमते हैं। संगीत बनाकर कविता लिखवाते हैं। कवि-सम्मेलनी कवि में कविता और संगीत दोनों मरियल रहते हैं। ये लोग जिस लोक संगीत को उठाते हैं, वह नकल का चूरा होता है। रघुवीर सहाय ने प्रश्नाकुल भाव से पूछा है कि 'कविता एक बड़े समुदाय के सामने पढ़कर सुनाई जाये तो क्या उसका अर्थ बदल जाता है? अवश्य ही कुछ होता है जिससे वह श्रोताओं के पहुँचने के रास्ते में लूट ली जाती है। उसका एक अत्यन्त मार्मिक धन उससे छिन जाता है।' (वही, पृ. 114) कवि सम्मेलनों के कवि वह कविता सुनाने लगते हैं जो उनके अनुमान से श्रोताओं के स्तर की होगी। इस तरह उनका काव्य उन्हें कहीं नहीं ले जाता और कवि सम्मेलनी की कविता कोई नया संगीत भी नहीं दे पाती। 'यही नहीं उसका भाव जगत् भी जड़ हो जाता है। पीड़ित के प्रति विचलित भाव और अनुचित के प्रति नपुंसक तिरस्कार ये कवि सम्मेलन की कविता के स्थायी स्वर हो गये हैं। उसमें कोरे चमत्कार का स्थायी-स्वर रहता है। इस तरह कवि-सम्मेलन की कविता संगीत की तुलना में साहित्यालोचना के मानदण्ड की परवाह नहीं करती। समृद्ध ग्राहक का व्यावसायिक सिद्धान्त यही कवि सम्मेलन का वर्तमान है। कविता और संगीत का रिश्ता बिगड़ गया है। गाना और पढ़ना दोनों शिल्प हैं। छापे ने सशक्त शाब्दिक माध्यम को बेस्वाद कर दिया है—पनीला बना दिया है। निराला या अज्ञेय जैसी छन्द-गति लय-युक्त गति पन्त में नहीं है, क्योंकि वहाँ व्यंजन-शिल्प ज्यादा है। निष्कर्ष यह कि पहले स्वर कोई और दे और फिर कवि रचना करे, ऐसा नहीं होना चाहिए। ऐसा इतना अधिक हो रहा है कि उसको कविता की रक्षा के लिए रोकना ही होगा।' (वही, पृ. 123)

प्रसिद्ध चिन्तक और निबन्धकार-कथाकार निर्मल वर्मा गूढ़ से गूढ़, बारीक से बारीक तर्क को सामने लगाने के लिए प्रख्यात रहे हैं। यहाँ उन्होंने 'भारतीय परम्परा और समकालीन जीवन' पर व्याख्यान दिया है और प्रश्न उठाया है कि क्या समय का बीतना कोई भ्रम है? क्या यह स्मृति का खिलवाड़ है या इतिहास सचमुच सीधा न चलकर दायरों में घूमता है? निर्मल कहते हैं 'जब मैं बीसवीं शताब्दी के ढलते वर्षों में अपनी दुनिया को देखता हूँ तो मुझे उन्नीसवीं शताब्दी के अन्तिम दशक याद आ जाते हैं। दोनों के बीच एक विस्मयकारी समानता-सी दिखाई पड़ती है। यूरोप उस समय एक विराट समृद्धि का वैभव था।' (वही, पृ. 124) उसे ध्यान ही न था कि उसकी समृद्धि की ऊँचाई के पीछे काला अँधेरा चल रहा है। इस अँधेरे को टाल्स्टाय, फ्लावेयर, नीत्शे देख रहे थे कि 'यूरोप की सभ्यता-संस्कृति समूची समृद्धि और सफलता के बावजूद घोर-संकट के छोर पर खड़ी थी।' (वही, पृ. 125) उस

समय भारत की पुरानी संस्कृति 'एक ऐसी संहारी ध्वंसात्मक लोलुप सभ्यता का सामना कर रही थी जो प्रगति और पश्चिमीकरण के नाम पर भारत की परम्परागत दृष्टि को नष्ट कर रही थी और इस संकट को भी कितने लोग समझते थे? धर्म और समाज के छद्म आधुनिकीकरण और ईसाई धर्म के एक बचकाने सम्मोहन के आगे सिर्फ थोड़े से दयानन्द, रामकृष्ण परमहंस, बंकिम, भारतेन्दु जैसे लोग थे, जो इस संकट को समझते थे। हिन्दू-मुसलमानों का एलीट तबका तो पश्चिमी आधुनिकता के पीछे पागल था। ईसाई धर्म की उन्मुक्तता के आगे घुटने टेके भारतीय संस्कृति के सामने सचमुच बड़ी चुनौती थी। तब से सौ साल बीत गये। भारत भी मर-जी कर स्वतन्त्र हो गया—लेकिन सर्वव्यापी तबाही ने हमारा पिंड नहीं छोड़ा।'

'बीसवीं सदी के अन्तिम दशकों में एक मुझ जैसे भारतीय को कभी-कभी यह लगता है कि मैं एक ऐसे ऐतिहासिक नाटक का गूँगा दर्शक हूँ या उससे भी बदतर उसका दयनीय शिकार हूँ—जिसकी स्क्रिप्ट किसी दूसरे ने लिखी है और उस पर मेरा कोई अधिकार नहीं है। मैं एक ऐसी आधुनिकता से आक्रान्त हूँ जिसकी संकट की भाषा और प्रगति का कर्मकाण्ड दोनों ही मेरे लिए अजनबी हैं।' (वही, पृ. 126) भारतीय संस्कृति का भाग्य पश्चिमी संस्कृति के साथ बँधा है। लेकिन निर्मल एक तो भारतीय लेखक होने के कारण भारतीय-संस्कृति पर बार-बार सोचते हैं। वे अपनी परम्परा को टटोलते और परिभाषित करते हैं एवं पाते हैं कि हमारी परम्परा बाहर नहीं, हमारे भीतर है। एक भारतीय को अपनी संस्कृति से यह विघटन तब शुरू हुआ, जब पश्चिमी संस्कृति ने हस्तक्षेप किया। इस हस्तक्षेप से उन्मूलन बोध पैदा हुआ। आज भारतीय संस्कृति अकेली संस्कृति है, जिसे तमाम तरह से रौंदने पर भी उसकी जीवन लय मरी नहीं है। 'प्रगति' और परिवर्तन की आँधी ने भारतीय संस्कृति में टूटन-बिखराव पैदा किया है—'और यह बिखराव निर्मल वर्मा को गहरी यातना देता है।'

यहाँ सच्चिदानन्द हीरानन्द वात्स्यायन अज्ञेय ने 'भाषा, कला और औपनिवेशिक मानस' शीर्षक निबन्ध में कहा कि 'अपनी जिज्ञासाओं का साझा करने का और आपमें स्वतन्त्र जिज्ञासा जाग्रत करने का प्रयत्न मेरा होगा।' (वही, पृ. 145) अज्ञेय एक विदेशी सम्मेलन में भाग लेने गये तो विचार आया कि समुन्नत पश्चिम और तीसरी दुनिया के बीच आदान-प्रदान कैसा होना चाहिए। किसी ने पूछा, 'आप तो स्वयं उस तीसरी दुनिया के हैं, जिसकी बात हो रही है—आपका क्या विचार है?' अज्ञेय ने कहा—'मुझे इस नाम, 'तीसरी दुनिया' पर ही आपत्ति है। मैं अपने को तीसरी दुनिया का नहीं मानता, बल्कि मैं सोचता हूँ कि तीसरी दुनिया की बात खतरनाक बात भी हो सकती है।' अज्ञेय ने कहा—'दुनिया तो एक है, जिसे हिस्सों

में बाँट दिया गया है।' किसी ने कहा–'यह तो आदर्शवादी अवधारणा है।' अज्ञेय ने बात काटते हुए कहा–'यह कोरा आदर्शवाद नहीं है–यह रचनाकार को पहचानना चाहिए। नहीं तो साहित्य भी निरा आदर्शवाद है और हमें उसकी बात नहीं करनी चाहिए।' साथ ही यह भी कहा कि दुनिया एक है–इस विचार पर आपत्ति क्यों? साथ ही यह भी जोड़ दिया कि तीसरी दुनिया ही वह दुनिया है जो अभी शेष बची है। पश्चिम की दो मशीनी आवाजें तीसरी दुनिया को कह रही हैं कि वह असली दुनिया है? किसी ने कहा–ऐसे बुनियादी सवाल उठेंगे तो आगे विचार कैसे होगा। फिर अज्ञेय ने कहा–'विकास' की कसौटी क्या है? यदि बात सांस्कृतिक विकास की करते हैं तो भारत और चीन यूरोप अमेरिका से बहुत आगे हैं। फिर किसी ने कहा–तीसरी दुनिया में भारत ही नहीं अफ्रीका और दक्षिणी अमेरिका के देश भी शामिल हैं। 'अफ्रो एशियाई' नाम भी वैसा ही है जैसा 'तीसरी दुनिया'। पश्चिमी दुनिया के लोग तीसरी दुनिया को पिछड़ा मानकर 'विकास' का जो दम भरते हैं–क्या वह उपनिवेशवाद नहीं है? उपनिवेशवाद जिन देशों पर अपना कब्जा रखना चाहता है, उन्हें पिछड़ा कहता है। उपनिवेशवाद का प्रभुत्व वाला संस्कार घातक है।

पश्चिम आर्थिक मूल्यों को महत्त्व देता है भारत जैसा देश सांस्कृतिक-विकास के पीछे है। उसका आधार है–नैतिक-मूल्यों की चेतना। दूसरे देश सम्पत्ति को लेकर मदोन्मत्त हैं। पश्चिम के देश सांस्कृतिक-दृष्टि से पिछड़े हुए हैं। पिछड़े न होते तो सदियों तक लूट-पाट और हिंसा के आधार पर अपनी प्रभुता और सम्पन्नता में इतराते नहीं। पश्चिम के दोनों यन्त्र अपने कुकर्मों पर परदा डालना चाहते हैं। कुछ कुकर्म पुराने हैं–कुछ आज के हैं। प्रश्न सम्बन्धों का नहीं, व्यापक समग्रता और सबसे जुड़ाव का है। आर्थिक सन्तुलन भी प्राकृतिक, जैविक और सांस्कृतिक सन्तुलनों के बिना नहीं है।

लेकिन विदेश से लौटकर अज्ञेय भारत आये तो बात जहाँ से समाप्त हुई थी, वहीं से शुरू हुई। हमारे पूर्वजों का चिन्तन भाषा को नया साँचे देता है–वह पूर्वग्रहों को छोड़कर नये साँचे गढ़ता है। 'आज हम भारतीय कला के और स्थापत्य के जिन गौरव-स्थलों का नाम लेते हैं–वे अधिकांश ऐसे हैं जिन्हें हमने उपेक्षा और विस्मृति के मलबे में दब जाने दिया। और जिनका पिछले डेड़ सौ वर्षों में पुनरुद्धार हुआ। इस पुनरुद्धार का बहुत कुछ श्रेय विदेशियों को जाता है और अधिकतर उन्हीं को जो औपनिवेशिक सत्ता के प्रतिनिधि रूप में ही यहाँ आये थे। इतना ही नहीं, खोज और जीर्णोद्धार का बहुत-सा महत्त्वपूर्ण काम उसी युग में ही हुआ, जब उपनिवेशवादी मनोवृत्ति भी अपने उत्कर्ष पर थी।' (वही, पृ. 150) यह काम जीर्णोद्धार और संरक्षण की दृष्टि से भारतीय आत्म-गौरव की दृष्टि से नहीं, बल्कि इसमें उनके हित मौजूद

थे। उन्होंने (विदेशियों ने) भग्नावशेषों को खोज कर कला-चेतना को जागृत किया। 'एलोरा तथा अन्य स्थलों का उद्धार किया। यह भी बताया कि अनेक मन्दिर, गुफा मन्दिर कैसे ध्वस्त किये गये थे। हिन्दू जाति चूँकि 'डिजेनरेट' थी—इसलिए मैकाले की शिक्षा-नीति काम करती रही। कोणार्क, खजुराहो, एलोरा की मूर्तियाँ 'अपरूप' भले लगें—'अश्लील' नहीं थीं। इसलिए इन मूर्तियों को डिजेनरेट की डिजेनरेट कृतियाँ मानना गलत है। इसलिए यह तर्क गलत है कि सिनेमा की अश्लीलता उस सीमा से आगे तो नहीं जाती जिस सीमा तक 'खजुराहो' की मूर्तियाँ जाती हैं। फिर कला-मूल्यों पर विचार—धर्म मूल्यों से निरपेक्ष होकर नहीं हो सकता है।

आज भी मैकाले की सत्ता भारतीय-मानस पर है। आजादी के बाद मैकाले और तगड़ा हो गया है। हिन्दी में साहब बन गया है। हिन्दू शास्त्र धरे के धरे रह गये। क्या यह सच नहीं है कि राष्ट्रीय पुनर्जागरण एक से अधिक पुनरुद्धारों के बावजूद वहाँ भी भारतीयता का लोप ही सिद्ध हुआ। कला समीक्षा की वह शब्दावली विकसित की गयी, जिसका भारतीय-कला समीक्षा से कोई सम्बन्ध नहीं है। पश्चिम की कला का भूत सवार हो गया और नकल आधार बन गयी। उन्नीसवीं शताब्दी के अन्तिम चरण तक भारतीय कला परम्परा लगभग पूरी तरह पिट गयी। भारतीय कलाकार निरा आश्रय से हटकर निराश्रय हो गये और कला लुप्त हो गयी। भारतीय कला इलेस्ट्रेटिव थी—उसमें कथा अभिप्रायों की प्रधानता थी। चित्रकला, मूर्तिकला, काव्य कला में भी यही था। वह वाक् की प्राथमिकता का प्रतिबिम्ब थी। आज जो आलोचक रवि वर्मा के चित्रों की भर्त्सना करते हैं, उन्हें पुनर्विचार करना चाहिए। उन्नीसवीं शताब्दी के कला-आन्दोलन में अंग्रेजी दाँ/भारत के माडर्न आर्ट, के पेशेवर आर्स्टिस्ट का रवैया विलक्षण था। बंगाल स्कूल का आन्दोलन जिलाया नहीं जा सकता। उसकी बड़ी उपेक्षा हुई है। इस उपेक्षा के कारण भारतीय चित्रकला में विकृतियाँ आयी हैं। बंगाल का कला आन्दोलन हमारी अस्मिता की खोज था। उसे छोड़कर हम वानगॉक और गोगे के चक्कर में पड़े। अमृता शेरगिल पर भी हमने भरोसा नहीं किया—जिसमें दो जातियों की परम्पराएँ गले मिल रही थीं। परम्परा और आधुनिकता को जोड़ने की ललक दर्द बनकर रह गयी। गगनेन्द्र नाथ ठाकुर, नन्दलाल बोस, क्षितीन मजूमदार, विनोद बिहारी मुखर्जी की घोर उपेक्षा की गयी। हमारे आधुनिक कलाकार ने कोई दर्द महसूस नहीं किया। क्यों? आधुनिक कलाकारों के संस्कार पराए हैं और अंग्रेजी शब्दावली की दावेदारी। उनका पूरा इतिहास उपनिवेशवाद के साथ जुड़ा है कि उनके सहारे देखना—भारतीय कला को देखना परायी दृष्टि से देखना है। यह स्थिति भारतीय संगीत की नहीं रही। इसलिए उसमें हमारी परम्पराएँ जीवित रही हैं।

अज्ञेय जी ने बचपन से ही कला के संस्कार पाये थे और कलाकारों के बीच

वे बराबर उठते-बैठते रहे। तमाम विषयों पर विचार-विमर्श किया। इसलिए उनकी कला-सम्बन्धी चिन्ताओं का हिन्दी आलोचना में विशेष अर्थ है। उन्हें गम्भीरता से लेना चाहिए। हम अपनी वाचिक देशी परम्पराओं को छोड़कर औपनिवेशिक शासकों की ओर भागे तो दरिद्रता ही हाथ लगी। आजाद भारत में औपनिवेशिक, मानसिकता अभी बनी हुई है। उसने अब भाषा को अपना साधन बनाया है। जब तक हम भारतीय मानस को इस भाषाई उपनिवेशवाद से मुक्त नहीं करते, तब तक हमारी स्वाधीनता फलवती होने वाली नहीं है। हम ऊपर से बंजर और बंजर से मरुस्थल में परिवर्तित हो रहे हैं।

यहाँ 'परिशिष्ट' में महादेवी वर्मा का वह उद्घाटन भाषण भी दिया गया है जो उन्होंने प्रयाग, 22 जुलाई, 1983 में दिया था। महादेवी ने स्व. रायकृष्णदास की चर्चा के बाद उनकी प्रेरणा को प्रणाम किया है। परिशिष्ट-दो में डॉ. प्रेमलता शर्मा का भाषण है जो उन्होंने अध्यक्ष पद से दिया था। उन्होंने संगीत, गीत, वाद्य की गहन-गम्भीर विवेचना प्रस्तुत की तथा 'रस' के अनेक सन्दर्भों को आलोकित किया।

भारतीय कला-दृष्टि का यह 'रायकृष्णदास व्याख्यान माला' से मिला ख़ज़ाना पाठकों को सौंपते हुए अज्ञेय जी ने हर्ष का अनुभव किया है। वहाँ मैं अज्ञेय जी की स्मृति-प्रेरणा को नमन करता हूँ।

उनके आलोचक ने कला और कलाकारों पर न केवल ध्यान दिया है बल्कि उनसे एक नया कला-दर्शन प्राप्त किया है। इस कला-दर्शन ने अज्ञेय के आलोचक का कई-कोमें से संशोधन-सम्पादन किया हैं नतीजा यह हुआ है कि वह जब 'उर्वशी' पर 'यशोधरा' जैसी कृतियों पर विचार करते हैं तो उनकी सांस्कृतिक-संवेदना और कला-सृष्टि पर ध्यान देना नहीं भूलते हैं। उन्हें ध्यान रहता है कि भाषा का एक-एक शब्द हजार-हजार वर्ष का इतिहास लेकर उपस्थित रहता है। इस तरह कला, चिन्तन ने अज्ञेय की सर्जनात्मक-आलोचना की परिधि का विस्तार किया है। साथ ही कलाकृति की अन्तर्यात्रा में आस्वाद का ग्रहन अर्थ-सन्दर्भ भी समझाया है। उनकी सृष्टि न कलावादी, है न 'रूपवादी' है—वह एक ऐसे संस्कृति कर्मी की सृष्टि है जो तमाम परम्पराओं का दुहकर आधुनिक-बोध से सम्पन्न सृष्टि को सामने लाता है।

एक अपूर्व भाव-यात्रा

'भागवत भूमि यात्रा' एक अपूर्व अनुभव का साकार रूप है। इस रूप की कल्पना सच्चिदानन्द हीरानन्द वात्स्यायन 'अज्ञेय' ने की थी। उन्होंने 1985 में इस यात्रा के लिए साहित्यकार मित्रों को लेकर कदम उठाया। अज्ञेय जी यायावरी के लिए प्रसिद्ध थे और उनका एक अन्वेषी भाव इन यात्राओं में सक्रिय रहता था। इन यात्राओं में घटिया 'पिकनिक' भाव न रहकर भारतीय-संस्कृति के मूल स्रोतों को खोजने और समझने का गम्भीर भाव-प्रयास था। भारतीय-संस्कृति के मूल प्रवाह को समझने के लिए भारतीय आख्यानों, तीर्थों, मिथकों, प्रतीकों और वाचिक परम्परा के अभिप्रायों के भीतर पैठना जरूरी था। 'अरे यायावर रहेगा याद' और 'एक बूँद सहसा उछली' जैसी देशी-विदेशी यात्राओं के अनुभव से यह सत्य अज्ञेय कमा चुके थे। उन्हें इस सच से साक्षात्कार हो गया था कि यात्रा में अन्तर्यात्रा का गूढ़ रहस्य समाहित रहता है और उसे 'आउटसाइडर' बनकर नहीं, 'इनसाइडर' बनकर ही पाया जा सकता है। क्या विडम्बना है कि जिस रचनाकार अज्ञेय को 'आउट साइडर' कहकर हिन्दी-संस्कृति के लिए पराया-विदेशी-दलाल कहकर बदनाम किया जाता रहा वही सबसे ज्यादा अपनी परम्परा संस्कृति में 'इनसाइडर' रहा—संस्कृति में गहरे—बहुत गहरे उतरा और उसी के लिए समर्पित रहा। यह बात 'जन जनक जानकी' यात्रा के बाद स्वतःसिद्ध हो गयी थी। अपनी संस्कृति के स्रोतों की खोज के लिए उन्होंने देश भर में शिविरों व्याख्यान-मालाओं का आयोजन किया।

अज्ञेय ने इन सांस्कृतिक-यात्राओं के आयोजन से यह भी प्रमाण उपस्थित किया कि भारतीय रहकर भी 'आधुनिक' और 'बौद्धिक' दोनों एक साथ हुआ जा सकता है। उनके पैर अपनी मूल सांस्कृतिक भूमि पर इतनी दृढ़ता से जमे रहे कि पश्चिमी आधुनिकता और आधुनिकतावाद उन्हें उखाड़ नहीं सका। मैथिलीशरण के मानस शिष्य अज्ञेय भारतीय-संस्कृति-परम्परा-साहित्य के नये भाष्यकार बनकर सामने आये। उन्होंने भीतर से अनुभव किया—भारत की आत्मा सनातन है और भारतीयता कोरा भौगोलिक परिवृत्ति की छाप नहीं है। जो बात एक भारतीय को सारे संसार से

पृथक् करती है, वह यह है कि भारतीयता मानवीयता का निचोड़ है—उसकी हृदय-मणि है। आप कहते रहिए—इस आदमी ने भारतीयता से मुख मोड़ा है, अकेला, अभागा, अज्ञानी, मोहान्धकार-ग्रस्त, सिरफिरा है। देखिए उसे हिकारत की दृष्टि से और कहिए परम्परा-द्वेषी, परमुखापेक्षी, सदियों की गुलामी से इसकी आत्मा गुलाम हो गयी है।

अज्ञेय से आप पूछिए भारतीयता आखिर है क्या? भारत की आत्मा का अपना वैशिष्ट्य क्या है? तो वे अचकचायेंगे नहीं—कहेंगे आप एक बार भारत की भागवत-यात्रा पर निकल पड़िए—राम-कृष्ण-शिव-सीता- राधा-रुक्मिणी-पार्वती के मिथक लोक में भावयात्रा कीजिए आप स्वयं जान जायेंगे कि भारतीयता सबसे जुड़ने का भाव है। सबको अपनापन देने का भाव है, सबका हो जाने का भाव है। सदियों से यह देश इसी व्यापक मानुष-भाव के साथ जीवित रहा है। सांस्कृतिक परम्परा भारतीय जाति की समूहगत प्रवृत्तियों के सामंजस्य से उत्पन्न गति है। इस गति को नया जीवन देने के लिए जरूरी है कि हम अपना संस्कार करते चलें। हमें गत्यात्मक प्रेरणा मिल तभी सकती है जब उसे आत्मसात् करें। क्योंकि परम्परा या ऐतिहासिक परम्परा कोई पोटली बाँधकर रखा हुआ पाथेय नहीं है, जिसे उठाकर हम चल निकलें। वह रस है जिसे हम बूँद-बूँद अपने में संचय करते हैं। भारतीय मानस का अर्थ केवल पढ़े-लिखे शिक्षितों का मानस नहीं है, उसका मूल अभिप्राय है—लोकमानस। इस लोक-मानस की भारतीयता का प्रधान लक्षण है—काल के आदिहीन, अन्तहीन प्रवाह की भावना। तभी तो हमारे ऋषि साठ हजार वर्ष तपस्या कर लेते हैं और उसे झूठ नहीं मानते। झूठा बाबावाद कहकर गालियाँ नहीं बकते हैं। क्योंकि हमारे पास सनातन आवर्ती काल का चिन्तन है।

पश्चिम की युवा-संस्कृतियों में पले लोग प्रायः पूर्व की प्राचीन संस्कृतियों की चर्चा करते हुए 'परम्परा के भार', 'संस्कृति के भार' की चर्चा किया करते हैं—उन्हें हमारी लम्बी और अखण्ड सांस्कृतिक परम्परा एक बोझ दिखाई देती है। क्योंकि उनके पास कोई अखण्ड परम्परा नहीं है जो है वह टूटी-फूटी खपच्चियों पर खड़ी है। हमारी परम्परा पुरातत्व संग्रहालय की वस्तु नहीं रही है—वह प्रवाहमान जीवन्त धारा है। इसलिए भारतीय संस्कृति जड़तत्त्वों की भारतीयता नहीं है—सातत्य और परिवर्तन उसके सनातन गुण हैं। वह भौतिकता में रहकर भी भौतिक नहीं है, आध्यात्मिकता में रमकर भी आध्यात्मिक नहीं है, क्योंकि उसमें उन दोनों का उदात्त मिश्रण है। इस संस्कृति में तीर्थों-पर्वों-यात्राओं का विशेष महत्त्व है—क्योंकि हमारी संस्कृति का प्रश्न राम और कृष्ण, शिव और गणेश की यायावरी से जुड़ा है। भागवत भाव-यात्रा इस पुस्तक में कृष्ण-कथा से सम्बन्ध रखती है और इस भाव-यात्रा का पूरा मर्म

श्रीकृष्ण-रस, राधा-रस से जुड़ा हुआ है। सच पूछो तो हमारी आज की समस्या लम्बी गुलामी के कारण अपनी सांस्कृतिक जड़ों से विच्छिन्न हो जाने की है। हजारों विदेशी आघातों को सहकर भी हमारी संस्कृति जीवित है तो इसलिए कि हजारों घाव लेकर वह क्षत-विक्षत हुई है, घायल हुई है—वह मरी नहीं है। वह अभी भी मिथकों आख्यानों, रूपकों, कथाओं, इतिवृत्तों, प्रकरणों, अभिप्रायों, प्रसंग सन्दर्भों में धड़क रही हैं। उसे ख़ोजने, पाने, मथने और नये रूपों में माँजकर आत्मसात् करने की जरूरत है।

भारतीय-संस्कृति की आधुनिकता के लोगों ने अलग-अलग अर्थ लिये हैं। लेकिन अज्ञेय की दृष्टि में आधुनिकता मूल्य नहीं, प्रक्रिया है—एक अनगढ़ चीज है—वह सिद्ध स्थिति नहीं है। संस्कारवान होने की क्रिया को ही अज्ञेय आधुनिकता मानते हैं। जो संस्कारी हो चुका है और स्थिर है, वह आधुनिक नहीं है। यह देश न जाने कब से भाषाओं और संस्कृतियों के संगमों का देश है। हिन्दी इन सभी संस्कृतियों के संगम से विकसित भाषा है—विद्रोहों की भाषा है—सत्ता प्रतिष्ठानों को चुनौती देने वाली भाषा है। हमारी संस्कृति पर बाहरी प्रभाव हमेशा रहे हैं। प्रभाव ग्रहण करना संस्कृति की जीवन्तता का लक्षण है। आज हम पश्चिम से प्रभावित हैं, क्योंकि पश्चिम हमारे साथ रहा है। हमने पश्चिम से प्रभाव ग्रहण ही नहीं किये हैं—उसे प्रभावित भी किया है। यह प्रभाव कहीं भी नकल नहीं है, जैसा कि सिद्ध किया जाता है। हमारे आधुनिक होने का अर्थ यह नहीं है कि हम पश्चिम की कोरी नकल करें। हम बदली हुई परिस्थितियों में भारत और कालिदास को पहचानें, उनका नया अर्थ नये सन्दर्भों से जोड़कर करें। यह आधुनिकता ही भारतीयता है।

'अज्ञेय' जी ने ही कृष्ण कथा-यात्रा को 'भागवत भाव-यात्रा' नाम दिया है और राम कथा को 'जन जनक जानकी' यात्रा। दोनों यात्राएँ एक-दूसरे की पूरक हैं। दोनों में भागवत का वैष्णव-रस—राम-रस, कृष्ण-रस प्रवाहित हैं—दोनों ही भाव नायक हैं,—लीला नायक हैं—अवतार नायक हैं—संस्कृति नायक हैं। इन दोनों भाव-नायकों की यात्रा की परम्परा भारत में प्राचीन काल से रही है और यायावरी को भाव-शिक्षा, कवि-शिक्षा का अंग भी माना गया है। यहाँ मेरा निवेदन इतना भर है कि इन भाव-यात्राओं को कोरा पर्यटन-देशाटन नहीं कहा जा सकता। क्योंकि इनमें समाज के सबसे ज्यादा संवेदनशील रचनाकार-चिन्तक सम्मिलित हुए हैं। साहित्यकारों और कलाकारों की उसमें भागीदारी एक खास अर्थ सन्दर्भ है। उनकी यात्रा सांस्कृतिक भाव-प्रवाहों को समझने—उनमें अवगाहन करने की अन्तर्यात्रा है। हम अन्तर्यात्राओं से संस्कृति के भीतर पैठ पा जाते हैं और यदि कवि कर्म में सक्रिय लोग यात्रा पर निकलते हैं—तो लक्ष्य बदल जाता है। कवि की दृष्टि जीवन-सौन्दर्य

की समग्रता और अखण्डता पर रहती है—वह तमाम सीमाओं का अतिक्रमण करता है। इसीलिए कवि-कर्म को दर्शन से श्रेष्ठ माना गया है। कवि को ज्ञात है कि भाव और संवेदना की प्रभावी अभिव्यक्ति जनसाधारण की भाषा में ही हो सकती है और यात्रा कर्म पर जन सामान्य का वर्चस्व होता है। रचना-कर्म में बोध और विजन दोनों का योग रहने पर संवेदन क्षमता बढ़ जाती है। महान रचना-कर्म में भाव और विचार, परम्परा और वैयक्तिकता, भावुकता और बौद्धिकता का सामंजस्य रहता है। फिर अगर अज्ञेय और रमेशचन्द्र शाह जैसे बड़े रचनाकार भागवत तीर्थ यात्रा पर निकले हों तो पूरे विजन की व्यापकता का विस्तार हो जाता है और रचनाकार विरोधों में सामंजस्य स्थापित करते चलते हैं। धर्म और दर्शन इनकी संवेदनशीलता में घुलकर नया खमीर उठाते हैं। अज्ञेय के रचना-कर्म के उत्कर्ष का कारण है—भाव और बुद्धि का मणिकांचन-योग। इसलिए उनके भाव और विचार में परम्परा आधुनिकता की क्लासिकल ठसक का ठाठ मिलता है। टी.एस. इलियट के संवेदनशीलता के असाहचर्य 'डिसोशिएशन्स ऑफ सेन्सिबिलिटी' का सिद्धान्त नयी कविता में अज्ञेय में अपना खरापन सिद्ध करता है। अज्ञेय की निगाह में कविता न धर्म है, न दर्शन है, न राजनीति है, न नैतिकता का उपदेश है—वह मानव को स्वाधीनता प्रदान करने वाली शक्ति है।

अज्ञेय अपने साथियों के साथ 'भागवत भूमि-यात्रा' पर निकले तो उनके रचना-कर्म का अनुभव काम आया। इसी अर्थ में 'भागवत-भूमि-यात्रा' की असाधारण-अर्थ व्यंजना है—यात्रा की खोज में जीवन को फिर से पाना-जानना-रचना-पुनर्नवा करना—अपने पूरे निहितार्थों में भागवत भाव की यात्रा—आत्म-दर्शन, आत्म-साक्षात्कार और विराट् के समक्ष समर्पण है—अहंकार का त्याग है। इसलिए भागवत-भाव-यात्रा का उद्देश्य 'पुण्य-लाभ' न होकर जीवन के अर्थ को, संस्कृति की भीतरी लय को सुनना-समझना है। तीर्थाटन भी समूह-यात्रा थी और भागवत-भूमि-यात्रा भी समूह-यात्रा का नया जीवन-सन्दर्भ। यहाँ अकेला भटकना नहीं है, सभी के साथ सभी का होकर चलना है—सभी के साथ आत्म-शोध और आत्म-दर्शन। इस आत्म-दर्शन का सुख समूह से साधारणीकरण है—अपने-पराये की भेद-बुद्धि से मुक्त होकर निर्वैयक्तिकता का सुख, संविद् विश्रान्ति का सुख, रसेश्वरी राधा-भाव में डूबने-तिरने का सुख। हम सब में होकर फिर अकेलेपन का सुख यह सुख हमें 'समाज' बनाता है—सर्जक बनाता है—अन्वेषी बनाता है। कवि के लिए शब्द से, शब्द की आत्मा से साक्षात्कार एक तरह की तीर्थयात्रा है। इस तीर्थयात्रा में 'सहृदय' से जुड़ना बड़ी उपलब्धि है। यह सहृदयता में अज्ञेय में आलोचक बनी है।

'भागवत-भूमि-यात्रा' मथुरा से शुरू हुई और द्वारका के आस-पास रमकर विराम

पाती है। इस यात्रा की समाप्ति से पहले अज्ञेय जी ने 'अहमदपुर-माण्डवी-शिविर' का आयोजन किया। अहमदाबाद से प्रस्थान किया तो उमाशंकर जोशी के निवास से। ततस्ततः पोरबन्दर में रचनाकारों के साथ सभा की और सुदामा मन्दिर गये। मित्र संवाद का सुदामा-भाव समझने की चीज है। अज्ञेय योजना विश्वासी थे और उनकी इस रूप में ख्याति भी कम नहीं थी। 31 जनवरी, 1985 को दिल्ली से मथुरा-वृन्दावन की ओर सुदामा-भाव से निकल पड़े। 1 फरवरी, 1985 को वृन्दावन-गोकुल कृष्ण-राधा-भाव में स्नान किया। 2 फरवरी, 85 को बरसाना-वृन्दावन से दिल्ली आये। 8 फरवरी को दिल्ली से अहमदाबाद को प्रस्थान किया। 9 फरवरी बड़ौदा होते हुए अहमदाबाद, 10 फरवरी को अहमदाबाद से जामनगर, 11 फरवरी को जामनगर-पिंडारका होते हुए द्वारका पहुँचे। 12 और 13 फरवरी को द्वारका की परिक्रमा की, कृष्ण-रुक्मिणी भाव में डूबे रहे। 14 फरवरी को द्वारका से पोरबन्दर और 15 फरवरी को पोरबन्दर से चोरवाड़ में अटन-भ्रमण किया। 16 फरवरी को सोमनाथ मन्दिर गये। महाशिवरात्रि का दिन—पूजा-अर्चना की और प्राची में वृक्षारोपण किया। मालका देहोत्सर्ग, हिरण्यानदी-सांगर-संगम होते हुए चोरवाड़ पहुँचे। 17 फरवरी का दिन अद्भुत रहा चोरवाड़ से जूनागढ़, स्कन्दगुप्त, चन्द्रगुप्त के शिलालेख देखे। और अशोक के शिलालेख को देखकर इतिहास-स्मृति को ताजा किया। भक्ति आन्दोलन की लय पाने नरसी मेहता कुण्ड गये और फिर देखा गिरनार-शिवरात्रि का मेला। नरसी मेहता का चौरा अखण्ड कीर्त्तन की भक्ति रस में मग्न रहे—सभी यात्री। शाम को जूनागढ़ में एक लम्बोतरे कमरे में स्थानीय साहित्यकारों से मुलाकात की और रात्रि व्यतीत की चोरवाड़ में। 18 फरवरी को चोरवाड़ से अहमदपुर-माण्डवी जाते हुए कोडिनार से मूल द्वारका गये। 19 फरवरी को हीरानन्द शास्त्री की स्मृति में अहमदपुर माण्डवी में विचार गोष्ठी का आयोजन किया और समुद्र तट भ्रमण का सुख पाया। 20 फरवरी को फिर साहित्यकारों की विचार-गोष्ठी और अहमदपुर-माण्डवी को वापसी की। 21 फरवरी को अहमदाबाद की ओर पलाश के सघन खिले जंगलों के सौन्दर्य में रमे रहे और तुलसी-श्याम गरम पानी का सोता, ठाकुर की नयनाभिराम मूर्ति, मनभावन मन्दिर—अमरेली—साँझ होते लोथल से अहमदाबाद। 22 फरवरी की शाम 'नक्षत्र' की मीटिंग की। इस तरह यात्रा का अन्त नहीं किया उसे विराम दिया।

यह विराम टूटा 20 अगस्त, 1985 को—जब जोधपुर राजस्थान की ओर चल पड़े। जोधपुर से लगभग सौ किलोमीटर पर भद्राजून—सुभद्रा और अर्जुन का विवाह स्थल देखा और जालोर में रैनबसेरा किया। 21 अगस्त को जालोर, भीनमाल, पुष्यमाल श्रीमाल से भीनमाल—बाराह-श्याम मन्दिर, चण्डीश्वर महादेव या चण्डीनाथ

मन्दिर के दर्शन किये। यहीं पर माघ कवि का चौराहा स्थान पर स्वामी करपात्री जी द्वारा उद्‌घाटित हुआ। 22 अगस्त को मीरा-भाव को पाने जोधपुर से भेड़ता गये—वहीं रैनबसेरा किया और जोधपुर आये। इस यात्रा को अन्तर्यात्रा—एक महाभाव की भाव-यात्रा मानना चाहिए। क्योंकि इसका उद्देश्य केवल कृष्ण कथा से जुड़े स्थानों को देखना भर नहीं था, न कृष्ण कथा के ऐतिहासिक भौगोलिक आधारों को खोजना था। कृष्ण कथा के लोक चित्र, लोकमन को समझने का प्रयत्न था और आकांक्षा थी अपनी सांस्कृतिक अस्मिता को पहचानने की। इस पहचान के लिए लोक मानस में प्रवेश करना जरूरी था कि कैसे कृष्ण कथा ने कठिन से कठिन समय में भी जीवन को जीने की चाह बनी रहने दी है। इस कथा का रहस्य क्या यह नहीं है कि निराशा भारतीय मानस का स्वभाव नहीं है। आज भी हम कृष्ण कथा के माध्यम से लोक-चित्त से जुड़ सकते हैं जिस लोक चित्त को पश्चिमवाद ने अपने प्रहारों से घायल कर दिया है। आज भी हम अनास्था से छूटकर कृष्ण-कथा रस के माध्यम से जीवन के आस्थावादी स्रोत तक पहुँच सकते हैं। लोक-मानस में पैठना जरूरी है, क्योंकि वहीं सर्जन-चिन्तन और दर्शन की शक्ति का मूल स्रोत है—उसमें पैठना और पैठकर उस भाव को पाना जीवन की नयी निष्पत्ति है। राधा-भाव, राधा-रस, राधा-चिन्तन का अर्थ है जीवन के रहस्यों को समझकर मुक्त होना। इस महान अर्थ-सन्दर्भ से जुड़ना कि प्रेम ही परम पुरुषार्थ है और बाकी सभी पुरुषार्थ छोटे हैं, तुच्छ हैं।

कृष्ण-कथा के स्थानों को खोजना भारतीय जीवन के शक्ति-स्रोतों को खोजना है। 'भागवत भूमि-यात्रा', उन्हीं शक्ति-स्रोतों की एकाग्र-चित्त से खोज है। इस यात्रा में अज्ञेय के साथ रचन ार-विचारक-अध्यापक सम्मिलित हुए जिनमें पं. विद्या निवास मिश्र, विष्णुकान्त शास्त्री, जड़ावलाल मेहता जैसे साहित्य कला के मर्मज्ञ थे। इसलिए इनके विचार-संवाद की परिधि—व्यापक रही है। इनके चिन्तन में पूरा 'समाज' बोला है। कृष्ण कथा का भारतीय-कलाओं, लोक-जीवन के साथ जितना गहरा और बहुलार्थक सम्बन्ध है—वह 'अनिर्वचनीय यात्रा है। जीवन का राग-दीप्त सच उन कथा-मिथकों में सागर की तरह लहराता मिलता है। इसलिए 'भागवत भूमि यात्रा' को धर्म, इतिहास, भूगोल से जोड़कर समझना मूढ़ता होगी, क्योंकि अपने पावनताजनित विवेक में यह न समाजशास्त्रीय यात्रा है, न साहित्यिक। यह पूरे देश की आन्तरिक लय से गहरे जुड़ने की यात्रा है। इसी आन्तरिक लय ने पूरे भारतीय-मानस को जन-जन से जोड़कर नयी अर्थवत्ता दी है—नये जीवन मूल्य दिये हैं और जीवन को एक बड़ा अर्थ दिया है। इस व्यापक अर्थ की पहली पुस्तक 'जन जनक जानकी' थी—जिसे उस सांस्कृतिक यात्रा की बड़ी उपलब्धि माना जा सकता

है। यह दूसरी पुस्तक 'भागवत भूमि यात्रा' उसी मनोभूमिका के सांस्कृतिक कलात्मक-प्रवाह को सामने लाने का प्रयास है। इस यात्रा में अज्ञेय के मन का 'बिम्ब' स्पष्ट झलकता है और वह भाव जो भारतीय-संस्कृति की मनोभूमि का निर्माण करती रही है। डॉ. राममनोहर लोहिया जैसे चिन्तक इस निष्कर्ष पर पहुँचे थे कि कृपया उसी तत्त्व और महान प्रेम का नाम है जो मन को प्रदत्त सीमाओं से उलाँघता-उलाँघता सब में मिला देता है किसी से भी अलग नहीं रखता। क्योंकि कृष्ण तो घटनाक्रमों वाली मनुष्य लीला है केवल सिद्धान्तों और तत्त्वों का विवेचन नहीं, इसलिए उसकी सभी चीजें अपनी और एक ही सीमा में न रहकर निरापनी हो गयी हैं।' वे 'परायेपन से हटकर अपनापन खत्म नहीं करते हैं।' मथुरा का एकाधिपत्य द्वारका खत्म करती है। इस तरह 'कृष्ण की सभी चीजें दो हैं, दो माँ, दो बाप, दो नगर, दो प्रेमिकाएँ, या कहिए अनेक। भूगोल-इतिहास ने मथुरा का साथ दिया है, लेकिन कृष्ण ने द्वारका को ठुकराया नहीं है। वहाँ मथुराधिपति से प्रिय रहे द्वारकाधीश। मथुरा छूट गया–बाल लीला और यौवन क्रीड़ा से वृन्दावन और गोकुल बरसाना अधिक महत्त्वपूर्ण हैं। राधा और रुक्मिणी का प्रश्न पेंचदार है–प्रेमिकाओं का प्रेम प्रकरण-सुलझना कठिन है। प्रेम ने राधा-रुक्मिणी, द्रौपदी और मीरा में सखा-सखी का खेल खेला है, लेकिन कोई राधा भाव को नहीं पा सकता। राधा-भाव महाभाव है–सभी रस राधा के आस-पास घूम रहे हैं। इसे 'श्री राधा-माधव रस' कहा भी गया है। यह भाव-रस स्वकीया-परकीया की सभी दीवारें ढहा देता है, सभी को अपने विस्तार में समाहित कर लेता है।

भारतीय मन हमेशा प्रश्न पूछता रहा है कि कृष्ण हैं कौन? आभीर जाति का देवता, गिरधारी, गोपाल, गोपीवल्लभ, ब्रजबिहारी राधिका रमण, यशोदानन्दन और चक्रधर। अपनी शक्ति से यह नायक महिमाशाली इन्द्र को पराजित करता है–गोपालों का रक्षक है। कृष्ण एक ऐसा पूर्णावतार देवता है जो निरन्तर मनुष्य बनने का प्रयत्न करता रहता है। इस प्रयत्न में कृष्ण सफल भी हुए हैं। उनमें योगी और भोगी, नट और नटवर दोनों मिले हुए हैं। "मतलब की बात तो यह है कि कृष्ण देव होता हुआ निरन्तर मनुष्य बनता रहा। देव और निःस्व और असीमित होने के नाते कृष्ण में जो असम्भव मनुष्यताएँ हैं, जैसे झूठ, धोखा और हत्या, उनकी नकल करने वाले लोग मूर्ख हैं। उसमें कृष्ण का क्या दोष। कृष्ण की सम्भव और पूर्ण मनुष्यताओं पर ध्यान देना ही उचित है और एकाग्र ध्यान। कृष्ण ने इन्द्र को हराया, वास लेने वाले देवों को भगाया, खाने वाले देवों को प्रतिष्ठित किया, हाड़, खून, मांस वाले मनुष्य को देव बनाया, जनगण में भावना जागृत की कि देव को आसमान में मत खोजो, यहीं अपने बीच, पृथ्वी पर, पृथ्वी वाला देव खाता है, प्यार करता है, फिर

रक्षा करता है।" (लोहिया जी का लेख–कृष्ण) इस कृष्ण के प्रति अज्ञेय और विद्यानिवास मिश्र, रमेशचन्द्र शाह और विष्णुकान्त शास्त्री, इलाजी और जड़ावलाल मेहता, साथ ही मानिक गोविन्द चतुर्वेदी का आकर्षण कम नहीं है, क्योंकि कृष्ण जो भी करते हैं–पूरे मन से करते हैं–प्रेम हो या युद्ध, भोग हो या योग। उनके सभी कार्य उनकी पूरी शक्ति से युक्त हैं–उनमें अधूरापन नहीं है। स्वयं कृष्ण अनासक्त स्थितिप्रज्ञ का गीत गाते हैं–'कूमार्गानीव'–अपनी इन्द्रियों पर सम्पूर्ण प्रभुत्व। अपना सब कुछ लोक को दे देते हैं–कुछ भी अपने लिए नहीं रखते। सभी को सुखी बनाते हैं। माखन-मिसरी-दूध-दही वाला कृष्ण ही गाय और ग्वाला दोनों हैं। उसकी हर लीला अनेकार्थी है–बहुवचन है। लोहिया जी खूब अपनी संस्कृति-परम्परा-इतिहास, धर्म-दर्शन को मथकर इस विचार पर दृढ़ हो जाते हैं कि कृष्ण बहुत अधिक हिन्दुस्तान के साथ जुड़ा हुआ है। हिन्दुस्तान के ज्यादातर देव और अवतार अपनी मिट्टी के साथ सने हुए हैं। मिट्टी से अलग करके वे बहुत कुछ निष्प्राण हो जाते हैं। त्रेता का राम हिन्दुस्तान की उत्तर-दक्षिण एकता का देव है। द्वापर का कृष्ण देश की पूर्व-पश्चिम एकता का देव है। राम उत्तर-दक्षिण और कृष्ण पूर्व-पश्चिम धुरी पर घूमे। कभी-कभी तो ऐसा लगता है कि देश को उत्तर-दक्षिण और पूर्व-पश्चिम एक करना ही राम-कृष्ण का धर्म था। यों सभी धर्मों की उत्पत्ति राजनीति से है, 'बिखरे हुए स्वजनों को इकट्ठा करना, कलह मिटाना, सुलह कराना और हो सके तो अपने और सबकी सीमा को ढहाना।' राम और कृष्ण की गाथाएँ इस पूरे देश को सांस्कृतिक एकता में बाँधती है। यह सांस्कृतिक एकता इतनी दृढ़ बन्धन में बँधी है कि अंग्रेज इस देश की सांस्कृतिक एकता को भीतर से खण्डित नहीं कर सका। कृष्ण और राम इतिहास-पुरुष कम, भाव-पुरुष ज्यादा हैं, इसलिए भारतीय-संस्कृति के सभी भाव उनसे जुड़े हैं–उनसे ही बढ़े हैं। उत्तर-दक्षिण यात्रा का भावनायक राम है तो पूर्व-पश्चिम यात्रा का भावनायक कृष्ण। स. ही. वात्स्यायन 'अज्ञेय' के मन में इन दोनों भावनायकों की अन्तर्यात्रा का संकल्प था, जिसे उन्होंने अपने जीवन-काल में पूरी निष्ठा से किया-जिया और उसके श्रेय-प्रेय को हम तक पहुँचाया। 'जन जनक जानकी' के राम का काम अपेक्षाकृत सहज था–वे भील-कोल-किरात-किन्नर, राक्षस-वानर की सभ्यता को लेकर चले और पार लगाया। कृष्ण का पथ दुर्गम था–एक ही सभ्यता-संस्कृति के दो अंगों में से एक को लेकर भारत की पूर्व-पश्चिम एकता स्थापित करनी पड़ी। हर तरह के चक्र-कुचक्र रचने पड़े। राजनीति के खेल खेलने पड़े–जटिल राजनीति की धुरियों पर घूमना पड़ा। महाभारत का नायक बनना पड़ा और मुरली बजाकर रिझाना भी पड़ा। मगध धुरी को तोड़कर कुरु-धुरी का निर्माण करना पड़ा। इस कुरु-धुरी में माठीपुर से लेकर द्वारका तक का समावेश करना पड़ा।

अद्‌भुत अन्तर्दृष्टि के भावनायक हैं श्रीकृष्ण। उनके पास नयी-नयी सूझे हैं—लीलाएँ हैं—पराक्रम हैं—अपूर्व आश्चर्य हैं, विचित्र कथाएँ हैं, असमाप्त प्रसंग हैं। मथुरा में मगधराज के दामाद को युद्ध में ललकार कर मिट्टी कर दिया। फिर मगध धुरी को कुरु वंश की एक धुरी—अन्यायी धुरी से जोड़कर रगड़ा खत्म कर दिया। फिर वह द्वारका चले गये—नाम पड़ा 'रण छोड़ दास'।

अज्ञेय जी और उनके साथियों ने भागवत-भूमि यात्रा में जमकर समय और ध्यान लगाया। मथुरा से द्वारका करीब सात सौ मील की दूरी पर है, लेकिन इस भागवत-यात्रा दल ने तो हजारों मील की यात्रा की। अज्ञेय जी और जीवन-पति तो पाण्डवों के वनवास स्थानों पर भी जाते। अर्जुन की चित्रांगदा और भीम की हिडिम्बा से नया संवाद स्थापित करते। इम्फाल जाते। उस समय की राजनीति को समझने के लिए यह यात्रा-वृत्त जरूरी था। क्या हो, अज्ञेय जी कई आकांक्षाओं को लिए यह संसार छोड़ गये। कुरु-धुरी की यात्रा अधूरी रह गयी। अज्ञेय जी के लिए कृष्ण और कुरु-धुरी इसलिए भी भाव और ज्ञान-लोक रही है कि वे कृष्ण की त्रिकालज्ञा पर चकित थे। 'पूर्व-पश्चिम की इसी धुरी से तमाम विदेशी आक्रमण हुए—बार-बार भारत लूटा-उजाड़ा गया। कृष्ण ने कुरु-धुरी को कुरु-पांचाल सन्धि से नया शक्ति तन्त्र दिया। यह कृष्ण की ही लीला है कि पांचाली का विवाह पाण्डवों से हो गया! पांचाली से ज्यादा तेजस्विनी भारत की कोई नारी नहीं है—प्रखर बुद्धिमान, दृढ़ और हर तरह की यातना को भोगने वाली। उसके प्रताप के आगे पाँचों पाण्डव फीके हैं, भीष्म मलिन हैं। कृष्ण की सखी कृष्णा सखा-सखी-भाव का तपा हुआ प्रगाढ़ राग। राधा के राग से द्रौपदी का राग कम नहीं है, लेकिन राधा-भाव असीम है—द्रौपदी-भाव की सीमा है। गोरी राधा ही उज्ज्वल से ज्यादा उज्ज्वल हैं। आभीर जाति की देवी राधा को न द्रौपदी हटा पायी न रुक्मिणी। राधा ने ही कृष्ण से मिलकर कलाओं-दर्शनों को पूर्ण बनाया। राधा-कृष्ण एक हैं लीला में दो हैं—राधा-रस का स्वाद अपूर्व-अनुपम है। नारी को नर के बराबर राधा-भाव ने ही बनाया है और कभी-कभार तो नारी—(प्रकृति) पुरुष को नचाती है। तीनों लोकों का स्वामी उसके पैरों पड़ता है। रसखान ने उसे कुंज-कुटीर में राधा के पैरों को पलोटते पाया है। इसी राधा-कृष्ण भाव में अज्ञेय को जीवन की तृप्ति मिली है। यह राधा-कृष्ण भाव कोई रहस्यवाद नहीं है, जिसे लेकर अज्ञेय को घेरा जाता रहा है।

व्रजभाव का सन्दर्भ प्रजापति, व्रजनायक की जीवन-यात्रा से बहुत गहरे जुड़ा हुआ है। व्रजनायक की पूरी यात्रा गति की यात्रा है, वे कभी घिरे नहीं रहते, निरन्तर चलते हैं, थकते नहीं हैं। जन्मते ही मथुरा से चल पड़े—गोकुल-वृन्दावन-बरसाना में बाल-लीला-रस बरसाते रहे, फिर वृन्दावन से मथुरा आये, मथुरा से निकलकर द्वारका

की ओर चल पड़े। द्वारकाधीश ने द्वारका से भी लीला समेटी और चल पड़े एक वृक्ष की छाया की ओर—और वहाँ फिर लीला-समेटकर 'अनन्त' की ओर चल पड़े। इस तरह व्रजन, परिव्रजन, निर्व्रजन, यह सब ही व्रज है। यह व्रजभूमि श्रीकृष्ण को एक बार जन्म नहीं देती—नित्यप्रति-रोज जन्म देती है। भागवतकार व्यास ने कहा है—'जयति तेधिकं जन्मना व्रजः श्रेयम इन्दिरा शाश्वदत्रहि। दयित दृश्यतां दिक्षु तावकाः त्वयि धृतासवस्त्वां विचिन्वते।।' अर्थात् यह व्रज व्रजपति को जन्म देकर धन्य है। यहाँ सदा इन्दिरा विराजती रहती हैं। प्रियवर, देखो, प्रत्येक दिशा तुम्हारी तलाश कर रही हैं—अनन्त-अनन्त गोपियाँ अपने प्राणनिधि को तलाश रही हैं। तुम्हारी तलाश जीवन की तलाश है, प्राणों की तलाश है। पण्डितवर विद्यानिवास मिश्र के शोध के आधार पर कह सकता हूँ कि व्रज का सबसे पुराना सन्दर्भ शुक्ल यजुर्वेद में मिलता है। यहाँ अग्नि से प्रार्थना की गयी है कि हमें 'गोमन्त व्रजं' गउओं वाले व्रज में प्रवेश कराओ। भाष्यकारों-टीकाकारों ने अर्थ लिया—यही गोलोक है, व्रजलोक है। वेद में व्रज का एक अर्थ गाय बाँधने का स्थान मिलता है। अथर्ववेद के चतुर्थकाण्ड में कहा गया है—'कर्त्री वर्लिन् रक्ष हृदा तु वत्सां घासव्रजोऽयं किल वत्सबन्धः। अर्थात् हे वलिन् तुम अपनी कन्या की रक्षा करो, यहाँ पर घास व्रज (गायों को बाँधने का स्थान) और वत्स बन्ध (बछड़ों को बाँधने की जगह) है। व्रज का अर्थ गोलोक है तो गउएँ सूर्य की उर्ध्वगामी किरणें हैं। वे शीघ्रगतिशील हैं, वहीं विष्णु का परम धाम है। वहाँ मधु निर्झर प्रवाहित है। यहाँ गउएँ इन्द्रियों का भी प्रतीक हैं और किरणों का भी। इन सभी को पहुँचने की आकांक्षा रहती है। इस तरह व्रज इन्द्रिय गोचर जगत् है—मनोगोचर और आत्मगोचर लोक है। जीवन के राग-विराग, प्रेम-विरह सभी कुछ व्रज है। इसी में व्रजपति विग्रहवान होते हैं। इस विशिष्ट सन्दर्भ में व्रजभाव ही श्रीकृष्ण हैं श्रीकृष्ण रस है। इस रस का स्वाद राधा से जुड़ा है, राधा-भाव के बिना कृष्ण-भाव अधूरा है। व्रज की प्रकृति के कण-कण में तरु-लता-पल्लव-पुष्प में—नारायण राधे-राधे की टेर लगाते हैं असंख्य कण्ठ इस टेर में साथ देते हैं। राधा ही जीवन का राग-रस संगीत-लय-छन्द बनती है चित्त को तपाती है—खौलाती है कच्चापन निकालती है। इस तरह व्रज-भाव—राधा-भाव है, श्रीकृष्ण-भाव है जो नर-नारियों को अपनी ओर खींचता है, आकृष्ट करता है, उसमें नया जमुना जल भरता है। इसी व्रज-भाव ने दूर-दूर जाकर असम, मणिपुर, बंगाल, उड़ीसा, मिथिला, आन्ध्र, तमिलनाडु, केरल, महाराष्ट्र, गुजरात, राजस्थान, पंजाब, हिमाचल सभी को अपने में समेट लिया है—बाँधकर प्यार किया है।

व्रज-भाव व्रज-भाषा के माध्यम से पूरे देश के प्राणों में जज्ब होता गया। व्रजभाषा का प्रेम-रस पूरे देश को जीवन जल से सींचता रहा। व्रजभाषा के कवियों की सूची

में पूरा देश मौजूद है—राजा-रंक, हिन्दू-मुसलमान, नर-नारी, सन्त-गृहस्थ, रसिक-योगी सब इस व्रजभाषा के प्रेम-रस में तिरे हैं, नहाये हैं। इस तरह व्रजभाषा चार-पाँच शताब्दियों तक भक्ति आन्दोलन की साहित्यिक-सांस्कृतिक भाव-बोध की भाषा ही नहीं रही, इसमें पूरे देश के प्राणों की ध्वनि है, गूँज है, अर्थ-लय है। जाति-कुल-धर्म-कर्म के बन्धनों को तोड़कर व्रज भाव उन्मुक्तता प्रदान करता है। इसलिए व्रजभाषा सामन्तों-रईसों, बादशाहों, गायकों-सन्तों-तान्त्रिकों की दृष्टि भाषा नहीं रही है—इसमें पूरी भारतीय संस्कृति की झनकार है—हमारी बहुलतावादी संस्कृति का व्यापक बिम्ब है। व्रजभाषा का कवि संगीतकार राजदरबारों में सबसे ऊँचा आसन पाता था। छत्रसाल और शिवाजी जैसे न जाने कितने राजा उसकी पालकी उठाते थे। शिक्षित-अशिक्षित, गाँव-नगर के लोगों की 'जीवन मूरि' जीवन की मूल चेतना, मूल्य चेतना, भाव-चेतना व्रजभाषा ही बनी रही है। जयदेव-विद्यापति-चैतन्य, वल्लभाचार्य ने व्रजभूमि में प्राणों का संगीत-छन्द पाया। दर्शन और कलाएँ अपने पूरे सौन्दर्य-शास्त्र समाज-शास्त्र के हाथ जोड़कर इसके पीछे चले। भक्ति का कावेरी जल यमुना में मिलकर भक्ति रस बन गया। भक्ति व्रज में वृद्ध न रहकर युवा हुई और उसमें नवता आयी। भागवत भूमि में, व्रजभूमि में अदम्य सांस्कृतिक प्रवाह है। इस प्रवाह में मीरा-रसखान-रहीम आये और जीव गोस्वामी-रूप गोस्वामी का 'उज्ज्वलनीलमणि', 'भक्ति रसामृत सिन्धु' चिन्तन का भक्तिशास्त्र आया। वल्लभ, मध्व, निम्बार्क जैसे आचार्य आये—दर्शन को काव्य बनाया गया। श्रीमद् भागवत से मधुर इस देश में कोई कविता नहीं है—वह सब व्रजभाव-वृन्दावन विहार-भाव को लेकर ही आया। पूरा जीवन बाँसुरी बन गया और बाँसुरी व्रजनायक की शक्ति, माया का प्रतीक। रास-लीला का तन्मय प्यार आया। इस देश में इतनी विचार सम्पन्न सांस्कृतिक क्रान्ति दूसरी नहीं हुई। 'भागवत भूमि-यात्रा' के संयोजक अज्ञेय जी इस सांस्कृतिक विचार-यात्रा, दर्शन यात्रा, अध्यात्म-यात्रा, वृन्दावन-द्वारका यात्रा के अनेकार्थी सन्दर्भों को खोजने-टटोलने-पाने निकले थे उन्होंने पाया कि मोर-मुकुट के सामने स्वर्ण-मुकुट—राजमुकुट तुच्छ है। राजाश्रय से जमुनाश्रय बड़ा है, इस अर्थ में भागवत-भूमि-यात्रा उद्धार करने की यात्रा नहीं है, अपने को फिर से पूरा उलीचकर खाली करने के बाद भरने की यात्रा है। ताकि भावों में नयी ताजगी आ सके। जो हमारी संस्कृति में रक्षणीय है, उसको रक्षित रखा जा सके।

श्रीमद् भागवत के केन्द्र में हैं भाव-नायक व्रजपति श्रीकृष्ण। भागवत की भाव-व्यंजना में सभी कामनाओं का विसर्जन श्रीकृष्ण भाव में है। सन्त और भागवत भूमि के यात्री ठीक कहते हैं—भागवत श्रीकृष्ण का वाङ्मय विग्रह है—एगाग्र भाव-विमर्श है। भागवत माधुर्य की महिमा है—राधा की माधवी वृत्ति। इस माधवी

वृत्ति में कृष्णरस-सागर का प्रवाह है और प्रवाह में उठान। कृष्ण आकर्षण है, खींचता है, हरीतिमा से भरी श्यामलता है—अत्यधिक प्रकाश के कारण श्याम दिखाई देता है। कृष्ण में कृष का अर्थ है जोतना, खींचना, धरती की सर्जनात्मक शक्ति को जगाना, बंजरता दूर करना, जड़ता को तोड़ना—न जाने कितने अर्थ हैं। कृष्ण सृजन और ध्वंस के लीला नायक हैं—पहले आसक्ति में बाँधते हैं, फिर अनासक्त हो जाते हैं—निर्मम हो जाते हैं। श्रीकृष्ण की जीवन-यात्रा राग-विराग की अपूर्वता लिये है। 'भागवत भूमि यात्रा' में अज्ञेय और विद्यानिवास मिश्र दोनों को अनुभव होता है—श्रीकृष्ण-राधा-भाव की सागर-यात्रा एक साक्षात् जीवन स्पन्दन है। यह भीतर से भिगोने वाली कविता है। यह विवरण—इतिवृत्त या इतिहास नहीं है—भाव पुराण है, पुराना न पड़ने वाला पुराण है। यह अतीत-स्मृति नहीं है, वर्तमान-स्मृति का वर्तमान है। कृष्ण कथा इतिहास नहीं है—भाव है, एकनिष्ठ प्रेम का भाव। हमारी जातीय स्मृति में, स्मृति के सामूहिक अवचेतन में कृष्ण-सत्ता नहीं है—प्रवाह है—उन्मुक्तता प्रदान करने वाले भाव-प्रवाह। राधा-भाव न इन्द्रिय है, न देह केवल प्रेम रस है। सोलहवीं कला राधा से युक्त होने के कारण कृष्ण पूर्ण हैं। पूर्णावतार हैं। राधा में राधने-पकाने, पक्का, करने तपाने का भाव-योग है। इसलिए वे श्रीकृष्ण के जीवन की जीवन-मूल्य (जीवन मूरि) सबसे मूल्यवान मूल्य है—मूल है। यह राधा-भाव ही श्याम-रस बना है और यह श्याम रसायन ही इन भागवत-भूमि-यात्रा के यात्रियों को भा गया है।

मानिकलाल चतुर्वेदी की 'एक पण्डाई रपट' में यह सच उजागर है कि 'मेरे इस पुरातनी पण्डा तत्त्व को आधुनिक हिन्दी कविता के विरोध अज्ञेय ने शुरू से ही सूँघ लिया होगा, तभी तो 'जानकी जीवन' जात्रा के जजमानों के अगुआ गुरु के मन में जब 'भागवत जात्रा' के संकल्प का आविर्भाव हुआ और जात्रा का श्रीगणेश भागवत जनमभूमि मथुरा से करने का विचार हुआ तो उन्हें मथुरिया पण्डे की याद आयी।' इस मथुरिया पण्डे ने अज्ञेय को मथुरा जात्रा में जमुना-पुत्र पण्डों की परम्परा को उजागर किया। इसी जमुना-पुत्र ने समझाया कि जात्रा का श्रीगणेश भगवत जन्म भूमि से कीजिए। यमुना-पूजा का प्रस्ताव दिया तो अज्ञेय ने कहा 'पूजा तो हमने कभी किसी की न की, आप कीजिए।' अज्ञेय ने यह भी कहा "देखिए ज्यादा भीड़-भाड़, हल्ला-गुल्ला मत कीजिए; हम लोग कुल आठ-दस होंगे और उसी शाम 6-7 बजे वृन्दावन चले जायेंगे। इस बीच आज हमें जमुना के घाटों पर घुमा दीजिए, कुछ दर्शनीय स्थान दिखा दीजिए और हाँ, सम्भव हो तो व्रजभाषा की कविता की बढ़त का कार्यक्रम करवा दीजिए, बस।" इस तरह योजना बनाकर श्री आनन्द कृष्ण, श्री भगवती शरण सिंह, श्री नरेश मेहता, श्री ओ. पी. शर्मा, श्रीमती पुष्पा सुन्दर, सुश्री

इला डालमिया और स. ही. वात्स्यायन मथुरा पहुँचे—वहाँ सपत्नीक, सगण श्री पं. विद्यानिवास मिश्र आगरा से आ गये। सभी ने श्रीकृष्ण जन्मभूमि, जन्मभूमि के पिछवाड़े पुराना केशव देव मन्दिर, उसके पास पोतरा कुण्ड देखा। सभी श्रीकृष्ण जन्मभूमि के इतिहास-भूगोल पर विचार करते द्वारकाधीश मन्दिर पहुँच गये। वहाँ पढ़न्त प्रेमी माथुर समाज उपस्थित था—कविवर दीनानाथ सुमनेश, मुकुन्द चतुर्वेदी, बरसानेलाल चतुर्वेदी, प्रयागनाथ के साथ कुछ संगीतकार। मथुरा के प्रसिद्ध ध्रुपटिया चन्दन चौबे के प्रपौत्र रमेश चतुर्वेदी ने अपनी ओर से मथुरा वृन्दावन आकाशवाणी केन्द्र के प्रतिनिधियों तथा कुछ स्थानीय पत्रकारों को निमन्त्रित किया। साहित्य-संगीत गोष्ठी हुई। वहाँ से थोड़ी दूर पर सूरदास रहा करते थे और पास ही वल्लभाचार्य की बैठक और विश्राम घर। संगीत और फोटोग्राफी के साथ मथुरा-जात्रा। उसके बाद वृन्दावन में गमन और दूसरे दिन गोकुल जात्रा। पुष्टिमार्गीय वैष्णवों में गोकुल का विशेष महत्त्व है।

पं. विद्यानिवास मिश्र 'व्रज के व्रजन' में तल्लीन रहे। मुझे इस यात्रा के आरम्भ में मथुरा, वृन्दावन परिक्रमा में साथ रहना है। भागवतभूमि व्रज में व्रजन करना है, उन्मत्त ऋतु बसन्त के चढ़ते-चढ़ते। पहले उन्हें जानकी जात्रा की स्मृति कौंधी फिर व्रजेश्वरी राधा की। तमाम वैष्णव भक्ति की ऐतिहासिक यात्राओं का भाष्य मन में चला। स्वयं लुट जाते हैं और उनकी सोलहों कलाएँ छीनकर एक घना श्यामल प्रकाश धरती पर उतरता है—घनी श्यामल रात में सभी भूमिकाएँ उलट-पुलट जाती हैं। पृथ्वी स्वर्ग को तिरस्कृत कर देती है। मोर पंख का नायक उठता है, वृन्दावन की रेणु धन्य हो जाती है।

यहाँ एक यात्रा स्मृति भगवतीशरण सिंह की है, प्रकृति और संस्कृति की विचित्रताओं के साथ। जामनगर छूट रहा है। कवि कथाकार रमेश चन्द्रशाह पोरबन्दर की ओर बढ़ रहे हैं। 'हम हर सिद्धि पहुँच गये। काफी चढ़ाई पर है मन्दिर। क्षत-विक्षत मन्दिर की सीढ़ियाँ विष्णुकान्त शास्त्री, आनन्द, ओ. पी. शर्मा और रमेशचन्द्र शाहजी चढ़ रहे हैं। पोरबन्दर आ गया तो रघुवीर चौधरी, नरोत्तम पलाण प्रतीक्षा करते मिले। स्कन्द पुराण की सुदामापुरी यही पोरबन्दर है। गये सभी सुदामा मन्दिर भी। शाह जी के मन में भक्ति आन्दोलन के आचार्य घूम रहे हैं और गाँधी का लय-विन्यास भी। शाह जी का लम्बा यात्रा-वृत्तान्त बहुत-सी जानकारियों से भरा है। इसी में इला डालमिया का 'माटी का देवता आकाश की गन्ध' शीर्षक से कृष्ण कथा का लोक-पक्ष उभरता है। श्रीकृष्ण की हर घटना के प्रतीक पर उनकी दृष्टि है।

नरेश मेहता का 'सागर क्या तुम कृष्ण हो' काव्यात्मक यात्रा संस्मरण है।

यात्री-दल पेरिवाड़ पहुँचा—धरती-सड़क के पास सागर दर्शन हुआ। पर सागर तट का सुहावना न था—नदियाँ सूखी पड़ी थीं। बेहया झाड़ियाँ हँस रही थीं। रसखान का वृन्दावन नहीं है न, उफनती यमुना है। संघर्ष करती प्रकृति है। नरेश मेहता को उज्जैन में इस यात्रा वृत्तान्त ने घेर लिया—कृष्ण-गन्ध और सागर की स्मृति।

मुकुन्दलाल का यात्रा संस्मरण 'यात्रा और द्वारका का संघ राज्य' एक अनुसन्धान है। उन्होंने 'महाभारत' मथकर अपनी बात कही है।

विष्णुकान्त शास्त्री का यात्रा लेख 'भागवत भूमि : उत्तर यात्रा' अज्ञेय के भाव साहचर्य का अन्तरंग विस्तार है। वे कहते हैं—'सोच रहा हूँ भागवत भूमि यात्रा का अर्थ क्या है। मेरे लिए 'सबै भूमि गोपाल की' का विश्वासी होने पर भी मानता हूँ कि कुछ ऐसी विशेष भूमियाँ भी होती हैं जिनमें भगवत्ता का अनुभव अधिक प्रगाढ़ होता है। जो नित्य भगवान की सेवा में रहे, वह भागवत कहलाता है। तो भागवत भूमि यात्रा का अर्थ हुआ भगवान की भूमि यात्रा की अथवा भगवद् भक्तों के भूमि की यात्रा। ये दोनों अर्थ मेरे लिए प्रशस्त है।' इसी भाव-भूमि से शास्त्रीजी ने यह यात्रा लेख लिखा है।

अज्ञेय जी का यात्रा-लेख 'कौन गली गये स्याम' एक भाव-यात्रा है, भाव की अन्तर्यात्रा है। अज्ञेय जी ने आरम्भ में ही कहा है 'भागवत भूमि-यात्रा। हमारी यात्रा में कहीं कुछ कमी रह गयी है। यों तो 'सबै भूमि गोपाल की' से आरम्भ करें तो कोई भी यात्रा भागवत भूमि यात्रा है। साथ ही कोई भी यात्रा अधूरी ही रहेगी, क्योंकि वह पूरी भागवत भूमि को नाप नहीं सकती। लेकिन मैं एक दूसरे अधूरेपन की बात कह रहा हूँ। सोच रहा हूँ कि इस कमी का सही निरूपण कैसे हो सकता है? क्या यात्रा में कुछ छूट गया, कहना उचित होगा कि 'यात्रा में कुछ टूटन है' कहना ही उसे सही निरूपित कर सकेगा। सहयात्री तो सब अपने-अपने ठिकाने लौट गये हैं। कुछ ने व्रजमण्डल की यात्रा पूरी की और घर लौटे, कुछ ने केवल द्वारका ऊरवा मण्डल की यात्रा की और वे भी प्रसन्न-मन अपने-अपने घर गये। थोड़े से यात्री, जिनका कह लीजिए भाग्य प्रबल था या जो अधिक फुर्सत वाले या निठल्ले थे, वे दोनों मण्डलों की यात्रा पूरी कर आये।' फिर ध्यान गया कि श्रीकृष्ण की लीलास्थली और कर्मभूमि की दृष्टि से यात्रा की गयी होती तो उसमें कुरु-मण्डल भी शामिल किया जा सकता। लेकिन उसका विचार मूल योजना में नहीं था। कदाचित् इसलिए कि उसे हम महाभारत के युद्ध खण्ड के साथ जोड़ते हुए प्रायः यह बात भी भूल जाते हैं कि 'श्रीमद्भागवत गीता' भी तो उसी धर्म-क्षेत्र कुरु-क्षेत्र की उपलब्धि थी। धर्म-क्षेत्र क्या भागवत भूमि नहीं? है तो अवश्य, 'लेकिन जिस भागवत भाव के साथ यात्रा को जोड़ा जा रहा था, उसमें युद्ध-कर्म को स्थान नहीं दिया गया था और इसलिए कुरु मण्डल

एक तरह से अप्रासंगिक हो गया था।' प्रश्नाकुल कवि अज्ञेय ने फिर प्रश्न उठाया, लेकिन व्रजमण्डल हो द्वारका के साथ जोड़ने वाला सारा प्रदेश? टूट का, छूट का, कमी का बोध इसी बीच वाले, देश को लेकर।

व्रजमण्डल की परिक्रमा के समय ही अज्ञेय के मन में विचार आया कि राजस्थान वाला अंश छूटना नहीं चाहिए, लेकिन सहयात्रियों ने उदासीनता प्रगट की थी। लेकिन यह सूत्र पकड़ना जरूरी था कि राजस्थान—श्रीकृष्ण के साथ क्या सम्बन्ध है? राजस्थान में कृष्ण की भक्ति की दृष्टि से नाथद्वारा है। अतः सोचा गया कि व्रज की परिक्रमा के बाद थोड़े से अन्तराल को देकर उदयपुर में फिर जुटकर द्वारका तक की यात्रा पूरी की जायेगी। लेकिन संयोग ऐसा बना कि यात्रा अहमदाबाद से आरम्भ करनी पड़ी। अज्ञेय की दलील थी कि उदयपुर-चित्तौड़ मीरा के साथ जुड़े हैं और मीरा व्रज की द्वारका मण्डल के साथ उतने ही मजबूत डोरे से बाँधती हैं, जितने से वल्लभाचार्य। इस तर्क पर बौखलाया भी जा सकता है कि मीरा की तुलना वल्लभाचार्य से नहीं की जा सकती। मीराबाई की जीवनी-भजद संदिग्ध है, वल्लभाचार्य की जीवन्त बैठकें हैं। कोई-कोई तो यहाँ तक कहता है कि मीराबाई नाम का वास्तविक चरित्र हुआ ही नहीं। ऐसी बहुत-सी किंवदन्तियाँ हैं कि जो मानती हैं कि मीरा ही व्रज को राजस्थान से जोड़ती हैं—उनके भजन घर-घर गाए जाते हैं। हमें नहीं पता श्रीकृष्ण व्रज से द्वारका किस मार्ग से आते-जाते रहे। जैसे हमें यह नहीं पता कि राम चित्रकूट से लंका किस मार्ग से गये। श्रीकृष्ण गोपाल थे—गो-पालकों के देवता थे। उनके बड़े भाई बलराम हलधर श्रीकृष्ण गोपाल दोनों ही गोचारण-संस्कृति की स्मृति लिये हैं और आधार पर गोचारक काव्य उन पर लिखा भी गया। लेकिन अज्ञेय का मन बलराम के साथ न होकर कृष्णानुसरण में प्रवृत्त है। ग्वालबालों की जिन टोलियों के साथ श्रीकृष्ण व्रजमण्डल में घूमते थे, वे ही ग्वालबाल आज भी अपने ढोर चराते हुए ऊरवा मण्डल से व्रजमण्डल तक के सारे क्षेत्र में घूमते हैं। हम अतिसभ्य होकर उन्हें श्रीकृष्ण के साथ नहीं जोड़ते तो यह हमारी दृष्टि का दोष है। इस तरह बार-बार अज्ञेय ने गोचारण की परम्परा पर ध्यान केन्द्रित किया है। यह वह परम्परा है जो व्रज संस्कृति को द्वारका से जोड़ती है—लोक गीतों, लोक संस्कृति से होकर लोक-मानस में उतरती है। अपने पिता हीरानन्द शास्त्री की तरह अज्ञेय भी लोक परम्परा के साक्ष्यों में उतरे। पिता-पुत्र अलग-अलग रास्तों से चलकर एक ही लक्ष्य की ओर बढ़े हैं। यह खोज का स्वप्नबीज द्वारका का बिम्ब भागवत भूमि यात्रा का 'मेरी परिकल्पना का बीज रहा होगा।' जालौर से भीनमाल की यात्रा में भक्तिकाल-रीतिकाल का वह युग जीवित हो उठा, बल्कि राजस्थानी और पहाड़ी कला के चित्र भी इससे रंग-रूप पाते रहे हैं।

अज्ञेय को गुजरात में यह प्रश्न सुनने को मिला कि क्या व्रज के कृष्ण और द्वारका के कृष्ण एक ही थे? यदि एक ही थे तो महाभारत के कृष्ण भागवत के कृष्ण इतने भिन्न क्यों जान पड़ते हैं? लेकिन गोचारण की टोलियों को देखकर ऐसी सभी शंकाएँ झर जाती, जिसमें राजा, योगी और लीला सखा सब समा जाते हैं। महाभारत और भागवत को द्वारका और व्रज जोड़ते हैं। इन्हीं से हमारा सांस्कृतिक-भूगोल पक्का हुआ है। द्वारकाधीश की जिस प्रतिमा में मीरा समा गयी थी, वह आज डाकोर में है। उसे भी हाथ की उँगलियाँ फैलाकर अनामिका से महसूस किया जा सकता है। लेकिन फिर वही पुराने प्रश्न—वे सारे रास्ते कहाँ खो गये? कौन गली गये श्याम? मेरा मन कृष्णानुसरण में रत है। इतिहास अर्थात् इति + ह + आस ऐसा ही होता रहा है—निरन्तरता का भाव है। यह कृष्ण इतिहास का अतिक्रमण करता है—अकाल पुरुष है—निरवधि काल का संस्पर्श करता है, अनन्त परिदृश्य को देखता और अर्थ देता है। तो मीरा का नाच कभी रुकने वाला नहीं है, वह ज्योति रूपा है। कवन कोरी कल्पना नहीं है अक्षर ब्रह्म का नाद है। जो ऐसा देखते हैं—वे प्रणम्य कवि हैं। मेड़ता में मीरा सप्ताह भजन की निरन्तरता है—पुराना जीर्ण-मन्दिर है पड़ोस में औरंगजेब की बनवाई मस्जिद है। पास में राव दूदा की हवेली है—मीरा की गुनगुनाहट मौजूद है। गीत आ रहा है 'लगन म्हारी स्याम सूं लागी'। इस तरह यह सांस्कृतिक अस्मिता की ध्वनि भागवत यात्रा के दौरान व्रज को द्वारका से जोड़ती है। लेकिन यात्रा का कण-कण पूरा करके भी लगता है—यात्रा अधूरी रह गयी। कोई भी यात्रा पूरी कहाँ होती है। हम अतीत को वर्तमान से जोड़ते चलते हैं और इस प्रकार अर्थ पाते हैं। हम एक बिन्दु हैं, सागर के ओर पहुँचने को आतुर। अधूरी रह गयी यात्राओं का अधूरापन भी वहाँ समर्पित हो जाता है—यह भागवत-भूमि यात्रा है।

समाजशास्त्र के विद्वान जड़ावलाल मेहता ने अपने लेख या यात्रा संस्मरण को शीर्षक दिया है—'भागवत भूमि : एक मनो-यात्रा'। यह शीर्षक बहुत कुछ व्यंजित करने वाला शीर्षक है—भीतर से भीतर के मन की यात्रा। शब्दों का अपना इतिहास है—काल क्रम उनके अर्थ बदलते रहते हैं। पहले कुछ अर्थ था—आज कुछ दूसरा। मानव इतिहास की 'महायात्राओं में सांस्कृतिक यात्राओं का इतिहास धड़कता है। आज हम भागवत-भूमि-यात्रा में संस्कृति के अर्थों का सृजन करते हैं। अज्ञेय जैसे वरिष्ठ रचनाकार का नायकत्व इस सांस्कृतिक-यात्रा को नया अर्थ सन्दर्भ देता है। फिर यह धार्मिक यात्रा नहीं थी—अपने संस्कृति के मिथकों-रूपकों-इतिवृत्तों के मूल से जुड़ने की यात्रा थी—सम्पूर्ण अर्थों में सांस्कृतिक यात्रा।

अज्ञेय जी इस 'भागवत-भूमि-यात्रा' को अपने जीवनकाल में पुस्तक रूप में देख नहीं सके। इसकी योजना मन में लिये ही वे इस संसार से विदा हो गये। उन्होंने

'भागवत-भूमि-यात्रा' का संकल्प किया और संकल्प को पूरा भी किया। सह-यात्रियों से यात्रा संस्मरण लिखने का आग्रह किया, देर-सबेर यात्रा लेख आये भी। उन्होंने इन यात्रा लेखों को क्रम देना चाहा। लेकिन मुझे यह पुस्तक की पाण्डुलिपि जगह-जगह से टूटी और ध्वस्त मिली। भागवत-भूमि है क्या–को ही ध्यान में रखकर लेखों का क्रम बनाया। लेकिन प्रयास करने पर भी अज्ञेय जी के परमसखा पं. विद्यानिवास मिश्र का पूरा यात्रा लेख मिल नहीं पाया। लेख अधूरा है, पर दे रहा हूँ, क्षमाप्रार्थी हूँ। ऐसे ही विष्णुकान्त शास्त्री, रघुवीर चौधरी के यात्रा लेखों को पहचानने में बहुत सिर खपाया, फिर उन्हें जैसा समझ में आया–आगे बढ़ा दिया। अज्ञेय की योजना का प्रारूप कैसे सामने आ सके जो उनके मानस-बिम्ब को सामने ला सके। यह मेरी समस्या रही है। एक दिन मुझे तीन-चार पेज ऐसे मिले जिनमें योजना का अविकल रूप था, उसे मैं बिना किसी व्याख्या भाष्य के यहाँ दे रहा हूँ। लेकिन व्रजमण्डल का सामान्य भूगोल, भूचित्र, ऐतिहासिक भूगोल, सामाजिक भूगोल, सांस्कृतिक इतिहास, जाति-जीवन, लोक जीवन, पुरातत्त्व की नयी उपलब्धियाँ, वे इस पुस्तक में स्वयं लिखकर प्रस्तुत करना चाहते थे–जिसे पूरा नहीं कर सके। उनके मन में व्रज-संस्कृति का महाकाव्यात्मक बिम्ब बन चुका था, जिसे हमारा दुर्भाग्य कि वह सामने नहीं आ सका। उनके द्वारा खींचे गये तमाम चित्र खोजने पर भी नहीं मिले। केवल दस-बारह मिले हैं। अतः जैसी भी है आधी-अधूरी भागवत भूमि यात्रा की यह स्मृति अज्ञेय जी की स्मृति को समर्पित है–मैं कह सकता हूँ, हिन्दी में यह अपनी तरह का मौलिक प्रयोग है–एक बेहद सार्थक प्रयोग है।

अज्ञेय के कवि और आलोचक मानस में मिथकों के लिये बड़ा आदर रहा है। राम और कृष्ण से जुड़ी उनकी सामूहिक यात्राएँ भारतीय सामूहिक मन को समझने की तैयारी रही है। मिथक को लेकर अज्ञेय जी ने 'भवन्ती' में कहा है–"मिथक की उपयोगिता केवल इस बात में मानना किवह पुरातत्व और अधुनातम में एक सतत समान्तरता दिखाते चलने का साधन है या कि समकालीन इतिहास की अराजकता-व्यर्थता को नियन्त्रित अनुशासित रूप में प्रस्तुत करने में सहायक होता है, मिथक को गलत समझना हो न हो आधुनातन इतिहास के साथ गलत नाता जोड़ना है। अगर समकालीन इतिहास अतजन है और हम मिथक के द्वारा उसमें सामंजस्य या व्यवस्था का आयाम उत्पन्न कर भी देते हैं तो अपने को और दूसरों को धोखा देने के अलावा क्या करते हैं? ...मिथक यहीं कारगर होता है। दिक्काल काप्रस्तार जब मुट्ठी से फिसलने लगता है, तब उसको पकड़ में आने लायक बनाने के लिए क्या हमें उसे पकड़ने लायक बनाने के लिए' हमें खास मगर लचकीली दूरी की आवश्यकता होती है। वह दूरी और दूरी की वह नमनीयता, हमें मिथक देता

है। मिथक से ही वस्तु को वह लचकीलापन, वह ईश रूपीत्व वह सिद्धि (आष्मा, गरिमा, लघिया, महिमा आदि जिसके अंग हैं) मिलती है जो उसे कलाकार—कृतिकार की कश्य और उपजाज्य बनती है।" इस तरह मिथक इतिहास का नहीं हमारी अनुभूति के काल-सन्दर्भ को अनुशासनीय बनाता है। अज्ञेय का कवि-आलोचक इसी अर्थ में पात्राएँ करता रहा है।

साक्षात्कारों में विवाद-पुरुष

सच्चिदानन्द हीरानन्द वात्स्यायन से लिये गये ये साक्षात्कार (इण्टरव्यू) पिछले पाँच दशकों के दौरान की उनकी वैचारिक यात्रा को प्रस्तुत करते हैं। अज्ञेय की गणना भारतीय भाषाओं के मूर्धन्य रचनाकारों, सम्पादकों और आलोचनात्मक निबन्धकारों में होती है। हिन्दी साहित्य के आधुनिक मूर्तिभंजक अलीकी रचनाकारों में उन्होंने अपने सृजन-मुहावरे से युग-प्रवर्तन किया है। साहित्य जगत् में रवीन्द्रनाथ और टी. एस. इलियट की तरह उनके सृजन और चिन्तन का युगान्तरकारी महत्त्व है। उनके रचना कर्म से परिचित प्रबुद्ध पाठक जानते हैं कि जैसे उन्होंने कविता को नये मोड़, नया बौद्धिक मुहावरा दिया वैसे ही उन्होंने उपन्यास, कहानी, निबन्ध, आलोचना, डायरी, यात्रावृत्त पत्रकारिता तथा इण्टरव्यू आदि विधाओं में एक अभिनव क्रान्ति की है।

अज्ञेय अपने समय के विवाद-पुरुष और विवाद-नायक रहे हैं। सबसे ज्यादा विवाद-संवाद 'तारसप्तक' तथा 'सप्तकों की भूमिकाओं' को लेकर हुआ। पिछले साठ-पैंसठ वर्षों में शायद ही कोई 'भूमिका' इतनी विचारोत्तेजक और नये विवादों को जन्म देने वाली रही हो, जितनी कि 'तारसप्तक' की भूमिका। कवि-कर्म से सम्बन्धित जितनी अवधारणाएँ, चिन्तन और वाद-विवाद पिछले छह दशकों में पैदा हुए हैं, उनका केन्द्र 'तारसप्तक' ही है। 'प्रयोग', 'परम्परा', 'आधुनिकता', 'काव्य-सत्य', 'जटिल संवेदना', 'काव्यानुभूति', 'काव्य-भाषा', 'काव्य-प्रतीक', 'काव्य-बिम्ब और लय' आदि को लेकर तमाम बहसें उठ खड़ी हुईं। उनका उत्तर अज्ञेय को निबन्ध-लिखकर या 'साक्षात्कार' देकर देना पड़ा। कथा-साहित्य में 'शेखर : एक जीवनी' को लेकर तो तूफान ही खड़ा हो गया। इस उपन्यास की प्रतियाँ जगह-जगह जलाई गयीं। लेकिन अज्ञेय न रुके, न झुके और उन्होंने कथा-साहित्य में नये से नये प्रयोग किये। हिन्दी-जगत में टी. एस. इलियट की आलोचना से परिचित कराने का श्रेय अज्ञेय को है। 'त्रिशंकु' के निबन्धों ने बदले हुए साहित्यिक सोच का नया चिन्तन-प्रतिमान प्रस्तुत किया और टी. एस. इलियट के निबन्ध 'ट्रेडीशन एण्ड इंडिविजुअल टैलेण्ट'

का 'रूढ़ि और मौलिकता' शीर्षक से छायानुवाद किया। इसी चिन्तन को लेकर अज्ञेय और इलियट की तुलना करने की होड़ लग गयी। यह भी सिद्ध करने का प्रयास शुरू किया गया कि अज्ञेय में मौलिक कुछ नहीं है। सब कुछ विदेश की नकल है। तमाम सिरफिरों ने अज्ञेय पर बेबुनियाद-अनर्गल, राग-द्वेष से भरे आक्षेपों की झड़ी लगा दी। शायद ही किसी बड़े रचनाकार को इतने अनर्गल प्रहार झेलने पड़े हों, जितने अज्ञेय ने झेले हैं।

हिन्दी की सर्जनात्मक मूल्यवान आलोचना पिछले दशकों में ज्यादातर रचनाकारों के द्वारा लिखी गयी हैं। इसी आलोचना ने समकालीन साहित्य को समझने-परखने की अनेक नयी अवधारणाएँ दी हैं। इस क्षेत्र में सर्वाधिक अग्रणी नाम अज्ञेय का रहा है। उन्होंने नये से नये प्रश्न उठाये और उनका तार्किक उत्तर दिया। आलोचना की भाषा को सर्जनात्मक बनाने में तो उनका ऐतिहासिक योगदान अविस्मरणीय है। अज्ञेय का विरोध इसलिए भी ज्यादा था कि वह मार्क्सवाद के खुले विरोधी थे और इलियट के समर्थक। आज मार्क्सवाद से पोषित तमाम सत्ताएँ ताश के पत्तों की तरह ढह गयी हैं—तो अज्ञेय की आपत्तियाँ याद आती हैं कि अज्ञेय की जयादातर बातें सच सिद्ध हुईं। इसलिए अज्ञेय को व्यक्तिवादी व्यक्ति-स्वातन्त्र्यवादी, अस्तित्ववादी, आधुनिकतावादी आदि कहकर प्रतिक्रियावादी सिद्ध नहीं किया जा सकता है। आज अज्ञेय के प्रभाव-प्रेरणा और अवदान को अवमूल्यित करने की कोशिश दुर्भाग्यपूर्ण है और बौद्धिक खोखलेपन का प्रमाण। अज्ञेय ने अपने 'साक्षात्कारों' में जिस निर्भय, अदम्य जिजीविषा का परिचय दिया है, उसका दूसरा पर्याय खोज पाना मुश्किल है।

सर्वेश्वरदयाल सक्सेना ने अज्ञेय को प्रश्नावली भेजकर लिखित उत्तर लिए। ये सभी समसामयिक अभिप्राय रखते हैं और साहित्य में एक लेखक के मूल्यांकन में सहायता। कृतियों के मूल्यांकन में सहायक होने के साथ लेखक मात्र समस्याओं को व्यापक परिपार्श्व में रख सकने में सक्षम है। लेखक के जीवन का अन्तःसंघर्ष अज्ञेय के प्रश्नोत्तरों में पूरी ईमानदारी से अभिव्यक्त हुआ है। अज्ञेय के विषय में तरह-तरह की धारणाएँ पत्र-पत्रिकाओं, बातचीत में, आलोचना में व्यक्त की जाती रही हैं। उनमें से ज्यादातर केवल भ्रान्त हैं, निराधार हैं, पूर्वग्रहयुक्त हैं। इन पूर्वग्रही धारणाओं से अज्ञेय को क्लेश, व्यंग्य और विनोद की अनुभूति होती रही है। कोई-कोई तो ऐसे मूर्खतापूर्ण प्रश्न पूछता था कि क्या आपने कभी अज्ञेय को हँसते देखा है? 'विशाल भारत' में पटना के एक साप्ताहिक के सम्पादक ने तीन-चार कॉलमों में अज्ञेय की 'मनहूसियत' की चर्चा की थी, जिसे उनकी मृत्यु से पहले हिन्दी के एक आलोचक ने अपने सम्पादकत्व में निकलने वाली पत्रिका 'पूर्वग्रह' में फिर दुहराया और किसी एक नेता अज्ञेय को 'मनहूस' के साथ 'चिंपाजी' तक कह डाला। अज्ञेय धीर-गम्भीर

चिन्तनशील थे और बचपन से ही उन्हें संयम-सन्तुलन की शिक्षा-दीक्षा मिली थी। उन्हें परिस्थितियों ने एकान्त इतना दिया कि आत्मनिर्भरता अभ्यास नहीं, चरित्र का अंग बन गयी। चिन्तन एवं अनुभूति में गहराई आयी तथा सामाजिकता का पुष्ट आधार भी कम न हुआ। आदान-प्रदान की धाराएँ मुक्त रही हैं—इससे समाज का अंग रहने का विशिष्ट अर्थ रहा। यह सोचना गलत है कि उनका भाव-संस्कार विदेशी है। हाँ उनमें अभिजात्य है, किन्तु अभिजात्य में अहंकार नहीं है। वे सामान्य लेखक से ज्यादा श्रम करते हैं और पढ़ने-लिखने को पूरी तरह समर्पित। उनका समय आत्म-प्रशिक्षण में बीता है, ज्ञान-प्रशिक्षण में बीता है और हाथ-प्रशिक्षण में। वे कपड़े सी लेते थे, जूते गाँठ लेते थे, फर्नीचर जोड़ लेते थे, मिठाई-पकवान बना लेते थे, जिल्द-बन्दी कर लेते थे, पंखे, बिजली, मोटर, साइकिल—छोटे-छोटे यन्त्रों की मरम्मत कर लेते थे, विलायती ढंग के बाल काट लेते थे, चाबियाँ खो जायें तो ताले खोल सकते थे, सूत कात लेते थे, मामूली कढ़ाई कर लेते थे, मिट्टी के खिलौने बना लेते थे, काठ के ठप्पे खोदकर कपड़े छाप लेते थे, प्रेस की मशीन चला लेते थे, फोटो खींच लेते थे, फिल्म और प्रिंट डेवलप कर लेते थे, हाथ से रंग लेते थे, घर की पुताई कर लेते थे, सीमेंट के गमले बना लेते थे, फूलों और तरकारी की खेती कर लेते थे, फावड़ा, कुल्हाड़ी, गैंती चला लेते थे, निराई कर लेते थे, बन्दूक-पिस्तौल चला लेते थे, तैर लेते थे, दौड़ लेते थे, पहाड़ पर चढ़ लेते थे, क्रिकेट, टेनिश, बैडमिंटन खेल लेते थे। और केवल शौक थे, इनके सहारे जीविका कमा सकते थे। इसलिए इस हरफनमौला रचनाकार आलोचक को जो लोग गालियाँ देते हैं, उन पर पुनर्विचार करना चाहिए। वे सूम नहीं थे, रईस तबियत व्यक्ति थे। आज के वाद-दूषित वातावरण में अज्ञेय वाद मुक्त विद्रोही रहे और अलीकी चिन्तक।

किसी विचारधारा की आँखों पर पट्टियाँ बाँधकर वे तेली के बैल की तरह नहीं घूमे, न लकीर के फकीर रहे। देशी-विदेशी सिद्धान्तों को समझा—लेकिन किसी की भी गुलामी नहीं की। जो मित्र, पाठक, पत्रकार अज्ञेय से 'इण्टरव्यू' लेने आये उनकी नियत को उन्होंने पढ़ा। क्योंकि ज्यादातर तो पूर्वग्रह प्रधान थे या फिर अज्ञेय के सृजन से अनभिज्ञ। अनपढ़ों की फौज की तारीफ या गालियों से वे तिलमिलाये नहीं। जो अतिरिक्त पूर्वग्रह लिये हुए थे—उन्हें कोई सफाई देने की आवश्यकता उन्होंने नहीं समझी। न उनसे भयभीत हुए, न समझौता किया। अज्ञेय के 'इण्टरव्यू' का सच्चा आनन्द रघुवीर सहाय, सर्वेश्वरदयाल सक्सेना, रमेशचन्द्र शाह के साथ हुए साक्षात्कारों में मिलता है। इनके साथ अज्ञेय अपना मन खोलते हैं—लेकिन जो लोग अपने राजनीतिक मताग्रहों के कारण उन्हें झूठा अपवाद फैलाकर नीचा दिखाना चाहते थे, उनसे सावधान रहे हैं। वे 'जीवन की लययुक्त गति पर मुग्ध' रहने वाले

रचनाकार थे और 'अरे यायावर रहेगा याद' की मूर्त्ति। फलतः यात्रा के अनुभव उनके पास बहुत थे। 'एक बूँद सहसा उछली' के अज्ञेय ने विदेश को छान मारा। घाट-घाट का पानी पिया। इस अनुभव भण्डार के कारण अज्ञेय जैसा बहुश्रुत और यायावर हिन्दी में कोई दूसरा नहीं है। राहुल नहीं हैं, निर्मल वर्मा भी नहीं। यह देखकर आश्चर्य होता है कि हिन्दी में जितने 'साक्षात्कार' अज्ञेय ने दिये हैं, उतने किसी ने नहीं दिये। सैकड़ों की संख्या में 'इण्टरव्यू' देने वाले अज्ञेय ने 'इण्टरव्यू' विधा को सच्चे अर्थों में प्रतिष्ठित किया। हिन्दी में पत्र-पत्रिकाओं के ठलुआ पत्रकार या नये-नये बछड़े कुछ करने की नियत से 'इण्टरव्यू' का धन्धा करते हैं—उनके लिए इण्टरव्यू कला एक फैशन है। इसलिए वे अच्छे प्रश्न नहीं बना पाते—न रचना-कर्म, रचना-प्रक्रिया, रचना-प्रभाव, रचना-शिल्प से जुड़े उत्तरों की गहराई का मर्म समझ या पकड़ पाते हैं। लेकिन जब रघुवीर सहाय ने 'अज्ञेय अपने बारे में' आकाशवाणी पर 'इण्टरव्यू' लिए तो इण्टरव्यू विद्या की महिमा का नया अर्थ क्षेत्र भी खुला। फिर 'अपरोक्ष' शीर्षक से 'कवि नायक' शीर्षक से अज्ञेय के 'साक्षात्कार' सामने आये। इनकी बानगी यहाँ कुछ साक्षात्कारों में मिलेगी।

वास्तविकता यह है कि अज्ञेय आलोचक के लिए 'इण्टरव्यू' एक रचनात्मक वैचारिक यात्रा है। वे इस विधा में अपने समय-समाज-साहित्य-राजनीति की वैचारिक हलचल को अंकित करते हैं। इस दृष्टि से अज्ञेय के ये साक्षात्कार एक बेचैन उर्वर प्रतिभा के जीवन्त दस्तावेज हैं। पूरी ईमानदारी से इनमें लेखक के आन्तरिक अन्तर्जगत् की परतों को उघाड़ने का व्यापार सक्रिय रहा है। साथ ही युग की विडम्बनाओं, विकृति., विरूपताओं, विसंगतियों के यथार्थ को भी ये इण्टरव्यू उजागर करते हैं। मूलतः अज्ञेय के व्यक्तित्व एवं कृतित्व ने अपनी समग्रता में यहाँ दर्शन अन्तर्दर्शन दिये हैं। उनके व्यक्तित्व की बहुपक्षीय बहुलता, संश्लिष्टता और संस्कारी आधुनिकता के आयाम यहाँ 'रागदीप्त सच' के साथ 'रचना-स्थिति' के भाष्य के साथ उजागर हुए हैं। अज्ञेय मूलतः अपने को कवि मानते रहे हैं जबकि उनके उपन्यासों-कहानियों, यात्रा-वृत्तों, डायरियों का लोक 'अपूर्वता' लिये हुए हैं—और संवेदनात्मक सूक्ष्मता की पकड़ अनुपम उदाहरण है। कहना होगा कि 'भारतीयता' की, 'भारतीय मानस' की, 'सांस्कृतिक स्मृति' की, धर्म और आध्यात्मिक संकट की गहन विवेचना में वे अपना सानी नहीं रखते हैं।

यह अकारण नहीं है कि अनेक वर्षों तक वह सबसे कटु-कठोर अनर्गल विवादों से घिरे रहे हैं। शायद तमाम लीकों को तोड़ने का—'मैं वह धनु हूँ' कहने का उन्हें यह पुरस्कार मिला है। फिर उन्हें भारतीय बौद्धिक जीवन को सताने वाली पश्चिमी बुद्धिजीवियों की तमाम धारणाओं से जूझने का अवसर मिला है। तमाम भारतीय

बुद्धिजीवियों की वर्चस्व-प्राप्त मान्यताओं, अवधारणाओं पर उन्होंने प्रश्नचिह्न लगाया है और फैशन-परस्त प्रगतिशीलता तथा छद्म-समाजवाद के मुखौटे, झूठे सेक्युलरिज्म के नारे के प्रति पाठक को सावधान किया है। साहित्य में राजनीतिक मताग्रहों का प्रदूषण हो या बौद्धिक दासता का बौड़मपन—ये 'साक्षात्कार' उन क्रूर आत्म प्रवंचनाओं को अनावृत्त करते हैं। फलतः अज्ञेय के इन साक्षात्कारों से 'सत्य' बाहर आया है—धूप-धूल से सना हुआ और वह रचना-कर्म की दायित्व-भावना, जिसे अज्ञेय ने अपने सृजन-चिन्तन की जीवन-लय से सुना है।

उन्होंने कहा भी है—अज्ञेय जी का आलोचना-कर्म उनकी रचना उपजात है "मैंने आलोचक होना कभी नहीं चाहा; चाहा तो लेखक होना ही चाहा 'लेखक' में कभी उपन्यासकार होने की आकांक्षा प्रधान रही तो कभी कवि होने की, यह दूसरी बात हैं, कालान्तर में मैंने मान लिया कि मेरी जैसी दृष्टि है—उसकी जो विशिष्टता है और जो सीमा है—उसे देखते हुए मैं कवि ही रहूँगा, उपन्यासकार नहीं बनूगा, यह भी दूसरी बात है। लेकिन अपने को लेखक कृतिकार के रूप में देखते हुए भी मैं शुरू से ही आलोचना करताऔर लिखता आया, 'कभी-कभी अपने पूछता हूँ कि विधि की ऐसा मज़ाक अपने साथ मैंने क्यों करने दिया?" (भवन्ती पृ. 42)

अज्ञेय : यात्रा-साहित्य का अनुभव

अज्ञेय का यात्रा-साहित्य हिन्दी-साहित्य की अक्षय निधि है—एक ऐसी अक्षय-निधि, जिसमें आगे आने वाली पीढ़ियाँ प्रेरणा की सुगन्ध पाती रहेंगी। यह अनुभव कितना प्रीतिकर है कि अज्ञेय में यायावर, विद्रोही कवि, मर्मज्ञ आलोचक दृष्टा, मोहक-कथाकार और आधुनिक बौद्धिक निबन्धकार एक साथ अद्वैत-एकाकार रहे हैं। जीवन के सुलगते-तपते अनुभवों का संचय अज्ञेय की यायावरी वृत्ति का आन्तरिक सत्य रही है। यायावरी के आन्तरिक उत्साह ने अज्ञेय में नये को पाने और जानने की 'हुड़क' पैदा की है। यह हुड़क जीवन और जगत्, सभ्यता और संस्कृति, परम्परा और आधुनिकता, बीज और वृक्ष को मूल से जानने का 'अरमान' बनी है। यहाँ जगत् के राग-दीप्त सच और गति-लय के प्रति लगाव और आकर्षण में, विविधता में एकता पाने की, थाहने की ताकत है और प्रकृति लय से साक्षात्कार करने का साहस। लय और गति के प्रति अज्ञेय जैसा राग शायद ही हिन्दी के किसी अन्य यात्रा-वृत्तान्त लेखक में मिलता हो। इसलिए कि अज्ञेय पोर-पोर कवि हैं और उनकी आँख देश हो या विदेश यात्रा के प्रत्येक 'डिटेल' को गहन संवेदन की सर्जनात्मकता से आँकती है। इसलिए 'अरे यायावर रहेगा याद' हो या 'एक बूँद सहसा उछली' हो देश और विदेश की यात्राओं में वहाँ कवि-मानस, कवि-दृष्टि सक्रिय है, यात्रा जिसमें देश और काल दोनों को आत्मीयता से अज्ञेय रचनात्मक अर्थ-सन्दर्भ देते चलते हैं। अज्ञेय का अलीकी सौन्दर्य-बोध साहित्यिक यायावरी को बार-बार परखता और निखारता है। इसलिए वे अपने हिल-हारिल की आन्तरिक पुकार को अनसुना नहीं करते, उसे शब्द-मूर्त्त करते हैं।

अज्ञेय यात्रा के लिए यात्रा नहीं करते। यात्रा से अपने को भरने के लिए निकलते हैं और उसके रस से अपने को सींचकर मुक्त करते हैं। इसलिए इन यात्राओं में मात्र इतिवृत्तात्मकता नहीं है, न पेशेवर किस्सागोई का चमत्कारवाद। साहित्यिक यायावर का यायावरी में रमना कला का एक अद्वितीय अनुभव है। अनुभव का यह टेक्स्ट या पाठ ही मुक्त मनोवृत्ति की निष्पत्ति में पाठक को वह

आत्मदान देता है जिसे पाकर पाठक रिक्तता का अनुभव न करके भरे-पूरे होने का भाव पाता है। 'समर्पण' में 'अरे यायावर रहेगा याद?' में कहे गये शब्दों की अर्थ-व्यंजना का भाष्य क्या सम्भव है—जहाँ कहा गया है 'याद कसक बन जाती है और समर्पण के शब्द उत्साह से रीत जाते हैं : पर कुछ साथ चलने वाले साथ रहते हैं चाहे उनका नाम नहीं लिया जाता।' इस प्रकार अज्ञेय का रचनाकार अपनी कलाकृतियों में 'अन्य' की अभिव्यक्ति अपने 'आत्म' से तदाकार करते हुए करता है। अज्ञेय को यात्रा का वह युग लौटाने का न समय है—न मन, जिसमें फाहियान, ह्वेनसांग, इत्सिंग, इब्नेबतूता, बर्नियर, मार्कोपोलो टैवनियर यात्रा करते थे। ये घुमक्कड़ लोग थे और जोखिमों को झेलने का साहस रखते थे। अज्ञेय ने इन यात्राकारों से 'जोखिमों को झेलने के साहस' का प्रेरणात्मक अर्थ पाया है। 'यात्रा-साहित्य की इस परम्परा को अपने में भरते हुए अज्ञेय इस यात्रा साहित्य के क्षेत्र में 'राही नहीं, राहों के अन्वेषी' बनकर निकल पड़ते हैं। 'अज्ञेय के लिए घूमना भीतरी अन्धकार की ग्रन्थियों को काटना है।'

अज्ञेय के लिए यात्रा का विवरण, वर्णन, निरूपण, इतिवृत्त कथन, कथावाचन धार्मिक-राजनीतिक दृष्टि की छलाँग यात्रा-साहित्य नहीं है। उनके लिए यात्रा का अर्थ है मनुष्य की अन्तर्यात्रा के बहुवचन को पाना और परोसना। बार-बार यात्रा से भरना और भरकर उलीचना खाली करना और फिर से नये जीवन-जल को भरना। इसलिए अज्ञेय न भटकन-शास्त्र रचते हैं, न घुमक्कड़-शास्त्र, न-घुमक्कड़ी का पागलपन पालते हैं। इसलिए वे अपने यात्रा-साहित्य को न इतिहास का एक एलबम बनाते हैं, न विवरणों से उल्लेखों की एटलस न संस्मरणों का, आत्मवृत्तों का वर्णनात्मक क्रीड़ा कौतुक। वे देश-विदेश में मानव प्रकृति के सूक्ष्म निरीक्षण के लिए यायावरी मनोवृत्ति से निकलते हैं। अज्ञेय के भीतर संस्कृत का बाणभट्ट बैठा हुआ है जो इस बार 'हर्षचरित' और 'कादम्बरी' के स्थान पर 'अरे यायावर रहेगा याद।' 1953 (स्वदेश) और 'एक बूँद सहसा उछली' 1960 (विदेश) की मानव प्रकृति, प्रकृति और प्रकृति-लय के साथ नाना प्रकार के यात्राओं से रंग और राग उपस्थित करता है। इसलिए पाठक मन्त्र मुग्ध भाव से अज्ञेय की ओर खिंचता चला जाता है। विदेश को लेकर अज्ञेय में जो एक बूँद सहसा उछली है—उसने निर्मल वर्मा में 'चीड़ों पर चाँदनी' बनकर कभी 'हर बारिश में' बहार बनकर जीवन के रंगों की इन्द्रधनुषी आभा उत्पन्न की है। इन दोनों रचनाकारों ने अपने यात्रा विजन से हिन्दी पाठक को सम्पन्न बनाया है। कालान्तर में यही सम्पन्नता रमेशचन्द्र शाह में 'इतनी लम्बी छाँह' बनकर सुकून देती है। शाह का यह यात्रा-संस्मरण अद्‌भुत है, जिसमें अज्ञेय और निर्मल एक साथ बतियाते मिलते हैं—वागर्थ प्रतिपत्ति की गरिमा के साथ।

हिन्दी में साहित्यिकों का एक अच्छा-खासा तबका यह मानता रहा है, कि हिन्दी में यात्रा-साहित्य एक विधा के रूप में पाश्चात्य साहित्य के सम्पर्क एवं संसर्ग से विकसित हुआ है। यह वर्ग यह भी कहना नहीं चूकता कि हिन्दी में ट्रेवल राइटिंग या ट्रेवलॉग हुआ ही नहीं है और जो हुआ है वह बेहद ओछा और कमजोर है। उसमें पश्चिमी यात्रा-साहित्य वाली न ताकत है, न यायावरी का वह जोखिम भरा कलेजा है। हिन्दी का यात्रा-साहित्य उपवनों, वनों, पर्वतों, तीर्थों, धार्मिक मन्दिरों की चोटियों पर चढ़कर पस्त हो जाता है। वह हिमालय को गाता है, घूरता है—हिमालय को जीता नहीं है। उसकी नदियों के साथ प्रवाहित नहीं होता। यह बेगड़ जी बनकर नर्मदा की यात्रा नहीं करता, न काका साहेब कालेलकर बनकर सभी नदियों के स्रोतों को छानता-घूमता है। उसके लिए यात्रा एक लुत्फ है—जीवन के आन्तरिक सच को गहने-थाहने का टेम्पर नहीं है। इसलिए यात्रा-साहित्य लिखने पर भी उसके यात्रा की चेतना के सीमान्त ढिल्लड़पन (स्लोगिंशनेश) का शिकार हो गये हैं। पकड़ ढीली होने के कारण उनके यात्रा संस्मरण में हल्की-सी सर्जनात्मकता का स्पर्श भर आ पाया है। उसमें वह कमाये हुए सत्यों का खमीर नहीं उठ सका है जो कलाकृति को जीवन्त बनाता है—ऐसा लुभावना बनाता है, जैसे हीरे का क्रिस्टल हो। मैं यहाँ कहना चाहता हूँ कि इस प्रकार की तमाम भ्रान्तियों को अज्ञेय ने अपने यात्रा संस्मरणों से तोड़ा है कि हिन्दी में स्तरीय यात्रा साहित्य नहीं रचा गया है या नहीं रचा जा सकता है। कहना न होगा कि अज्ञेय का यात्रा साहित्य एक प्रतिमान के रूप में मौजूद है, जिसने इस विधा को एक नया 'सन्दर्भ' दिया है। हमें याद है—हिन्दी में आधुनिक साहित्य के प्रवर्तक भारतेन्दु हरिश्चन्द्र ने पुरी और मथुरा यात्राओं के विवरण हँसते-खेलते गद्य में लिखे हैं। उनके गद्य में व्यंग्य की धार एक खास चमक रखती है, जब वे अंग्रेजी साम्राज्यवाद पर टूटते हैं। उनके यात्रा साहित्य का निबन्ध शैली में उन्मुक्तता और आत्मीयता का देसी रंग रहता है। कुछ-कुछ भारतेन्दु जैसी स्थिति ही इस युग के अन्य निबन्धकारों की विशेषरूप से प्रेमघन, प्रतापनारायण मिश्र, बालकृष्ण भट्ट आदि की रही है। इनकी मनोवृत्ति तीर्थ-व्रत, मेलों-ठेलों, नदी स्नान, ऋतुओं के वर्णन में रही है। राम-लीला और कृष्ण-लीला हमारे साहित्य के वे यात्रा-वृत्त हैं, जिसमें हमारी 'सभ्यता-संस्कृति' ने अर्थ पाया है। जायसी का 'पद्मावत' और सूर का 'सूरसागर' है तो काव्यात्मक यात्रा वृत्त ही। पूरा सन्त साहित्य यायावरी मनोवृत्ति का अपार भण्डार लिये है। इस मनोवृत्ति का उपयोग द्विवेदी-युग में भी हुआ। चाहे वह श्रीधर पाठक की 'कश्मीर सुषमा' हो या रामनरेश त्रिपाठी का 'पथिक' जैसा काव्य। संस्कृति-कला-इतिहास को मिलाकर यहाँ यात्रा साहित्य की दृढ़ पीठिका तैयार होती है। यहाँ यात्री शारीरिक यात्रा से ज्यादा

मानसिक यात्रा करता है। वह अपने को प्रमुख नहीं रखता, अपने को 'ओट' में रखता है—'मुखौटा' लगाकर बोलता है। इसी पूरी हिन्दी यात्रा-वृत्त की परम्परा से अज्ञेय ने सीखा है, अपने को केन्द्र में रखकर भी प्रमुख न होने देना। सबके घट में पैठकर कहना परकाय-प्रवेश के भावयोगी की तरह रचना में मौजूद रहना। यात्रा साहित्य के अकाल्पनिक गद्य में काव्यात्मक कल्पना पर संयम-सन्तुलन बनाये रखना। क्योंकि अज्ञेय को पता है—वे न तो 'आत्म चरित' कह रहे हैं—न आत्मकथात्मक संस्मरण रच रहे हैं। फिर अज्ञेय की 'आत्मकथा' लिखने में कभी दिलचस्पी नहीं रही। आत्मकथा को वे रचनाकार का 'झूठ' और 'पाखण्ड' मानते थे। अज्ञेय के सामने जयशंकर प्रसाद का आत्मकथा न लिखने का मॉडल था जो उन्होंने 'मधुर गुनगुनाकर कह जाता' में (लहर-काव्य संग्रह) प्रेमचन्द के सामने प्रस्तुत किया था। प्रेमचन्द के लाख आग्रह पर भी प्रसाद जी ने अपनी आत्मकथा नहीं लिखी। इसलिए वे न बच्चन बने, न रामविलास शर्मा। अपनी आत्मकथा न लिखकर अज्ञेय ने गजब की समझदारी का परिचय दिया। फिर वे रचनाकार को नहीं 'रचना' को महत्त्व देते हैं। वे कलाकार से ज्यादा 'कलाकृति' को केन्द्र में लाकर विचार करने का बराबर आग्रह करते हैं।

अज्ञेय वैसे भी अपने को 'वन का छन्द' मानते रहे हैं। उनका मन गाँव-शहर में न रमकर वन-जंगल-पहाड़-सागर में रमता है। अटन-भ्रमण, भटकन-विचरण ये सब 'वन के छन्द' हैं। अज्ञेय की कविता हो, कहानी हो—उसमें एक यात्रा या एक अन्तर्यात्रा रहती है। इसी कवि-मन ने 'अरे यायावर रहेगा याद' में अपनी कविता से अटन गति का संकेत दिया है—

पार्श्व गिरि का नम्र, चीड़ों में
डगर चढ़ती उमंगों-सी
बिछी पैरों में नदी, ज्यों दर्द की रेखा।
विहग-शिशु मौन नीड़ों में
मैंने आँख भर देखा।
दिया मन को दिलासा : पुनः आऊँगा
भले ही बरस दिन - अनगिन युगों के बाद।
क्षितिज ने पलक सी खोली।
तमक कर दामिनी बोली।
'अरे, यायावर ! रहेगा याद?'

यायावरीय वृत्ति का यह अनोखा-स्मरण अज्ञेय के यायावर को एक यायावर राजशेखरीय-अर्थ देता है। संस्कृत में कवि-सिद्धान्तकार राजशेखर 'काव्य मीमांसा'

में अपने को यायावर कहते हैं, और हिन्दी में अज्ञेय। यह 'रमता जोगी बहता पानी' है—जिसे कोई विलमा नहीं सकता है। अज्ञेय यात्रा संस्मरणों में स्थानों, मिथकों, लोक आख्यानों का ब्यौरा देने में 'निपुण' हैं। इस निपुण कला से उनके आत्म-वृत्त से भरे पूरे यात्रा संस्मरण बासी नहीं पड़ते। उनका 'पाठ' करते ही समय का अर्थ और प्रकरण जीवन्तता से धड़कने लगता है। 'अरे यायावर रहेगा याद' में कुछ यात्राएँ 'पिछले महायुद्ध से पहले' की थीं, जिन का प्रकाशन स्वाधीनता प्राप्ति के बाद हुआ। दूसरे संस्करण की 'भूमिका' में अज्ञेय ने लिखा है–'देश के विभाजनों से पुस्तक के पहले लेख (परशुराम से तूरखम) में वर्णित यात्रा-पथ का एक बड़ा भाग देश से कट गया था। और देश की मर्यादा रेखा खैबर-पार से सिकुड़कर अमृतसर-लाहौर के बीच आ गयी थी। एक बड़े भूकम्प के कारण वह पहाड़ ही धँस गया था जो ब्रह्मपुत्र का आवर्त बनाकर परशुराम कुण्ड को आकार देता था।' साथ ही यह ध्यान भी दिलाया कि 'पूर्वी अंचल में प्रशासनिक पुनःसंगठन से कई नये प्रदेश बन गये हैं—अरुणाचल, मेघालय, नागादेश (नगालैण्ड), मिजोरम—हिमालय में नयी सड़कों का जाल बिछ गया है और किसी जमाने में 'मौत की घाटी' अब पक्की सड़क के कारण साधारण सैरगाह बन गयी है।'

अज्ञेय की मनोभूमिका में एक क्रान्तिकारी निरन्तर सक्रिय रहता है और एक वैज्ञानिक निरन्तर संघर्षरत। उनके इस कथन का 'डिस्कोर्स' करने पर पता चल जाता है—तब शोध का क्या रूप था "और वैज्ञानिक शोध के सन्दर्भ में जब उस अभियान का स्मरण करता हूँ—जिसका मैं एक सदस्य था, तब शोध के तत्कालीन उपकरणों पर हँसने को मन करता है। कहाँ कॉस्मिक किरणों की खोज के लिए हमारा 'तोते का पिंजरा' विद्युद्दर्शक और हमारी किरमिच की नाव, और कहाँ आज के अन्तरिक्ष यान और माप ही नहीं, माप का विश्लेषण भी करने वाले स्वचालित यन्त्र।' इसी बोध से भरे अज्ञेय ने कहा है—"लेकिन स्पष्ट है कि अरे यायावर रहेगा याद? जैसी पुस्तकों को उनसे मिलने वाली भौगोलिक अथवा प्रादेशिक जानकारी के लिए नहीं पढ़ा जायेगा। ऐसे यात्रा-संस्मरण 'टूरिस्ट गाइड' का स्थान लेने के लिए नहीं लिखे और पढ़े जाते। ऐसी पुस्तकों में प्रस्तुत ब्यौरा एक व्यक्ति की यात्रा का ब्यौरा होता है, और वह यात्रा जितनी बाहरी होती है—उतनी ही भीतरी भी। यात्रा का विवरण जितना स्थूल भू-विस्तार से सम्बद्ध होता है, उतना ही सूक्ष्म मानसिक भूगोल से भी।' ध्यान देने की बात है कि भीतर से भीतर अन्तर्यात्रा करते अज्ञेय 'सूक्ष्म मानसिक भूगोल' की केन्द्रीयता से कभी विमुख नहीं होते। उनकी ज्ञानात्मक संवेदना में मानसिक भूगोल देश और काल के कई अनचीन्हें आयामों को खोजकर चीन्हता है। लेकिन इन खोजों को अपने पाठक की सुध रहती है। यही वह कवि-मन

है—अज्ञेय का जो जानता है कि जितनी महत्त्वपूर्ण लेखक की यात्रा रही है उससे कम महत्त्वपूर्ण पाठक की यात्रा नहीं होती। इसलिए यात्रा संस्मरण में 'परकाय-प्रवेश' या 'मानस प्रवेश' का विशिष्ट अर्थ होता है और 'परकाय प्रवेश' का यह योगी-गुण ही यात्रा-संस्मरण की प्रियता का आधार होता है। संकोचवश अज्ञेय कह नहीं सके कि यात्रा-वृत्त भी एक रचना है, कलाकृति है। यह रचना कभी पुरानी या बासी नहीं पड़ती। हर बार उसका 'पाठ' एक पुनर्नवता की सृष्टि करता है। इसी भाव से लिखा—'और मुझे आशा है कि तथ्यों की दृष्टि से कुछ पुराने पड़ गये इन लेखों की यात्राएँ आज भी रोचक होंगी और उन यात्राओं के निमित्त से पाठक जो मानस-यात्रा करेगा, उनमें लेखक का सहयात्रित्व उसे प्रीतिकर लगेगा।' इन यात्रा-वृत्तों को और भराव देने के लिए अज्ञेय ने प्रकृति-रस से सम्पन्न एक यात्रा-लेख और जोड़ दिया—'सागर सेवित मेघ मेखलित'। ऐसा इसलिए किया—'जब से स्वतन्त्र रूप से यात्रा करना सम्भव हुआ था, तभी से आकांक्षा थी कि पूरे देश को पूर्व से पश्चिम तक, दक्षिण से उत्तर तक देखूँ। 'परशुराम से तूरखम' की यात्रा से पूरब और पच्छिम के कुलाबे तो मिला दिये थे—पर उत्तर-दक्षिण के छोर मिलाने की आकांक्षा को और प्रेरणा ही मिली थी। अन्ततः वह यात्रा भी हो गयी और फौजी 'कानवाई' के सहारे नहीं, स्वेच्छा से निर्धारित पथ की गति से।' सरस-सरस यात्रा के संस्मरणों को परोस देने के कारण ऊब से मुक्ति मिलती रही।

इस ऊब-मुक्ति का कारण क्या है? इसलिए कि यात्रा-संस्मरण प्रस्तुत करने वाले अज्ञेय ब्यौरों को नमकीन बनाकर स्वाद उठाते हैं—उसका फीकापन हटाते हैं—मिर्च का चटपटापन लाते हैं और जरूरत के हिसाब से कसैलापन भी। उनकी तकनीक नयी है और कथ्य के प्रति चौकस भाव भी है। इसलिए पुराना पाठक हो या नया पाठक इन यात्रा-संस्मरणों से संवाद स्थापित कर ही लेता है। वह एक साथ नये-पुराने का स्वाद सौन्दर्य पाता है और यात्रा-वृत्त की मिथक-चेतना 'अन्वेषी-भाव' से पाठ को जोड़े रहती है। अज्ञेय का कथन साक्षी है—"इन पुरानी यात्राओं को नयी कर ले सकता हूँ—ये पुरानी यात्राएँ मिथक के सहारे दोहरायी जाकर भूगोल के आयाम में ही नहीं, इतिहास के आयाम में भी अग्रसर करती हैं—देश को ही नहीं नापतीं, काल को भी नापती चलती हैं।' इस तरह इन मानस-यात्राओं में ठण्डे जल से नहाने की तृप्ति का पवित्र भाव-लोक है। यहाँ खोंचड़ खोपड़ी के तर्क-कुतर्क नहीं हैं, शान्त-संयत मानस का अन्तर्मन्थन है और अन्तर्मन्थन से उपजे माखन का भोग भी है। इसलिए इन मानस यात्राओं को 'काल' पुराना नहीं बनाता निरन्तर नवल-धवल बनाकर 'क्लासिक' की शक्ल देता चलता है। इस क्लासिक अनुभव में 'वन का छन्द' प्रायः मोर-मन बनकर नाचता मिलता है और इस नृत्य का एक

अपना ही सुख है। अपने एकाग्र-भाव में अज्ञेय के यात्रा-संस्मरण 'पावन गंगा स्नान' के साथ जीवन की जिजीविषा के प्रमाण हैं। इनके छूने में नया संचरण है और जीवन-लय का सन्धान। मूलतः यह यात्रा-संस्मरण अपनी सर्जनात्मकता में 'साहित्य' हैं—यात्रा साहित्य। क्योंकि इनमें यात्रा के सरस छन्द ने 'वागर्थ की प्रतिपत्ति' का नया सर्जन-पाठ पाठक को दिया है।

हमें याद है कि पुरानी समय की धार्मिक यात्राओं का स्थायी भाव-विभाव होता था—देवी देवताओं-पितरों की अर्चना-पूजा-स्मरण और भक्ति। इसमें यात्री का 'आत्म' निमग्न होकर सुखानन्द पाता था और कभी-कभार ब्रह्मानन्द भी। वह आज का 'माडर्न' और 'जूमरिज्म कल्चर' का चाटू-पाटू घुमक्कड़ नहीं था। वह या तो 'पथिक-पाहुन' था जो राम की यात्रा में आता था या बटोही बनकर यात्रानुभव में भींगता जीता फक्कड़ मस्त जीव। उसके व्रजन-परिव्रजन में कृष्ण-रस था, राधा-भाव था—वैष्णवता का महाभाव जिसमें राधा बनकर, ललिता बनकर, सखी बनकर कृष्ण को खोजने का भाव था। वह सैर-सपाटा भाव न था। वह गोपी-भाव था जो 'लै लकुटी' निकलता था प्रिय से अद्वैत होने के लिए। प्रिय के लिए भटकने का विरह-भाव मधुवन में जीने का—समर्पित होने का भाव था। नर-नारायण विहार का भाव 'सागर सेवित मेघ मेखलित' वृत्तान्त है—कन्याकुमारी से नन्दा देवी तक की यात्रा-भाव यात्रा। यह अज्ञेय के आस्तिक मन की माया है कि एक विस्मय भाव के साथ कन्याकुमारी से नन्दा देवी का भौगोलिक क्षेत्र एक जीवन-कथा में परिवर्तित हो जाता है और अज्ञेय का मानस-यात्री योगी। शिव और कुमारी (पार्वती) की कथा में तन्मय तदाकार होकर अपना अलगाव खो देता है—अद्भुत साधारणीकरण के साथ। इस साधारणीकरण की व्याख्या महानायक भाव से ही की जा सकती है, जहाँ अपने-पराये की भेदबुद्धि नष्ट हो जाती है। तन्मय-भाषा के उद्धरण सहज हो जाते हैं और विनोद की झलक प्रकाश बन जाती है। बड़ी बात यह है कि जिस स्थान, पहाड़, झरना, शहर में अज्ञेय गये हैं, वहाँ के पूरे प्रकृति सौन्दर्य के डिटेल उनसे छूटने नहीं पाये हैं। प्रकृति और संस्कृति दोनों का आत्मराग मिलकर जीवन को बड़ा करता है। दृष्टि वही है जो कोंसर नाग के नीले पोस्त के फूल को पाना शुभ मानती है। एक-एक फूल न जाने कितनी स्मृतियों को गहे खड़ा है। यह फूल एक टेक्स्ट है जिसका हर पाठक भीतर घुसकर नया भाष्य करता है और एक समृद्ध सांस्कृतिक पूँजी को पाकर प्रसन्न होता है। वह लोक और शास्त्र दोनों को निचोड़कर जीता है ताकि परायापन छँट सके 'अन्य' होने का भाव हट सके। सबका होकर सबके साथ जीने की भाव-सृष्टि हो सके। यहाँ पाठक पाता है कि मानव और प्रकृति न दो हैं, न उनमें कोई कसकता अलगाव है। फलतः इन यात्रा-संस्मरणों को यात्रा-वृत्तान्त न

कहकर सुविचारित अर्थों में यात्रा-निबन्ध कहना चाहिए। क्योंकि इनकी व्यक्ति व्यंजकता में भाव-विचार की गहन अन्तर्योजना है और यात्राओं से ध्वनित सत्य की गूँज-अनुगूँज।

अज्ञेय होने का एक अर्थ यह भी है कि बाहर से शान्त, लेकिन भीतर से बेचैन। इसलिए पद्य-गद्य, की अभिव्यक्ति में काफी फर्क आया है। पद्य का अज्ञेय जब गद्य का सच्चिदानन्द वात्स्यायन बनकर विचार संकल्प के साथ, यायावरी मुद्रा के साथ आता है तो उसमें विचार के भीतर विचार चलता है। यह इस गति से चलता है कि गद्य-विधाओं के सभी अनुशासन टूट जाते हैं—यात्रा वृत्त में संस्मरण-कहानी-निबन्ध धक्के मारकर खुले मन से घुस आते हैं। एक विधा का दूसरी विधा में प्रवेश अन्तर्प्रवेश अज्ञेय की गद्य सर्जना में गहरे स्तर पर चलता है। 'अरे यायावर रहेगा याद?' या 'एक बूँद सहसा उछली' या 'जन-जनक जानकी' का यात्रा संस्मरण इसी बात की पुष्टि करता है। यहाँ कविता या गद्य का अनुशासन एकांगी नहीं है—वह अर्थ का भी है—अभिप्राय और प्रेरणा का भी है और उद्देश्य का भी है। यह सब होने पर भी कविता का एक अलग-अलग अनुशासन होता है। कविता शब्द का संस्कार है—गद्य भाषा का परिष्कार-विस्तार।

'परशुराम से तूरख़म'—'एक टायर की राम कहानी।' यह कहानी टायर की रामकहानी क्यों? इसलिए कि अज्ञेय को ट्रक चलाना सीखना पड़ा था ताकि वे भगतसिंह को जेल से बाहर निकाल सकें। दो-तीन दिन में जान खपाकर सीखा ट्रक चलाना। फिर उन्हें घुमक्कड़ी यायावरी तो दूध की घुट्टी में मिली थी—कभी लखनऊ, कभी पटना, कभी बनारस, कभी मद्रास, कभी लाहौर, कभी मेरठ-दिल्ली-पंजाब। अज्ञेय के पाँव में चक्कर। यह पाँव का चक्कर बढ़ता ही गया—पहले देश में, फिर विदेश में। 'घाट-घाट का पानी बेटा धन्य है तेरी नानी' के प्रतीक तो अज्ञेय थे ही मौनी-विद्रोही-घुमन्तू। इसी ने ट्रक की कथा-डोर पकड़कर एक टायर की राम कहानी कह डाली। आरम्भ में ही कहा—'कहते हैं कि सृष्टि की सर्वोत्तम आकृति चक्र है, क्योंकि उसका आदि-अन्त कुछ नहीं है। मैंने देश की भिन्न-भिन्न सँकरी-चौड़ी कच्ची-पक्की, ऊबड़-खाबड़ सड़कों पर लुढ़कते-पुढ़कते अनेकों बार (पाया है) सोचा है कि चक्राकृति के सौन्दर्य के लिए बहुत अधिक नम्बर चाहे न भी पाऊँ, अपनी आदि-अन्तहीन गतिक्षमता का दावा तो कर ही सकता हूँ,' यह आदि-अन्तहीन गति क्षमता का दावा ही प्रश्नाकुलता के साथ 'अरे यायावर रहेगा याद' बनकर उमड़ पड़ा है। चक्र ही कह सकता है—'स्वयं सुन्दर न होकर भी मैं संसार के अखिल सौन्दर्य की नींव हूँ, क्योंकि मैं संस्कृति की नींव हूँ। संस्कृति और सभ्यता के विकास में अग्नि के अवतरण के बाद जो सीढ़ी मानव-प्राणी चढ़ा, वह मैं हूँ; या तो कह लीजिए

देवताओं के समुद्र मन्थन से जैसे सर्वश्रेष्ठ उपलब्धि अग्नि की हुई, उसी प्रकार मानव मन रूपी मन्थन जो श्रेष्ठ नवनीत प्राप्त हुआ, वह है चक्राकार की उद्भावना।' अज्ञेय ने चक्र से काल चक्र, काल का डमरूनाद, कला और काल, भारतीय काल की अवधारणा अँगूठी—(इटरनिटी रिंग) से लेकर चक्रधर, चक्रपाणि तक की दौड़ लगाई। घूमना-चलना, निरन्तर प्रवाह में रहना, गति-लय में व्रजन, अज्ञेय को भाता है। भाता क्या है—यह उनका स्व-भाव है। यह स्व-भाव ही काल मृगया की अवधारणा को जीता है और छककर जी लेने के बाद यात्रा निबन्ध लिखता है।

'यह मैं कह रहा हूँ, तो एक चक्रमात्र के साधारण प्रतिनिधि की हैसियत से, नहीं तो व्यक्ति रूप में मैं एक अकिंचन यायावर हूँ। और अपने ही जैसे यायावर 'श्री इन पंक्तियों के लेखक जी' का सहारा—क्योंकि मैं उनकी गाड़ी का एक टायर हूँ। ('अरे यायावर रहेगा याद', पृ. 1) फिर रचनात्मक छल का मुखौटा उतारकर कहा 'और मैं जो रामकहानी कहूँगा, वह भी मेरी रामकहानी इसीलिए है कि वह मेरे चालक की कहानी है। अपने अनुभव को दूसरे के—अपने मालिक के—इतिवृत्त के रूप में कहना ही तो मर्यादासंगत है; वैष्णव भक्त जैसे राधा और कृष्ण के जीवन में अपने राग-विराग ढाल देते थे, मैं अपने प्रतीक पुरुष को ही आधार मानता हूँ।' यह प्रतीक-पुरुष ही यायावर है। इस यायावर को भटकते चार दशक बीते, लेकिन उसने 'अपने पैरों तले घास नहीं जमने' दी—लगातार गतिमय रहा। यह यायावर इतना खाया-खेला यायावर है कि स्वानुभव से जानता है—मन्दिर में देवता जमकर बैठा तो पाषाण बनकर रह गया। 'देवता भी जहाँ मन्दिर में रुके कि शिला हो गये और प्राण-संचार की पहली शर्त है—गति, गति, गति। उसके पास एक चीनी कहावत का गुरु-मन्त्र है कि चलो-चलो। इसलिए यात्रा का इतिवृत्त 'पूर्व-असम' से शुरू किया, जहाँ युद्ध के दिनों में जापानी अभियान बढ़ा और पछाड़ खाकर गिर गया। यायावर को पूर्वी प्रान्त—सीमा प्रान्त के भी पूर्वोत्तर प्रदेश का दौरा उसके हिस्से आया। यायावर को इस नौकरी के दौरान जो ट्रक मिला, वह बेहद खराब हालत में था—केवल उसमें एक टायर ही ऐसा था जिस पर भरोसा किया जा सके। यह ट्रक अठारह हजार मील रन कर चुका था—हर जगह से गया-बीता। जिस पर भी यायावर को रात में गाड़ी चलाने का व्यसन—दूर की मीटिंगें। राह में चौंक कर रुके वन्य जन्तु की चमकती अंगार-सी आँखें—खरहा-लोमड़ी-सियार, वनबिलार, बघेला। कृष्ण पक्ष और शुक्ल पक्ष की रातों में ट्रक चलाने का अनुभव। तिनसुकिया के आगे कोई वर्कशाप नहीं है तो क्या हुआ? यायावर का भ्रमरी योग और सनीचर की छाया। ब्रह्मपुत्र की समतल यात्रा का आरम्भ बिन्दु, परशुराम का तपोवन और कुण्ड, कुण्डनपुर के महल जहाँ बैठकर रुक्मिणी ने कृष्ण की प्रतीक्षा की होगी। गैंडे, हाथी, मिठून (अरना भैंसा)

द्वारा सेवित कदली वन, आबोर, मिश्मी, खामटी वन्य जातियों के प्रदेश का दुर्भेद्य जंगल। उसे याद है माघ-पूर्णिमा में चार-पाँच दिन बाद परशुराम कुण्ड का मेला लगेगा। अज्ञेय परिवेश प्रकृति का सूक्ष्म से सूक्ष्म ब्यौरा देते हैं—इस तरह पाठक के सामने स्थान, देश-प्रदेश का पूरा बिम्ब एकदम स्पष्टता से उभरता है। अर्थ-ग्रहण के साथ यात्रा-निबन्धों में बिम्ब-ग्रहण की कला का जादू है।

यायावर ने असम के भीतर दृष्टि डालकर पाया कि 'भारत में ब्रतानी शासन को दृढ़ करने में किस तरह सीमा प्रान्तों या 'पिछड़े' प्रदेशों के पोलिटिकल एजेन्टों और ईसाई प्रचारकों का चोली-दामन का साथ रहा, इसके अध्ययन के लिए असम सीमा प्रदेशों का-सा क्षेत्र और न मिलेगा।' इस तरह के कथनों से जाहिर है कि अज्ञेय का यायावर राजनीतिक-सांस्कृतिक इतिहास के प्रति कितना जागरूक है। इस जागरूकता से वह असम का 'आन्तरिक इतिहास' खोलकर रख सका है। उसे 'देश की पराधीनता अखरती है' और अखरती है? ब्रिटिश साम्राज्यवादी नीतियों की करतूतें। फिरंगी पोलिटिकल एजेन्टों के दफ्तर क्या हैं? पुण्यभूमि भारत को लूटने के सुनियोजित तन्त्र। असम का सदिया फ्रन्टियर ट्रैक—इसका परमिट, पोलिटिकल एजेंट स्वयं देता है एवं उसे पाना टेड़ी खीर। ब्रह्मपुत्र (संस्कृत नाम लौहित्य—देशी नाम लुहित) से परशुराम में घाट की यात्रा—कठिन-कठोर। ब्रह्मपुत्र की उपनदी पार करनी होती है। प्रसिद्ध है कि इसी नदी के किनारे (कुण्डिनपुर) जहाँ रुक्मिणी को लेने कृष्ण आये थे। यहाँ अति प्राचीन अभेद्य जंगलकदली वन के मीलों फैले क्षेत्र में अरने भैंसों की भरमार और ये भिक्षुन बन्दर जातियों के लिए पूज्य। मिश्मियों का साथ तीर-धनुष और कमर में खोंसे खाण्डे। नद पार करके चार मील का रास्ता चीन और भारत को जोड़ने वाला मार्ग कभी था—अब नहीं है। जंगली सुगन्धित प्रदेश—रक्तप्रसूनों की सुलगती अनुभूति। यहाँ अज्ञेय का कवि मन कल्पना में रंग भरता है जैसे 'बालुका' के पीले उत्तरीय में लिपटा हुआ ब्रह्मपुत्र का पीला गात, मानो वसन्तश्री के लाल चुम्बनों से मुद्रांकित हो उठेगा।' (पृ. 9) कुण्ड वास्तव में ब्रह्मपुत्र की धारा का एक आवर्त्त है और नद हिमालय दर्शन को आकुल-व्याकुल। यायावर को परशुराम की स्मृति और मातृवध की कथा पाप न धुलने पर भगवान ने परशुराम को कुण्ड में स्नान करने का आदेश दिया। परशुराम ने तपस्या की और स्नान से पाप धोए। अब उस कुण्ड पर सन्नाटा है। लेकिन संक्रान्ति के अवसर पर अनेक मिश्मी नर नारी। मुमुक्षु नहाकर निकले न निकले कि मुक्तिपथ के ये सहायक उसकी धोती-गमछा-लँगोट जो कुछ हो खींच लेते हैं और कभी-कभी मुमुक्षु को उस परम निष्पाप अवस्था में सूखे कपड़ों तक जाना पड़ता है। इसका विरोध सम्भव नहीं, यह रीति चली आयी है। अज्ञेय ने इस पर टिप्पणी की है। "और सभ्य मुमुक्षुओं के

पाप का बोझ इस प्रतीक के द्वारा ढोने का अधिकार सदा से असभ्य उपत्यकावासी मिश्मियों में रहा है। विकसित नागरिक सभ्यता के पापों का बोझ अविकसित वन्य जातियों द्वारा ढोया जाता है। इस सत्य की वह रीति कितना अर्थपूर्ण प्रतीक है। (पृ. 10)

अँधेरे जंगल की यात्रा में फटीचर ट्रक का पंक्चर होना। अचानक झक्की क्लीनर को साँप काटने की घटना और दवाई लगाने का देसी तरीका। फिर कामरूप का इतिहास शुरू हुआ। गहन वनों में छिपे स्मारक। सदिया प्रदेश के भीष्म का वंशधर वीरपाल और उसकी रानी रूपमती। कुबेर ने उसके पति का रूप धारण कर उसे भोगा। वीरपाल को स्वप्न दिया कि वृक्ष के नीचे ढाल और सोने की बिल्ली महाभारतकालीन असमिया कथा का अज्ञेय ने उल्लेख इसलिए किया है ताकि पाठक उसके इतिहास रस में निमग्न हो सके।

शिवसागर—असमिया में 'हिबहागर' हो गया। अहोम राजाओं की बस्ती यहाँ बसी। ताल-रुद्रसागर जयसागर के किनारे मन्दिर महल बसे हैं। प्रतापी राजा रुद्रसेन का नाम असम में बच्चा-बच्चा जानता है। जोरहाट, गुवाहाटी, कामाख्या देवी के दर्शन के लिए हजारों बंगाली आते हैं।

यायावर ने मध्य असम से पंजाब की यात्रा का मन बनाया। उसे आज्ञा मिली कि पाँच गाड़ियों का 'कानवाई' लेकर असम से पंजाब जाये। एक गीले दिन भोर में चल पड़ा, बंजारा। शिलाङ् के चीड़ की घाटियों को पार कर निकला तो सड़क हरहराने लगी। पलाशबाड़ी पहुँचा—असम की रेशम मण्डी और ब्रह्मपुत्र का खसिया पर्वत, गारो पर्वत श्रेणी, ग्वालपाड़ा, जोगी गुफा घाट तान्त्रिक साधना प्रसिद्ध क्षेत्र। कहते हैं कि 13वीं शताब्दी में तुर्कों ने आक्रमण किया तो तान्त्रिकों ने अपनी साधना शक्ति से पराजित किया था। जोगी गुफा पार कर रास्ता धुबड़ी से कलकत्ते की ओर मुड़ता है—'कानवाई' अच्छी सड़कों पर ही पलते हैं। दीनहट्टा के पास बाँसों से बना बँगला, बाँस की चटाइयाँ, बगीचा कोच जाति की राजधानी कोच बिहार और राजा नरनारायण (16वीं शताब्दी) की स्मृति। विद्या प्रेमी नरनारायण राय ने काशी में शिक्षा पायी थी। वहाँ पहुँचे थे बंगाल के स्मार्त आचार्य रघुनन्दन भट्टाचार्य। वे बंगाल-बिहार-उड़ीसा के पण्डितों को शास्त्रार्थ में पटकी दे चुके थे। कहते हैं कि विधवा ब्राह्मणी ने उन्हें पछाड़ा था। कूच बिहार से सिलीगुड़ी का मार्ग—'द्वार प्रवेश' इस अंचल में हिमालय के बारह 'द्वार' हैं—भोटिये, नेपाली, तिब्बती और नाना पर्वतीय जातियाँ हैं। जगह-जगह व्यापारी और लुटेरों की भरमार। चाय के बागान और नगाधिराज हिमालय का सौन्दर्य—अनिर्वचनीय सौन्दर्य। 'हिरण्यगर्भ : समवर्तताग्रे' से 'कस्मैदेवाय हविषा विधेयम' की अनुभूति।

अलीपुर-द्वार से यायावर टँडोरा तिस्ता नदी की ओर बढ़ा और विश्राम किया।

यों वह पूर्णिमा आया—स्टीमर से गंगा पार की और फ़ौजी सड़क पर हो लिया। पार्श्वनाथ के पास 'ग्राण्ड टंक रोड' और अमेरिकी और नीग्रो। गोरे के ग्रामोफोनों पर जैज नाचों के तवे चढ़े और नीग्रो ने बैंजो टुनटुनाया। हँसते नीग्रो चेहरों की दूधिया दशन-पंक्ति। उधर मच्छर बोटियाँ नोचने लगे और बालों में भरने लगे इंजन के कोयले। अमेरिकियों की देखा-देखी इंजन से तामचीनी के मग में गर्म पानी से चाय बनाकर पी। भाषा की देशी पकड़ अज्ञेय के पास है—उस पकड़ का क्या कहना जैसे—'दिन भर टाँट सिकती रही। काश कि बदली घिर आती।' (पृ. 23) फिर बैरकपुर पहुँचते ही तगड़ी बारिश—भीगते यायावर को जाट की कहानी याद आयी। गाभिन घोड़ी की कहानी। यहाँ यात्रा की अनेक झंझटों का कड़ुआ रस पिया। हुगली पार कर उत्तरपाड़ा और वर्धमान (बर्दवान) होकर आसनसोल पहुँचे।

पार्श्वनाथ गिरि—मुगल सराय से बनारस-इलाहाबाद होते हुए कानपुर। कानपुर के पास बिल्हौर में रात काटी और पायी बैलगाड़ियों की सड़क पर भीड़। फिर पकड़ा भारतीय सैन्य संगठन का मध्यवर्ती कैम्प आगरा और कवि नजीर की उपेक्षित कब्र को देखा। कवि-मन का द्वार धड़ाम से खुलकर बोला—'क्योंकि जीवन का स्रोत घटना का स्रोत नहीं है—वह चेतना का स्रोत है। हमारी कविता बानी नहीं रही, लिखतम हो गयी है : हृदय से हृदय तक नहीं जाती, वरन् एक मस्तिष्क की शिक्षा-दीक्षा के संस्कारों की नली से होकर कागद पर ढाली जाती है, जहाँ से एक दूसरा मस्तिष्क अपने संस्कारों की नली से उसे फिर खींचता है।' (पृ. 29)।

मथुरा-वृन्दावन होते हुए गोविन्द देव मन्दिर देखा। फिर देखी सबकी भाभी नयी दिल्ली, 'जिसकी मुस्कान की अपेक्षा हर एक को है, पर जिससे ठिठोली करने की हिम्मत किसी को नहीं होती।' (पृ. 29) पुरानी दिल्ली किंग्सवे का वह स्थान जहाँ सम्राट का अभिषेक हुआ था और अब वहाँ तपेदिक का अस्पताल है। घुमन्तू पहुँचे सोनीपत और कानवाई पानीपत-कुरुक्षेत्र होता हुआ अम्बाला से जालन्धर पहुँचा। वहाँ जहाँ अज्ञेय के पूर्वजों का पुराना स्थान। ऐसा भारी परिवर्तन—पन्त जी की कविता फूट पड़ी 'विश्वमय हे परिवर्तन!' पश्चिमी ख़ैबर का लोकतन्त्रवाद। अमलतासी के बाद अमृतसर और वहाँ के मिठबोले ताँगे वालों की याद। लाहौर हिन्दुस्तान के तीन गन्दे शहरों में एक व्यापार और शिक्षा का बड़ा केन्द्र—संस्कृतियों का संगम, लफंगों का लाहौर। गुजराँवाला जहाँ रणजीतसिंह जन्मे थे—आगे वजीराबाद और महिवाल का डेरा—साहनी के घड़े का गीत। लालमूसा झेलम—चिल्लियाँवला जहाँ सिखों ने अंग्रेजों से लोहा लिया, सिकन्दर और पुरु का युद्धक्षेत्र चिल्लियाँवाला और आगे रोहतास का पहाड़ी दुर्ग। रावलपिण्डी से आगे तक्षशिला। सांस्कृतिक विरासत पर गर्व का अनुभव हुआ। कुषाण राजा कनिष्क की बसाई नगरी—चीर टोपा

का स्तूप कुणालस्तूप। जंडियाल में पवन मन्दिर के अवशेषों का दर्शन। हसन अब्दाल में सिखों का तीर्थस्थल 'पंजा साहब'। यहाँ बाबावली का चश्मा है। नानक और सिन्धु नदी के पार शालातुरीय पाणिनि के गाँव के दर्शन किये। हसन अब्दाल से पेशावर जाती रोड पर एवटा बाद। कोहाट का दर्रा पार कर यायावर ने तुरंग गति पकड़ी। जंगली नरागों की गन्ध का लुत्फ लिया। आगे चीड़ वृक्षों की छाया और पामीर की हिम मण्डित गिरि श्रृंखलाएँ। एवटावारं की सड़कों पर लाटियाँ भर-भर जाते लोग गाते हैं 'ले-के रहेंगे पाकिस्तान' 'लड़के लेंगे पाकिस्तान'। दूर पर सतश्री-अकाल के नारे। सामने खड़ा है अटंक का भव्य दुर्ग। आगे सिन्धु का पुल। नर्मदा के भेड़ाघाट से कम भव्य नहीं है यहाँ का दृश्य। मर्सने के उत्तर-पूर्व शाहबाज गढ़ी में अशोक का प्रसिद्ध प्रस्तर लेख है।

यायावर से नौशेरा में एक रूसी कलाकार से अन्तरंगता। रंगमंच का संगीत निर्देशक और अभिनेता। भारतीय लोक-नाट्य एवं नृत्यकला का अध्ययन कर रहा है। इसी यात्रा पथ में दरगाही का दुर्ग। फाह्यन के अनुसार वहाँ पाँच सौ संघाराम रहे होंगे।

यायावर का तीसरा अभियान कोहाट। वह उत्साह से पेशावर आया। जोधपुर में रंगों की विविधता ने मोह लिया और श्रीनगर में गन्धों की विविधता का कमाल। उसे ध्यान आया जहाँ घर-गिरस्ती आबाद करना ही जीवन की सफलता हो, वहाँ इस भटक-भटक कर अनुभव-संचय और जीवन के रस-शोध को कौन महत्त्व देगा।' (पृ. 54) भारत की विविधता में एकता की खोज इस यात्रा-निबन्ध में पूरे मनोयोग से की गयी है। क्योंकि भारत की संस्कृति जड़-धातु-पिण्ड नहीं है। वह नर्मदा की गति भरी धारा है। इसलिए मर्यादा पर्वत का नाम है—दूरखम। प्रज्ञा पारमिता का प्रतीक पर्वत। एक लम्बी प्रार्थना का सार सर्वस्व है—प्राणों की निर्भरता लेकिन क्या यही यात्रान्त है? नहीं यात्रा आगे बढ़ती है, अनन्त की ओर। इस यात्रा निबन्ध में सांस्कृतिक इतिहास की धड़कन के साथ भारतीय जीवन-लय को बहुत भीतर से पाने और महसूस करने का प्रामाणिक संसार है। इस यात्रा निबन्ध का अध्ययन भारतीय समाजशास्त्र-सौन्दर्यशास्त्र की कई परतों को खोलता है। साथ ही अनुभव का खुलापन जीवन का खरा स्वर्ण है और कला के जादू का प्रभाव। एक जबर्दस्त 'परिवेश' के प्रति जागरूकता के भाव की विद्यमानता वैचारिक सर्जनात्मकता को नये 'सन्दर्भ' देती है।

'किरणों की खोज में' का आरम्भ बचपन में अंग्रेजी लेखक राइडर हैगर्ड के एक रोमांचक उपन्यास के नायक विषयक टिप्पणी से होती है। इस उपन्यास में जल से जुड़े अनेक जीवनानुभव—प्रिय-अप्रिय किन्तु स्मृति में निरन्तर धड़कते हैं। कैसे जल

अभियान में अज्ञेय ने विश्वविद्यालय के वैज्ञानिक अन्वेषी दल की सदस्यता स्वीकार की थी और तब विद्युद्दर्शक अन्वीक्षक-प्रकाश चित्र, ग्राहक यन्त्रों के मरुस्थल में पानी पानी की कुल्पा की कोई झाँई तक न दीखी थी। कार्यक्रम निर्धारित करके अज्ञेय सैलानी रूप में कश्मीर पहुँचे। नये-नये विज्ञान के विद्यार्थी–घरेलू टंटों से मुक्त। दुमेन के डाकबँगले में न रुककर एक गुरुद्वारे में ठहरे–वहाँ गुरुद्वारे के किरपानधारी खटमलों ने रात काटनी दूभर कर दी। वेगवती कृष्णा-गंगा में स्नान करके बस यात्रा। रास्ते में झेलम पार करके–पाटन के मन्दिरों के पास पहुँचे और परिहासपुरा के बौद्ध मन्दिरों को पार कर श्रीनगर (कश्मीर) पहुँचे। बचपन में अज्ञेय कश्मीर में बीता और याद रहा कवयित्री बेगम जेबुन्निसा का महल। जल विहार के लिए बना महल। जेबुन्निसा का अतृप्त जीवन बेदर्द प्रेम की व्यथा एक मार्मिक कविता का आख्यान है। फिर चले गुलमर्ग और गुरु पत्नी का प्रकरण और वायदा। गुरुजी भौतिक विज्ञान के अध्यापक और वे ईसाई धर्म दीक्षा के जानकार। बाइबल क्लास में राधा-कृष्णन के 'हिन्दू जीवन-दर्शन' पर बात करते या फिर कुङ्फुत्से, लाओत्से, बुद्ध, शंकर, पास्कल, स्पिनोजा के विचार दर्शन का अध्ययन कराते। इस अध्ययन ने अज्ञेय की रचना कर्म की मनोभूमिका को दूर तक प्रभावित किया है। उन्हें इसी अध्ययन से यह विचार मिला कि अपने धर्म का विवेकपूर्ण अध्ययन ही ईसाइयत है–हिन्दू धर्म है। सर डॉ. शान्तिस्वरूप भटनागर के 'द थर्मोडायनैमिक्स ऑफ गॉड' के भाषणों ने अज्ञेय को भीतर से हिलाया। गुरुजी की व्याख्याओं ने अहिंसा सिद्धान्त को जीवन का मूलाधार माना।'

इसी पूरे वैज्ञानिक अभियान में अज्ञेय रंगमर्ग पहुँचे। साथ में धुनी गुरु की कार्य के प्रति निष्ठा ने उत्साह दिया। पत्र में बीस रुपये श्रीनगर भेजने की घटना का ध्वन्यर्थ–मानव पर विश्वास करो। रंगमर्ग के आगे का रास्ता बेहद असुविधाजनक। न मोटर न घोड़े। फिर 'परमिट' लेने का सिरदर्द। अनुमति 'वैज्ञानिक मण्डल' के नाम से नहीं मिली केवल सैलानी दल के नाम पर मिली। चलकर कश्मीरी-दर्शन का मूल-मन्त्र पाया। 'कुछ फिकिर नेई।' अज्ञेय ने श्रीनगर से जम्मू की ओर मोड़ा बचपन का परिचित रास्ता 'पुरानी स्मृतियों के उभार' बायें शंकराचार्य पर्वत, शिखर पर पिंजरे-सा शिव-मन्दिर पाणिनि जैसे 'पीर शलातुरा' हो गये हैं वैसे ही यह मन्दिर 'तख्ते सुलेमान' हो गया है। अद्भुत प्रकृति और प्रकृति के दिये आलूचे, आड़, सेब, नाशपाती, गिलारू, खूबानी। अज्ञेय की स्मृति में बचपन के दिन जब बगीचों से फूल तोड़ने के मौके तलाशते रहते थे, यहाँ पास में पाण्ड्रेयन का शिवमन्दिर। पाण्ड्रेयन शब्द की व्युत्पत्ति 'पुराणाधिष्ठान' पर अज्ञेय का ध्यान। शुपिया की कच्ची सड़क के रास्ते में पीर पंजाल, रतनपीर, नौशहरा, भीमबड़ का रमणीय दुर्गम प्रदेश। पहलगाँव

से तुलियन झील पर गये। बारह हजार फुट की ऊँचाई—कॉस्मिक किरणों के अध्ययन के लिए सही जगह। आगे बढ़े तो पानी से ढके गड्ढ़ों के दचके। पेड़ों की डालियाँ काटकर कीचड़ पर बिछाते रहे ताकि गाड़ी बढ़ सके। लेकिन बात बनी नहीं। आदमी बुलाये और गाड़ी को निकाला रेम्बियारा नदी पार कर पैदल चले—दुर्गम पथ, कठिन पथिक यात्रा। रास्ते में अखरोट और मकई के भुट्टों का स्वाद लिया—रोक-टोक-चोरी की परवाह नहीं की। अज्ञेय ने माना 'भुट्टे दूधिया थे और बहुत मीठे।' (पृ. 80) दूर जाकर छटिबल के जल प्रपात में बिलमे—'धौल-सा पानी और फिर जल प्रपात फेन के आवर्त्त और वन सरस्वती का अप्रतिहत संगीत। फिर आऊँगा। 'घटना की आवृत्ति होती है, अनुभूति ही नहीं अनुभूति की आवृत्ति, पुनरानुभूति केवल स्मरण में है।' (पृ. 82)

अज्ञेय का जोशीद्वय से संवाद इस यात्रा-वृत्तान्त में चटनी का स्वाद है। फूल की घाटी आने पर गन्ध-मरकन्द। अनेक जातियों के फूल हैं अनेक रंगों के भी। मटकती हवा बंशी बजा रही है। आगे कोंसर-नाग की चढ़ाई। पहाड़ी थोड़े छोड़कर चल पड़े। यहाँ आस-पास खानाबदोश गूजर बसते हैं। प्रकृति की यहाँ न जाने कितनी माया-मरीचिकाएँ। यात्राओं की यही माया मरीचिकाएँ अज्ञेय के प्रकृति-चित्रों में रूपाकार पाती हैं। कोंसरनाग नदी और झील और आगे चीड़ों के भुर्ज। गन्धौषधियाँ और गाय के दूध का अजवाइन जैसा स्वाद। गुफा के भीतर से मुस्कराते पोस्त के फूल। मानव भाग्योदक के प्रतीक हल्के नीले रंग के पोस्ती फूल। रास्ते में मेवे का भोजन और रबड़ाई खीर का आनन्द। सभी का वजन बढ़ गया।

अज्ञेय ने यहाँ 1815 •. रांट्जेन द्वारा क्ष-किरणों की खोज को भौतिक विज्ञान की महान घटना मानते हुए उसकी पुनर्रचना की है। इस विज्ञान का पूरा इतिहास दिया है कि कैसे किरणें तरंगों में चलती हैं। सन् 1937 में प्रो. ब्लेकेट ने पाया कि कॉस्मिक किरणों में अणुधारा होती है। लेकिन यह यात्रा दल केवल यन्त्र के अधीन न था, उसमें अलग जीवनानन्द था। जिसमें न्यूटन की उस नौकरानी का जिक्र था, जिसने उसके पन्ने समेटकर उन्हें आग के हवाले कर दिया था।

पहाड़ों पर अतल गहराई वाली झीलों की चर्चा का रस। एक पग्गड़धारी व्यक्ति फकीरनुमा—उसका रेखाचित्र और विवरण में रिपोर्ताज का मिश्रण। 'लाइलाहाइल्लिल्लाह मुहम्मद रसूल इल्लाह' वाले व्यक्ति के पास 'स्त्रियों के गुप्त रोग और उनकी चिकित्सा' पर चालीस पृष्ठ की मैली पुस्तक। वही गूजरों का डॉक्टर था, जड़ी-बूटी बेचता था। झील पर अचानक देखा जलपक्षियों का झुण्ड, मरगाबियों की कोई जाति। यहाँ कोंसरनाग का चिरन्तन जिन्न—लोक-मन का चमत्कार। यहाँ पीछे बाढ़ से भरी उपत्यका। जीवन का नया अनुभव, अनुभव की रचना-पुनर्रचना और उस प्रदेश की

संस्कृति-परम्परा के चप्पे-चप्पे का दृश्यांकन। कैमरे की तरह यात्रावर अज्ञेय की घूमती आँख और कम्प्यूटर-सा दिमाग।

'देवताओं के अंचल में' 1935 जुलाई का यात्रा-संस्मरण है। पुलिस वाले रक्षा के नाम पर मानव के अपमान के लिए जीते हैं। अज्ञेय के मन में इस पुलिस से गहरी घृणा है। अपमान की आग में जले अज्ञेय का आत्मवृत्त यहाँ आया है—'पुलिस की कृपा से मैंने चार वर्ष जेल में बिताये और उसके बाद भी डेढ़ साल से नजरबन्द हूँ।' (पृ. 113) यहाँ वह स्मृति है जब कवीन्द्र रवीन्द्र लाहौर में नवाकोट में ठहरे थे—पर पुलिस के प्रति अपमान की आग में जलने के कारण अज्ञेय दर्शन को नहीं जा सके। यहाँ स्वास्थ्य-बिगड़ा तो महीने की पहाड़-समुद्र पर जाने की अनुमति। इससे अज्ञेय को अपनी स्वतन्त्रता पर आघात लगा—गाया 'आई एम द कैप्टेन ऑफ माई सोल'। यह गाते हुए लाहौर से रेल में बैठकर पठानकोट, काँगड़ा—फिर जोगेन्द्र नगर पहुँचे। यहाँ मण्डी हाइड्रो इलेक्ट्रिक स्कीम का केन्द्र है। मण्डी जाने वाली मोटर में बैठकर कुल्लू चल पड़े। रास्ते पर प्रकृति-सौन्दर्य को आँख भर-भरकर पिया। यह यात्रा क्या है? प्रकृति-राग-लय से सम्पन्न कविता है।

डाकबँगले में टिके तो खटमलों की फौज से रातभर युद्ध किया। यहाँ बहन को तुकबन्दी करते हुए अंग्रेजी में पत्र लिखा—'सच इज द वे टु कुलू' इसी समय सामने फूलों की डालियाँ भरे दो छोटी-छोटी लड़कियाँ। उन्होंने मोतियों के फूलों का महकता गज़रा गले में डाल दिया। दोनों को एक-एक इकन्नी दी। व्यास नदी के तट और तट पर बीसियों देवस्थान। व्यास नदी पर रस्सी का झूलना पुल। कुलू प्राचीन हिन्दू सभ्यता का गहवारा हैं। यहाँ प्रत्येक कस्बे और गाँव में अपने-अपने देवता हैं। लोग रघुनाथ मन्दिर में प्रतिष्ठित राम की उपासना के लिए आते हैं। सैकड़ों देवी-देवताओं का मन्दिर में महा सम्मेलन। इसीलिए कुलू को 'देवताओं के अंचल में' नाम दिया है। यहाँ के आदिम निवासी देवी-देवताओं के साथ ऋषियों/मुनियों की पूजा करते हैं। वे आर्य हैं या अनार्य यह झगड़ा नहीं है। वे आर्य संस्कृति के पक्के उपासक हैं। यहाँ अज्ञेय आर्य-आक्रमण-सिद्धान्त को मानते हैं—'प्रथम विजयी जाति के आक्रमण के बाद शायद और आक्रमण इधर नहीं हुए। क्योंकि यहाँ पर हिन्दू धर्म का जो रूप मिलता है, वह अन्यत्र नहीं। विजेताओं की राम पूजा और विजितों की देवपूजा में एक समन्वय हो गया, वही अब तक कायम है। कुलू प्रान्त में व्यास-कुण्ड, व्यास मुनि, वशिष्ठ आदि ऋषि-मुनियों के स्थान हैं, पाण्डवों के मन्दिर हैं, भीम पत्नी हिडिम्बा भी पूजा पाती हैं और सबसे बढ़कर बात यह कि वहाँ पर 'मनु लिखि' का मनु भगवान का भी एक मन्दिर है। शायद यह भारत में एकमात्र स्थान है, जहाँ मानवता का यह स्वयम्भू आदिम प्रवर्तक मन्दिर में प्रतिष्ठित हो और

पूजा पाता हो।' (पृ. 120) यहाँ का दशहरा मेला विश्वविख्यात है। मेले में व्यापार का मजा है—रंग-बिरंगे कम्बल, पश्मीना, बाँसुरी, टोपियाँ, सींग की कंघियाँ। तमाशे—नाच, पत्थर के मनके के हार तथा लुगड़ी (देशी शराब) की बहार। आस-पास स्कूल की ध्वनियों का रंग।

व्यास नदी के किनारे तम्बू डाले हैं अंग्रेज। महादेव का एक प्राचीन मन्दिर और रूसी कलाकार रोपरिच द्वारा स्थापित 'हिमालयन रिसर्च इंस्टीट्यूट'। यह संस्था हिमालय की भाषाओं, जातियों, लोक साहित्य और वनस्पतियों के सम्बन्ध में अनुसन्धान करती हैं। कट्राई से मनाली तक का रास्ता। चीड़ की जालियाँ। तराई में लहलहाते धान के खेतों के मखमली आँगन अज्ञेय के कवि मन को बेकाबू कर देने में समर्थ हैं। कलाथ में गर्म पानी का कुण्ड जिसमें गन्धक और अन्य रसायनों की भरमार है। यहाँ के सेब, बग्गू गोशे, नाशपाती की अद्‌भुत बहार है। व्यास नदी पार कर रोहतंग की जोत होकर लाहौल की ओर का मार्ग। कहते हैं—यहाँ व्यास ऋषि तपस्या करते-करते पाषाण हो गये थे। अज्ञेय के इस यात्रा-वृत्त की विशेषता है लोक संस्कृति-लोक इतिहास, भूगोल, पुरातत्त्व, समाज प्रकृति सभी का एकाग्र चित्त से बिम्बायन।

अज्ञेय के मन में आया यहाँ मुझे उपन्यास लिखना था। पर आँखें भटकने लगीं। कभी बाहर दूर भागते हुए बादलों पर और शान्त भाव से उन्हें देखते हुए गम्भीर चीड़ वृक्षों पर, कभी निकट की बावड़ी में पानी भरती हुई स्वस्थ, बेधड़क राजपूतानियों पर, कभी अपने ही मकान की बाहरी दीवार पर, जिस पर पिछले वर्ष का एक शिलालेख अभी तक बना ही हुआ था—"...एंड-स्पेंट सिक्स मेमोरेबल डेज एंड नाइटस हियर,11 टू 17 जुलाई, 1934।" यही भाव भरा मन 'नदी के द्वीप' में भुवन और रेखा के प्रेम प्रवाह की प्रेरणा है। स्मरणीय? यहाँ का एक-एक क्षण आत्मा पर अपनी एक अमिट छाप डालता हुआ चला जाता है। अगले दिन प्रातःकाल ही देवताओं के अंचल में बैठे हुए क्षुद्र मानव ने पाया कि वह भी देवता का समकक्षी हो गया है, स्रष्टा हो गया है—वह लिखने लगा...। यह पूरा यात्रा-संस्मरण एक लम्बी कविता है—सदाबहार कविता-इम्माईल पोयट्री का अविस्मरणीय राग है। अज्ञेय के कवि मन की बनावट और बुनावट के तमाम 'क्लू' यहाँ मौजूद हैं और वह प्रकृति राग भी जिसने उनकी नयी बौद्धिक संवेदना को महकती सर्जनात्मकता से कभी विमुख नहीं होने दिया। अज्ञेय के आदिम अवचेतन में देवी-देवताओं के वास है—उनकी आस्था का वशिष्ठ यहाँ तपस्या कर रहा है।

'मौत की घाटी में' उसे अहसास होता है कि 'सृजन के क्षण चिरस्थायी नहीं होते, वे आकर उड़ जाते हैं। सम्भव है ईश्वर भी अपने रचना क्षेत्र में ऐसे उत्कर्ष के

अवसर पाता हो, उन्हीं में 'सृष्टि' करता हो और बाकी समय में केवल मात्र 'निर्माण'। तभी तो संसार में इतनी ऊँच-नीच और असमानता है जो वस्तु 'सृजन' की गयी है 'इनस्पिरेशन' के क्षण में रची गयी है—प्रति शुद्ध है—वही सुन्दर और शुभ है, बाकी तो सभी 'बनायी' हुई चीजें हैं।' (पृ. 178)

अज्ञेय को याद है यह स्मरणीय दिन और रातें और दीवार पर लिखा प्रेम लेख। उन्हें ध्यान है कि भोग से ही अनुभूतियों की सार्थकता है। लिखते—लिखते थककर वे निकल पड़े—दिन भर बादल रहे, पर वर्षा नहीं हुई। शोभा-सम्पन्न बादलों से घिरी मनाली। 'अक्षत यौवना' हिम चोटियाँ, विराट हिमश्रृंग और व्यास नदी का प्रवाह। कुलू का गाँव प्रायः दीया नहीं जलता। सन्ध्या होते ही काम निबटा आग के सामने गप्प मारते लोग। प्रातःकाल चीड़ वन में लकड़ी बीनती स्त्रियाँ, ढोर चराते आदमी।

यहाँ पाया कि गाँव के लोग 'मुझे अपने घरों से' निकलकर देख रहे हैं। पता नहीं बात क्या है? एकाएक समवेत सीत्कार का स्वर—घृणावाची। सोचा इस घृणा या डर का कारण क्या है? यह तो लेखक-जन्तु है। लाहौर की अचानक याद असभ्य आदिम जातियों में अनिष्ट निवारण के लिए—भूत-प्रेतों का प्रकोप हटाने के लिए सीत्कार ध्वनि या कराहने का-सा स्वर। अज्ञेय ने ऐसा वर्णन फ्रेजर की पुस्तक 'गोल्डन बाउ' में पढ़ा भी था। रात में सो गया तो किसी ने घर पर पत्थर बरसाये। ये बातें अज्ञेय ने की बैनन जी से कहीं। उन्होंने कहा—कुछ लोगों ने घरों में घुसकर स्त्रियों से छेड़छाड़ की है। इसलिए गाँव के लोग नाराज हैं। उन्होंने मुखिया से परिचय कराया और संकट टल गया। फिर एक नाटकीय घटना घटी—एक सब्जी लाने के बहाने से आते आदमी ने 'वासना पूर्ति' के साधन पेश करने की ऑफर दी। क्योंकि ज्यादातर लोग वासना-पूर्ति के लिए ही वहाँ जाते हैं। इस घटना से अज्ञेय का मन जुगुप्सा से भर गया। वहाँ रहना-लिखना सम्भव नहीं हुआ। मानव की बू असह्य हो गयी। टहलते पुल पर एंग्लो-इण्डियन को 'शट अप' कहकर डाँटते अज्ञेय। मुझे लगा यह 'देवताओं का अंचल' सैलानियों ने विकृत-अपवित्र कर दिया है। हमने पहाड़ों का सौन्दर्य विकृत कर दिया है, यहाँ तक कि आज भारत के पहाड़ी इलाकों में शायद ही कोई ऐसा स्थल बचा हो जो दूषित नहीं हो गया है, जिसे दर्पोद्धत, बेवकूफ सभ्य मानव ने यह कहकर कि तुम हो? तो लो मैं तुम्हें अपने कलंक से काला कर सकता हूँ। भ्रष्ट नहीं कर दिया है। (पृ. 136) हर जगह मौजूद है मानव की यह डायिन। इन्हें समतल भूमि के लोगों ने भ्रष्ट किया है, जबकि कहते यह हैं कि 'पहाड़ों में क्षयी और मैथुन रोगों का कारण पहाड़ी लोगों का गन्दा जीवन और नीति भ्रष्ट आचार है।' (पृ. 137) अज्ञेय ने यहाँ तक कहा है—'अफ्रीका के हब्शियों में भी क्षय रोग नहीं था, जब गोरे लोग उस प्रदेश को क्षय-रोगियों के लिए लाभप्रद समझकर वहाँ

गये, तब हब्शियों में क्षय रोग का जीवाणु इतनी तीव्र गति से फैला कि आतंक छा गया।' (पृ. 138) एच. जी. वेल्स ने अपनी एक कहानी में उस सत्य का खुलासा किया है। इसलिए पहाड़ी को सभ्य बनाने का अहंकार समतल भूमि वालों को छोड़ देना चाहिए।

अज्ञेय का यायावर हिडिम्बा देवी के मन्दिर की चोटी तक चढ़कर वशिष्ठ-कुण्ड में स्नान कर बैठा तो रोहतंग की जोत का ध्यान आया। उसी समय दो अतिथि आ गये—प्रबन्ध बढ़ गया। पहाड़ों पर ठण्ड के कारण भूख बहुत लगती है—हम सभी ब्रांडी पीकर चल दिये। लेकिन चढ़ाई की ठण्ड में शरीर ऐंठ गया। यात्रा में मृत्यु का बार-बार सामना और अस्तित्व बचाये रखने की प्रेरणा। जीवन का अनुभूत सत्य कमाया कि जब सब लालसाएँ झड़ जाती हैं—जब मानव पशुता की और फिर मानवता की भी केंचुल उतार फेंकता है—तब उसके भीतर जो बना रहता है—वह—'वह तो नित्यता चाहता है जो नष्ट होते हुए भी नया सृजन करना चाहता है जो नश्वर होकर भी ईश्वर है।' (पृ. 144) मौत की घाटी का इससे बढ़कर अनूभुत सत्य और हो भी क्या सकता है।

'एलोरा' यात्रा-संस्मरण में एक नया सांस्कृतिक बिम्ब। औरंगाबाद से सात-आठ कोस की दूरी पर दौलताबाद के दुर्ग के नीचे से जाती सड़क पर खुल्दाबाद। षड्यन्त्र और दुष्चकों से खोखले हो गये मनुष्यों की कब्रें। औरंगाबाद-औरंगजेब का बसाया शहर। खुल्दा का अर्थ—स्वर्ग की बस्ती। पता नहीं क्या सोचकर औरंगजेब ने यह नाम दिया जो आज व्यंग्य बन गया। अपने रचे स्वर्ग में वे मिट्टी हो गये—हिंसा प्रतिहिंसा से जर्जर शरीरों की मिट्टी। खुल्दाबाद की समतल भूमि की छत पर—पश्चिमी ढाल पर एलोरा की गुफाएँ। सवा मील के प्रसार में पैंतीस कन्दराएँ, बौद्ध, ब्राह्मण और जैन। बीचों-बीच में कैलाश। भास्कर्य-कला की किरीटमणि और संसार भर के शिल्प में अद्वितीय। विशाल शिलाखण्डों को काटकर बनाया गया मन्दिर। जीवात्मा के परमात्मा में लीन हो जाने की उत्कण्ठा का प्रतीक। कैलाश का आलोक मण्डित उभार। उर्ध्व उठने की प्रेरणा, कला की श्रद्धा साधन। दूर पर अहल्या बाई का मन्दिर, तीन श्रेणियों में बँटी एलोरा की गुफाएँ—(1) बारह बौद्ध गुफाएँ, (2) सत्रह ब्राह्मण गुफाएँ जिनमें रावण क्षण, दशावतार, कैलास, रामेश्वर, सीता की नहानी विशेष उल्लेखनीय है। शेष गुफाएँ जैन समूह की हैं। यहाँ मुख्य गुफा 'इन्द्र सभा' है। मन्दिर की समस्त कला मानव को मुक्त करने की व्यंजना का स्फोट है।

अज्ञेय के मन की प्रश्नाकुलता—"क्या सोचकर तुमने अपने मरण-स्वर्ग के लिए वह स्थल चुना था—औरंगजेब। प्राकृतिक सौन्दर्य के कारण? सौन्दर्य वहाँ है—निस्सन्देह; लेकिन तुम्हारे बुजुर्ग कश्मीर गये थे; कश्मीर जाकर भी उन्होंने अपनी विलासिता के

ही साधन रचे, पर प्राकृतिक सौन्दर्य तो वहाँ था। क्या जेबुन्निसा की अचूक कवि-दृष्टि जो सौन्दर्य देख सकी थी, उसके प्रति तुम बिल्कुल ही अन्धे थे? या कि विलासिता का विरोध करने के लिए तुम बुजुर्गों की लीक छोड़कर दक्षिण गये। औरंगजेब की प्रेत-छाया के पास क्या उत्तर है। यहीं समाधि बनी—कैलाश की बगल में लेटने की तमन्ना क्या रही? आस्था तुममें थी, श्रम करते थे लेकिन 'साधना का एक अहंकार भी होता है, साधना को ले डूबता है, क्योंकि जहाँ अहंकार का विसर्जन नहीं है वहाँ विनय नहीं है और जहाँ विनय नहीं है—वहाँ साधना कैसे हो सकती है?" (पृ. 151) अतः ईश्वर की क्षुद्रतम रचना के सामने विनयी होना ही—अहंकार का नाश होना है। कभी भी औरंगजेब का अधिकारी प्रेत कला की साधना का सच नहीं पा सकता।

'माझुली' का सच नागकेसर के फूलों पर खेलता मिलता है। ऊपर बादल नीचे-नीचे विक्षुब्ध नीला सरोवर। मन्दिर-श्रेणी के नीचे खिले फूलों का झरकर गिरना और मधुमक्खियों के बचते हुए दीप्त वर्ण फूलों का एक गुच्छा शुभ्रा के लिए तोड़ना। शुभ्रा को पुष्प-गुच्छ की भेंट और सफेद स्वच्छ हँसी। असम के बाँसों की ध्वनि—पवन से भरी संगीत रागिनी। तीन बजे तड़के चलकर ब्रह्मपुत्र के तट पर गया। नाव पर सामान लादकर द्वीप की ओर चल पड़ा। नावटिया निश्चिन्त और हँसोड़। हर बाधा को अँगूठा दिखाता हुआ। कोई दिक्कत नहीं है। अज्ञेय की स्मृति-द्वार पर नानी के कथन खड़े हैं। साथी गोरखा मनदोज कहीं भी सो सकता है—नौ घंटे चली बैलगाड़ी। गाड़ी रुकी तो मनदोज को जगाया। उसने कहा—साऽब विस्तर तो गिर गया।

असम की सुन्दरता और कोकिला नदी का उच्छल यौवन। ब्रह्मपुत्र के समुद्रतल मार्ग के बीच में माझुली नाम का द्वीप। माझुली अपने ढंग का अनोखा टापू—संसार की किसी और नदी में 70 मील लम्बा 10 मील चौड़ा, लगभग 25 हजार की जनसंख्या वाला द्वीप मैंने तो सुना नहीं। इतना ही नहीं असमिया सांस्कृतिक जीवन में माझुली का गौरवपूर्ण स्थान है। वैष्णव सन्त शंकरदेव और उनके शिष्य माधवदेव के सम्प्रदाय ने यहीं सत्र स्थापित किए और परम्परा को चलाने वाले न जाने कितने सत्र यहाँ हुए। अज्ञेय ने पाया कि एकेश्वरवादी निराकारोपासक असमिया वैष्णवों के कई सत्र स्थापित किए और माझुली के सत्र प्रेरणा स्रोत बने।

घाट से उतर कमलाबाड़ी के मीरी जाति के गाँव में गये और ताजे पानी का झंझट पाया। कमरे आयी बकरियों में अज्ञेय ने 'नया प्रेम दर्शन पाया—उन्हें मानवेतर प्राणी प्रिय हैं। कुत्ते-तीतर, बटेर, चकोर, मोर, तोते, गिलहरी, वनविलार, लगड़े कौए, चील के बच्चे तक अज्ञेय ने प्रेम से पाले। पर माझुली का साहचर्य अविस्मरणीय रहा। यहाँ के मानव द्वीपवासियों ने हिंस्र पशुओं के साथ भी अलिखित समझौता किया है।

अज्ञेय दूसरी बार गये तो बाढ़ के दिन—'अमर्यादित नदी का विद्रोह।' घर क्या हैं? बाँस-फूस के बासे हैं—लेकिन अद्‌भुत स्वच्छ असमिया घर होता है। उधर द्वीप पार करते ही ब्रह्मपुत्र की दूसरी धारा सुवर्ण श्री से मेल-मिलाप—जहाँ साँप पेड़ों पर चढ़ जाते हैं—बाघ, हाथी और दलदल। गाँववासी ज्यादा पानी भरने पर वृक्षों के मचानों पर रहते हैं। 'इस प्रकार बाढ़ के दिनों में वह दस एक मील की सड़क की पट्टी एक विराट् मेले का रूप ले लेती है। भेड़, बकरी, लोमड़ी, स्यार, बाघ, बघेल, बिलार, साँप-बिच्छू सब मानो अपनी-अपनी भीटी पर आ जमते हैं और मचानों पर बैठे मानव-प्राणी धैर्यपूर्वक मेला देखा करते हैं।" (पृ. 162) असमी दैव को कोसते नहीं हैं—धैर्य से सहते हैं। पानी उतर जाने पर बाघ अपनी माँद में, पशु अपने बाड़ों में, चले जाते हैं। यह ढर्रा चलता रहता है। अज्ञेय ने एक कविता में असम के चित्र गूँथे और लचकीली ग्रीवाओं, तरंगायित नितम्ब लहरियों, कुच-मुकुलों के निर्व्याज-सौन्दर्य और निरापास स्वच्छन्दता बाँसुरी का भटकता स्वर कहेगा—काल का प्रवाह एक सूत्र है।

अज्ञेय के लिए आडनियादी सत्र के सत्राधिकारी ने एक छोटा हाथी भेजा ताकि उसकी पीठ पर घोड़े की तरह काठी मार कर बैठा जा सके। बहुत फुर्तीला हाथी पवन-वेग से चला और आडनियादी सत्र की आधुनिकता। वहाँ तीन सौ व्यक्तियों से दो घंटे संवाद किया। तीसरे पहर चले तो हाथी पर चढ़ाने चार ब्रह्मचारी द्वार तक आये। फिरंगी कमिश्नर से भी ज्यादा वे परदेशी अज्ञेय से प्रभावित हुए और कहा—"आप विद्वान मानव हैं"। डाक बंगले पहुँचने पर हाथी को केले महावत की दो रुपये देकर बैठे थे कि दो ब्रह्मचारी आये, बोले—"प्रभु ने आपके लिए प्रसाद भेजा है।"—दूध की रबड़ी करके जमाया गया मीठा दही दो मटकी भर कर भेजा।

दक्षिणपार सत्र का हाथी भीमकाय और सत्र भी प्राचीन-आधुनिकता (पश्चिमी आधुनिकता) से एकदम अछूता। संस्कृत के पंडितों का सत्र। तभी महावत के आदेशानुसार हाथी चला, फिर चौंका—भागा। पता चला—नाग देखकर भागा है। नाग से हाथी बहुत डरता है। सत्रारम्भ से पहले अतिथि को विश्राम और फिर काँसे के कामदार पात्रों में दही चिउड़ा, शक्कर आदि परोसे गये। सब कुछ देशी और अद्‌भुत कलात्मक। अज्ञेय ने पाया कि असमिया हिन्दी से दूर नहीं है—केवल उच्चारण भेद है। शंकरदेव-माधवदेव के भक्ति गीत व्रजभाषा के निकट हैं—'यह बड़गीत नागरी में छपे हों तो सब समझ लें'। (पृ. 169) अज्ञेय ने इस यात्रा संस्मरण में अपने यात्रा स्वभाव का आन्तरिक रूप सामने लाते हुए कहा है—"यों भी मैं जहाँ जाता हूँ—वहाँ के जीवन और परिवेश को समझने का यत्न करता हूँ। फिर असम तो सचमुच—'सोनार असम' (सोने का असम और मोर सोनार असम कई असमिया

जातीय गीतों का टेक है') है; भारत के सुन्दरतम अंचलों में एक। (पृ. 169) अतिथि सेवा का असम में अद्भुत भाव है, दान देने में खुलापन। फिरंगी अधिकारियों का सभ्य लूट का तरीका कि जिसे हथियाना चाहा उसकी तारीफ कर दी। इशारा समझकर वह वस्तु असमी ने फिरंगी को दे दी।

अन्त में गड़ामूर का सर्वाधिक उदास सत्र की चर्चा। सन् 1942 के आन्दोलन के बाद गोसाई और फिर उसके युवा पुत्र को नजरबन्द कर लिया गया। 'असमिया जो हो अशिष्ट कभी नहीं होता।' उसकी चुप्पी अशिष्टता नहीं विरोध है'—अज्ञेय ने गोसाई के घर का रास्ता पूछा तो लोग चुप—बिखर गए। हठात् सन्नाटा। गोसाई को जेल हुई है—देखने को गड़ामूर में बचा क्या है? और बड़े आदमियों से गरीबों का क्या मेल? "मैंने बताया कि मैं फौज में हूँ, पर जिस विभाग में हूँ उसका मुख्य उद्देश्य है—लोक सम्पर्क स्थापित करना। उसने चौंककर कहा—क्यों? हमसे तो सेना का कोई मतलब नहीं निकलेगा—संवाद से आत्मीयता और आत्मीयता से जलपान का निमन्त्रण। असम जीवन का आन्तरिक लय का भीतरी साक्षात्कार पाठक भींगकर करता है।"

पंचायत में दो घंटे, और विचार-परिवर्तन का सिलसिला चला। मुख्त्यार बंगला और मामूली अंग्रेजी जानते थे। उन्होंने पूछा—आपके पास बन्दूक पिस्तौल तो होगी। नहीं। मुख्त्यार के घर नारियल के लड्डु-मठरी, चाय-पान कर उठा तो सूना गोसाई का घर दिमाग में घूमने लगा। युवकों ने विदाई के साथ आने का निमन्त्रण दिया। 1942 के आन्दोलन में अंग्रेज डिप्टी कमिश्नर की काली करतूत—नृशंस दमन। जनता की हर तरह से दुर्दशा—बीमारी और अपमान। अज्ञेय ने रात जोरहाट में काटी और भारी कष्टों के साथ नौगाँव पहुँचे। विभागीय अफसर ने दूसरे दौरा की सूचना दी मणिपुर। 'मणिपुर रोड से लेकर उत्तरी शिवसागर तक का सारा प्रदेश तुम्हारे जिम्मे है। कुछ खाद्य, एक-एक बोतल रम और जिन, एक रिवाल्वर और 150 कारतूस भेज रहा हूँ।' (पृ. 177) पत्र पढ़कर स्थिति पर विचार किया और अखबार उठाया तो सुर्खी चीख रही थी—"भारत का सीमोल्लंघन—जापानियों ने मणिपुर का रास्ता काट दिया—कोहिमा का आसन्न संकट।" माझुली भूल गया और घनी हरियाली का काला-पन झाँकने लगा। पूरे यात्रा-संस्मरण में अज्ञेय का आत्मवृत्त भिदा हुआ है—इसी अनुभव ने अज्ञेय की बहुत सी कहानियों में अपना रंग दिखाया है—'जयदोल' की कहानियाँ इसी में रची-बसी हैं।

'बहता पानी निर्मला' प्रतीकात्मक यात्रा-संस्मरण है। दुनिया के भ्रमण का बचपन से ही अज्ञेय-अरमान नक्शे (मैप) की बात से ही सामने आया। इस घुमक्कड़ को घूमने से कभी तृप्ति नहीं हुई। इसलिए नक्शे से कल्पना में सैर का

आनन्द लिया। हिमालय के अगम्य जंगल नक्शे में कहाँ है। घूमने पर ही उनकी महिमा का ज्ञान होता है। बचपन में अज्ञेय ने सुना एक नाम 'अमरकंटक'। नक्शे पर जाना अमर कंटक पर यात्रा की तरंग शेष। ब्रह्मपुत्र का तरुण सौन्दर्य और असम का वन-सौन्दर्य अज्ञेय ने भोगा-देखा। यह जाना कि जीने की कला एक स्थान से दूसरे स्थान पर जाने की कला है। आधुनिक काल में इस कला का विशेष-विशेष विस्तार हुआ है। यात्रा के अनेक तरीके के अनेक लुत्फ बढ़े हैं। अज्ञेय का यायावर छुट्टा घूमा—"असम—अहोम—राजाओं की राजधानी शिवसागर—सोनार असम। गाँव लीलती नदियाँ—फिर भी आदमी निर्भय रहा। पानी के साथ सड़क पर ड्राइव। कठिनता से डिब्रूगढ़ पहुँचे। कपड़े-कम्बल खरीदे। वहाँ सोनारी के रास्ते बन्द होने के कारण बारह दिन पड़े रहे। सोनारी के डाक बंगले में पानी भर गया। किताबें, कपड़े सड़ गये—बचा केवल दाँतों का ब्रश और साबुन का डिब्बा। फिर भी अज्ञेय हारे नहीं 'रमताराम' बने रहे। जीवन को ठहरने नहीं दिया—उनका जीवन-दर्शन रहा है—'जो रमता नहीं है, वह राम नहीं है। टिकना तो मौत है।' (पृ. 185) मूलतः यह ऋषि दर्शन है। चलते रहो यही निर्मल-चेतना का स्रोत है।

'सागर सेवित मेघ-मेखलित' कन्याकुमारी से नन्दादेवी तक की अन्तर्यात्रा है। यात्रा में सबसे पहले अज्ञेय को कालिदास और 'कुमारसम्भव' याद आया और उससे जुड़ा नगाधिराज हिमालय। भारत की भौगोलिक इकाई का मानदंड और भव्यलीला भूमि। सुब्रह्मण्र्य के आधान का निमित्त बनने वाली वैश्विक संगम क्रीड़ा। उत्तर में हिमालय दक्षिण में महासागर। दोनों महान हैं। शिव-सती का महा-मिलन। अज्ञेय इस शिव-संकल्पी महती प्रक्रिया से जुड़े रहे हैं। जन्म प्राचीन स्थल के पुरावशेष में बुद्ध का परिनिर्वाण स्थल। होश सम्हालते ही शिव-पार्वती के अनेक स्थलों से गहरी राग और पौराणिक सन्दर्भों के प्रति गहरी जिज्ञासा और परमनिष्ठा का भाव रहा है। पिता के पुस्तक संग्रह भण्डार में खूब पढ़ा और मिथक की गहनता और अर्थवत्ता का संस्कार पाया। अज्ञेय के कवि मानस को समझने में यह कथन देखिए—"भारतीय मानस की सही और अधिक गहरी पहचान शिव-पार्वती के पुराण-मिथक के सहारे होती रहती है। शिव-शक्ति के मिथक के क्षेत्र का कोई भी नया उन्मेष भारत की अधिक गहरी पहचान कराता है। भारत के मानस की कोई नई झाँकी शिव-शक्ति के मिथक की रहस्य सत्ता का नया आभास दे जाती है।" (पृ. 188) इस शिव-पार्वती-भाव में पूरा भारत मौजूद है—कश्मीर से कन्याकुमारी तक पूर्व-पश्चिम के छोरों को एक करता भारत। कच्छ से कमच्छा (कामाख्या) में भी यही सत्य मौजूद है। अज्ञेय कश्मीर से कन्याकुमारी तक की यात्रा में रमे यायावर हैं। परशुराम से

तुरख़म की यात्रा के बाद देवतात्मा हिमालय से लेकर कन्याकुमारी तक उत्साह से बढ़े-चले। भारत-भाव में भीतर तक भींगे—भारतीय बने। इसलिए उन्हें 'हिन्दी में विदेशों का डाकिया' कहने वाले सिरफिरे झूठे हैं—वे अज्ञेय की गहन भारतीय छवि को छिपाकर उनके पाठकों को गुमराह करना चाहते हैं।

यहाँ अज्ञेय के यायावर तर्क का आधार है—शिव-पार्वती की अनन्त कथा और कथा से जुड़ा हिमालय। उस कुमारी की—'बरौं शम्भू न तौ रहौं कुमारी की प्रतिज्ञा।' यों मेरी यात्रा तपस्विनी कुमारी और समाधिस्थ योगीश्वर के त्रिकाल-व्यापी महा मिलन पथ का अनुधावन करती रही—मैं जो पहाड़ पर निवास और सागर का सामीप्य चाहता रहा हूँ। पहाड़ सागर का ऐसा सामीप्य जापान में है, पर वहाँ हिन्दी नहीं है जो अज्ञेय वहाँ रह नहीं सकते। हिन्दी भाषा-साहित्य-संस्कृति को प्राणों से ज्यादा प्यार करने वाले अज्ञेय बहुत बड़े देशभक्त रहे हैं। अपने स्थानीय गुरु मैथिलीशरण गुप्त और राष्ट्रप्रेमी माखनलाल चतुर्वेदी से अज्ञेय ने यही सीखा है और इस सीख को अपने रचना-कर्म में उतारा है। फिर उनकी देश-यात्रा सीधी नहीं हुई। होती भी कैसे? खण्ड...खण्ड से अखण्ड हुई। प्रकृति और पुरुष के सहकार की यात्रा। उनके लिए पथ ही गुरु रहा है। कुमारी से शचीन्द्रम के मन्दिरों की महिमा कथा। जहाँ शिव के विलम्ब कर देने पर मानिनी कन्या ने पूजा अक्षत-चन्दन-केसर-कुंकुम सब बिखेर दिए। आज यहाँ एक ओर कुमारी मन्दिर। दूसरी ओर मरियम की प्रतिमा खड़ी है। ईला का नारी तत्त्व विहीन जीवन। उधर गाँधी मन्दिर। सबकुछ बेमेल लगता है। और विवेकानन्द शिला? सागर-उद्वेलन के बीच। सम्पूर्ण एकान्त में विराट का साक्षात्कार है—विवेकानन्द मन्दिर में जिसे निर्ममत्व से हमारा 'इतिहास बोध' मिटाता है। इसलिए कि आत्मा का तेज हमें सहन नहीं होता है।

मदुरै की मीनाक्षी—तंजावुर के वृहदीश्वर—चिदम्बरम के नटराज। सभी मन्दिर अद्वितीय हैं और विराट् को मूर्त्त करते हैं। अपनी परम्परा-संस्कृति का विश्व-दर्शन हम उनमें पाते हैं। संस्कृति की पहचान में अस्मिता की पहचान होती है और आज उसकी बहुत आवश्यकता है। हमें चोल-कला, पल्लव-कला के पल्लवन कारणों को समझना होगा ताकि हम मीनाक्षी, नटराज और विष्णु का संस्कृति-सन्दर्भ थाह सकें। अज्ञेय की स्मृति में एलुरा के कैलास और एलिफांटा की त्रिमूर्ति को देखा है—शिव ताण्डव और शिव-पार्वती विवाह की स्मृति। देवी विन्ध्वेश्वरी की अनेक रूपता और तमाम मिथक गाथाएँ। लोक साहित्य और लोक मानस में लोक कलाओं का सौन्दर्य शिव-पार्वती से जुड़ा है। हिमालय के अंचल से जुड़ा कूर्माचल—नदी स्रोत संगमों का शिव-भाव। एक अनन्त शिव-भाव की निरन्तरता का नाम है भारतीयता। अनिकेतवासिनी नन्दा-देवी का सौन्दर्य अज्ञेय को भूलता नहीं है। उनका रोम-रोम

कहता है 'चलाचल डगर पर नन्दा को निहारते।' नन्दादेवी पर अज्ञेय ने कविताएँ लिखी हैं, नन्दादेवी के वन विनाश पर पीड़ा को व्यक्त किया है। पार्वती का सौन्दर्य क्षरित होगा तो भारत कुरूप हो जायेगा और हमारी संस्कृति में बंजरपन पनपेगा। अज्ञेय के कवि-कर्म में इस संस्कृति के पर्यावरण के क्षरण की चिन्ता अभिव्यक्ति हुई है।

इन यात्रा संस्मरणों में अज्ञेय की भारतीयता का अर्थ पाया जा सकता है। यह भारतीयता भीतर तक धंसी संस्कृति-परम्परा का पावन बोध है। अपने देश को अथाह प्रेम करनेवाले अज्ञेय का मानस बिम्ब आज हमारी प्रेरणा बनने की शक्ति रखता है। यहाँ देश-प्रेम का गहरा अर्थ-सन्दर्भ संस्कृति और परम्परा की स्मृति से जुड़ा है। देश-प्रेम, देश-भक्ति रस से परिपूर्ण 'अरे यायावर रहेगा याद?' के यात्रा संस्मरण आधुनिक भारतीयता सेकुलर बुद्धिजीवियों के लिए चुनौती है जो 'ग्लोबल कल्चर' के चक्कर में चकरघिन्नी बन रहे हैं। अज्ञेय के लिए देश-प्रेम कोरा शब्द नहीं है जिसे आधुनिक बुद्धिजीवी मुँह पर लाते घबराते हैं। देश के प्रति, देश की प्रकृति के प्रति—प्रेम अज्ञेय के यात्रा-निबन्धों का स्थायी-भाव है—जिसे संस्कृति की नर्मदा सहस्त्र-धाराओं में फूटकर सींचती रही है। यह देश-प्रेम पश्चिमी राष्ट्रवाद का कुत्सित-विकृत पूर्वाग्रह लेकर कहीं नहीं जन्मा है—इसमें 'अन्य' को अपनाने की जगह है। यह देश-प्रेम देश की सांस्कृतिक जड़ों से जुड़ने का संदेश है।

अज्ञेय ने यूरोप-यात्राओं पर केन्द्रित यात्रा संस्मरण 'एक बूँद सहसा उछली' 1960 शीर्षक से पाठकों को परोसे हैं। इस यात्रा संस्मरण की पुस्तक में उस कविता को उद्धृत किया, जिसकी काव्य-पंक्ति के आधार पर इस शीर्षक का चुनाव किया—'एक बूँद सहसा उछली'। अज्ञेय की कविता—

मैंने देखा
एक बूँद सहसा
उछली सागर के झाग से—
रँगी गई क्षण भर
ढलते सूरज की आग से।
मुझको दीख गया :
हर आलोक छुआ अपनापन
है उन्मोचन
नश्वरता के दाग से।

यह आलोक हुआ अपनापन ही इन यात्रा संस्मरणों का 'विज़न' भी है और अनुभव-अनुभूति का आत्म उन्मोचन भी। इसी आत्म-प्रसार और आत्म-विस्तार ने

'समर्पण' में 'गिजेला के लिए' लिखा है 'यद्यपि उतना ही निष्प्रयोजन, जितना एक प्राचीन गिरिजा घर से लगे हुए भिक्षु बिहार में बैठकर अन्यमनस्क भाव से यह कहना कि मैं जानता हूँ एक दिन मैं फ़कीर हो जाऊँगा।" घुमक्कड़ी में फकीराना भाव की महिमा कुछ ज्यादा ही है—क्योंकि उसमें आत्म संकुचन समाप्त हो जाता है और व्यक्ति अपने परायेपन की भेदबुद्धि को नष्ट कर सबमें 'रमताराम' बन जाता है।

अज्ञेय के मन में इन यात्रा वृत्तान्तों-संस्मरणों को लेकर काफी द्वन्द्व और तनाव रहा है। इस पुस्तक के 'निवेदन' में वह यह कहना नहीं भूले कि यह यूरोप की जानकारी की 'मार्गदर्शिका' नहीं है, न यूरोप-यात्री के लिए यात्रा के फार्मूलों का कोई शास्त्र रचती हैं। वे अपने पाठक को किसी भ्रम में नहीं रखना चाहते। इसीलिए कहा है—'उस मेरे वांछित पाठक वर्ग में समाज के और शिक्षा के सभी स्तरों के लोग हैं। (अशिक्षा) शिक्षा का स्तर नहीं है, उनका नकार है। उसमें ऐसे भी हैं जो अंगरेजी या अंगरेजी के अलावा दूसरी विदेशी भाषाएँ जानते हैं (और इसके बावजूद हिन्दी में भी पढ़ लेते हैं।) और ऐसे भी हैं जो विदेशी भाषा नहीं जानते या हिन्दी के अतिरिक्त कोई दूसरी भाषा नहीं जानते। उनमें अनेक ऐसे लोग हैं जो अनेक बार पश्चिम और पूर्व के विभिन्न देशों की सैर कर आये हैं, ऐसे भी हैं जो शीघ्र विदेश को जाने वाले हैं...'। लेकिन इस तरह की कोई बात पाठक की कसौटी नहीं है। पाठक की कसौटी है—सहृदयता, समानता और व्यापक सम्वेदनशीलता। पाठ को पाठक नया अर्थ देता है और यह अर्थ उसके मनः संस्कार से जुड़ा होता है। इसलिए, 'जो स्वयं सम्वेदनशील नहीं है, वह यह नहीं पहचानता कि सबकी सम्वेदना अलग-अलग होती है—उसके निकट सम्वेदना का भी एक बना बनाया ढाँचा होता है। वह किसी अनुभव को तद्वत् ग्रहण नहीं कर सकता, केवल उसके टुकड़े करके अलग-अलग खाँचों में रख सकता है।' खाँचा बनाते ही सम्वेदना के समग्र प्रभाव में दरार पड़ जाती है। यथार्थ बदल जाता है और चिन्तन की अन्तर्दृष्टि गलत दिशा में मुड़ जाती है।

हमेशा साहित्य-वैचारिकी एवं संस्कृति के बारे में सोचने के आधार बदलते रहते हैं। इसलिए पाठक अर्थ के दर्शन का नया मार्ग खोजता है। इस खोज में भी जरूरी है कि चिन्तन-मनन का मार्ग खुला रहे ताकि हम देश-विदेश की सभ्यता-संस्कृति, परम्परा, कला-साहित्य, दर्शन को सही परिप्रेक्ष्य में ग्रहण कर सकें। इस ग्रहीता समाज की अज्ञेय को सदैव चिन्ता रही है। उन्होंने कहा है—'पाठक उदारमना हो, यह भी चाहता हूँ। बिना इसके वह दूसरों के विचारों का सम्मान नहीं कर सकता। बल्कि वह शायद अपने भी विचार नहीं रख सकता, क्योंकि अनुदार विचार तो अपनी उपलब्धि के नहीं, रूढ़ि की देन होते हैं।' ये रूढ़ियाँ ही जब मनोवृत्तियाँ बन जाती हैं और विकास रुक जाता है। इसलिए जरूरी है कि 'पाठक अनुभव के प्रति खुला

हो, जीवन से प्रेम करता हो, यह भी मैं चाहता हूँ। जो अनुभव के प्रति खुला नहीं है, उसे दूसरे के अनुभव से भी क्या प्रयोजन हो सकता है? और जो जीवन से प्रेम नहीं करता, उसके निकट अनुभव का ही क्या मूल्य है? जीवन-प्रेम हो तभी तो अनुभव को धन की तरह पहचाना जा सकता है; तभी 'सम्पन्न' और 'दरिद्र' की पहचान के आधार आर्थिक न रह कर मानवीय मूल्य हो जाते हैं—जीवन के मूल्य ही तो मानवीय मूल्य हैं।' यह मानवीय मूल्य ही मानुष-भाव का विस्तार करते हैं।

जो विद्वान अज्ञेय को केवल अभिजात वर्ग का लेखक मानते हैं, वे अपनी ही बुद्धि-भ्रम का शिकार हैं। उन्हें अपनी हीनताओं से मुक्त होकर अज्ञेय के लेखन का 'पाठ' करना चाहिए। अज्ञेय ने यहाँ अपने यूरोप यात्रा के वृत्तान्तो-संस्मरणों को बाईस यात्रा-निबन्धों में प्रस्तुत किया है ताकि पाठक सुगमता से उनके 'पाठ' का अवगाहन कर सकें। यहाँ उन यात्रा-निबन्धों के नाम देना जरूरी हैं—जिन्हें यहाँ स्थान मिला है यथा—(1) यूरोप की अमरावती : रोमा (2) विद्रोह की परम्परा में (3) यूरोप की पुष्पावती : फिरेंजे (4) खुदा के मसखरे के घर : असीसी (5) एक यूरोपीय चिन्तक से भेंट (6) यूरोप की छत पर : स्विट्जरलैण्ड (7) 'तो यह पेरिस है!!' (8) एक दूसरा फ्रान्स (9) बालू की भीत पर (10) संयुक्त राज्य : दो राजधानियाँ (11) ताल-तलहटी, स्रोत और सृष्टा (12) बीस हजार राष्ट्रकवि (13) नीलम का सागर, पन्ने का द्वीप (14) धर्मविश्वासों की गोधूलि (15) बीसवीं शती का गोलोक (16) एक अनमना कवि (17) लोकोत्तर (18) सागर कन्या और खग, शावक (19) राहन के साथ-साथ (20) पतझर का एक पात (21) यूरोप का स्नायु केन्द्र वर्लिन (22) प्राची प्रतीची। विशेष बात इन सभी यात्रा निबन्धों की यह है कि अज्ञेय ने यूरोप को यूरोप की निगाह से नहीं देखा है—एक भारतीय ने एक प्रबुद्ध भारतीय ने अपनी भारतीय निगाह से यूरोप को देखा है। एक भारतीय-मानस में यूरोप का क्या—पाठ-कुपाठ तैयार होता है, यह अनुभव-विश्व यहाँ अपनी पूरी सम्पन्नता से उपस्थित है। लेकिन जो लोग अज्ञेय की उजली भारतीयता पर सन्देह करते हैं, उनके लिए इन यात्रा निबन्धों का क्या महत्त्व हो सकता है? कहा नहीं जा सकता। भारत की सभ्यता-संस्कृति से भिन्न यूरोप की परम्पराओं, साहित्य दृष्टियों, कलाकृतियों को अज्ञेय का कवि मानस कैसे समझता रहा है—यह यात्रा-निबन्ध उसी मानसिकता का वैचारिक खमीर उठाते हैं। अज्ञेय ने स्वयं यूरोप में फोटोग्राफी की है और लगभग उनचास चित्रों को यहाँ प्रस्तुत किया है ताकि पाठक स्थान की महिमा का अनुमान कर सकें।

'यूरोप की अमरावती : रोमा' शीर्षक प्रथम यात्रा निबन्ध में अज्ञेय ने अपने विचार का आरम्भ इस ढंग से किया है, जिससे पाठक के साथ 'संवाद' स्थापित हो सके। 'ज्ञान-वृद्धि और अनुभव-संचय के लिए देशाटन उपयोगी है, यह पुरानी बात

है। एक समय था जबकि कवि के लिए—और क्योंकि काव्यकार ही एकमात्र कृतिकार था, इसलिए समझ लीजिए कि अपने अर्थ में साहित्यकार मात्र के लिए देशाटन अनिवार्य समझा जाता था। किन्तु देशाटन कैसे किया जाये, इसकी कोई विशेष पद्धति शास्त्रकारों ने नहीं बतायी—तीर्थाटन की परम्परा थी, लेकिन उसका उद्देश्य अनुभव संचय नहीं बल्कि पुण्य-संचय था, और वह भी भवानुभव से मुक्ति पाने के लिए।' (पृ. ३) तीर्थ हमारे धर्म-कर्म-संस्कार, पूर्व अनुष्ठान, उपासना, पूजा, आचार से जुड़े थे—और 'धर्म-कर्म' का बहुत व्यापक अर्थ था। व्यापक अर्थ क्या? पूरे जीवन का उद्देश्य था—विराट से जुड़ना, मुक्ति पाना, निर्वाण पाना, पुण्य-संचय करके जीवन को अर्थ देना आदि।

ततस्ततः दुनिया की जानकारी का अर्थ सामने आया। आज के ज्ञान और अनुभव संचय के लिए आप घर पर हाथ पर हाथ रखकर नहीं बैठ सकते। साहस बटोरकर 'घर' से बाहर' निकलना ही महत्त्वपूर्ण जानकारी का मार्ग प्रशस्त करता है। 'कालो ह्रदयं निरवधिः' मानकर 'विपुला पृथ्वी की परिक्रमा करने निकल जाइए। लौटने की चिन्तन न कीजिए और न अनुभव को पांडुलिपि बनाने का झंझट 'तुरन्ता' होकर पालिए। यह भी हो सकता है—आज के नये अगत्स्य को अनुभवी विन्ध्य रास्ता ही न दे। इसलिए सिद्धों-सन्तों को दुर्गम पथों की यायावरी में लापरवाह फक्कड़ तो होना ही पड़ेगा। पहले अज्ञेय यूरोप के लिए दस माह को निकले और वहाँ का थोड़ा-बहुत जाना जानना, देखना और देखकर सोचना-समझना आसान नहीं है। विशेषकर भारतीय के लिए जो घर में ही निश्चिन्तता पाता है—यूरोप के घुमक्कड़ों की तरह दहाड़ते सागरों को चुनौती देकर 'मौत' का जोखिम उठाता है। भारतीय व्यापार करने—धन कमाने को निकलता है—संसार को समझने के लिए भी निकलना जरूरी है—यह उसकी 'समझ' में कम आता है। वह खाली झोले लेकर नहीं लौटना चाहता, अकूत सम्पत्ति अटैचियों में भरकर लौटना चाहता है। अज्ञेय के सामने विदेश जाने पर आनन्द कुमार स्वामी का 'मॉडल' था जो कहता था 'आप जब विदेश में आएँ तो वहाँ के लोगों को यह भी अनुभव करने का कारण दीजिए कि आप अपने साथ खर्च करने के लिए पैसों के अलावा भी कुछ लेकर आये हैं।' मूल बात यही है—वहाँ लेने ही नहीं, देने का भी भाव हम में होना चाहिए।

विदेशाटन में अज्ञेय का उद्देश्य बाहर से धन बटोरकर लाना कभी नहीं रहा—उद्देश्य रहा 'सहज भाव से यात्रा करना सीखते चलना' अर्थात् यात्रा करने की तमीज़ अर्जित करना, अन्य से आत्मीय होकर जुड़ना तथा अन्य साहित्य-संस्कृतियों के भीतर पैठकर उनसे तादात्म्य स्थापित करना। इसी भाव-भूमि के साथ अज्ञेय अप्रैल के उत्तरार्द्ध में निकले—यह गीत-गाते 'यह ऊपर आकाश नहीं है रूपहीन

आलोकमात्र हम अचल पंख तिरते जाते हैं भारमुक्त, नीचे यह ताजी धुनी रुई की उजली बादल सेज बिछी है स्वप्न मसृण, या यहाँ हमीं अपना सपना हैं? यह स्वप्न-भरा यात्री रोम के चाम्पीनों हवाई अड्डे पर उतरता है। भारत से रोम (इटालीय रोमा) तक की थकानेवाली 22 घंटे की यात्रा। बस लेकर रोम शहर में प्रवेश और अपूर्व-आकर्षक दृश्यों से साक्षात्कार। अंगूर की कटी छंटी बेलें, लिलाक की झाड़ियाँ, बकायन फूलों के गुच्छे, मधुर गन्ध भरा वायुमंडल, स्वच्छ सड़कें, प्रतिमा मण्डित वास्तु-प्रतिभा के उत्कृष्ट नमूने–इटली के फव्वारे। 'वरन पौराणिक आख्यानों से इतने गुँथे हुए हैं कि पूरी क्लासिकल परम्परा उनकी फुहार के साथ मानो झरती रहती है।' (पृ. 6) नगर के मध्य में फौन्ताना दित्रेवी कल्प स्रोत–यात्री जल ने सिक्का फेंककर मन्नत करते हैं। अज्ञेय को दिल्ली का ध्यान है जहाँ 'हड़िया पीर' की शक्ति त्रेवी की शक्ति से कम नहीं है। त्रेवी में चिन्तित प्रेमी युगलों की भीड़ और गिद्धों सी निगाहवाले फोटोग्राफरों की भीड़। यूरोप के शहरों की बलखाती गलियों का अद्वितीय सौन्दर्य लुभाता है। अज्ञेय फिरेंजे, पेरुजिया, असीसी–मध्य इटली के प्राचीन शहरों की गलियों में पैदल भटककर अनुभव संचित करते हैं। इसी तरह वे पेरिस की गलियों में जेनीवा, बीएना, बॉन, एम्स्टर्डाम, स्काटहोम आदि शहरों में घण्टों चले हैं। वहाँ के गतियुक्त, कर्मरत, परम्परा-सम्पन्न, जीवन्त मानव-समाज ने उन्हें मोह लिया है। वे अपनी कविता में यह अनुभव पुंज रचते हैं–'भीड़ों में जब-जब जिस-जिस से आँखें मिलती हैं यह सहसा दिखा जाता है मानवः वह अंगारे सा, भगवान सा अकेला' उस मानव का मानस बिम्ब कहता है–'खड़ा मिलेगा वहाँ सामने तुमको –अनपेक्षित प्रतिरूप तुम्हारा नर जिसकी अनभिज्ञ आँखों में नारायण की व्यथा भरी है' यह मानव युग स्थिति, युग-समाज की रूप-रचना का दर्पण है–ब्राउनिंग की–देयर आर. फ्लेशेज़ स्ट्रक फ्राम मिडनाइट्स' में यूरोप की आत्मा झाँकती है। फिर यहाँ अज्ञेय की दृष्टि कथाकार की न होकर यायावर की दृष्टि है जो शहर की आत्मा को झांक कर समझ लेना चाहती है। विदेशी शहर तो भारत में भी पहुँच रहे हैं पेरिस, लन्दन की दुकानों अथवा विज्ञापनों में स्त्रियों के अण्डरवियर का अतिरिक्त प्रदर्शन। भारत में पेरिस भर गया है–भद्दी रंग-बिरंगी फिल्में, पत्रिकाएँ, गाने। 'मशीन सबकुछ उघाड़ती चलती हैं। मशीन के आत्मा नहीं है।' मशीन युग का क्रीतदास मानव भी निरन्तर अपने को उघाड़ता जा रहा है–उसके पास आत्मा नहीं है मात्र शरीर है। इतनी बाग-बगीचे फूल चमत्कार हैं। इंग्लैण्ड के वृक्षों में अनाहत शोभा है। भारत में पेड़-पौधों की पूजा है, पर पनपने देने का भाव नहीं है। जीवनातुर संगीत भारत मुखर श्रृंगार वृत्ति के लोग याद दिलाते हैं–रोम में कि–कालो न जीर्णो वयमेव जीर्णाः। मूल बात यह कि पूर्व का जीवन विलम्बित लय में चलता है पश्चिम का द्रुत

लय में। भारत तो आलाप भरने में ही समय खो देता है।

पुराने रोमिक लोग पाँच-छह घंटे में व्यालू (रात्रि का भोजन) करते थे और इटली के दफ्तरों में लंच की छुट्टी होती थी। यूरोप सबेरे से रात तक भागता है और औसत आदमी छह घंटे खड़े होकर व्यतीत करता है। यन्त्र ने साधन दिए हैं—वहाँ पाने की ललक बहुत है। मशीन हावी है—व्यक्ति को कुचल रहा है। इसलिए अस्तित्ववाद के नाम पर जो आ रहा है, वह सब स्वस्थ नहीं है। सार्त्र का 'मतली का दर्शन' 'न कुछ' के आतंक की छटपटाहट है। पर ग्रेवियल मार्सेल और कार्ल यास्पर्स का दर्शन आधुनिक यूरोपीय चिन्तन की मौलिकता और साहस का प्रमाण है। अज्ञेय वहाँ यास्पर्स से मिले भी—संवाद भी किया, प्रभावित भी हुए। रोम और इटली के लोगों में रोमी बड़ा बन्द पर इटालियन हँसौड़ होता है। अश्लील कहानियों में वह देवी-देवताओं तक को नहीं छोड़ता। फिर रोम में वाटिकान के पोप की नगरी है—सबसे बड़ा साम्राज्य का केन्द्र और सा पिएत्रों के गिरिजाघर का पिछवाड़ा—मूर्खतापूर्ण संकीर्णता। रोम का संग्रहालय ही सिद्ध करता है कि धर्म की ओट में कला की कैसी मिट्टी पलीत हुई है। इस तरह 'इटालियन लोग यूरोप के हिन्दुस्तानी हैं।' (पृ. 10) परम्परागत सात पहाड़ियों पर बाण रोम नगर मनोरम दृश्यों से भरा पड़ा है। युवा कीट्स की समाधि है जिन पर शेली की स्मृतियाँ धूप सेंकती हैं। पास में सुन्दर नदियाँ हैं किन्तु बनारस के घाटों का अपना अद्वितीय सौन्दर्य है। भारत में 'नदी' का सन्दर्भ अलग है।

स्थापत्य की परम्परा का ध्यान आते ही वे कह उठते हैं—'परम्परा के नाम पर जो सहस्र वर्ष या उससे अधिक पुराना है उसी को इंगित करने के हम इतने अभ्यस्त हो गये हैं कि इस बात को भूल जाते हैं कि परम्परा में जो पूर्वापरतत्व निहित है, वह तभी सार्थक हो सकता है जबकि 'पूर्व' के साथ 'अपर' भी हो। रोम की परम्परा प्रथम विश्वयुद्ध तक अखण्ड चली है—फिर मुसोलिनी की शैली का गर्द उड़ा। केवल बड़प्पन का नशा उमड़ा है। इटली को 'यूरोप की माता' मानने के कारण हमारा ध्यान नये से ज्यादा पुराने पर जाता है। यहाँ पुराने गिरजाघर हैं—मिकेल एंजलों द्वारा मंडित सिस्टीन पूजागार जिसके विशाल भित्ति-चित्र मानव-मात्र की अपूर्व निधि है। क्विारिनाले और बार्बेरीनी महल, रोमिक काल के कलाभवन (सभा भवन) (जलियना, आगस्टस और ट्रायान के सभा-भवन या व्यापार केन्द्र) रंगशाला (कोलोसियम्) स्नानघर (काराकाल्ला) मन्दिर (वीनस और रोमा) और इन्हें एक दूसरे ये मिलाने और पृथक करनेवाले शिखर बायरन का गीत गा रहे हैं—'रोम, मेरा देश, आत्मा की नगरी। सभी अनाथ हृदय से तेरी ओर मुड़ते हैं।' इन्हीं में परम्परा सोती है, जागती है, जीवन्त है।

'विद्रोह की परम्परा में' मुसोलिनी का इटली है। फॉसिस्ट सत्ता का आतंक और प्रगति-समृद्धि, साम्राज्य-प्रसार की हलचल के नीचे कुंठित मानव। सन 1931 की अक्टूबरी सन्ध्या में एक विमान उड़कर चक्कर काटता है—कभी शेली ने मानव मात्र की स्वतन्त्रता का स्वप्न देखा था। उड़ते विमान से पर्चियाँ बरसती हैं जो दासता की शृंखला में जकड़ी जनता को स्वाधीनता का सन्देश दे रही हैं। अन्धकार में विद्रोह के बीज बोये जा रहे हैं। युवा विमान चालक कवि लाडरो डबोसिस है जो अपनी-मृत्यु से प्रकाश फैलाना चाहता है। लाडरो के पिता शेली काव्य के 'प्रेमी तथा अनुवादक' थे। लाडरो ने दाय में लातीनी—परम्परा को पाया है और एग्लो सैक्शन परम्परा को भी। एक ओर शेली का आदर्श स्वतन्त्रता-प्रेम था तो दूसरी ओर इटली के पुनर्जागरण काल की आदर्श राष्ट्रीयता। लाडरो ने एस्काइल्स के प्रोमैथियुए तथा जेम्स फ्रेज़र का 'गोल्डन बाओ' अनूदित किया। किन्तु उसकी प्रमुख रचना 'इकारो' शीर्षक गीति-नाट्य थी। लाडरो से अज्ञेय ने रोम सामने ला दिया है।

'यूरोप की पुष्पावती : फिरेंजे' में फिरेंजे तो फ्लारेन्स का—फूलों की नगरी का या पुष्पावती का पर्याय है। अज्ञेय जैसा दिशा खोजी, दिशा सूघूँ प्रवीण यायावर, 'अनुकूल पर्यावरण खोज' लेता है। फलतः वह वियासान्ता कैटेरीना से आगे बढ़ा और सिपाही से पुराने नगर का मार्ग पूछा। सिपाही ने कहा 'महाशय, सारा इटली ही बहुत पुराना है। सिपाही इटालियन बोलता है और यायावर इस भाषा को नहीं जानता पुस्तकों की रटी भाषा अपर्याप्त होती है—परायी भाषा का उच्चारण ठीक-ठीक कर पाना असाधारण बात है। फिरेंजे को अपनी भाषा-परम्परा-संस्कृति पर बहुत गर्व है। वहाँ ही बताया गया कि, मध्य इटली तो ठीक है, किन्तु रोम के लोग बहुत धूर्त होते हैं।' (पृ. 19) रोम में कहा गया कि यहाँ तक तो ठीक है दक्षिण में नेपोली (अंगरेजी नेपल्स) लोग सभी ठग हैं। राह चलते लोगों के कपड़े उतार सकते हैं। बन्दरगाहों पर उचक्कों का कब्जा है। फिरेंजी नगरी आर्नो नदी के तट पर बसी है और विशिष्ट प्रवालों, रत्नों, सोने-चाँदी की मीनाकारी से भरी नगरी। महाकवि दान्ते की याद का नगर। इटली की सांस्कृतिक परम्परा का चरम उत्कर्ष नगर की काव्य-कलाओं में मिलता है। क्लासिकल परम्परा के मुख्य प्रेरणा स्रोतों में फिरेंजे का स्थान अद्वितीय है। यहाँ मिकेल एंजिलो और गैलीलियो की समाधि हैं। यहीं गैलीलियो ने प्राणों का जोखिम उठाकर पृथ्वी और अन्यग्रह सूर्य के आसपास परिक्रमण करते हैं। कला और विज्ञान का यही फलन दान्ते और लियोनार्दी दा विंची के कृतित्व में हुआ। अज्ञेय ने माइकेल एंजिलो तथा गैलीलियो के घर देखे और वह स्थान भी जहाँ ब्राडनिंग दम्पति रहते थे। अतः एथेन्स और फिरेंजे का एक साथ नाम ऐतिहासिक अभिप्राय रखता है। दोनों में स्वाधीन चिन्तन पनपा।

भारत के शिल्पी दस्तकार होते थे–फिरेंजे के शिल्पी सच्ची अर्थों में कलाकार। कला के प्रति पूरी तरह समर्पित फलतः फिरेंजे की हर गली एक चित्र-वीथी है। भारतीय नागरिक कैसे रहता था, इसके लिए 'मृच्छकटिक' और 'कादम्बरी' में सन्दर्भ खोजने पड़ते हैं–किन्तु फिरेंजे में हर जगह कला के जीवन सन्दर्भ सघन रूप में हैं। असीसी जैसा छोटा कस्बा सन्त फ्रान्सिस के कारण विश्वविख्यात है और यात्रियों के आकर्षण का केन्द्र। महलों से ज्यादा प्रभावशाली गिरजाघर हैं। इटली का सबसे बड़ा गिरजाघर रोम का 'सान पिएचो' है। अद्‌भुत संग्रहालयों, महलों, गिरजाघरों का स्वर्ग है फिरेंजी। तभी तो ब्राउनिंग की कविताओं में फ्लारेन्स के पुराने चित्र घूमते हैं। सन्त फ्रान्सिस का मन्त्रपूत मौन-नीखलय में गाता है। इसलिए असीसी में जो है, वह मध्य इटली में कहीं नहीं है। ठीक बात है–विचार कभी नहीं मरते वे युगों को नया संस्कार दे जाते हैं।

असीसी की समतल भूमि के नीचे बना है–'फरिश्तोवाली माता मरियम' का गिरिजाघर। सन्त फ्रान्सिस और उनके सन्तों ने यहीं कोढ़ियों–अपाहिजों, गरीबी बहिष्कृतों की सेवा में जीवन होम दिया। इसलिए सन्त फ्रान्सिस को 'दूसरा ईसा' माना जाता है औरं असीसी को समूचे इटली का संरक्षक सन्त का नगर कहते हैं। 'यूनान यूरोपीय सभ्यता का पिता है तो इटली उसकी माता है, असीसी उस मातृरूप के चहरे का स्मित-भाव है–मुदित, करुणामय और सर्वदा एक सा वात्सल्य भरा' (पृ. 32)। कहना होगा इस यात्रा निबन्ध में कवि अज्ञेय की आत्मा निवास करती है। वे इटली को सराहते नहीं थकते हैं और आँखें कैमरा बन कर सभी कुछ का चित्र खींचती हैं। पूरा वर्णन काव्यात्मक है और रस-रंग से सम्पन्न।

'यूरोप की छत पर : स्विट्ज़रलैण्ड' शीर्षक यात्रा-निबन्ध में कहा गया है–'दुनिया की नहीं तो यूरोप की छत : पर्वतीय प्रदेश के कारण नाम मिला–स्विट्जरलैंड। किन्तु हम हिमालय के घरवाले इस नाम की धौंस नहीं खाते। हिमालय के सामने उनके पहाड़ फोड़ा-फुन्सी जैसे लगते हैं। यह भी नहीं कह सकते स्विट्जरलैण्ड भारत का कश्मीर है। लेकिन साफ-सुथरा देश यूरोप के जीवन-स्तर की ऊँचाई का प्रतीक है। देश क्या है एक रंगीन चित्र है–रंगीन गति। सबकुछ धुला-मंजा, उजला-चमकदार है। एक अर्थ में स्विस पर्वत श्रेणी यूरोप की छत है वहाँ से बहा पानी नदियों के रूप में यूरोप के विभिन्न भागों में से गुजरता है–राइन, रोन, पो और इन्न नदियाँ इसी श्रेणी से प्रसूत होती हैं।

इन्न तो शीघ्र ही डैन्यूव में जा मिलती है। बाकी तीनों आस्ट्रिया, जर्मनी, फ्रान्स और इटली के प्रदेशों को सींचती हैं। यहाँ राजधानी बेने एक कला-कमल है–अनुपम सौन्दर्य से झूमती है। यहाँ के अन्तर्राष्ट्रीय हवाई अड्डे और उद्योगों के कारण और

जेनीवा अन्तर्राष्ट्रीय सम्मेलनों के कारण अधिक प्रसिद्ध है। किन्तु यह नदियों के रहने पर भी झीलों की सुन्दरता का देश है। झीलों पर सूर्यास्त का सौन्दर्य और शियों की पुरानी गढ़ी बायरन की कविता 'द फिजनर ऑफ सियो' की याद ताजा करती है। लूसर्न के कोने-कोने का सौन्दर्य और आधुनिक जीवन का जुकाम—टुरिस्ट—कोई इलाज नहीं। संसार में यहाँ का व्यापार छाया हुआ है और यहाँ की प्रकृति का क्या कहना। बहुभाषा-भाषी देश—जर्मन, फ्रान्सीसी, इटली तीन स्पष्ट क्षेत्र हैं। भाषा अलग चीज नहीं है—'उसके साथ सांस्कृतिक विचारधाराएँ और प्रवृत्तियाँ और जातिगत सहानुभूतियाँ भी बनी होती हैं।' (पृ. 35) यह बहुभाषा-भाषी देश यह सिखाता है कि बिना एक भाषा में पूरी तरह डूबे रचनात्मक साहित्यिक कार्य नहीं हो सकता। क्योंकि भाषा संस्कृति का जीवन-रस है और रस जमीन से जड़ों से जुटने से बनता है। इसलिए यहाँ रंग-बिरंगे फूल खोस देने से बड़े रचनाकार अधिक नहीं हुए। जो हुए वे उसकी त्रिभाषिकता के उदाहरण नहीं हैं।

यह सच है कि स्विस लोग लोकतन्त्र की प्रवृत्ति और स्वाधीनता प्रेम पर गर्व करते हैं। उन्होंने महान रचनाकार नहीं दिया, लेकिन आधुनिक जीवन-परम्परा को सभ्य प्रवाह दिया है। 'सत्य, दया और स्वतन्त्रता' का मानव-संस्कृति में महत्त्व कम नहीं है।

'एक यूरोपीय चिन्तक से भेंट' यात्रा-वृत्तान्त में कार्ल यास्पर्स से मिलने गये—अज्ञेय की संस्कृति कथा है। वे जेनीवा से बाजल गये। क्यों मिलने गये—इस अस्तित्ववादी चिन्तक से मिलने? इसका ठीक उत्तर पाने के लिए अज्ञेय के कथन का लम्बा उद्धरण दूँगा ताकि बात ठीक से समझी जा सके और उनको लेकर फैली गलतफहमी दूर हो। अज्ञेय ने लिखा है "अस्तित्ववाद में मेरी दिलचस्पी क्यों रही, इसके कारणों में जाना आवश्यक नहीं है। हिन्दी के जो परिश्रम विरोधी सहजवादी आलोचक मुझको ही अस्तित्ववादी और सार्त्र का अनुयायी कह देते हैं। उनके सम्मुख तो यह निवेदन करना भी निष्प्रयोजन है कि सार्त्र का साहित्यिक अस्तित्ववाद मेरे लिए विशेष आकर्षण कभी नहीं रहा है, यद्यपि मैंने पढ़ना और समझना उसे भी चाहा है, जैसे कि अन्य साहित्यिक सिद्धान्तों को समझना चाहता रहा हूँ। लेकिन उन दो प्रवृत्तियों में, जिन्हें 'ईसाई-अस्तित्ववाद' और 'वैज्ञानिक अस्तित्ववाद' कहा जाता है, मेरी विशेष रुचि रही है', क्योंकि मैं समझता था और अब भी मानता हूँ कि यूरोप की वर्तमान मनःस्थिति और उसके संकट को समझने के लिए इन प्रवृत्तियों का अध्ययन आवश्यक है।" (1) 'एक बूँद सहसा उछली' पृ. 37) इसलिए यूनेस्को के निमित्त से यूरोप जाने का संयोग बना तो मन में दो व्यक्तियों से मिलने का संकल्प-सा लिया—गेबियल मार्सेल और कार्ल यास्पर्स। दोनों ही प्रसिद्ध चिन्तक।

एक के पीछे कैथोलिक ईसाई नैतिक चिन्तन और दूसरे के पीछे विज्ञान और मनस्तत्व का गहरा अध्ययन। भारत से प्रस्थान से पहले दोनों की कृतियों को मथ डाला और यास्पर्स से बहुत भीगे। उसकी सतर्क विचार पद्धति ने मोह लिया। फलतः अज्ञेय विशेष गाड़ी से बाजल जाते समय वहाँ यास्पर्स के पास गये। अपने साथ दुभाषिये के रूप में फाउलीन क्रिस्टेल स्टेफलर थीं। यास्पर्स अंग्रेजी जानते थे, पर बोलने में संकोच था। कुमारी स्टेफलर जर्मन, इंग्लिश दुभाषिये थीं, हिन्दी भी जानती थीं। उनके मन में, भारतीय चिन्ता-धारा का आकर्षणतया और था। यास्पर्स के प्रति सम्मान का भाव। दोनों ही ट्राम में बैठकर बाजल में चले। फिर खोजते हुए यास्पर्स के पास पहुँचे। अज्ञेय ने उस व्यवस्थित अध्ययन कक्ष में पाया—"चेहरे के भाव के अलावा हर एक व्यक्तित्व का अपना एक पर्यावरण रहता है जो मानो एक अदृश्य प्रभामंडल की तरह व्यक्ति को घेरे रहता है और उसके साथ-साथ चलता है।' उनसे मिलकर पाया कि अन्तःसंघर्ष यूरोपीय चरित्र का अनिवार्य अंग है। प्रश्न उठता है—कौन सा भीतरी संघर्ष उन्हें खाए जा रहा है? सब लोग इतने संत्रस्त क्यों हैं? इनकी विभाजित चित्र की समस्या का कारण क्या है? आपस में खण्ड-खण्ड होकर तने क्यों रहते हैं? लेकिन यास्पर्स का चेहरा देखकर लगा—यह व्यक्तित्व विभाजित नहीं है। बातचीत में यास्पर्स ने पूछा—यूरोप क्यों आए हो? उत्तर मिला—'यूरोप और हमारे सांस्कृतिक दाय में बहुत सी चीजों का साझा है। इस दाय से निरन्तर नया सम्बन्ध जोड़ते रहना चाहिए। तब यह आवश्यकता और बढ़ी जब यन्त्रीकरण दोनों के बाहरी रूप को प्रभावित कर रहा है और उसके आन्तरिक आधारों से उसे अलग करता जा रहा है। साथ ही यूरोप की और हमारी असमानता। यास्पर्स ने पूछा यह असमानता क्या है? अज्ञेय ने कहा—संसार में तीन सांस्कृतिक प्रणालियाँ जीवित हैं—(1) पश्चिम की धर्मविश्वास प्रणाली (2) चीनी सांस्कृतिक परम्परा जिसमें धर्म-विश्वास का कोई महत्त्व नहीं (3) दोनों के बीच में भारत की धर्म विश्वासमूलक संस्कृति की प्रणाली। इस लौकिक संस्कृति में धर्म विश्वासरहित होकर संस्कृति में जी नहीं सकता। भारतीय परम्परा, में आचरण की एकता अपेक्षित है। अज्ञेय को सुनकर यास्पर्स ने कहा—ये तो भारत के दार्शनिक पश्चिम की नकल क्यों करते हैं?' उन्होंने राधाकृष्णन और आनन्दकुमार स्वामी में भी बहुत सी बातों में पश्चिम चिन्तन की बात उठाई। अज्ञेय का क्षेत्र दर्शन नहीं है कि वे दार्शनिकों का मूल्यांकन कर सकें। अज्ञेय ने कहा—राधाकृष्णन पश्चिम के लिए पूर्व के भाष्यकार हैं। यास्पर्स ने भारत में कम्युनिज्म की बात उठाई। अज्ञेय ने कहा—मैं लेखक हूँ, दार्शनिक नहीं हूँ। लेखक के नाते दार्शनिक जिज्ञासाएँ रखता हूँ।

यास्पर्स ने नपे-तुले शब्दों में कहा—'पश्चिमी जीवन ईसाइयत से कट गया है,

यही उसके आन्तरिक तनाव और संघर्ष का कारण है। अन्तःसंघर्ष और अनिश्चयजन्य आशंका से वह मुक्त हो सके—ऐसी अवस्था में वह सम्बन्ध तोड़ बैठा है। चर्च ने कलाओं-कलाकारों को अपदस्त किया तो धार्मिक प्रेरणाओं से कलाकार कट चुके हैं। ईसाई मध्यकाल आस्था पर टिका था—अन्तर्द्राह नहीं था। लेकिन अब अन्तर्दाह और अन्तःसंघर्ष से छटपटाता व्यक्ति ही रचनाकार-कलाकार हो सकता है। 'यूरोप के मध्यकाल के बाद जो नयी प्रवृत्तियाँ दीखीं, उनका कारण बहुत कुछ कलाधारा और ईसाई चिन्ता-धारा की बढ़ती हुई दूरी ही था। रेनेसॉ का बौद्धिक उन्मेष भी और रोमाण्टिक आन्दोलन भी, उस दूरी के ही पहलू हैं।' (पृ. 42) अज्ञेय से यास्पर्स ने पूछा—क्या भारतीय लेखक आप जैसे ही अनासक्त होते हैं। अज्ञेय ने उत्तर दिया 'नहीं'। उन्हें पश्चिमी चिन्तन के रोगाणुओं ने घेर लिया है। यास्पर्स ने फिर पूछा—भारत संघर्ष का सिद्धान्त नहीं मानता तो वहाँ का रंगमंच कैसा है? नाटक कैसे होते हैं? अज्ञेय ने कहा—समकालीन लेखन और नाटक पश्चिम से बहुत प्रभावित हैं। यास्पर्स ने अस्तित्ववाद पर टिप्पणी की कि मानव अनुभव करता है—उसे नगण्य बना दिया गया है—यही सर्वाधिक कसकने वाला अनुभव है। वह अनुभव करता है कि वरण की स्वतन्त्रता उसे नहीं है—यही नगण्यता के बोध का कारण है। लेकिन अज्ञेय ने कहा—ठीक है बहुत यातनाएँ हैं जिनमें वरण का प्रश्न अर्थहीन है। मानव दुःख वरण नहीं करना चाहता, लेकिन दुःख उसे दबोच लेता है। प्रश्न है—दुःख का विकल्प क्या है? उत्तर क्या है—बाजल में नदी के साथ बोधिवृक्ष नहीं है—प्रश्नों के साथ अज्ञेय लौट आए। यह यात्रा निबन्ध अज्ञेय की पूरी मानसिकता का एक मानचित्र कहा जा सकता है।

'तो यह पेरिस है!'—यात्रा-वृत्त में बात शुरू होती है कि जैसे आगरे का प्रतीक ताजमहल है और दिल्ली की कुतुब मीनार—उसी प्रकार पेरिस का विश्वविज्ञापित प्रतीक है नोत्रदाम के भव्य गिरिजाघर के ऊपर से झाँकता एक शैतान का चेहरा, अपरूप विकृत! पेरिस घातक विष जिसके बिना कोई जी न सके। पेरिस, यूरोप के सुन्दरतम नगरों में से एक। सजे बाजार। सुन्दर वस्त्र, बाग-बगीचे, रंग-बिरंगे चन्दोवे, वारुणी की धार, सुन्दर स्थापत्य, कूँजों-चौराहों पर खड़ी भव्य कला मूर्तियाँ, विराट नाट्य और नृत्यशालाएँ, दर्जनों कला संग्रहालय, बीसियों पुस्तकालय, पचासों रंगशालाएँ, सैकड़ों प्रमोदगृह, आवरणहीन अश्लीलता का आलम। हर-मौसम में पेरिस का यौवन खिला रहता है। इस समय सड़कें सैलानियों से खचाखच और रात आग्रह और उद्दण्डता का अभिवादन। इसलिए वहाँ जीवन साँझ से शुरू होता है। आपेरा, सिनेमा, नाटक आदि के टिकट स्वयं खरीद पाना पेरिस में आसान नहीं है—इसके लिए कमीशन लेने वाली एजेन्सियाँ हैं। गाइड स्त्री होती है और उसका सभी तरह

का व्यय यात्री को उठाना पड़ता है। यहाँ मुर्गे पर आपका नम्बर डालकर पकाया जाता है और मेढ़क की टाँगें खा सकते हैं। कोई व्यसन या विकृति ऐसी नहीं है जो पेरिस में नहीं है। हर वासना की तृप्ति के उपाय लभ्य हैं—पर बहुत महँगे। कृशांगी नदी सेन पेरिस को दो भागों में बाँटती है। यहाँ बदनाम शराब घर और कलाकारों के तमाम अड्डे हैं। जिप्सी कन्याओं का आनन्द लेते मनचले लोग-सभी तरह की लम्बी कंजी, भूरी गोल आँखें। वर्ण-भेद जाति-भेद नदारत हैं। स्वतन्त्रता प्रेमी कलाकारों का प्यारा शहर है—पेरिस। जो भी पेरिस से लौटता है उसकी स्मृति में टीस रह जाती है। वे अपने में रुके ठहरे उदासीनता में डूबे लोग मारते हैं मरते हैं। क्योंकि जीने से डरते है। जब तमाम कला साहित्य के आधुनिक आन्दोलनों का केन्द्र पेरिस रहा है। यूरोप के सांस्कृतिक जीवन पर फ्रान्स का प्रभाव गहरा है। यहाँ मतली-ऊबकाई का दर्शन पनपा है। साहित्यिक अस्तित्ववाद का यहाँ केन्द्र है। यह पूरा यात्रा-वृत्त-रेखाचित्र-रिपोर्ताज कहानी का मिश्रण कला का सचित्र दस्तावेज है।

'एक दूसरा फ्रान्स' नहीं, दूसरा पेरिस होना चाहिए। जैसे एक भारत—दूसरा गोपन भारत। ऐसे ही एक फ्रान्स—दूसरा गोपन फ्रान्स। जिसमें जुगुप्साजनक स्थिति है। वहाँ एक भारतीय दूसरे भारतीय से कतरा कर निकल जाता है। उसके मन में 'परम्परा' के अर्थ नहीं हैं, सभी 'माडर्न' कहलाने वाले अर्थ हैं—उसका आग्रह माडर्न कला की ओर है। भारत के अच्छे-खासे चित्रकार वहाँ गये, लेकिन जब लौटे तो केवल 'माडर्न' रह गये। अज्ञेय भूमध्य सागर की ठंडी हवाओं में प्रवेश करके मारसेल्स गये, कटखनी हवा और शीत का प्रकोप। मैसीना के जलडमरू के दोनों ओर इटली और सिसली की तट रेखाएँ और हिमाच्छादित शिखर है। मारसेल्स की संरक्षिका देवी मरियम की प्रतिमा का दर्शन किया और पाया तेज गाड़ियाँ पेरिस की ओर दौड़ रही हैं। वहाँ टोन नदी सुन्दर प्रदेश की मेखला टोन-तट अंगूर के बगीचों के लिए प्रसिद्ध और अपनी शराबों के लिए। इम्प्रेशनिस्ट चित्रकारों ने इस प्रदेश को और प्रसिद्ध कर दिया है। आर्ल प्रदेश के खेतों और आविन्दों के पास फलों के बगीचों की बहार है। टोन और साओन नदी का संगम—अद्भुत प्रकृति वैभव है। अज्ञेय ट्राम में बैठकर योन नदी के किनारे-किनारे एवीलोन गये—फिर एक छोटी सी देहाती बस्ती में। फिर गये 'पेयरमुआर की कुटिया' पर, एकान्त साधक इसी कुटिया में निवास करता था। वहाँ बैनेडिक्टी सम्प्रदाय के संन्यासी रहने लगे हैं। ईसाई संन्यासियों के अनेक सम्प्रदाय-प्रार्थना घर हैं। जिनसे भारत का पुराना परिचय रहा है। यहाँ के मठ का नाम 'पीएर-क्वि-पीर' हैं—जिसका अर्थ है—'घूमने वाला पत्थर'। यहाँ ऊपरी शिला पर मरियम की मूर्ति विचित्र क्षेत्र। आज भी उस वन प्रदेश में विस्मयजनक शान्ति और परिवेश में देवोन्मुख भावों की गूँज। यान्त्रिक सभ्यता के चंगुल से निकलकर

प्रकृति की गोद में जाने का मुक्ति बोध। यूरोप में बैनेडिक्टी सम्प्रदाय का इतिहास—इसी सम्प्रदाय से जुड़ा है। सन्त ग्रेगोरी और सन्त आगस्टीन इसी सम्प्रदाय के थे।

पीएर-क्वि-पीर। चक्रमित शिला। चक्रान्त शिला। चक्रान्त : जो संक्रमण करके फिर लौट-लौटकर आता है : वह काल के अतिरिक्त क्या है? समय की शिला, युगों के आवर्त्तन का क्रम। मठ का प्रतीकार्थ—अकेले में साधना। बौद्ध स्थावर साधुओं की तपस्या का नया रूप है। पीएर-क्वि-पीर से अज्ञेय ने मौन की दीक्षा ली और उसे चक्रान्त-शिला-कविताओं में सर्जनात्मक निष्पत्ति दी है। 'पर सबसे अधिक मैं वन के सन्नाटे के साथ मौन हूँ मौन हूँ क्योंकि वही मुझे बतलाता है कि मैं कौन हूँ जोड़ता है मुझको विराट से जो मौन, अपरिवर्तन है अपौरुषेय है जो सबको समोता है' अज्ञेय उसके बाद पाल मासिन्यो से मिले। एक सूफी ईसाई सन्त, गेही सन्यासी। सत्याग्रह-सिद्धान्त में दृढ़ विश्वासी। लौटते हुए अज्ञेय ने पाया 'पेरिस दुनिया का सबसे अकेला शहर है।' लेकिन इस शहर की धड़कन को एकाग्र भाव से अज्ञेय ने इस यात्रा निबन्ध में 'उपस्थित' बनाया है।

'बालू की भीत पर' एक नयी टोन का यात्रा संस्मरण है। इसमें हालैण्ड या नीदरलैण्ड्स (नीचा देश) समुद्री मिट्टी, नदी की मिट्टी बालू—इन्हीं पदार्थों से बनाया गया देश है। अब यह डच जाति के अपार परिश्रम का प्रतीक देश है—डच समाज संगठन जाति-व्यापी-उद्योग और व्यापार के आधार को दृढ़ करता देश। एक भारतीय जनपद के बराबर छोटा देश—लेकिन यूरोप के इतिहास में अपना विशिष्टता रखता हुआ देश, जिसका 99 प्रतिशत भाग समुद्र तल की ऊँचाई से 5 मीटर कम है—बालू की भीत, लकड़ी के खम्भों की बुनियाद। लेकिन इसने आक्रमण झेले और आक्रमण किए, उपनिवेश जीते, साम्राज्य बसाये। लेकिन जातीय चरित्र में स्वातन्त्र्य-प्रेम का स्थायी-निवास है। तमाम धैर्य की परम्पराओं को गढ़ा है—और इंग्लैण्ड की तरह ही उनकी संस्कृति-इतिहास को 'समझा' जा सकता है। अज्ञेय पेरिस से हालैण्ड गये थे—बीजा की अवधि पूरी होने का वृत्तान्त और अनुमति। हालैण्ड की शिष्टता का अज्ञेय पर गहरा प्रभाव पड़ा। अज्ञेय एम्स्टर्डाम से खोनिङ्गेन नगर गये जहाँ विश्वविद्यालय में 'तन्त्रयुग और आधुनिक सभ्यता की प्रवृत्तियाँ' विषय पर विचार गोष्ठी में भाग लेना था। यहाँ प्रतिवर्ष एक अन्तर्राष्ट्रीय गोष्ठी का आयोजन होता है।

यूरोप में सभी देश 'यात्रियों का व्यवसाय' करते हैं। कुछ देशों की तो अर्थव्यवस्था ही टूरिस्टों पर टिकी है। लेकिन हालैण्ड के लिए ऐसी बात नहीं कही जा सकती। क्योंकि उसका दूध-मक्खन पनीर का व्यवसाय विश्व विख्यात है। राइन का तट यहाँ विश्व भर को खींचता है। यहाँ डच आतिथ्य का अर्थ है—होटल में

अपना-अपना बिल चुकाना। यहाँ क्रीलर-मूलर म्यूजियम नाम का आधुनिक कला का संग्रहालय अपनी अपूर्वता में स्मरणीय है। यहाँ राष्ट्रीय-उद्यान की अपनी महिमा है और मूर्तिकला प्रदर्शनी का अनोखा संसार। अज्ञेय ने वहाँ वान गोख के चित्रों की सुन्दर प्रतिकृतियाँ दे रखीं और पाया कि यन्त्र कौशल कभी-भी कला-शिल्प को नहीं पा सकता। परम्परागत डचकला का संग्रहालय एम्स्टर्डाम के राजकीय संग्रहालय में है। यह संग्रहालय देखने के लिए टूरिस्ट कम होते हैं। फिर यहाँ लोक संस्कृतियों की छाती पर नागर औद्योगिक संस्कृतियाँ सवार हो गई हैं। हालांकि गाँव अभी भी बहुत सुन्दर हैं और परम्परागत बेथ खाने की प्रवृत्ति पूरे पश्चिम में बड़ी है। भारत की तरह वहाँ भी लोक संस्कृति का शोषण हो रहा है।

यह डच जाति की यूर्टम जिजिविषा ही है, जिसे कलात्मक दृष्टि से राटर्डाम का पुनर्निर्माण कर लिया है और विश्व व्यापार के केन्द्र बनाकर प्रगति की है। स्थापत्य के क्षेत्र से यह देश एक मॉडल है और अदम्य साहस, अथक उद्यम तथा स्वातन्त्र्य प्रेम की दृष्टि से नीदरलैण्ड रमणीय है और मानव-प्रेरणा का स्रोत। अज्ञेय ने सजग-नयनों से यहाँ का 'वर्णन-वैविध्य' प्रस्तुत किया है।

अब 'संयुक्त राज्य' दो राजधानियाँ जैसा यात्रा-संस्करण है, जिसमें यहाँ पहले है—लन्दन। जहाँ का अलग स्वाद है किन्तु लन्दन तो भारत के लिए कहानी उपन्यास जैसे है जिसे हम बचपन से ही जानना चाहते हैं। एक लन्दन वह है जिसे ड्रिकेन्स ने देखा—एक 18वीं शती के नाटककार गाल्सवर्दी का लन्दन है—धन सेठों का नगर लन्दन टेम्स नदी के पुल पर खड़े होकर वर्ड्सवर्थ की आँखों से देखा गया लन्दन कीट्स की कल्पना का रंगभरा लन्दन, जिसमें एडीसन और स्टील घूमते हैं—जानसन और पीट्स गहन उक्तियों की सामग्री खोजते हैं और कॉलेज तथा डक्विन्सी नशा करके पिन्नकियों के साथ घूमते हैं।

अज्ञेय रोम-पेरिस-इटली-फ्रान्स होते हुए लन्दन गये। इटली-फ्रान्स के बसन्त के बाद लन्दन श्रीहीन लगा। यह लातीनी और अंगरेजी स्वभाव का अन्तर है। रोम-पेरिस की तुलना में लन्दन कुरूप है और स्टाकहोम तथा कोपेन हेगेन की तुलना में गन्दा, बर्लिन की तुलना में निकम्मा। लेकिन फिर उनकी अलग लय है। अज्ञेय तीन-चार बार लन्दन गये और हर बार अलग अनुभव पाया। लन्दन का सांस्कृतिक जीवन सजग और समर्थ। वहाँ एक हिन्दुस्तानी लन्दन। जहाँ भारतीय संख्या में भारतीय है ज्यादातर वंश परम्परा से भारतीय-मारीशस-फीजी के लोग एक भारतीय संस्कृति के अध्येताओं का तीसरा लन्दन है, जिसमें भारतीय कला संस्कृति की सामग्री भरी पड़ी है। भारत का औपनिवेशिक इतिहास जागता मिलता है। ब्रिटिश म्यूजियम, विक्टोरिया एण्ड आल्बर्ट म्यूजियम के भारतीय कला संग्रह और ब्रिटिश

म्यूजियम तथा इण्डियन लायब्रेरी के ग्रन्थ संग्रह विश्व प्रसिद्ध है। यहाँ आक्सफोर्ड और कैम्ब्रिज के संग्रहालय तथा लन्दन शहर से बाहर के छोटे संग्रहालय भी कम मूल्यवान नहीं हैं। बर्मिंगहम संग्रहालय की बुद्ध की कांस्य प्रतिमा तो अद्‌भुत है। लन्दन के दृश्यों का उल्लेख अज्ञेय ने पूरे मनोयोग से किया है।

एडिनबरा की सुन्दरता का आख्यान क्या है? रोमा-पेरिस, वेयिरा, स्टाकहोम, प्राग से आगे का कथाख्यान। एडिनबरा का सौन्दर्य अज्ञेय को खींचता रहा है। इसके मूल में हैं वहाँ की जलवायु सागर और पर्वत की निकटता—नगर का विशिष्ट चरित्र—राष्ट्रीयता जातीयता की भावना अंग्रेजों द्वारा दमन करने पर भी स्काटी जाति की लय टूटी नहीं है। इसी स्काटी जाति की विशिष्टताओं का प्रतीक है एडिनबरा। ब्रिटेन की औद्योगिक क्रान्ति के दुष्परिणाम स्काटलैण्ड ने भुगते—आयरलैण्ड ने भी। अठारहवीं शती में चार्ल्स एडवर्ड स्टुअर्ट के नेतृत्व में जो विद्रोह हुआ उसे अंग्रेजों ने कठोरता से कुचला-बर्बरता का हृदय विदारक इतिहास। फिर भी एडिनबरा फेस्टेवल संसार भर की नृत्य नाट्य कलाओं को अपने देश में खींचता है—चाहे वह जापानी नाटक हो या भारतीय नृत्य नाट्य या चीनी ओमेटा। सांस्कृतिक-प्रगति की पुष्ट प्रेरणा का नाम है एडिनबरा।

'ताल तलहटी, स्रोत और स्रष्टा' तीन पत्र एक नया यात्रा-वृत्तान्त प्रयोग। पहला पत्र इस सूचना के साथ है कि रात बारह बजे से रेल हड़ताल हो जायेगी। बर्मिंगहम से स्ट्रेटफोर्ड शेक्सपियर की जन्मभूमि; शेक्सपियर स्मारक थियेटर। उसके बाद झीलों का वह प्रदेश जो वर्ड्सवर्थ आदि कवियों को प्रेरणा देता रहा। अज्ञेय की संग्रहालयों में रुचि भाती रही है, इसलिए संग्रहालय में कांस्य की गान्धार शैली की बुद्ध प्रतिमा देखकर गदगद हो गये। देखकर कहा "गांधार शैली की कांसे की मानवाकार बुद्ध प्रतिमा मैंने दूसरी नहीं देखी और भारत के संग्रहालयों में कहीं इससे तुल्यनीय कोई मूर्ति नहीं है।" (पृ. 86)

अज्ञेय ने प्री-राफ़ेलाहट सम्प्रदाय के चित्रों का बड़ा संग्रह देखा। लन्दन के राष्ट्रीय संग्रहालय में बर्नजोन्स और रोजेरी के चित्र देखे। इन चित्रों में अंग्रेजी रोमाण्टिक कविता के साथ अमित-भाव का अभिन्न सौन्दर्य अज्ञेय पाते हैं। उधर शेक्सपियर थियेटर का रंग—महीने पहले टिकट लेना पड़ता है। नाटक देखकर अज्ञेय बाहर आये और नदी के पुल पर बैठकर चाँदनी का आनन्द लेते रहे। लेकिन सैलानी सुन्दर के प्रति छिछली सतही समझ रखता है। सैडविच और शराब को छकते पागल-से लोग। केवल ठेलमठेल। हर तरफ खाने-पीने की मारामारी। अज्ञेय जी से एक तुतली अमेरिकी महिला की भेंट। वहाँ रिपर्टरी थियेटर, लेक्चर से लेकर शेक्सपियर के परिवार को छाना जाता है।

घण्टों खड़े रहने के बाद बर्मिंगहम पहुँचे। कैण्डल एम्बलसाइट में झीलों की सुन्दर झाँकिया'। ग्रासमेयर रुके और राइडाल झील के पास पहाड़ी ताल देखा। वर्ड्सवर्थ कभी भी अज्ञेय का प्रिय कवि नहीं रहा, फिर भी उस प्रदेश में दिलचस्पी ली। ग्रासमेयर झील—जैसे मल्लीताल के पास शाकाहारी होटल में टिके-स्वादिष्ट भारतीय भोजन पाया। नहीं अंगेरजी खाना यों भी अनाकर्षक होता है। केवल वर्ड्सवर्थ और कॉलरिज की स्मृति का सुकून रहा। अमलतास (लैबर्नम) के प्रति राग और सुन्दर पहाड़ियों का सौन्दर्य। यही वर्ड्सवर्थ-कालरिज की कब्र हैं। पास में थुलथिल मध्यवय की टूरिस्ट पारियों की बहुलता और उपहारों की भागदौड़ है। झीलों का अद्‌भुत रस अज्ञेय ने साहित्यिक स्मृतियों के साथ लिया है।

'तीसरा पथ लन्दन से आयरलैण्ड और आगे स्काटलैण्ड की यात्रा का है। बाथ-गये। स्नानोपचार का प्रसिद्ध स्थान है। रूपसी कन्याओं के लोभी आते हैं और जीवन बेहद भड़कीला है। कीलिंडग, डिकेन्स गोल्ड स्मिथ, जेन आस्टिन आदि ने अपनी रचनाओं में यह जीवन चित्रित किया है। 'बाथ' के रोमिक स्नानागार अद्‌भुत हैं तथा अद्‌भुत है वहाँ कोशर्म कोर्ट की बाथ एकेडेमी आफ आर्ट। संगीत, नृत्य के विद्यालय यहाँ बहुत हैं। इस यात्रा संस्मरण की विशेषता यह है कि अज्ञेय का यायावर मन इस यात्रा में भारत की प्रकृति को बहुत याद करता है।

'बीस हजार राष्ट्र कवि' यानी—क्या? अद्‌भुत प्रकृति वैभव और लय-स्वर-संगीत भरी बोली का प्रदेश यह वेल्स है और अंगरेज जाति से ज्यादा आकर्षक जाति। अंगरेज से आयरलैण्ड का विरोध और आयरी स्वातन्त्र्य आन्दोलन ने भारतीय विद्रोह भावना को प्रेरणा दी। भारतीय क्रान्तिकारी इन विद्रोहों से प्रभावित हुए। वहाँ की धार्मिक परम्पराओं (एंग्लिकन और कैथोलिक सम्प्रदायों) का द्वन्द्व अज्ञेय को वहाँ रहकर ही समझ में आया। वेल्श जाति के लोग अंग्रेज के कमीनेपन को थूकते रहते हैं—'द इंगलिश आर-वेरी मीन' इंग्लिश और वेल्श, आयरिश और स्काट, एग्लोसेक्सन और केल्लिक या गेलिक, इनके जातिगत संस्कार कितने गहरे और कितने भिन्न हैं। यूरोप के लोग सारे पूर्व को 'ओरिएण्ड' कहकर एक मान लेते हैं और अलग प्रवृत्तियों को अनुभव से ही पहचान पाते हैं कि पहाड़ी द्रविड़, तमिल में संवेदनागत फर्क है।

वेल्श-ग्राम अथवा लोक सभ्यता का उत्तम उदाहरण है। वेल्श की परम्पराएँ—ग्राम परम्पराएँ हैं और उनमें सुगठित एकता है। यहाँ की सांस्कृतिक परम्पराएँ उल्लेखनीय हैं। सारे यूरोप में कदाचित यही प्रदेश ऐसा है जहाँ काव्य गायन की परम्परा अक्षुण्ण बनी है, जहाँ किसान—कम कर स्वयं वर्णवृत्तों में कविता करते हैं और वाद्यों के साथ गाते हैं, जहाँ गाँव-गाँव में और जिले-जिले का अपना काव्योत्सव और काव्य

प्रतियोगताएँ होती हैं और राष्ट्रीय काव्योत्सव में सैकड़ों प्रतियोगी भाग लेते हैं और हजारों लोग सप्ताह भर कविता, गान, वादन आदि सुनते और प्रतियोगिता के निर्णय में दिलचस्पी लेते है। (पृ.104) सामूहिक मनोरंजन किसी भी संस्कृति की भीतरी अस्मिता की पहचान करते हैं। अज्ञेय को वेल्श की यह संस्कृति भारतीय संस्कृति की भाँति आल्हा-चौपाई में रमने वाली लगती है। घर-घर काव्य गायन, कला का संस्कार ऐसा कि अज्ञेय को एक वेल्श कवि, जिसे राष्ट्रीय काव्योत्सव में राष्ट्र कवि का आसन दिया गया था, उसकी कविता एवं लोक गीत रिकार्ड करना पड़ा और साथ में कवि ने अर्थ भी प्रस्तुत किया। वहाँ ऐसे भी तमाम लोग हैं जो प्रतियोगिता से बाहर काव्य गायन करते रहते हैं। काव्य पाठ उनका जातीय उत्सव है। प्राचीन पद्धति के कवि को विजेता होने पर 'आसन' और नये को 'मुकुट' पहनाया जाता है। समिति का निर्णायक निर्णय सुनाते समय कविताओं की विशद समीक्षा करता है। अज्ञेय ने अपने इस अनुभव को काव्य जीवन का अपने लिए 'अपूर्व अनुभव' माना है। हापकिन्स का वेल्श संस्कार अंग्रेजी में या डायलन टामस का प्रभाव हमारी पीढ़ी में बोलता है। मूल बात यह कि लोक संस्कृति के मूल स्रोत से नागर सभ्यता का सम्बन्ध टूटना नहीं चाहिए। यही है वेल्श के बीस हजार कवियों का सन्देश।

'नीलम का सागर, पन्ने का द्वीप' अर्थात् ग्रेट ब्रिटेन को संयुक्त राज्य के तीसरे देश। दूसरे मुख्य द्वीप आयरलैण्ड के विषय में अज्ञेय का मन 'बचपन से ही था'। वहाँ की लोक कथाएँ पढ़ रखी थी और अंग्रेजी काव्य के साथ आयरी काव्य से भी परिचय था। 'अंग्रेजी' कवियों में जो दो सबसे अधिक 'कवि' थे, दोनों आयरी थे। (पृ. 111) अज्ञेय ने अपने क्रान्तिकारी जीवन में आयरी विद्रोहियों की जीवनियाँ पढ़ी थी। और उनकी अमिट छाप उनके कवि-मानस पर थी। डैनब्रीन की आत्मकथा, एक रोचक वृत्तान्त भर न थी, प्रेरणा स्रोत थी। अज्ञेय के तमाम क्रान्तिकारी साथी उसे बाइबिल की तरह प्रमाण मानते थे—यहाँ तक कि हमसे पहले खेवे के षड्यन्त्रकारियों में—भगत सिंह और उनके साथियों में—उसका स्थान बहुत ऊँचा था। स्वयं मुझे रूसी आर्तवादियों के वृत्तान्त अधिक उपादेय जान पड़ते थे और उनको अनुप्राणित करने वाली नैतिक भावनाएँ अधिक उपादेय मूल्यवान" (पृ. 111) अज्ञेय मानते रहे हैं कि रूसी निहिलिस्ट सम्प्रदाय में हास्य की बहुत कमी थी और प्रेम की बौद्धिक अतिशयता उन्हें अमानविक बना देती थी। इसके विपरीत आयरी स्वभाव में हास्य-विनोद रहता है और यही बात आयरी क्रान्तिकारी आन्दोलन में प्रतिबिम्बित होती है।

अज्ञेय का ब्रिटेन जाने पर राष्ट्रीयता के भीतर विभिन्न जातीयताओं का अनुभव करके आयरलैंड के विषय में कुतूहल और बढ़ गया। वेल्स से बेलफास्ट फिर

आयरलैंड पहुँचे तो अज्ञेय ने पाया आयरी बड़े बातूनी होते हैं और 'वाद विवाद' ही वह वायुमण्डल है जिसमें वो जीते हैं। उत्तरी-आयरलैंड प्राकृतिक-आर्थिक दृष्टि से सम्पन्न है और दूर ब्रिटेन के पार्लियामेंट के अधीन है। आयरलैंड का परम्परागत नाम है 'मरकट द्वीप' बेलफास्ट की झीलें-नदियाँ, सागर तट देखने के बाद अज्ञेय ने आयरलैंड को 'मरकट द्वीप' तो माना ही 'पन्ना नीलम का थाल' और जोड़ दिया। क्योंकि आयरलैंड के उत्तर-पूर्वी सागर तट का सौन्दर्य-अद्वितीय है और विशिष्ट प्रकाश में रहस्यमय। 'आयरलैंड के समुद्र तट' कविता में बच्चन ने ठीक लिखा है—सिन्धु का छिछला तीर अकम्पित नील मुकुट-सा-नीर'

पौराणिक आयरी कवि श्रेष्ठ ओसियन की कब्र के दर्शन करने के बाद अज्ञेय उत्तरी सागर तट का स्पर्श करने पोर्ट स्टुअर्ट गये। यह स्थान हास्य लेखक चार्ल्स लीवर नामक हास्य लेखक का है। फिर 'ह्वाइट राक्स' और आगे 'जायंटस काजवे' का अचरज पाया। अज्ञेय को चट्टानी तट से टकराता महासागर भा गया। कई घंटे वहाँ व्यतीत किए। ध्यान आया आयरी क्रान्तिकारी बहुधा अमरीका में शिक्षा पाए हुए है। अज्ञेय बेलफास्ट में डब्लिन गये। डब्लिन—बेहद गन्दा शहर—पश्चिमी शहरों में सबसे ज्यादा कुरूप। हावड़ा-जैसी कुरूप बस्ती। वहाँ घूम घामकर, थोड़ा बहुत खा-पीकर राष्ट्रीय संग्रहालय पहुँचे। वहाँ आयरलैंड के राष्ट्रीय-आन्दोलन के तमाम चित्र हैं। साथ में मकई-आलू—तमाम सब्जियों की खेती-गोशाला-मुर्गीघर। वहाँ के नागरिक अज्ञेय का बांका डौल डील देखकर प्रसन्न हुए। आयरी बड़े वाचाल और व्यवहार कुशल होते हैं। ज्यादातर किसान लोग—धनी और प्रतिभावान। वहाँ एक 'हे' नामक विधवा के बाद श्रीमती पैंकहर्स्ट फेमीनिस्ट आन्दोलन की कार्यकर्त्री से मिले। यहाँ लोक कथाएँ हैं जिनमें अनेक प्रेतनियाँ रोती घूमती हैं; परियाँ जादूगरनी हैं। निरन्तर रंग बदलती प्रकृति है। कई साहित्यकारों के साथ की बातचीत से अज्ञेय ने अपने को भरापूरा पाया। नाटककार ल्गाई डूनसैनी के पत्र रैंडल से अज्ञेय का असम से परिचय था, उनके साथ घूमे फिरे और लन्दन आ गये।

'धर्म-विश्वासों की गोधूलि' का यात्रा निबन्ध रामलोटन के भुतहे पीपल तल के डर से शुरू हुआ। उसका विश्वास है लोहा छूते ही डर गायब हो जाता है। पूरी मानव जाति का एक-सा अन्ध-विश्वास। आज के बुद्धिवादी इस पर हँसते हैं। आयरी उपकथाओं के परियों के जादू से बचने के लिए लोहे के उपयोग का लोक-विश्वास है। लोहे की घोड़े वाली नाल और गर्भवती स्त्रियों का चाकू रखना—ऐसा ही विश्वास है। आयरलैंड के हर जिले में परियों से जुड़ा लोक साहित्य का भण्डार। बन्दिनी स्त्रियों की अनेक कहानियाँ हैं। सागर-तट पर घूमती युवती लापता हो जाती है और झुरमुट के पास पति या प्रेमी को बैठी हुई मिल जाती है। यहाँ जिन्न लोग रात को

किसानों के घोड़े चुरा ले जाते हैं। इस तरह यहाँ के लोक-मन को समझने के लिए अज्ञेय ने तमाम लोक विश्वासों की चर्चा की है।

'बीसवीं शती का गोलोक' क्या है? नया देश—बहुत सा समय खिड़की के पास बैठकर व्यतीत होगा। ध्रुव मण्डल में चौबीसों घंटे दिन रहता है। स्टाक होम में प्रायः दो घंटे की रात बाईस घंटे का दिन रहता है। स्वीडन का परिचय क्या है? 54.5 प्रतिशत भूमि वन भूमि है—आयरी का घनत्व प्रति वर्ग मील 43 घन है। दूध-मक्खन की खपत प्रति व्यक्ति क्रमशः 210 सेर वार्षिक इसलिए यह आधुनिक गोलोक कहा गया है। असंख्य काम-धेनु एं मुक्त भाव से वन-प्रदेश की हरियाली में पलती हैं। होटल में पानी-दूध-दही पियो। दक्षिण स्वीडन की यात्रा में बनारस के छुट्टा साड़ों की चर्चा हुई। कहा गया गाएँ सड़क का कचरा खाती हैं, लेकिन यह कैसे है? भारत में तो गाय की पूजा होती है। लेकिन जिज्ञासा का उत्तर प्रश्नों से नहीं मिला। स्टाकहोम में तीस हजार-गोपालक हैं—बिक्री के लिए दूध बाहर भेजा जाता है।

स्वीडी जीवन का एक अंग है—स्वातंत्र्य का पूजन दखल न देने का दर्शन पेरिस में भी है। लेकिन स्वीडी शिष्टता अत्यन्त संस्कृति—सम्पन्न है। औद्योगिक उन्नति, आर्थिक उन्नति के साथ विनय का विकास हुआ है। व्यापक सामाजिक सहयोग और व्यक्ति-स्वातन्त्र्य पर आस्था का भाव है। जबकि सभ्य मानव को मानव की बू-असह्य हो गयी है। स्वीडन की समस्या क्या है? एकान्त में अत्यधिक मदिरापान। भौतिक समृद्धि का अनिवार्य दण्ड। जबकि स्वीडन के पुराने विश्वविद्यालयों में धर्म का पाठ्यक्रम चलता है—स्वातन्त्र चिन्तन के लिए—आन्दोलन उठते हैं। उनका दावा है कि स्वतन्त्रता को सुरक्षित रखने का सबसे प्राचीन विधान स्वीडन का है। मध्यकाल से धर्म और कला का सम्बन्ध विच्छेद हो गया है जबकि आज दुनिया में स्वीडन सर्वाधिक समाजवादी देश है। लौटते समय अज्ञेय ने गायों के दर्शन किए और कहा—समता उसी समाज में होती है जो स्वतन्त्र हो और समाज वही स्वतन्त्र होता है जिसका हर व्यक्ति स्वतन्त्र हो और अपने स्वतन्त्र के उपभोग के लिए ही सामाजिकता का वरण करता हो। सब सामाजिक सम्पर्कों और सम्बन्धों की मूल प्रेरणा है व्यक्ति की आध्यात्मिक स्वतन्त्रता की खोज।' (पृ.144) कहना न होगा कि अज्ञेय के इस यात्रा-निबन्ध में उनके जीवन दर्शन के आधार सिद्धान्त निहित हैं। उन्हीं सिद्धान्तों का विस्तार उनके समस्त रचना-कर्म में हुआ है। यहाँ जगह-जगह अज्ञेय की कालिदास के 'रघुवंश' की नन्दिनी गाय याद आती है—'प्रभायतगस्य मुनेश्च धेनुः।'

'एक अनमना कवि' लेख या निबन्ध नहीं है—संस्मरण है। प्रश्न उठता है कि क्या संस्मरण नाटकीय हो सकता है? क्या नाटकीय घटनाओं का दर्शक तटस्थ रह

सकता है? क्योंकि पहले तो नाटकीय मंच की स्थिति के लिए सबसे पहले देश-काल निर्देश होना चाहिए। यहाँ प्रधान पात्र है-स्वीडी कवि एरिक लिंडग्रेन। नहीं 'अनमना कवि' है–यह कवि बड़ा 'डायनैमिक पर्सनैलिटी' का है और भारतीय परिभाषा में राजसी-वृत्ति का है। अन्य पात्र है कवयित्री कांउटस आमेलीपोस, श्रीमती जेन लंडब्लाड, कवि लज्लो हामोरी, रागनार ओल्डस्वर्ग, लार्स फोर्शेल, श्रीमती फोर्शेल, बैंग्ट नीर्पे–लेखक-समीक्षक-सम्पादक-पत्रकार सभी तरह के व्यक्ति। तो स्वीकारोक्ति के साथ सूत्रधार का बयान कि प्रश्नाकुल मन के प्रश्न। प्रश्नों के बने बनाये उत्तर नहीं। बने बनाये उत्तर झूठ बोलते हैं। नैतिक-प्रश्न, अनैतिक प्रश्न, नैतिकता से परे प्रश्न–कोरे आदर्शवादी प्रश्न। इंग्लैण्ड, फ्रान्स से ज्यादा अज्ञेय को स्वीडन में अपने प्रश्नों को प्रोत्साहन मिला। उत्तर तो शायद नहीं मिले। भविष्य के प्रति असुखी भाव–अनाश्वस्त भाव।

उत्तर मध्यकाल में साहित्यकार और चर्च का नाता टूट गया। चर्च ने साहित्यकार को उपेक्षणीय घोषित कर दिया। इससे साहित्य का तो कल्याण हुआ–चर्च की शक्ति का ह्रास हुआ। "क्योंकि धर्म और कला दोनों की शक्ति इनकी परम्परा से पुष्ट होती है और उसके एक दूसरे से अलग जाने पर क्षीण। 'काल विहीन अथवा सौन्दर्य-बोध-विहीन धर्म नीरस हो जाता है और श्रद्धा-विहीन कला निष्प्राण।' (पृ. 148) इन चर्चाओं से नये क्षितिज खोलने का साहस-बढ़ा और 'एक कवि गोष्ठी' की याद। कहा गया–कविता का अनुवाद नहीं हो सकता। हर भाषा की अलग ध्वनि-लय-संस्कार के कारण ही ऐसा है। स्वीटी में हर एक दशक के कवियों को इधर बाँट दिया गया है तीस के कवि, चालीस के कवि आदि। चर्चा के बाद 'एक आयरिका' गृह में पीने पहुँचे। वहाँ फोर्शल का घर और गहरा विचार-विनिमय किया। वातावरण का बौद्धिक चौकन्नापन नये प्रश्नों को पैना बनाता रहा। कोई पुनर्जन्म या परलोक नहीं है–इसी जीवन में अर्थ और जीवन का सन्दर्भ खोजना चाहिए। सोचना चाहिए महायुद्ध में स्वीडन तटस्थ क्यों रहा। ऐसे समाप्त हुआ यह विचार में मग्न नाटक।

'लोकोत्तर' क्या अन्तहीन वन प्रदेश है या अन्तहीन उज्ज्वल आकाश जैसा अनन्त प्रकाश। लहरों की अन्तहीन वर्षा–नैसर्गिक शक्तियों का ताल-छन्द स्वीडन का ग्रीष्म लय में अनिश्चित है। स्टाकहोम के स्टेशन का नाम है 'ध्रुव वृत्त' गलोक–गाय-पूजा और गाय की आँखों की वत्सलता। अन्तहीन जीवन धूप ही 'लोकोत्तर, अनुभव है। आधी रात का सूर्य गणित या रेखा चित्रों से समझाया जा सकता है। चित्रकार वानगोख का अशान्त जीवन और जंगली बारहसिंगा या मूज़। सत्रह मील लम्बी झील के अनेक सैलानी-आकर्षण है। झील के पारलोक जीवन की

रंगत लिए 'मध्य रात्रि का सूर्य' है। अज्ञेय ने झील या खिड़की के पास बैठकर घंटों इस सूरज को देखा है। यहाँ अत्यधिक हिमपात और चट्टानों के बीच हँसती जवान नदियाँ हैं। उद्दाम गतिमय जीवनानन्द के अनेक सत्र हैं और वन प्रदेश में झिल्ली की झनकारें एक निर्वैयक्तिक आनन्द में निमग्न यात्रा-निबन्ध है।

अज्ञेय के यायावार मन को नुओल्या शिखर की चढ़ाई का 'लोकोत्तर' आनन्द भी मिला। वे जमी हुई पपड़ी के टूटने पर ठंडे जल में गोते खा चुके हैं, लेकिन ध्रुव देशीय झीलों ध्रुव सागर की लालसा शेष है। तोनेत्रास्क का अनुभव जहाँ बदली फटकर तीतर परकी रूप ले लेती है। किन्तु न पक्षी है, न वनस्पति, न नव मंजरी। कैसे पता चले वसन्तागम? कविता फूट पड़ी—'यह चट-चट-चट सहसा तड़क गये हिमखण्ड। जमे सरसी के तल पर लुढ़क-पुढ़क कर स्थिर वसन्त का आना यद्यपि पहले नहीं किसी ने जाना होता रहा अलक्षित नयी किरन ने छुए श्रृंग हो गये सुनहले बहरे सारे हिम-द्वीप ये हेम-मुकुट है केवल दूर सूर्य के लीला स्मित से शोभना कौतुक पुतले (पृ. 163) हिम-शिखर पिघला नहीं। कौतुक पुतलों की कल्पना करते अज्ञेय लौटे और गाया—नीचे की हिम-शिला पिघन कर जिस दिन स्वयं मिलेगी सरसी जल में। नव बसन्त को उस दिन। मेरा शीश झुकेगा। क्योंकि तपस्या चमक नहीं है। वह है गलना।' (वही)

अज्ञेय फालून होते हुए शत्विक गये—सिलियान झील के तट पर। यह स्वीडन के जीवन—लोक जीवन का एक केन्द्र। जंगलों में बस्तियों और लोक समाज है। यहाँ अनेक लोक-शिल्प जीवित है। शत्विक मेले में देहातीपन है, सब कुछ परम्परागत। स्वीडन अथवा समूचे स्कैंडिनेविया की सांस्कृतिक परम्पराएँ भारत जितनी लम्बी नहीं हैं। इसलिए उनमें आदिम, प्राचीन और आधुनिक की दूरी नहीं है। वहाँ के काल-व्यास में 'परम्परागत' ही आधुनिक का विपर्यय हो सकता है। यह है लोक संस्कृति का 'लोकोत्तर' प्रदेश।

अस्तित्ववादी कहता है—मृत्यु के साक्षात् का क्षण ही चरम जीवन-बोध का क्षण है। हमें क्षण को नहीं काल-व्यापी उपस्थिति को सोचना है। एक कैंसर पीड़ित लेखिका मिली। वह लायोनिया के एक पहाड़ी झोंपड़े में जाड़े भर के लिए बन्दी हो गयी थी—सभी मार्ग हिमपात से बन्द हो गये। मृत्यु की प्रतीक्षा करता एक व्यक्ति—उसे देखता, दूसरा व्यक्ति। यह अनुभव भी लोकोत्तर है। "इस समस्या के साथ कृतिकार की यात्रा भी एक लोकोत्तर और वर्णनातीत यात्रा है। युधिष्ठिर की अन्तिम हिमालय यात्रा का वर्णन व्यास ने किया है; उनके लिए यह बताना सम्भव था कि कैसे पत्नी और भाई एक-एक करके परिग्रह से झरते गये। किन्तु अगर युधिष्ठिर इसका काव्य लिखने बैठते तो दूसरा होता। न केवल दूसरा होता, बल्कि

वह यात्रान्त का ही काव्य होता, यात्रा का नहीं! (पृ. 164) वहाँ अद्वितीय अनुभव की अनुभूति का सर्जनात्मक विस्तार होता।

'सागर कन्या और खग शावक' के आरम्भ में अज्ञेय को यह भाव कौंध गया है कि अवनीन्द्रनाथ ठाकुर ने भारत की कल्पना गैरिक-वसना तपस्विनी के रूप में की है। एक भारतवासी के मन में भारत माता का रूप सिंहवाहिनी दुर्गा का ही प्रक्षेपण है। क्या अद्‌भुत बात है कि ब्रिटेन की देश-माता ब्रितोनिया भी सिंहवाहिनी है। अधिकतर देशों में देश-माता की कल्पना शक्ति रूप है। किन्तु डेनमार्क की प्रतीक कन्या सागर के किनारे एक चट्‌टान पर बैठी हुई स्वप्न देखने वाली किशोरिका सागर-कन्या अथवा जलपरी है। हम बाल्मीकि पर गर्व करते हैं—यूनान होमर पर! दोनों महायुद्ध की गाथाएँ हैं। डेनमार्क अपनी पतियों की कथा लिखने वाले हांस एंडर्सन पर गर्व करता है। डेनी चरित्र में कल्पनाशीलता का प्राधान्य है और लोग मनचले तथा मिलनसार हैं। उनके पड़ोसी स्वीडी मोई ईर्ष्या के बावजूद डेनी लोगों की प्रशंसा करते हैं। इनकी पशु पक्षियों में दिलचस्पी है और इनके बच्चे पचास साठ मील दूर ले जाये जाते हैं—ताकि वे बगुलों का घोंसला देख सकें। बगुले ऋतु प्रवासी जीव हैं—नियत समय पर इन की डारें उत्तर और दक्षिण की ओर उड़ती हैं।

अज्ञेय जलपरी के पास बसे कोपनहागन गये। डेनमार्ग के प्रासाद, उद्यान बहुत सुन्दर है, लेकिन कोयल भी पीछे नहीं। दर्शनीय है सीलैण्ड का सागर तट। क्रीनबर्ग हेमलेट का दुर्ग है और डेनी राष्ट्रीयता से गहरा सम्बन्ध रखता है। इसके तल पर पौराणिक डेनी महारथी 'होलगर डेन' सोता है, जो संकट के समय जागकर डेनमार्क की रक्षा करेगा।

फ्रांकफुर्त से रेल पटरी राइन नदी के साथ-साथ मुड़ती है। प्रकृति वैभव पर-अज्ञेय की निगाह केन्द्रित होती है और पाती है कि राइन स्वयंवश युवती है और डैन्यूक पृथुल चारिणी राजमहिषी। अज्ञेय के मन में इस तरह अनन्त उत्प्रेक्षाओं का कोई अन्त नहीं है।

पश्चिमी जर्मनी की राजधानी बॉन। लेकिन बर्लिन की चमक अलग है। बॉन का प्रभाव राजधानी का-सा नहीं पड़ता। पुराने ढंग के शिष्टाचार की परम्पराएँ हैं। बॉन की अपनी क्लासिकल संगीत-परम्परा पर गर्व है। बेटहोवेल का जन्म यहीं हुआ। यूरोपीय संगीत से जुड़ा सबसे बड़ा नाम बॉन से जुड़ा है। अज्ञेय यहाँ की इतिहास जानकर म्यूनिख की ओर मुँह किया। लेखक हैं—चल पड़े। अनुभव-संचय कर रहे हैं। 'गो' को तरह इन्द्रियाँ अनुभव बीन रही है। यायावर अकेला और स्पन्दन चेतना का निर्वैयक्तिक स्पर्श। इन यात्राओं में नया ज्ञान नहीं मिला, नयी चेतना मिली है।

'पतझर का एक पात' क्या है? वर्लिन की डायरी से एक पृष्ठ। जंगल के जलते रंगों का बड़ा पुंज। वनखंडी की लाल-पीली पोशाक है। पत्तों पर पड़ती धूप बचपन की स्मृति जगाती है। भारतीय विद्यार्थी की वाग्दता लड़की अज्ञेय के साथ है। वह लड़की भाग आने के लिए तड़प लिए है। चाहे वहाँ कोई भी काम करना पड़े। उसने कहाँ—बर्लिन अब रहने लायक नहीं रह गया है। मैं शान्ति के वातवरण में रहना चाहती हूँ। और भविष्य गिरवी नहीं रखना चाहती हूँ।' यह सुनकर अज्ञेय के मन में प्रश्न उठा—कौन-सा अच्छा है—अपने देश में दासवत् रहना, या दूसरों के बीच अनाथवत्? उसे लगता है भारतीय भोले होते हैं।

'यूरोप का स्नायु केन्द्र : बर्लिन' आधुनिक नगर। नानाविध रीतियों का मायाजाल। सामने युद्ध से ध्वस्त गिरजाघर खड़ा है। युद्ध की ध्वन्सात्मकता का प्रतीक। बर्लिन भी भीतर से टूटा हुआ। चेहरे संघर्ष विकृत हैं। यही बर्लिन का असली चेहरा है। गहरी हताशा से भरा अचेतन। यूरोप का चेहरा दो शक्तियों के संघर्ष से विकृत है। यूरोप की आधार-भूमि विभाजित है—अन्तर्विरोधों से फटी हुई है। और यह बर्लिन यूरोप का स्नायु केन्द्र है—वह रुग्ण है, असहिष्णु और अतिसंवेदनशील। निरन्तर क्लान्त और संवेदना में विकृत हो गया है। दो भागों में बँटा जर्मनी—पीड़ादायक है। अज्ञेय के डायरी के उदाहरणों की यही अन्तर्ध्वनि है। यूरोप के संघर्षों का केन्द्र जर्मनी रहा है और बर्लिन अब भी जर्मनी का केन्द्र है। अज्ञेय का हृदय-अन्तर्यात्रा में कहता है—'एक क्षण भर और रहने दो अभिभूत'।

अन्तिम यात्रा-निबन्ध है 'प्राची-प्रीतीची'—चेहरे। कहाँ गये सहजता भरे चेहरे। दूसरे नये चेहरे बढ़ रहे हैं। व्यक्तित्व खोकर कारखानों का मानव 'प्रतिमा' नहीं 'ठप्पा' बन गया है। कहाँ गये बाइबिल के ऋषि जो कहते थे 'ईश्वर ने एक अपनी प्रतिभा से मानव को गढ़ा ९। यहाँ 'वरण की स्वतन्त्रता' क्या नैतिकता के हाथों गिरवी रख दी है, और 'यन्त्र और आत्म-दान' ने मानव को और अकेला कर दिया है। यान्त्रिक उन्नति ने आत्मा की हत्या कर दी है मानव को और शिक्षा : विचार और भावना का अर्थ खो चुकी है। वह सर्वसत्तावाद का पोषण कर रही है। मानव की देव-प्रतिमा टूटकर यन्त्र प्रतिमा में बदल गयी है। 'संस्कृतिः व्यक्तित्व का विस्तार' नहीं रही—संकोच बन रही है। 'अंलकरण और पंगुकरण' ने आधुकिता का पागलपन बो दिया है। 'भय का रूप आत्महत्या की प्रेरणा दे रहा है। 'काम और मृत्यु' में पहला सेक्स की भूख है—दमन का क्या प्रपोज। 'काम का दमन' ही मत्यु है। मानव को अद्वितीयता की प्रतियोगिता निगल रही है। इसलिए 'संस्कृति' का अर्थ संस्कार से कट गया है। बुद्धिजीवी, वास्तव में, भौतिक को अस्वीकार नहीं करता, वह केवल झल्लाता है। इसलिए प्रभावहीन है। पाश्चात्य-चिन्तक 'चेतना के

दूसरे छोर पर' अनस्तित्व के अतल गर्त में झाँककर लौट आये। लेकिन पूर्वी चिन्तक 'अनस्तित्व को मानकर नहीं चला।' उसे विश्वास था कि चेतना के दूसरे छोर के बाहर जो विराट अंधकार है, उसमें भी कहीं न कहीं करुणा अवश्य है। वह निर्भय रहा है।

पाश्चात्य नाटक में त्रासदी की स्थिति रही है। प्रश्न उठता है—उसका मूल्य क्या है। क्या ही अच्छा होता नाटककार स्वतन्त्र चरित्र प्रस्तुत करता, फिर उनकी ट्रेजडी प्रस्तुत करता। 'विशिष्ट ज्ञान' क्या विचार और तर्क की व्यापकता है तो कला के क्षेत्र में इसका अर्थ होगा—कला भी विशिष्टता का साधन है। पश्चिमी आदमी असहिष्णुता से शुरू होकर अनास्था तक पहुँचता है। प्रवीणजन तटस्थता से शुरू होकर ज्ञान तक जाता है।

पाश्चात्य संस्कृति का केन्द्र है—'मैं'। उसकी मूल स्थिति शेष जगत् से विरोध की है। चीनी संस्कृति के मूल 'हम' का भाव है शेष जगत से सामंजस्य की खोज है। भारतीय संस्कृति के मूल में 'मैं' और 'हम' की एकात्मकता का बोध है। इसीलिए किसी सम्बन्ध की खोज का प्रश्न नहीं है। पश्चिमी सभ्यता संघर्ष को आदर्श मानती है। इसाई मत के बावजूद वह अधर्मी सभ्यता है। पूर्व की सभ्यता-संघर्ष का निराकरण करके समरसता को आदर्श मानती है। पश्चिम का काल-बोध एकांगी है, वह काल के एक बिन्दु पर जीता है। भारतीय काल के अनेक विस्तार में जीता है। इसलिए पूर्व और पश्चिम का काल-बोध एकदम अलग है। यूरोपी व्यक्ति क्षण में जीता है—अनन्त काल से उसे प्रयोजन नहीं है। भारतीय व्यक्ति अन्नतकाल में रहता है—उसके लिए वर्तमान काल एक असुविधाजनक धारा है—जो भूत और भविष्यत को मिलाने वाले उसके बनाये हुए पुल के नीचे से बहती है।

अज्ञेय ने सार-सार निकालकर 'पूर्व और पश्चिम : संक्षिप्त इतिहास' प्रस्तुत करते हुए कहा है— "पश्चिम का एक संक्षिप्त इतिहास : "ईसा को किसने मारा? ईसाई जाति ने। ईसाइयत को किसने मारा? ईसाई राष्ट्रों ने। पूर्व का संक्षिप्त इतिहास करुणा-आदर्श थी, किन्तु दुख जब एक भ्रम है तो करुणा देना क्या भ्रान्ति फैलाना न होता? स्वाधीनता तो आत्मा है और वह अनिश्वर है। ईसाइयत ईश्वर-सूत को सलीब पर चढ़ा सकती है, लेकिन भारतीय चिन्तन ईश्वर-सुत को मानव-सुत बताकर दुलराता है। फिर 'यात्रान्तः यात्रारम्भ' क्या है? पश्चिम की प्रतिभा कल्पना में है उसकी प्रत्येक परिभाषा परिधि का निर्माण करती है। पूर्व की प्रतिभा विस्तार में है—अमुक से इतर भी और कुछ हो सकता है। यह उसकी यात्रा का आरम्भ है।' (पृ. 206) अज्ञेय ने इसी विस्मय और जिज्ञासा को रखते हुए यात्रान्त नहीं किया, यात्रारम्भ किया अन्तर्यात्रा का चक्र घुमाया और अनुभव-अनुभूति के बल पर पूर्व और

पश्चिमी संस्कृतियों के चिन्तन का बुनियादी भेद ठोक-बजाकर प्रस्तुत किया। इसलिए यहाँ यूरोप-यात्राओं से एक पोढ़ा सौन्दर्यशास्त्रीय समाजशास्त्रीय और साहित्य चिन्तन परोसा दिया है। चिन्तन का यह मथा हुआ मक्खन ही 'एक बूँद सहसा उछली' 1960 की शक्ति है, जिसमें अनासक्त भाव से अज्ञेय बहुत कुछ कहते हैं।

अरे यायावर रहेगा याद? 1953 : स्वदेश का प्रेम राग है और 'एक बूँद सहसा उछली' 1960 ई. विदेशी-भूमि की संस्कृति-सभ्यता-इतिहास-साहित्य कला-दर्शन का विस्तृत चिन्तन इन दोनों यात्रा-निबन्धों का विस्तार से यहाँ सार दिया गया है ताकि पाठक पाठ तक भीतर जा सके। पाठ—भीतरी यात्रा की प्रतिक्रिया व्यक्त करता है लेकिन पाठक इसके पाठ को ध्यान से उठाता है। यहाँ अज्ञेय के यात्रा-पाठ से पाठक संवाद करता है, टकराता है और उसकी अपनी व्याख्या करता है। इस तरह पाठ की पढ़त में जड़े पाठक के अर्थ मीमांसा में हैं। उसके मानसिक पैराडाइम में हैं और सब के मन के पैराडाइम न एक से हैं, न हो सकते हैं। इसलिए प्रस्तुत के पाठ में यह चीज निहित है कि उसे कई प्रकार से पढ़ाया जा सकता है। 'अरे यायावर रहेगा याद? में सर्जनात्मकता की पतली धार है—वर्णन ज्यादा है। किन्तु 'एक बूँद सहसा उछली' एक कला कृति है—ठोस चमकदार मानो हीरे का क्रिस्टल हो। यहाँ सर्जनात्मकता में चिन्तन का पैनापन है और गजब की तराश है। एक प्रबुद्ध रचनाकार मानस यहाँ चिन्तन करता है, अपने को मथता है, फिर संवेदना भरे मन से क्रिया-प्रतिक्रिया करता है।

दरअसल, काव्य जैसी गहन अनुभूति और अभिव्यक्ति की निष्पत्ति यात्रा संस्मरणों में हो भी नहीं सकती। क्योंकि कविता प्रकृत समग्र-विहार की वाणी है—जिसमें अखिल अवचेतन में बैठे पुरखे बोलते हैं। परम्परा-संस्कृति बोलती है। इसलिए सर्जना की जैसी निष्पत्ति कविता-कहानी-उपन्यास-नाटक में होती है, वैसी जिसे रामस्वरूप चतुर्वेदी ने 'अकाल्पनिक गद्य वृत्त' नाम दिया है—उनमें हो भी नहीं सकती। क्योंकि सर्जनात्मक कल्पना का अभाव भाषा को सतही कर देता है। इसलिए उसमें अर्थ दीप्ति का गहन प्रकाश नहीं फैल पाता। अज्ञेय ने यात्रा-संस्मरणों को 'एक बूँद सहसा उछली' में 'कच्चा माल' कहा है—'जो कच्चा माल मुझे मिला उससे कुछ निर्माण करने में मुझे वर्षों भी लग सकते हैं, लेकिन यह तो मेरी आभ्यान्तर यात्रा की बात है।' इन यात्रा संस्मरणों में कहानी, डायरी, पत्र, रेखाचित्र, रिपोर्ताज, निबन्ध के तत्त्व हिले-मिले हुए हैं और चौकन्नी आँख की देखने वाली फोटोग्राफी है जो हर स्थिति, घटना, प्रसंग, प्रकरण, स्थान, व्यक्ति, इतिहास-भूगोल, पुरातत्व-कला का सूक्ष्मावलोकन से अंकन करती है। अज्ञेय की विशेषता है कि वे

जितना अच्छा सूँघते-सुनते परखते हैं, उतना ही अच्छा देखते हैं। यह देखना-सुनना 'भीतर'—तक देखना-सुनना है। जैसे शिकारी कुत्ते दूर की आहट सुनते हैं, ऐसे ही अज्ञेय भी चौकन्ने होकर चलते हैं। उनके यात्री को उनका रचनाकार ज्यादा परिचालित-नियन्त्रित करता है, इसलिए प्रतीक सृजन और बिम्ब ग्रहण की क्षमता उनमें विस्मय पैदा करती चलती है। वे 'मीडियाकर' नहीं रहे—हमेशा हर क्षेत्र में 'जीनियस' रहे और वही जीनियसनेस इन यात्रा-संस्मरणों को नया कथ्य और रूप देती हिन्दी में यात्रा वृत्त तो शिवप्रसाद गुप्त से लेकर राहुल जी तक खूब रचे गये। लेकिन अज्ञेय जैसी यात्रा निबन्धों की ऊँचाई का स्पर्श कोई हिन्दी का लेखक नहीं कर सका। अज्ञेय के बाद निर्मल वर्मा, मोहन राकेश, धर्मवीर भारती, रमेशचन्द्र शाह आदि ने यात्रा वृत्त लिखे हैं। लेकिन कोई भी अज्ञेय को नहीं पा सका। क्योंकि अज्ञेय जैसी पोर-पोर डूबी कवि-दृष्टि किसी के पास नहीं है। अपनी कवि, दृष्टि से अज्ञेय ने प्रकृति-सौन्दर्य के न जाने कितने रूपों-रंगों को प्रस्तुत किया है। अज्ञेय 'वन के छन्द' 'है'—'सन्नाटे के छन्द' हैं और सागर-पर्वत वन से एकात्म्य मानव। प्रकृति के साथ अद्वैतता स्थापित करने का उनमें वाल्मीकि-कालिदास-प्रसाद वाला गहरा संस्कार है।

अज्ञेय में प्रकट के भीतर से अप्रकट, प्रत्यक्ष के भीतर से अप्रत्यक्ष, बीज के भीतर से वृक्ष, शून्य के भीतर से शक्ति पाने की क्षमता है—'बहुज्ञता' है और इसे 'व्युत्पत्ति' या बहुज्ञता को प्रतिभा ने निरन्तर-अभ्यास से नया संस्कार दिया है—परिष्कृत किया है। उनके लिए निरन्तर संस्कारवान होने की क्रिया ही परम्परा के भीतर से फूटती आधुनिकता है। यायावर अज्ञेय ने भारतीय-सभ्यता-संस्कृति पुरातत्व-मिथकों को समझने के लिए अपने जीवनकाल में पाँच-छह यात्रा शिविरों का कभी वृन्दावन में, कभी नर्मदा तट पर आयोजन किया। राम सीता को 'जन-जनक-जानकी' यात्रा के रूप में और यात्रा वृत्तों को छपवाया भी। यात्राओं को लेखकों के साथ 'खोज' में बदला और उनके अर्थ सन्दर्भों की तलाश की। इस तरह अज्ञेय का पूरा जीवन व्रजन परिव्रजन अटूट भ्रमण में खोजते हुए बीता। फिर वे कृष्ण को खोजने निकले। कृष्ण की द्वारका खोजने निकले। पुस्तक आई 'कहाँ है द्वारका' समुद्र के भीतर की द्वारका को खोजकर दम लिया। इस अन्तर्यात्रा में उन्हें नर और नारायण दोनों मिले। यहाँ आस्था में डूबे यात्रा-निबन्ध हैं।

भारतीय स्वाधीनता संग्राम के अपराजेय योद्धा इस रचनाकार में देश-प्रेम देश-भक्ति के कारण देश-भक्ति-रस की त्रिवेणी प्रवाहित है। अज्ञेय जहाँ भी गए उनके साथ भारतीयता का गहरा संस्कार गया और इसी संस्कार से उन्होंने यूरोप को देखा-समझा। इस अटन-भ्रमण से उनकी भारतीयता और पुष्ट हुई और इस

भारतीयता ने हिन्दी को नया साहित्य-चिन्तन दिया। साहित्य का पूरा काव्यशास्त्र इन यात्रा संस्मरणों में वे रचते-निर्मित करते चलते हैं। अज्ञेय के रचनाकार-मानस की बनावट के ज्यादातर–'क्लू' इस यात्रा संस्मरणों में मौजूद हैं। हिन्दी-आलोचना ने अज्ञेय के इस यात्रा पक्ष पर बहुत कम ध्यान दिया है जबकि ध्यान देना चाहिए। इन पर ध्यान देने पर इनमें एक नया अज्ञेय मिलता है–इतिहास-भूगोल, पुरातत्व कला, दर्शन से सम्पन्न अज्ञेय। यह अज्ञेय झाँक झाँककर नये दृश्य देखता है और पाठक को सहयात्री-सहचर, सगोतिया बनाकर दिखाता है। जो विदेश नहीं गये उनसे विदेश के 'अन्तरंग' का परिचय कराता है। यह बहुत बड़ा काम है।

यात्रा और यात्रा-कथन की जैसी 'निर्वैयक्तिता' अज्ञेय के यात्रा-संस्करणों में नसीब होती है–वह अन्यत्र दुर्लभ है। यह अज्ञेय का भारतीय संस्कार ही है, जिसमें नर और नरेतर–सभी से पूरी सृष्टि से जुड़ने का भाव है। इसलिए उनके लेखन में विशेषकर यात्रा-निबन्धों में पशु-पक्षी जगत् बहुत है–गाय और गोलोक, बगुला और बगुला डोर बहुत आत्मीयता से मौजूद हैं और तो और कमरे में चहलकदमी करती बकरियाँ भी उनसे प्रेम पाती हैं और सागर वन-पर्वत-सूरज आकाश घण्टों बतियाते हैं और चलने पर पुनः आने का निमन्त्रण देते हैं। यायावरी चिन्तन की प्रौढ़ता और कलात्मकता का ही हम पर प्रभाव नहीं पड़ता–इस व्यापक संवेदना का भी प्रभाव पड़ता है जो किसी को 'अन्य' या अदर या पराया नहीं रहने देती। जिस तर्क और विज्ञान, औद्योगिकीकरण और आधुनिकीकरण से पश्चिम की जीवनोलय टूटकर संकट में पड़ गई है, उस पश्चिमी आधुनिकता और आधुनिकीकरण को अज्ञेय कभी अरविन्द कभी कुमार स्वामी की तरह ही अपनाना नहीं चाहते।

अज्ञेय का पाठक इन यात्रा-संस्मरणों में गहरा जीवन पाता है। यहाँ सर्जनात्मकता में कविता वाली जटिलता–दुर्बोधता नहीं है–चटपटी हल्की सर्जनात्मक व्यंजकता है–जिसमें 'अध उधरे सुख देत' वाली अनुभूति है। इसलिए इनका प्रमाता हर क्षण को जाता है। और अज्ञेय की भाषा की सर्जनात्मकता का आनन्द लेता है। वही शालीन-भाषा की देशी ठसक जिसमें रात्रि-भोजन के लिए राजस्थानी शब्द 'व्यालू' रेशमी कुर्ते पर पैबन्द खद्दर का नहीं लगता है–अज्ञेय लोक से शब्द बोलते हैं और तद्‌भवना उनकी शक्ति स्रोतों का विस्तार करती रहती है। विदेशी यात्राओं में विदेशी शब्दावली का धकापेल नहीं है–अपनी हिन्दी का सर्जनात्मक ठाठ है। अज्ञेय मानते हैं कि कई विदेशी भाषाएं सीखी जा सकती है'–'सीखनी चाहिए, लेकिन सृजन 'वैसा अधिकार एक ही भाषा में मिल सकता है और अधिकतर अपनी ही भाषा में मिल सकता है।' इसी सन्दर्भ में कहा है कि त्रिभाषा के झंझट में पड़ा स्विट्‌जरलैण्ड जैसा सभ्य और सम्पन्न देश एक भी बड़ा रचनाकार नहीं दे पाया है। अज्ञेय हिन्दी में

रमे हैं और इसी हिन्दी प्रेम ने उनकी सर्जनात्मकता को सम्पन्न-समर्थ बनाया है। यह हिन्दी भाषा अज्ञेय के लिए 'कल्पवृक्ष' है 'कामधेनु' है।

यात्राओं से ही अज्ञेय ने स्वतन्त्रता, स्वाधीन चिन्तन का सच कमाया है। वे कहते हैं—'समता उसी में होती है जो स्वतन्त्र हो और समाज वही स्वतन्त्र होता है जिसका अंग-व्यक्ति स्वतन्त्र हो।" इसी दृष्टि के कारण अज्ञेय का पूरा चिन्तन मनुष्य को स्वाधीन बनाने का चिन्तन है—मानव को मुक्ति देने वाला चिन्तन है जो हर तरह की पराधीनता का विरोध करता है। वे चिन्तन और दर्शन की समस्याओं को 'प्राची-प्रचीरो' में गहराई से उठाते हैं—दोनों संस्कृतियों के काल-चिन्तन की तुलना करते हैं। शायद पूर्व और पश्चिम के काल चिन्तन पर विचार करने वाले अज्ञेय हिन्दी में पहले चिन्तक हैं, जिन्होंने सोचने की पाठक को एक नयी दिशा और दृष्टि प्रदान की है। अज्ञेय की आलोचना-दृष्टि के निर्माण में यात्रा-साहित्य का महत्त्व बहुत ज्यादा है। प्रायः अज्ञेय के इस पक्ष की हिन्दी आलोचना में उपेक्षा की गयी है। इन यात्राओं से निर्मित उनकी पारम्परिकता को समझा तक नहीं गया है।

अन्तर्मन का पाठ : पत्र-साहित्य

सच्चिदानन्द हीरानन्द वात्स्यायन अज्ञेय न अपने रचना-कर्म के प्रति लापरवाह थे—न जीवन-व्यवहार के प्रति। आज यह देखकर आश्चर्य होता है कि वह लेखक-मित्रों, सम्पादकों, राजनीतिज्ञों, शोध-छात्रों, सभा-गोष्ठियों, विशिष्ट आयोजनों, व्याख्यान-मालाओं और यात्रा-शिविरों से सम्बन्धित पत्रों को सहेजकर सुरक्षित रखने में कितने दक्ष थे। एक सचेत-समर्थ रचनाकार और आलोचक की उनकी मनोभूमिका में पूरी तैयारी थी। लेखक मित्रों को पत्रोत्तर देने में उन्हें आलस्य छू तक न गया था। हिन्दी-साहित्य में ऐसा व्यवस्थित व्यक्तित्व मिलना दुर्लभ है। शायद ही किसी मित्र या सम्पादक या प्रकाशक को यह शिकायत रही हो—वह पत्र के उत्तर देने में विलम्ब करते हैं। देश में हों या विदेश में व्यस्त समय में से समय निकालकर वह पत्र-लिखते रहे। इसलिए उनके द्वारा लिखे पत्रों की और उन्हें लिखित पत्रों की संख्या अनगिनत है। श्री बनारसीदास चतुर्वेदी, मैथिलीशरण गुप्त, सियारामशरण गुप्त, प्रफुल्लचन्द्र ओझा मुक्त, रघुवीर सिंह, श्रीपतराय, रमेशचन्द्र शाह, नन्दकिशोर आचार्य आदि को वे नियमपूर्वक पत्र लिखते थे और प्रत्येक योजना में इनकी राय लेते थे। कुछ प्रेरणा पुरुषों, मित्रों और सम्पादकों के लिए तो उन्होंने एक फाइल ही अलग से बना रखी थी। लेकिन दुर्भाग्यवश आज उनके बक्सों से तमाम पत्र गायब हैं, पता नहीं कहाँ चले गये। क्योंकि जिन बक्सों में सामग्री थी उन्हें इधर-उधर की बहुत यात्रा करनी पड़ी। और यात्रा के दौरान तमाम पत्र दम तोड़ गये। रचनाओं की मूल प्रतियाँ भी न जाने कहाँ गयीं—उनका क्या हुआ? कोई नहीं जानता। श्री विद्यानिवास मिश्र, इला डालमिया और डॉ. लक्ष्मीमल्ल सिंघवी जी को मृत्यु ऐसे उठा ले गयी कि सोचकर हृदय में पीड़ा होती है। मुझे अज्ञेय जी के सन्दूकों में बिखरे हुए पत्र मिले—जिन्हें ठीक से सन्दर्भों में जोड़ पाना असम्भव कार्य रहा। सामग्री के विषय में ठीक से बताने वाला कोई भी तो नहीं रहा। ऐसी स्थिति के कारण दुर्भाग्य पीछा करने में आगे रहा है।

अज्ञेय के पत्र भी यायावर रहे। पत्रों में विभिन्न स्थानों की यात्रा भी। इस बीच

में ज्यादातर पत्रों के हाथ-पैर थक गये। वे कट-फट गये। पं. बनारसीदास चतुर्वेदी, हीरानन्दशास्त्री, रायकृष्णदास, हजारी प्रसाद द्विवेदी, रामविलास शर्मा, सुमित्रानन्दन आदि के पत्र, जिनका हवाला जहाँ-तहाँ मिलता है—आज उपलब्ध नहीं हैं। जो भी, जैसे भी उपलब्ध हो सके हैं, उन्हें जैसे-वैसे देना चाहता हूँ।

ज्यादातर-पत्र प्रकृति की मार से तबाह हो गये। कुछ पत्रों पर स्याही फैल गयी। कुछ पत्र इतने धुँधले पड़ गये कि मैग्नीफाइंग ग्लास की मदद लेने पर हूँ भी पढ़े नहीं जा सके। कुछ पर 'काल जासु को दंड' का प्रहार हुआ कि कागज सड़ गया या कागज पर इतनी मिट्टी चढ़ गयी कि दीमक चाट गये। पत्रों का अधूरा-वाक्य या शब्द पढ़ा नहीं जा सका। ऐसे बहुत से पत्र यहाँ काम नहीं आ सके। बहुत से परम तरंगी मित्र अज्ञेय का पत्र देने का वायदा करते रहे—उनका वायदा थक गया और पत्र नहीं मिले। आदरणीय ओमथानवी जी ने एक बहुत ही अनुभव से कमाया सुझाव दिया कि पत्र-पत्रिकाओं में विज्ञापन देकर पत्रों को प्राप्त करने का विनम्र, लेकिन जरूरी प्रयास किया जाये। इस तरह का एक लघु प्रयास मैं वर्षों से दूरभाष या पत्र लिखकर स्वयं करता रहा हूँ। जब से 'अज्ञेय रचनावली' का कार्य प्रारम्भ हुआ, तब से पत्रों को प्राप्त करने में लगा रहा।

पत्रों की छँटाई का काम मेरे जैसे मतिमन्द जीव के लिए बहुत चुनौतीपूर्ण रहा। जिन पत्रों में केवल औपचारिकता थी अथवा 'प्रतीक' 'नया प्रतीक' 'वाक्' 'आरती' 'विशाल भारत' 'दिनमान' 'नवभारत टाइम्स' आदि में रचना भेजने का आग्रह था, उनको अलग -रखा गया। कुछ पत्र शुभकामनाओं, गृह प्रवेश की मंगल आकाँक्षाओं, पुस्तक-प्रकाशनों, पुस्तक पर भूमिकाओं के लिखने या पुस्तक समीक्षाओं से सम्बन्धित थे—उनकी अलग श्रेणी बना ली। कुछ पत्र निहायत निजी, पारिवारिक हैं—उनको यहाँ 'रचनावली' में दोनों का औचित्य समझ में नहीं आया। जबकि ऐसी पत्रों की संख्या अच्छी-खासी है। शीलवती देवी और वत्सराज भणोत को लिखे पत्रों को एक स्थान पर रखा रहने दिया। जिन पत्रों में साहित्य, संस्कृति, राजनीति, परिचर्चा, टिप्पणी अथवा अन्य कोई विशेष विचार, मनःस्थिति, सलाह। प्रवाद-आक्षेप आदि रहा है या फिर सर्जनात्मक मनःस्थिति का सविस्तार वर्णन या किसी अन्य साहित्यिक आयोजन, यात्रा-शिविरों का आयोजन, रायकृष्णदास, हीरानन्द शास्त्री वत्सल-निधि आयोजन पर विचार-विमर्श है। उनको महत्त्वपूर्ण मानते हुए यहाँ दे दिया गया है। पत्र लेखक का नाम, स्थान, तारीख पर ध्यान दिया जहाँ पत्र लेखक का नाम या तारीख ठीक से अंकित नहीं मिला—वहाँ पोस्ट आफिस की सील से काम चलाया। दर्शन में अनुमानवाद भी ज्ञान है। उस ज्ञान की शरण में भी गया। इस तरह टटोल-टटोलकर आगे बढ़ने का यत्न किया।

इन सभी पत्रों का मूल-स्वर 'मित्र-संवाद' का है। अज्ञेय जी को सुलझे गद्य में मितकथन की आदत है। वे कितने ही तनाव में हों, लेकिन शालीनता नहीं छोड़ते। इसलिए व्यंग्य-वक्रोक्ति की अद्भुत गरिमा और महिमा से इन पत्रों का अंतरंग राग-दीप्त है। मित्रों के प्रति गहरा आदर-भाव, अपने से बड़ों के प्रति गहरी कृतज्ञता और श्रद्धा का भाव तथा अपने से छोटों के लिए खुला स्नेह भाव है। डॉ. रामविलास शर्मा हों या भरतभूषण अग्रवाल या ग. मा. मुक्तिबोध या गिरिजाकुमार माथुर, भवानीप्रसाद मिश्र कोई भी हो आत्मीय भाव और सम्बन्ध की मिठास में कोई किसी तरह की कमी नहीं है। फिर दूसरों की झूठी चुगली करना, किसी पर बदनियती से प्रहार करना, कोई प्रसंग-प्रकरण उभारकर किसी के चरित्र-हनन का प्रयास करना, मूर्ख बनाकर किसी का धन और स्त्री-हरण अज्ञेय का स्वभाव कभी नहीं रहा है। एक मधुरता भरा ठंडापन और समय के सच की व्यंजना इन पत्रों की मूल ध्वनि रही है। अज्ञेय के आत्म का विस्तार चकित करने वाला है, इसलिए नये स्पर्श के साधारणीकरण का सौन्दर्य इन पत्रों की गरिमा में वृद्धि करता है। अज्ञेय के पत्रों का समाजवाद शमशेर, विजय देवनारायण साही, नरेश मेहता, ग. मा. मुक्तिबोध, केदारनाथ अग्रवाल को पाठक के इतने पास ला देता है कि वह उस आत्मीय शालीनता से भीतर तक भींग जाता है। प्रायः चुप रहने के लिए विख्यात अज्ञेय यहाँ हर कोने से बोलते मिलते हैं।

इस पत्र-संग्रह से लगभग साठ-पैंसठ साल पहले की हिन्दी साहित्य-संस्कृति की एक जीवन्त मित्र-संवाद परम्परा का पता चलता है। यह संस्कृति इन दिनों एकदम दुर्लभ होती जा रही है। अज्ञेय जी ने ग. मा. मुक्तिबोध को, शमशेर को जो पत्र लिखे हैं—उनका भाष्य आज यह प्रमाण प्रस्तुत करता है कि अज्ञेय और मुक्तिबोध में शत्रुता नाम की कोई चीज नहीं रही है। हिन्दी आलोचना दोनों को परस्पर विरोधी दिखाकर बेकार की कलाबाजियाँ खाती रही है। 'जनवरी 1964 को मुक्तिबोध के देहावसान से कुछ माह पूर्व अज्ञेय ने मुक्तिबोध को पत्र में कहा कि 'आज आपकी कविता और वक्तव्य मिला। दोनों को बड़ी उत्कंठा से पढ़ गया हूँ। और कविता प्रभाकर माचवे और भरतभूषण अग्रवाल को भी पढ़कर सुना दी है, बड़ी अच्छी कविता है और उससे 'सप्तक' के दूसरे संस्करण की शोभा बढ़ेगी।'

कुछ समय बाद मुक्तिबोध की मृत्यु होने पर अज्ञेय ने अद्भुत वक्तव्य दिया—'मेरी समझ में यह मुक्तिबोध के काव्य-कृतित्व की विशेष शक्ति थी कि हम उसे पढ़ते हुए कवि की 'बन्धुता' को कवि से अलग नहीं कर सकते। उनके काव्य में हम कवित्व का उत्कर्ष ठीक उसी स्थल पर पाते हैं जहाँ हम उसमें बन्धुत्व के भाव का तीव्रतर स्पन्दन अनुभव करते हैं।' (जनसत्ता—4 अप्रैल, 2010 में प्रकाशित)।

ग. मा. मुक्तिबोध ने 6—3—1942 में आगरा से एक पत्र लिखा—'आपको एक महीने बाद यह पत्र लिख रहा हूँ। मैं समझता हूँ कि इससे बड़ा सदमा आदमी को कोई नहीं होता कि वह कुछ आत्माओं से आत्मीयता का सम्बन्ध जोड़े, उनके लिए अपने हृदय में जगह बनाये, और वे आत्माएँ उसकी किचिंत परवाह न करें, उसकी गहराई को न छू सकें। आपके साथ आगरे के 4-5 दिन का सम्पर्क मेरे जीवन में गतिमय ही रहा और विकास की प्रेरणा भी मिली। एक आदर्श अग्रज-सा आपका निष्कपट व्यवहार सहेजने की वस्तु है, प्यार की थाती की तरह हृदय के भीतरी स्तर पर प्रतिष्ठित करके पूजा की अधिकारी है।' मुक्तिबोध के शब्दों पर ध्यान देने वाला पाठक पाता है कि अज्ञेय की आत्मीयता से मुक्तिबोध का मन अभिभूत रहा। जीवन में अनेक उलझनों-चिन्ताओं-यातनाओं को झेलते हुए मुक्तिबोध ने अज्ञेय के प्रति वह गहन आत्मीयता हर कीमत पर बनाए रखी। आगरे में ही अज्ञेय का अपमान हुआ तो ग. मा. मुक्तिबोध भड़क गए। निष्कपट, भोले और अतिभावुक थे मुक्तिबोध। जिसे प्यार करते थे—उस पर हृदय उलीच देते थे। इसी पत्र में लिखा है "आपके अपमान की चोट से मुझे कम दुःख नहीं था। आप सम्भव है अपने गाम्भीर्य में उसे छिपाये हों, पर मैं तो आपको पाने के लिए शायद कई जन्म लूँ। मेरे संस्कारों में आवेश का प्रकोप है। उसे आप अति भावुकता भी कह सकते हैं। आपके प्रगतिशील स. को लेकर उस दिन महेन्द्र जी से कितना झगड़ा हुआ था, वह आप को पता नहीं, फिर भी मैं आपको सम्मान न दिला सका। यद्यपि मैं दिलाने वाला न था और न आपको सम्मान की भूख थी, पर उत्तरदायित्व की बात तो थी ही। फिर मेरे सीधेपन के कारण सात रुपये आपको दिए गये। वे सात रुपये आप सम्भवतः यों ही खर्च कर देते हों, और आपको उनकी आवश्यकता न हो। लेकिन जब मैंने प्रस्ताव रखा और महेन्द्र जी ने उसे यों टाला और चोट कर दी, तो ये सब मेरी झल्लाहट का कारण बन गये। आप की विनम्रता और सहृदयता से हम लोग इतने प्रभावित हैं कि यदि आप हमें कभी फटकार भी दें 'तो हम चूँ न करें, फिर भूल की बात कैसे हो सकती है।

अज्ञेय जी आपने दुनिया को इतनी गहराई से देखा है कि जितना औसत दर्जे का व्यक्ति नहीं देख सकता। मैंने भी शिक्षा-दीक्षा में चाहे उतनी विशेषता न प्राप्त की हो, परन्तु जहाँ तक विशुद्ध-मानवता का प्रश्न है, मनुष्य के पहचानने में मैंने कभी भूल न की। कबीर की ढाई आखर वाली उक्ति का अनुयायी भी होकर मैंने अपने को खोया बहुत है, पर उससे मुझे व्यक्ति को पढ़ने की सामर्थ्य मिली है। मैं आपको विश्वास दिलाता हूँ, कि मेरी ओर से अप्रसन्नता का आभास आपने पाया—खुले तौर पर लिखिए।' (ग. मा. मुक्तिबोध 6-3-42 आगरा से)।

यहाँ एक महत्त्वपूर्ण स्थिति का संकेत और देना चाहूँगा। राजनांदगाँव, म. प्र. से ग. मा. मुक्तिबोध ने पत्र में अज्ञेय को लिखा 'प्रिय वात्स्यायन जी, आपका उत्तर देने में देर हो चुकी है। क्षमा करेंगे। मैंने सोचा था कि वक्तव्य कुछ लम्बा कर दूँ। किन्तु वह कार्य सन्तोषजनक रूप से नहीं कर सका। मुझे आपका मसविरा स्वीकार है।'

पिता जी की तबीयत कुछ अच्छी है। खतरे के कगार से हट गये हैं। लेकिन, इसी बीच मैं बीमार पड़ गया। अब भी तबीयत खास अच्छी नहीं है।

मेरी पुस्तक आपके पास भेज दूँगा (भारत : इतिहास तथा संस्कृति) वह मेरी एक बृहद पुस्तक का एक अन्य के द्वारा किया हुआ संक्षेपीकरण है। आपके पढ़ने लायक उसमें खास कुछ नहीं है सिवाय उन अंशों के जो जबलपुर हाई कोर्ट द्वारा भी आक्षेप योग्य समझे गये। आपको हँसी आयेगी। मैं उन्हें चिन्हों को न करके भेजूँगा। मेरा एक वक्तव्य भी (स्पष्टीकरण के रूप में) प्रेषित करूँगा। पहले आन्दोलन, फिर आन्दोलन के सन्दर्भ में किसी विशेष अंश को उत्तेजक (लोक रक्षा कानून की मंशा से) समझा जाना– वह भी खूब है। जो हो। मुझे अब उसका कोई गम नहीं। बस, अपने जीवन की एक मजेदार घटना है। बस।

आपने मुझमें इतनी दिलचस्पी ली। इसके लिए मैं औपचारिक धन्यवाद भी क्या दूँ।

आपका सस्नेह ग. मा. मुक्तिबोध। मूल बात यह कि मुक्तिबोध और अज्ञेय के बीच जो मित्र-संवाद हुआ है, उस पर ध्यान देना चाहिए। कुछ आलोचकों ने जान-बूझकर उस पर ध्यान नहीं दिया—क्योंकि उन्हें तो दोनों को एक दूसरे का विरोधी दिखाकर खोपड़ियाँ बजानी थी। एक तो समाजवादी कहकर दूसरे को व्यक्तिवादी-प्रतिगामी चिन्तन का सिद्ध करना ही था। एक आलोचक ने तो आलोचना में यह फार्मूलागत स्वभाव ही बना लिया कि कबीर को महान सिद्ध करने के चक्कर में तुलसीदास को हीन सिद्ध कर दिया। आचार्य हजारीप्रसाद द्विवेदी को महान चिन्तक सिद्ध करने के संकल्प से आचार्य रामचन्द्र शुक्ल को क्षार कर दिया। ग. मा. मुक्तिबोध को महान प्रगतिवादी सिद्ध करने के चक्कर में अज्ञेय को समाज-निरपेक्ष, समाज से दूर, सौन्दर्योपासक संत सिद्ध कर दिया। इन आलोचक गुरुओं के चेले-चपाटे हर साँस में अज्ञेय को अमेरिकी एजेन्ट पूँजीवादी दलाल, एकान्त भोगवादी-रीतिवादी, नदी के द्वीप के दर्शन का उपासक सिद्ध करने की धमा-चौकड़ी मचाये रहे। किसी-किसी ने तो अज्ञेय को 'कांग्रेस फार कल्चरल फ्रीडम' का भारत में दलाल सिद्ध करने के लिए और समाज विरोधी नीचट व्यक्तिवाद का हित साधक कहकर शोध-प्रबन्ध तक लिख डाला। क्या विडम्बना

है कि मनमाने आरोप अज्ञेय पर गढ़-गढ़कर हिन्दी आलोचना अन्धकार में दौड़ लगाती रही है। आज मुक्तिबोध और अज्ञेय के इन पत्रों के आधार पर हमें पुनर्विचार की जरूरत है ताकि पुरानी कालिमा को धोकर मित्र-संवाद का सच सामने लाया जा सके। और दोनों महान रचनाकारों को लेकर जो बेसिर-पैर की बातों से तमाम भ्रम फैलाये जाते रहे हैं, उनसे आलोचना को मुक्त किया जा सके।

दरअसल, अज्ञेय जी और रामविलास शर्मा के पत्र-व्यवहार पर भी हमें ध्यान देने की जरूरत है। अज्ञेय और रामविलास शर्मा में कम आत्मीयता नहीं रही। अज्ञेय तो रामविलास शर्मा के आलस्य तक की कद्र करते थे—देखिए प्रियवर, रामविलास शर्मा को 17-10-43 में कलिनवर्थ, शिलांग से अज्ञेय ने पत्र लिखा।

प्रियवर,

आपकी कविता, वक्तव्य और जीवन कथा की अभी तक प्रतीक्षा कर रहा हूँ। सप्ताह गये और महीने भी हो गये, आशा है अब आप निश्चित मापने में काम कर रहे हैं और इसलिए मेरी प्रार्थना की ओर ध्यान दे सकेंगे। मैं आठ-दस दिन में कलकत्ता जा रहा हूँ जहाँ-दो चार दिन की छुट्टी लूँगा; इस अवकाश में पुस्तक को प्रेस में दे देना चाहता हूँ। मेरी साधना और तपस्या की ओर आपको कुछ तो ध्यान देना चाहिए।

आशा है आप सानंद हैं। यहाँ कुछ नयी बात नहीं है—सब कुछ ज्यों का त्यों—अफीमचियों का देश है।

सस्नेह

वात्स्यायन

अज्ञेय का वक्तव्य, काव्य तथा अन्य सामग्री भेजने वाले रामविलास शर्मा की इन पत्रों में प्रेमाकुल कथा-व्यथा है।

अज्ञेय और भारतभूषण अग्रवाल में पत्र-संवाद के दौर प्रेम-फौजदारी चलती रही। कई बार भारतभूषण अग्रवाल ने भीतर तक अज्ञेय को घायल किया। मैं CèO Thought, 35–Faizbazar RD, Delhi–7 से 11-7-51 को लिखे अज्ञेय के एक पत्र की ओर पाठकों का ध्यान दिलाना चाहता हूँ। यह पत्र कई दृष्टियों से साहित्य के इतिहास का कच्चा माल है। अज्ञेय जी ने लिखा—

भारत जी,

आपके दो पत्र उत्तरापेक्षी हैं—एक का उत्तर बहुत पहले देता, पर मैं 5 सप्ताह के लिए 'डूब गया था', 8 जुलाई को लौटा हूँ। उपन्यास लगभग पूरा लिख लाया, इसलिए अगर डाक नहीं मँगाता रहा और अखबार भी नहीं देखता रहा तो क्षम्य हूँ—अपने को क्षम्य समझता हूँ और आपसे उदारता की आशा करता हूँ।

आपका 21 जून का पत्र। उससे मन को क्लेश अवश्य हुआ, पर बुरा नहीं लगा। और इस मामले में आपको निराश ही करूँगा। कुछ Perblexing भी लगा पत्र। क्योंकि सोच न सका, किस बात पर आपका कथन लागू होता है। प्रतीक के पिछले अंक पढ़कर देखें। मैं समझ रहा था—'संख्या का तर्क' पर आप रुष्ट हैं, वह सम्पादकीय है और मेरा लिखा हुआ है। पर उसमें रोष का कोई कारण न दीखता था, मतभेद तो खैर हो ही सकता है। र. स. से पूछा, उनका कहना था कि उससे पहले हलचलों में 'शान्ति अपील' की जो बात है, उसको लक्ष्य करके आपने लिखा है। जो हो। बात बढ़ाऊँगा नहीं, संक्षेप में दो एक बात कहूँगा। मैं अकेला आदमी हूँ। आप जितना सोचते हैं, उससे भी अधिक अकेला। इसलिए कौन मेरे बारे में क्या सोचता-कहता है, इस बात को लेकर काफी क्लेश पा सकता हूँ और पाता रहा हूँ। बहुत सी आलोचना और झूठे प्रचार को अमान्य करता हूँ। पर Ignore इस अर्थ में नहीं कर पाता कि चोट न लगे। अकेला न होता, कोई दल या संस्था होता तो शायद ऐसी उदासीनता था कि Invulevableness भी पा सकता। या कह लीजिए Sentiveness इसलिए आपने जो लिखा उससे क्लेश हुआ। पर साथ ही कृतज्ञ हूँ कि आपने मुझे लिखा। यही साहस का काम है और साहस ही उसका Justification हैं।

आपसे सहमत नहीं हूँ कि कुछ गलत 'प्रतीक' में छपा है, न तथ्य, न उनसे निकाले गये परिणाम। पर यह अनुभव करता हूँ कि शायद अनावश्यक कुछ जरूर छपा है। आपके लिखने से भी द्विधा मन में बढ़ रही थी कि क्या मैं अपनी शक्ति का श्रेष्ठ उपयोग कर रहा हूँ? जो मैं दूसरों की अपेक्षा अधिक अच्छा कर सकूँगा। उसकी उपेक्षा करके क्या वह नहीं करने जा रहा हूँ जो दूसरे मुझसे अच्छी तरह समझते हैं? आपके पत्र ने उस द्विधा को और अच्छी तरह भड़का दिया—या कहूँ कि उसे शान्त करने में मदद की। क्योंकि यह अनुभव करके कि मैं मेरे लिए अनावश्यक उलझनों में पड़ रहा हूँ, मैं स्वयं 'अपने' काम की ओर खिंच आने का उपक्रम कर रहा हूँ, थॉट भी, और सांस्कृतिक स्वातन्त्र्य सम्मेलन का मंत्रित्व भी। इसलिए नहीं कि वह गलत है—वह आग्रहपूर्वक कहूँ कि ठीक मानता हूँ, पर इसलिए कि वह मुझ पर बोझ है और उन कार्यों में बाधक है, जिनमें मेरी शक्तियों का लाभ, अधिक फलप्रद हो सकता है।' अज्ञेय जी ने लिखा था कि 'थॉट' हो या अन्य पत्र-पत्रिका कोई समझौता नहीं है। 'थॉट में, वास्तव में, सम्पूर्ण स्वाधीनता रही और है।' इस तरह अपनी 'स्वाधीनता' को अज्ञेय ने कभी नहीं खोया। उनके लिए 'स्वाधीनता' एक ऐसा मूल्य है जिसे प्राप्त करने के लिए पीढ़ियाँ प्राण देती हैं। हिन्दी साहित्य ने अज्ञेय की 'स्वाधीनता' की 'स्वाधीन चिन्तन' की कद्र नहीं की, यह बहुत ही पीड़ादायक

प्रकरण-वक्रता है।

मैं समझता हूँ कि कई तरह के दिलचस्प पत्र 'अज्ञेय रचनावली' के खण्ड में दे रहा हूँ। श्री बनारसीदास चतुर्वेदी से लेकर नन्दकिशोर आचार्य, श्रीराम वर्मा तक की चर्चा इस पत्र-संवाद में है।

कितनी बड़ी बात है कि अपने समय के सभी संस्कृति-कर्मियों के पत्र अज्ञेय ने सहेज कर रखे। अब तो पत्र लिखने का मीडिया क्रान्ति की कृपा से—सेलुलर फोन के वरदान से न समय रहा है—न सार्थकता। पत्रों में जो 'स्मृति' सुरक्षित रहती रही है उसे अब मिटाने का समय आ गया है।

इन पत्रों में कई पत्रिकाओं की व्यथा-कथा और संघर्ष की अंतरंग कथाएँ भी छिपी हुई हैं जैसे 'प्रतीक' 'नया प्रतीक' 'आरती' 'वाक्' 'थाट' आदि। कई रचनाकारों की कठिनाइयों संघर्षों, उलझनों, तनावों, दिग्भ्रमों, गुपचुप समझौतों और चतुर सुजानों, की करतूतों का इतिहास भी मिलता है। साथ ही आजादी के बाद के परिवेश में उठे साहित्यिक-सांस्कृतिक झंझावातों की आहट भी इन पत्रों में मिल सकती है। जो बातें संकेतों से कही गयी हैं, उनका 'पाठ' करना पड़ सकता है। जो भी हो, यह पत्र संग्रह स. ही. वात्स्यायन 'अज्ञेय' को उस समय चल रहे साहित्यिक, वैचारिक और निहायत निजी सम्वाद के एक सजग केन्द्र के रूप में अवस्थित करता है। अज्ञेय कई अर्थों में हिन्दी के अद्वितीय शिखर पुरुष हैं—रचना नायक हैं। उनके क्रान्तिकारी जीवन-इतिहास ने भी अज्ञेय की मानसिकता को, सर्जनात्मकता को कई रूपों में गठित किया है। वे हर तरह की चुनौती को झेलकर विकसित होते रचनाकार हैं—'सन्नाटे का छन्द' हैं—'मैं वह धनु' हैं—'उड़ चल हारिल' हैं, आसाध्य-वीणा के हिन्दी में प्रियंवद हैं—क्योंकि उनके ही हाथों हिन्दी सर्जनात्मकता की असाध्य-वीणा बजी है। वे उस साहित्य और मित्र-संस्कृति से प्रतिकृत हुए थे—जिसका यह पत्र-संग्रह एक ऐतिहासिक दस्तावेज है। और सबसे बड़ी बात यह है कि इधर के हिन्दी साहित्य के इतिहासकारों, शोधकर्ताओं, जिज्ञासु विद्यार्थियों के लिए इन पत्रों में कच्चा माल है—खज़ाना है। इन पत्रों से ही हम अज्ञेय, मुक्तिबोध, शमशेर, भवानी भाई की मित्रता का सच्चा रूप, रंग, आन्तरिक इतिहास पा सकेंगे। साथ ही यह सच भी पा सकें कि दलबन्दी की संकुचित राजनीति ने अज्ञेय और शमशेर जैसे रचनाकारों के साथ कितना ज्यादा अन्याय किया है। इन सभी के रचना-कर्म पर नये प्रामाणिक तथ्यों के आधार पर पुनर्विचार और पुनर्मूल्यांकन की जरूरत है। देखिए न इन पत्रों की मूल-टोन अटूट प्रेम की है। आचार-विचार में मतान्तर होते हुए भी आत्मीयता का रस छलक पड़ रहा है।

सच्चिदानन्द हीरानन्द वात्स्यायन 'अज्ञेय' से लिए गये ये साक्षात्कार पिछले

पाँच दशकों के दौरान उनकी वैचारिक और सर्जनात्मक यात्रा के विभिन्न चरणों को प्रस्तुत करते हैं। हिन्दी के आधुनिक साहित्य में प्रयोगवाद, नयी कविता, नवलेखन और समसामयिक साहित्य लेखन के ये वर्ष भारतीय-जीवन में गहरी उथल-पुथल और वैचारिक उपद्रव के रहे हैं। इस दृष्टि से ये साक्षात्कार एक ऐसी स्व-चेतना सम्पन्न, ईमादार और गतिशील मनीषा के जीवन्त दस्तावेज हैं जो केवल अज्ञेय जैसे विवादास्पद रचनाकार, बेचैन पत्रकार और यायावर-लेखक की अन्दरूनी दुनिया की अनेक तहों को उघाड़ते हैं, बल्कि समकालीन जीवन की यातनाओं, पीड़ाओं, विवशताओं, विद्रूपताओं, बर्बरताओं और विडम्बनाओं को भी उद्‌घाटित करते हैं। आप कह सकते हैं कि अज्ञेय जैसे आधुनिक बुद्धिजीवी के बहुपक्षीय व्यक्तित्व को उसकी संश्लिष्ट समग्रता में व्यक्त करने का प्रयत्न करते हैं। यदि अज्ञेय के उपन्यास, कहानियाँ, डायरियाँ, यात्रा-वृत्त, संस्था मनुष्य की यातना को इतनी संवेदनात्मक सूक्ष्मता से अभिव्यक्ति करते हैं तो अपने उन साक्षात्कारों में वह उतनी ही निर्भीकता और निर्भयता से आधुनिक मनुष्य के उस संकट की विवेचना करते हैं जिसने आजादी के बाद भारतीय मानस को अपनी सांस्कृतिक-स्मृति से निर्वासित किया है। औपनिवेशिक आधुनिकता ने सबसे ज्यादा संकट हमारी स्मृति के सामने खड़ा किया है।

यह अकारण नहीं है कि अज्ञेय आजादी के बाद के साहित्य में अनेक विवादों के केन्द्र में रहे हैं। हिन्दी के शायद ही किसी रचनाकार ने इतने झूठे प्रवादों को झेला हो जितना अज्ञेय ने। लेकिन अज्ञेय कटु से कटु प्रहारों-आलोचनाओं को झेलकर भी झुके नहीं। और न प्रयोगों से सच पाने का साहस ही उन्होंने कम किया। हर मेधावी, रचनाकार, पत्रकार चिन्तक को 'धारा के विरुद्ध' जाने का जो पुरस्कार मिलता है वह उन्हें मिला भी। अपने स्वाधीन-चिन्तन के साहस से अज्ञेय ने परम्परा-संस्कृति, भाषा-साहित्य, कला-चिन्तन, इतिहास, राजनीति के सम्बन्ध में पारंपरिक अवधारणाओं का मूर्ति-भंजन किया और वे साहित्य-आलोचना-पत्रकारिता में सर्वाधिक-प्रश्नाकुल प्रबुद्ध, वाग्विदग्ध और अस्वीकार का साहस रखने वाले चिन्तक सिद्धान्तकार के रूप में सामने आये। उन्होंने भारतीय बौद्धिक समाज पर हावी पश्चिमी शिक्षा से उत्पन्न आधुनिकता के साथ 'प्रगतिशील' भारतीय बुद्धिजीवियों की वर्चस्व प्राप्त उधार मान्यताओं पर प्रश्नचिन्ह लगाया है—नकली सर्वसत्तावादी 'समाजवाद' हो या फैशनपरस्त एलीट वर्ग का सेकुलरिज्म, साहित्य-संस्कृति में राजनीतिक मताग्रहों का प्रदूषण हो या मानसिक गुलामी का फूहड़ प्रदर्शन कोई ऐसी आत्म-प्रवंचना नहीं है, जो इन साक्षात्कारों की ईमानदारी रोशनी में अनावृत्त न होती हो। मैं मानता हूँ कि इन साक्षात्कारों में स्वातन्त्र्योत्तर भारत का नागरिक अपने

'आत्म' से साक्षात्कार कर सकता है—वह नहीं जो वह दूसरों को दिखाता है, बल्कि वह जो वह अपने से छिपाता है। इण्टरव्यू या साक्षात्कार में शब्द-सन्तुलन की कमी प्रायः रहती है, किन्तु यही शायद इस नयी विधा की शक्ति भी है। प्रश्नों के तात्कलिक दबाव में जो सत्य अन्तर्मन की परतों को फोड़कर बाहर आता है, बेवाक़, प्रकृत, अनगढ़, धूल और पसीने से अटा हुआ, एक खास आत्म विश्वास के साथ जीवन्तु, उसमें जीवन का अपना खेल रहता है। 'मास्क' या मुखौटा हट जाता है और जीवन के उजले प्रकाश में नहाने का आत्म-सुख पाते हैं। अज्ञेय के इन साक्षात्कारों में समय-समाज, संस्कृति-साहित्य, मिथक सभी की धड़कन का राग-दीप्त सच सामने पाया जा सकता है। 'अज्ञेय सच कहने का जोखिम लेते हैं, इसलिए उनका बोलना तो बोलना चुप भी दहाड़ता आतंक पैदा कर देता है जबकि आतंकित करना उनका उद्देश्य नहीं होता। उनका उद्देश्य होता है—मनुष्य के आत्म बोध को, मूल्य बोध को, सौन्दर्य-बोध को, शिवत्व बोध को जागृत करना। वे साहित्य और चिन्तन के इसी अभियान में जीवन भर समर्पित रहे और 'मैं वह धनु हूँ जिसे साधने में प्रत्यंचा टूट गई है' का जीवन उद्घोष करते रहे।

उत्तरआधुनिक विमर्श में रमे कथाकार-चिन्तक और मीडिया मैन मनोहर श्याम जोशी और उनके साथ प्रसिद्ध इण्टरव्यू कार और कवि-पत्रकार कन्हैयालाल नन्दन दोनों ने अज्ञेय से इण्टरव्यू लेने की ठानी तो पाया कि वे 'एक अपना ही अजनबी' रूप हैं, अस्तित्ववाद की विचारधारा से प्रभावित—लेकिन अस्तित्ववादी नहीं। एकदम दिमाग में आया—'सच्चिदानन्द हीरानन्द वात्स्यायन अज्ञेय' नाम तो उपनाम सुबहान अल्लाह। आप कहेंगे कि भला नाम उपनाम में धरा क्या है? जरा सुनिए—मुंशी प्रेमचन्द—एक निहायत ही दबे-ढके, सीधे-सादे शख़्स की तस्वीर सामने आती है न? निराला—यह शब्द सुनकर मन में अवधूत जागता है कि नहीं? और ये तमाम नन्दन, कुमार और लाल युक्त नाम उन्हें जानकर मूड कतई सूरदास हुआ जाता है कि नहीं? तो जरा फिर सुनिए—सच्चिदानन्द हीरानन्द वात्स्यायन 'अज्ञेय' देखा आपने इसे सुनने की ही प्रतिक्रियाएँ होती हैं, या तो आप आस्तीनें चढ़ाकर पूछते हैं, क्या कहा?" या आप एक मरी सी आवाज में ठंडे पानी की गिलास की माँग कर बैठते हैं। तो क्या ताज्जुब जो इस नाम ने हिन्दी साहित्य में सबसे ज्यादा उन्मेष, सबसे ज्यादा हीन-भावना जगायी है। यहाँ बतौर सांत्वना 'नाम बड़े और दर्शन छोटे' वाला मसाला भी नहीं है। यह नहीं कहा मनोहर श्याम और उजबक सामने ला खड़ा किया। अज्ञेय जब आपके सम्मुख प्रगट होता है तो आप देखते हैं कि उसका व्यक्तित्व भी नाम के अनुरूप गरिमावान है।" (अज्ञेय से साक्षात्कार : 'एक अपना अजनबी', धर्म युग; 8 मार्च—1964—मनोहर श्याम जोशी)। अज्ञेय के नाम में बड़ी शालीन ठसक है।

क्यों न हो—यह नाम जैनेन्द्र कुमार ने प्रेमचन्द की पत्रिका के लिए दिया है। अज्ञेय जेल में बन्द थे—कहानियाँ छपवाना चाहते थे। जेल से कहानियाँ जैनेन्द्र के पास छपने को भेजीं। जैनेन्द्र कुमार ने प्रेमचन्द के पास उनके पत्र 'जागरण' में छपने भेजी। प्रेचचन्द को दोनों गरम कहानियाँ बहुत पसन्द आयीं। उन्होंने जैनेन्द्रकुमार जी से कहानीकार का नाम छापने के पूछा। जैनेन्द्रकुमार जी रचनाकार के जेल में होने के कारण नाम तो दे नहीं सकते थे। उन्होंने प्रेमचन्द से कहा—कहानीकार जेल में है, आप उसे 'अज्ञेय' नाम से छाप दीजिए। 'प्रेमचन्द ने कहानियों को 'अज्ञेय' नाम देकर छाप दिया। जेल से बाहर आने पर स. ही. वात्स्यायन ने जैनेन्द्र कुमार का दिया हुआ यह नाम रचना कर्म के लिए हमेशा के लिए अपना लिया। आज आप पाते हैं—पत्रकार स. ही. वात्स्यायन हैं—रचनाकार अज्ञेय हैं और माता-पिता के लिए 'सच्चा' हैं तथा आड़ लेकर लिखने वाला नाम है—'कुट्टिचातन'। पत्र-लेखन में प्रायः 'वत्स' नाम है। उनके अनेक नाम हैं और अनेक तरह की माया है।

अज्ञेय का चित्र मनोहर श्याम जोशी की आँखों में उभरता है 'ऊँचा कद, चौड़ा सीना, फ्रायडवाद की याद ताजा कराने वाले घने काले रोएँ, यदा-कदा बहार दाढी, खिलाड़ी-सा बदन, शिकारी-सी चाल। इस पर तुर्रा यह कि आप इस व्यक्तित्व को किसी भी लिबास में लपेट दीजिए वह प्रभावप्रद प्रतीत होता है। एक बार नयी दिल्ली में जीन्स-जाकेटधारी और स्कूटर सवार वात्स्यायन को देखा था और खुदा झूठ न बुलवाये। वह क्षण खासा चेतन रहा था। कुल मिलाकर यह व्यक्तित्व ऐसा है कि देखते ही है—हेतुक विशेषण ादी काव्य आप ही आप फूटता चला जाये। मगर जब यह व्यक्तित्व बोलना शुरू करता है तो दुखद आश्चर्य के साथ, आप दिनकर जी को विदा करके पन्त जी को न्योता देते हैं।" (वही, पृ. 40)

दिनकर जी को न्योता देने का अर्थ? यह अर्थ इस कथन से खुलता है कि 'भगवान की दी हुई तमाम अक्खड़ सजधज के बावजूद अज्ञेय में कुछ ऐसा है जो निहायत ही नाजुक है—उसकी आवाज सुनहरे फ्रेम के पीछे से झाँकती हुई उसकी शान्त-क्लान्त आँखें और ओठों की कोर से ठोढ़ी की ओर बढ़ती हुई दो थकी-हारी-सी रेखाएँ। अज्ञेय की आवाज में गेय तत्व काफी है। लहजा भी खास है—लययुक्त और विरामचिह्न पूर्ण। अक्सर विरामचिन्ह शब्द के बीच भी लगा दिए जाते हैं यथा, रघु, वीरजी तो, आप आते हैं। इस लहजे की नकल करने की तबीयत होती है। कई भूतपूर्व अज्ञेय वादियों की जबान पर तो 'करत-करत अभ्यास के' यह नकल असल हो चली है और वह सभा-सोसायटी में कुछ इस तरह के जुमले कहते सुने जाते हैं—'हम, ने एक यो, जना, बनायी थी—उस पर काम हो, ने जा, रहा है।' गर्ज यह कि कुछ और है उसका अन्दाजे बयाँ और उसकी तर्ज बयाँ भी! यों सच पूछिए तो

उसका क्या ऐसा है जो कुछ और नहीं।' (वही, पृ. 40)

अज्ञेय का साक्षात्कार लेने पहुँचे मनोहर श्याम जोशी पर अज्ञेय का कैसा प्रभाव पड़ा। वे स्वयं कहते हैं—'सामान्य हिन्दी साहित्यकार के सामने अज्ञेय कुछ ऐसा ही जँचा जैसा उच्च मध्यवर्ग निम्न मध्यवर्ग की तुलना में दीखता है। उससे सामान्य हिन्दी साहित्यकार को कुछ वैसी ही ईर्ष्या हुई जैसी निम्नमध्यवर्ग को उच्चमध्यवर्ग से होती आयी है। पंचों की राय से अज्ञेय हिन्दी साहित्य का सर्वाधिक अप्रिय व्यक्ति है। इस भावना को महज ईर्ष्या पर आधारित समझना या समझा सकना मुश्किल है। मानना ही पड़ता है कि अज्ञेय को दोस्त न बनाने में और प्रकारान्तर से, दुश्मन बनाने में माहिरी हासिल है। उसे तपाक से मिलना, गले में हाथ डाले घूमना, भगवन, गुरु को बेटा जैसे सम्बोधन कहना, कुछ भी तो नहीं आता। अपने में अपने तक रहने में, वह अंग्रेजों को भी मात करता है। न वह किसी का व्यक्तिगत सुख-दुःख जानना चाहता है और न वह किसी को अपना व्यक्तिगत सुख-दुःख बताता है। इसीलिए पीठ पीछे बुराई करने में प्रवीण हिन्दी लेखकों को उसके व्यक्तिगत जीवन के बारे में काफी जुगुप्सा रहती है। ऐसा भी नहीं है कि उसके व्यक्तिगत जीवन में कोई खास पेंच रहा हो। विवाह, तलाक और एक लम्बे अन्तराल के बाद पुनर्विवाह। इतनी सी बात को लेकर ये चटखारे पैदा किए और लिए गए हैं कि हिन्दी साहित्यकारों की कल्पनाशीलता की दाद देनी पड़ती है।

हाय री विडम्बना! अज्ञेय को लेकर क्या-क्या नहीं कहा गया। अज्ञेय को राजनीतिक बदनामी भी काफी मिली है। प्रतिक्रियावादियों की हिन्दी में कोई कमी नहीं, लेकिन अमेरिकी एजेन्ट अज्ञेय को ही कहा गया है। मुझे एक प्रगतिशील आलोचक ने विस्तार से समझाया था कि अज्ञेय को 'प्रतीक' के प्रकाशन के लिए कितनी अमरीकी सहायता मिलती है। जब 'प्रतीक' बन्द हो गया तो शायद इन आलोचक महोदय का यही अनुमान रहा होगा कि अमरीकी खज़ाना खाली हो गया है। साहित्यिक दृष्टि से भी अज्ञेय को गलत-समझा और समझाया गया है। कहीं गलती से उसने इलियट की कुछ पंक्तियाँ अपने लेख में उद्धृत कर दीं तबसे उसे इलियट कहा जाने लगा और इलियट को 'इडीयट' का पर्याय ठहराया जाने लगा। कोई भी पढ़ा-लिखा आदमी यह देख सकता है कि अगर अज्ञेय पर किन्हीं पाश्चात्य लेखकों का प्रभाव है तो डी. एच. लारेन्स और ब्राउनिंग का। लारेन्स को पढ़ने वाले लोग हैं कहाँ।' बहुतों को अज्ञेय ठीक से कहूँ तो हेमिंग्वे की तरह दिखाई देते थे और दूर तक टी. एस. इलियट के भक्त। लेकिन गहराई से पढ़ने पर हम पाते हैं कि अज्ञेय के चिन्तन पर इलिपट का प्रभाव होने पर भी दोनों के दृष्टिकोण में मूलभूत भेद रहा है। दोनों दो भिन्न संस्कृतियों की उपज हैं।

मनोहर श्याम जोशी ने लिखा है–'पिछली पीढ़ी अज्ञेय की अंगरेजित से आक्रान्त रही और उसे अमौलिक साबित करने की कोशिश करती रही। नयी पीढ़ी अज्ञेय की भारतीयता से बोर हुई पड़ी है और उसके नयेपन को पुराना ठहराने में जुटी हुई है। अज्ञेय आज आधुनिकों में प्राचीन हैं और प्राचीनों में आधुनिक यानी हर कहीं अजनबी।'

हिन्दी के तमाम छायावादोत्तर रचनाकारों पर अज्ञेय का प्रभाव पड़ा है। इन सभी ने नये चिन्तन की स्मार्ट वक्तव्य बाब्नी अज्ञेय से सीखी है। लेकिन हालत यह है कि वे कामू-सार्त्र, हेडेगर, यास्पर्स का नाम भले ही ले लें। लेकिन अज्ञेय का नाम आने पर मुँह दब जाते हैं। इसलिए कि उन्हें अज्ञेय की पंक्ति में खड़ा करके कहीं 'प्रतिक्रियावादी' न कह दिया जाए। चरित्र का यह दोगलापन नयी पीढ़ी की एक अनोखी अदा है। ग. मा. मुक्तिबोध हों या रामविलास शर्मा सभी को अज्ञेय का चुम्बकीय व्यक्तित्व खींचता है। अज्ञेय की विशेषता है कि वे किसी का ब्रेनवाश नहीं करते। सभी की वैचारिक विभिन्नता का सम्मान कर देते हैं। कभी भी अज्ञेय ने भारतभूषण अग्रवाल के मार्क्सवाद का बुरा नहीं माना। कभी किसी से नहीं कहा–'हमारे साथ रहोगे तो मजे करोगे।' जब कि हर एक की सहायता को तैयार रहे जीवन में अपने तीन शिष्य बनाये–रघुवीर सहाय, सर्वेश्वरदयाल सक्सेना और मनोहर श्याम जोशी। लेकिन तीनों को स्वतन्त्र विकसित होने का अवसर प्रदान किया। किसी के भी रचना मुहावरे पर अज्ञेय के रचना मुहावरे की छाप नहीं है।

अज्ञेय के स्वभाव की ही यह गरिमा रही है कि किसी की सामने या पीठ पीछे निरादरपूर्ण बात उनके मुँह से नहीं निकलती थी। अज्ञेय के यहाँ वह स्वार्थवाद भी नहीं है जो हर व्यक्ति को अपने स्वार्थ और उसकी शक्ति की तुला पर तौलता है। लिहाजा अज्ञेय का चौथा उसूल यह है कि वह हर व्यक्ति और कृति का मूल्यांकन कुछ सुनिश्चित-प्रतिमानों के आधार पर करता है। साहित्य और साहित्येतर दोनों क्षेत्र में उसका मूल्यांकन लोकमत विरुद्ध होता है। मसलन उसे फिल्म 'पाथेर पांचाली' पसन्द नहीं आयी। दुसेल की चित्रकला कभी विशेष प्रभावित नहीं कर पायी। लेकिन अज्ञेय जगहँसाई के डर से धारणा बदलने वालों में से नहीं हैं। अंग्रेजी के मुहावरे की टाँग तोड़कर कहूँ तो अज्ञेय में अपनी धारणा का धैर्य है। मनोहर श्याम जोशी ने ठीक कहा है–'अज्ञेय हिन्दी साहित्य का अछूत है।' उसका आशीर्वाद सार्वजनिक श्राप के बराबर समझिए। फिर उसका व्यक्तित्व इतना विशिष्ट और विशद है कि दूसरे को वट-वृक्ष काम्प्लेक्स होने लगता है। फिर उसने कुछ ऐसे एकान्त में घर बना छोड़ा कि वहाँ अकेले भी जाइये तो ऐसा महसूस होता है कि भीड़ साथ ले आये। फिर उससे कोई साहित्येतर सम्बन्ध अथवा-सेवा-मेवा भी सम्भव

नहीं है। इसलिए उसका हर साहित्यिक साथी उससे अलग हो जाता है। अलग होकर यह कहने लगता है कि अज्ञेय बहुत ही गुन्ना और गुम्मा है, मतलब साधता है, मौके पर छिपकर वार करता है। 'मैंने जब 'तीसरा सप्तक' के लिए अपनी कविताएँ आलस्य और संकोचवश नहीं दीं, मैंने जब दिल्ली में 'परिमल' बनाये जाने का विरोध किया, मैंने जब निर्मल वर्मा, रामकुमार, भीष्म साहनी और नरेश मेहता जैसे घोषित वामपक्षीय लेखकों का साथ अपनाया तो मुझे इस छिपे वार का बड़ी हौल दिल्ली से इन्तजार रहा। लेकिन मेरी गर्दन आज तक सलामत है। अज्ञेय जी जब बम्बई गये तो उनसे मिलने जोशी जी और नन्दन जी गये। जोशी जी एवं नन्दन जी ने बातचीत की अज्ञेय से–

जोशी : वात्स्यायन जी, आपको कोई पश्चाताप है?

अज्ञेय : पश्चात्ताप तो अनेक हैं–लेकिन...।

जोशी : व्यक्तिगत नहीं, साहित्यिक ही बताइए।

अज्ञेय : वह भी कई हैं। एक तो यही कि शेखर को मैंने आत्मकथा की शैली में क्यों लिखा? तीसरे भाग के प्रकाशन में यही दिक्कत है कि अब जो कुछ मैं कहना चाहता हूँ, वह सबका सब शेखर के मुँह से नहीं कहलवाया जा सकता। जितना वह कह सकता है, उतने तक ही सीमित रहना अब मुझे अपने प्रति न्याय नहीं मालूम होता।

नन्दन : क्या यह नहीं हो सकता कि आप तीसरे भाग को शेखर की सीमाओं में रहकर ही छपवा दें। बाकी जो कुछ कहना हो किसी अन्य उपन्यास में कह दें।

अज्ञेय : किसी भी चीज को छपाना या छपने देना भी तो एक साहित्यिक निर्णय है। यह भी हो सकता है कि आप कोई रचना छपने के लिए दें और वह इतने विलम्ब से प्रकाशित हो कि इस बीच आपकी मान्यताएँ बदल जाएँ।

लेकिन किसी ऐसी रचना को प्रकाशन के लिए देना जिससे आप तभी सन्तुष्ट न हों, यह साहित्यिक ईमानदारी नहीं।' (धर्मयुग–8 मार्च 1964, पृ. 47)। आज जो लोग अज्ञेय जी के 'शेखर : एक जीवनी' के तीसरे भाग की चर्चा करते हैं–और कहते हैं कि मैंने उसे पूरा लिखा देखा था–उन पर इसीलिए विश्वास नहीं होता। पहले तो अज्ञेय ने उसे लिखा नहीं, और अगर थोड़ा बहुत लिखा तो वे उस लेखन से असन्तुष्ट रहे। इसलिए उसके किसी भी अंश को किसी पत्रिका या अपनी ही पत्रिका 'प्रतीक' 'नया प्रतीक' 'वाक्' में नहीं छपवाया। उनका यह कथन हमें शेखर : एक जीवनी' के तीसरे भाग को लेकर याद रखना चाहिए कि 'लेकिन किसी ऐसी

रचना को प्रकाशन के लिए देना जिससे आप तभी सन्तुष्ट न हों, यह साहित्यिक ईमानदारी नहीं है।' 'अज्ञेय में यह साहित्यिक ईमानदारी' रही है कि वे अपनी रचना के स्वयं भी कठोर आलोचक बने हैं। साथ ही वे शुद्ध लेखक ही नहीं थे—आलोचक, सम्पादक, पत्रकार, आयोजक आदि न जाने क्या-क्या थे। अज्ञेय को इस बात का पश्चात्ताप रहा कि 'प्रतीक' क्यों बन्द करना पड़ा? फिर स्पष्ट कहा कि 'प्रतीक के बन्द होने का साहित्य से नहीं, एक प्रकाशक की धूर्तता से सम्बन्ध था।'

अचानक जोशी जी ने अज्ञेय से एक बहुत ही असुविधाजनक प्रश्न पूछा—

जोशी : आप पर अक्सर लोग गुटबन्दी का आरोप लगाते हैं।

अज्ञेय : साझेदारी को भी गुटबन्दी कह दिया जा सकता है। मैंने हमेशा कोशिश की कि जो भी साझेदारी बने वह समान चिन्तन पर आधारित और व्यक्तिगत सम्बन्धों से अछूती हो। मैंने तमाम तरह के लोगों के साथ मिलकर काम किया है। इसीलिए कभी-कभी मुझे अवसरवादी भी ठहरा दिया जाता है।' (वही)

साक्षात्कार एक कला का विज्ञान है—जिसमें साक्षात्कार लेने वाला व्यक्ति ज्यादा पैना हो—तो वह कला खिल उठती है। इण्टरव्यूकार असली विचार निकलवा ले तो क्या कहना। जोशी जी और नन्दन जी दोनों ही साक्षात्कार कला के निपुण खिलाड़ी। जोशी जी ने सहज भाव से कह दिया

जोशी : आपके कई साथी आपके विरुद्ध हैं। ऐसा क्यों? फ्रायडवादी भाषा में कहूँ तो आप नये साहित्यकारों के लिए पिता-प्रतिभा बने हैं?

अज्ञेय : वह तो मैं नहीं मानता। नये लोगों का मार्गदर्शन, नेतृत्व ऐसा भी मुझे अपेक्षित नहीं रहा। मैंने सिर्फ उनकी मदद करनी चाही—यानी भक्ति आशीर्वाद दे देने की परम्परा चली आयी थी उससे कुछ आगे बढ़ना जरूरी समझा। साधारणतया यह होना चाहिए कि पुराना लेखक नये लेखकों के प्रकाशन और उचित मूल्यांकन में सहायता दे।

अज्ञेय के सामने हमेशा यह प्रसन्नता का विषय रहा कि 'सप्तकों' के कुछ कवि बहुत होनहार निकले। उन्होंने अपनी मौलिक सोच से नये साहित्य को बहुत कुछ मूल्यवान दिया। मुक्तिबोध, रघुवीर सहाय, सर्वेश्वर, विजयदेव नारायण साही इसके प्रत्यक्ष उदाहरण हैं। 'सप्तक परम्परा' में कुछ फिसड्डी निकले, यह अलग बात है, लेकिन हर 'सप्तक' में आगे चलकर दो-तीन खरे साबित हुए, यह बड़ी बात है। इस पर जोशी जी ने अज्ञेयजी पर फिर चाबुक चलाया—

जोशी : मैं समझता हूँ नये लेखकों पर आपका बहुत बुरा प्रभाव पड़ा है। उपन्यासों के नाम पर बौद्धिकता से लदी और रोमान में रंगी

आत्मकथाएँ निकली हैं। यह आत्मकेन्द्रित साहित्य खासा खतरनाक है और वाहियात भी। और उच्चवर्गीय वातावरण के लिए प्यार, जिस जिन्दगी को न जाना है न जिया उसके लिए मोह, यह सब आपकी नकल में हुआ है। आपने तो एक खास तरह का जीवन-यापन किया और वही आपके साहित्य में प्रतिफलित हुआ। लेकिन जिनका उस जीवन से कोई नाता नहीं रहा, उन्हें उसकी कहानियाँ लिख-लिखवाकर जनता को बोर करने की क्या सूझी? बिहार की एक लेखिका की कहानियों में तो पात्रों के नाम भी आपके उपन्यासों से उठाये जाते हैं—शेखर, गौश, भुवन, रेखा।

अज्ञेय : अच्छा?

जोशी : वक्तव्यवाद का मर्ज भी आपकी देखा-देखी बढ़ा है। अपने साहित्य की स्वयं समालोचना करना, अपनी रचना-प्रक्रिया पर खुद ही प्रकाश डालना—यह एक अजीब तमाशा मालूम होता। आज स्थिति यह है कि लेखक लिख कम रहे हैं, समझा ज्यादा रहे हैं।

अज्ञेय का उत्तर है कि हिन्दी में ऐसे आलोचक कम हैं जो लेखक को पाठक तक पहुँचा सकें। जैसे पश्चिम में एक समय चर्च ने कलाकार को बाहर निकाल दिया था—वैसी ही स्थिति अब हमारे यहाँ है। परिस्थिति यह है कि विश्वविद्यालयों के पेशेवर आलोचकों ने, कलाकार को बहिष्कृत कर दिया है। इसलिए हर कलाकार को आत्मव्याख्या में समय नष्ट करना पड़ रहा है। अज्ञेय जी अपना विचार रख रहे कि बीच में नन्दन जी ने प्रश्न किया।

नन्दन : लोगों का विचार है कि आप अध्यात्मवादी होते जा रहे हैं?

अज्ञेय : वह तो मैं नहीं हूँ। हाँ अध्यात्म के बारे में सवाल जरूर उठाता हूँ और ऐसा करना सन्तुलन के लिए जरूरी समझता हूँ। बात यह है कि इस समय प्रगति की जो प्रगति है वह जीव को यन्त्र बनाकर ही चल रही है।

जोशी जी ने बहुत घेर कर अज्ञेय से कहा कि आपके लेखन में भारतीयता और आध्यामिकता शुरू से ही थी। 'शेखर : एक जीवनी' में उसकी रोमान में वह रूप है, 'नदी के द्वीप' में 'बौद्धिक' और 'अपने-अपने अजनबी' में आध्यात्मिक। शायद यही आध्यात्मिक आध्यात्मकता पाठकों को परेशान करती है। इस पर अज्ञेय ने कहा कि आपके प्रश्न का जवाब देना 'मेरे लिए बहुत ही खतरनाक होगा। उसे आलोचक ले उड़ेंगे।' दरअसल, कृतियों की नासमझ और गैरजिम्मेदार आलोचना से अज्ञेय जी बहुत दुःखी थे। वे मानते थे कि हम अपने प्रति आस्थावान और ईमानदार होकर

लिखें—धर्म, सिद्धान्त या राजनीति के प्रति नहीं। लेकिन जो आलोचक राजनीतिक विचारधारा की प्रतिबद्धता को लेकर 'कोल्हू का बैल' बने हुए थे—उन्हें अज्ञेय के ये कथन कैसे स्वीकार हो सकते थे। इसलिए अज्ञेय का अन्धा विरोध हुआ और उन्हें हिन्दी का 'आउटसाइडर' कहकर अमरीकी एजेण्ट घोषित कर दिया है। क्या दिलचस्प नजारा था कि रूस का पैसा खाकर लोग अज्ञेय को कोसते रहे। हिन्दी आलोचना के उस अन्धे दौर को समझने के लिए—अज्ञेय के तमाम साक्षात्कार आज हमारे लिए ऐतिहासिक दस्तावेज हैं। जिनका कई कोणों से भाष्य करने की जरूरत है। यह भी जानने-समझने की जरूरत है कि मार्क्स को पढ़ने वाले अज्ञेय ने एक लेखक के तरीके से मार्क्स और मार्क्सवाद को कभी भी स्वीकार क्यों नहीं किया? स्वीकार उन्होंने गाँधी को भी नहीं किया। क्यों वे कभी मानवेन्द्रराय, कभी जयप्रकाश नारायण की ओर लपकते हैं और विद्यानिवास मिश्र की संगति में पड़कर स्वामी अखण्डानन्द जी महाराज तक पहुँचे और भागवत यात्राओं पर निकल पड़े। विचारधारा के स्तर पर अज्ञेय ने अस्तित्ववाद को भी कभी स्वीकार नहीं किया और न भारतीय अध्यात्मवाद को। प्रश्न उठता है कि सबमें रहकर भी वे 'बहुरि अकेला' के चिन्तन में रमे तो रमे कैसे? जबकि उनके वैचारिक आग्रह रहे व्यक्ति के प्रति, लघुमानव सिद्धान्त के प्रति, व्यक्ति स्वातन्त्र्यवाद के प्रति, समाज और समाजवाद के प्रति, ईश्वर और इतिहास के प्रति, साहित्य की मौलिकता के प्रति, परम्परा आधुनिकता के प्रति, पश्चिमी सभ्यता-संस्कृति और भारतीय परम्परा के प्रति उसे उन्होंने अपनी डायरियों, निबन्धों और साक्षात्कारों के द्वारा बराबर व्यक्त किया।

निबन्ध अज्ञेय के प्रश्नाकुल कवि के भीतर उठे प्रश्नों को सामने लाते हैं—और डायरियाँ अन्तर्मंथन को, एकान्त चिन्तन को। लेकिन साक्षात्कारों में उनके मन के द्वार खुलते हैं, वे अपनी बात शालीन-मुद्रा में कहने में नहीं चूकते। अज्ञेय को 'कितनी नावों में कितनी बार' पर भारतीय ज्ञान पीठ पुरस्कार घोषित हुआ—1778 में। उस समय 'दिनमान' 28 जनवरी 13 फरवरी—79 के अंक में उनसे कविवर रघुवीर सहाय ने बातचीत की है। यह बातचीत 'चौखटों में बँधे सत्य' नाम से पाठकों के सामने आयी। रघुवीर सहाय ने समाज में हर ओर व्याप्त असमानता की बात उठाकर कि क्या ये असमानताएँ आपको विचलित नहीं करती हैं? अज्ञेय ने स्वीकार इस तरह की कि असमानताओं के कई स्तर होते हैं, कुछ सुविधाएँ आदमी को बिना उपार्जित किए संयोगवश मिल जाती हैं—यह अपने आपमें कोई पाप या अपराध नहीं है। रघुवीर सहाय ने फिर प्रश्न किया कि 'लेकिन इस स्थिति में एक तनाव का आप अनुभव करते हैं क्या?' वात्स्यायन जी का उत्तर है—हाँ, वह होता है, समाज में इतनी ज्यादा विषमताएँ हैं।'

कविता तनाव से मुक्ति देती है और मुक्ति का सन्तोष है। एक रचना के दबाव में फँसे हुए होने के संकट से मुक्ति। प्रश्न उठा कि यह रचना का दबाव क्या है? वात्स्यायन जी ने कहा—'वही एक लाचारी है कि मुझको यह लिखना या कहना ही है। कई तरह के उसके रूप हो सकते हैं। कभी तो यह हो सकता है कि भावना की एक स्थिति है जो मूल्यवान जान पड़ती है और उसको बनाये रखने में, उसको स्थायित्व देने में, यह बोध होता है कि यह तो कुछ चीज है जो अभी मेरे हाथ में है और यह पहचानते-पहचानते यह मेरे हाथ से निकल जायेगी और इसको कोई स्थायी रूप दे दिया जाये या पूरे उसको स्थायी रूप अगर नहीं दिया जा सकता तो उसको किसी ऐसे सूत्र के साथ जोड़ दिया जाये कि जिससे इस चीज की जीवित स्मृति ऐसे रूप में सामने आ जाये कि इस तरह से उसका पुनः सृजन हो सके। जिस स्थिति में से मैं गुजर रहा हूँ उस स्थिति में से गुजरना भी एक मूल्यवान अनुभव है जिसे मैं सम्प्रेष्य रूप में बचाये रखना चाहता हूँ जैसे ही आप पहचानते हैं कि मैं इस भावस्थिति में हूँ उसे पहचानने के क्षण के बाद से उसकी आवृत्ति हो जाती है। वह वह नहीं रहती और आवृत्ति से बचना भी साहित्यकार की मूल प्रेरणाओं में से एक है। इस चीज को मैं उसके मूल रूप में सुरक्षित रख सकूँ, इस इच्छा में इतनी तीव्रता होती है कि उसको वास्तव में आप एक यंत्रणा भी कह सकते हैं। अगर मैं उसको दुबारा याद करूँगा तो मैं उसकी आवृत्ति कर रहा होऊँगा और आवृत्ति में तो उसकी मौलिकता नहीं रहती। (वही पृ. 20) जिस समय अज्ञेय रचनात्मक तनाव से मुक्ति का विचार रख रहे थे रघुवीर सहाय ने एक कविता को लेकर सीधा प्रश्न किया।

रघुवीर सहाय : कविता की हैसियत आप की निगाह में क्या है? कविता को बाकी विधाओं की तुलना में या आपके निजी जीवन के अंतरंग के सन्दर्भ में आप क्या स्थान देते हैं?

वात्स्यायन : मैं समझता हूँ एक काम जो कविता करती है जो और कोई विधाएँ नहीं करतीं, करना चाहती भी नहीं; वह यह कि जीवन की गति को या प्रक्रिया की गति को या जो भी साहित्यकार देखना या सम्प्रेषण करना चाहता है उसकी गति को एक नियन्त्रित ढंग से धीमा कर देती है जिससे कि उसे पहचाना या पकड़ा भी जा सकता है और दूसरे तक पहुँचाया भी जा सकता है। अन्य कोई विधा न यह करती है न करना चाहती है, उसका उद्देश्य यही होता है कि जीवन जितनी भी त्वरित

गति से चल रहा है, हम उतनी ही तेज गति से दौड़कर उसका प्रतिबिम्बन कर पायें। कविता यह करती है कि उस गति को नियन्त्रित करके धीमा कर देती है और ऐसा करना चाहती भी है। एक तरह से वह जीवन को 'स्लो मोशन' में पकड़ कर देखती है और दिखा सकती है। मैंने कहा कि दूसरी कोई विधा ऐसा कर भी नहीं सकती और करना चाहती भी नहीं। वे उस समान गति से दौड़ना चाहती हैं इसलिए कुछ ऐसी सच्चाइयाँ हैं जिनके निकट सिर्फ काव्य ले जा सकता है—क्योंकि उसकी गति को धीमा करके वह पहचान करा सकता है और यह बात भाषा के स्वभाव के साथ भी जुड़ी हुई है। इस गति को नियन्त्रित करके सम्प्रेषण में योग देना छन्द का यही काम है। इसी को मैं छन्द कहता हूँ, नहीं तो और जो छन्द की परिभाषा में चीजें महत्त्व पाती थीं। वे सब छूट गई हैं। स्वर मात्रा का क्या महत्व है और कविता में वही स्वर मात्राएँ कैसे प्रस्तुत की जाती हैं और गद्य से कहाँ अलग हो जाती हैं यह उस चीज के साथ जुड़ा हुआ है कि हम यथार्थ की प्रक्रिया कैसे नियन्त्रित करते हैं और उसे सम्प्रेष्य बनाते हैं।' इसका तात्पर्य हुआ कि एक तरह के संगीत की सृष्टि करने वाली भाषा कविता है या ठीक यह मतलब नहीं हुआ। वात्स्यायन जी ने कहा यह भी हो सकता है।

रघुवीर सहाय ने फिर नुकीला प्रश्न किया।

रघुवीर सहाय : यह भी हो सकता है तो गद्य से फिर कहाँ अलग है कविता?

वात्स्यायन : स्वरों का जैसा नियन्त्रित उपयोग और वैकल्पिक उपयोग कविता में होता है—वैसा गद्य में नहीं होता। गद्य में तो स्वरों की एक निश्चित मात्रा होती है। लेकिन यथार्थ का जो रूप आप प्रस्तुत कर रहे हैं उसके साथ स्वरों की मात्रा भी घटाई या बढ़ाई जा सकती है, वह काव्य में ही होता है, काव्य में ही सम्भव है। यह अन्तर है काव्य के स्वभाव में और गद्य में। शब्दावली तो दोनों में एक ही होती है। लेकिन काव्य-भाषा अपने इस स्वर-यात्रा के नियन्त्रित उपयोग से गद्य की भाषा से अलग हो जाती है।' (वही, पृ. 20)

अज्ञेय ने जीवन-जगत् के सत्यों पर, साहित्य के अनेक पक्षों पर, बहुत गम्भीरता से विचार किया। औ हर बार भोग और योग में सामंजस्य स्थापित करते हुए माना कि सन्त होने के लिए दुनिया छोड़कर भागना जरूरी नहीं है 'और न रचनाकार होने के लिए। कला में राग-दीप्त सच की तलाश उन्हें हमेशा रही है। वे आलोचक आज उलटी खोपड़ी के ही कहे जायेंगे जो कहते हैं—'दुनिया को तो अनेक लेखकों ने छोड़ा—जैसे अज्ञेय ने। उन्हें भी कुछ लोग सन्त कहते हैं।' इस तरह कुछ लोगों को अज्ञेय को 'सन्त' कहना चुभता है और 'मनहूस' कहना उचित। प्रश्न उठता है कौन मनहूस नहीं है? फिर अज्ञेय तो सपूत-सन्त हैं जहाँ-जहाँ यायावरी को गये वहाँ से मूल्यवान खजाना कमाकर लाये। उस ख़ज़ाने से उन्होंने हिन्दी-साहित्य को समृद्ध किया। इसी सन्त तपस्वी के चिन्तन-बल से हिन्दी की एक पूरी बौद्धिक पीढ़ी पलकर बड़ी हुई। साहित्य, संस्कृति, समाज और औपनिवेशिक गुलामी देनेवाली आधुनिकता पर अज्ञेय ने अनेक कोनों से विचार किया और अपनी जड़ों से जुड़ने का सन्देश। 'साहित्य, संस्कृति और समाज परिवर्तन की प्रक्रिया' पर विचार करते हुए वे इस निष्कर्ष पर पहुँचे कि सर्जन-कर्म का दृष्टि से जो अनिवार्य सम्बन्ध है उससे इनकार नहीं किया जा सकता। कुछ अधिक देख पाना, कुछ अधिक दूर तक देख पाना, कुछ अधिक गहराई तक या गहराई से देख लेना, कुछ समय से पहले देख लेना, जो स्पष्ट दीख रहा है उससे भिन्न या उससे प्रतिकूल भी देखना अथवा भाँप लेना, गति की जो दिशा स्पष्ट है अथवा स्वीकृति है उससे भिन्न दिशा में चलनेवाली गति को देख लेना या उससे प्रतिकूल दिशा का संकेत दे देना—ये सभी उस दृष्टि का अंग हैं, जिसका श्रेय हम सर्जन को देते हैं, जिसकी अपेक्षा उससे करते हैं और जिसके आधार पर ही इसका निर्णय करते हैं कि उसकी कृति कहाँ तक सर्जना है, रचना है। सर्जक साहित्यकार को, कवि को हम कालजित्, त्रिकालदर्शी, अकालदर्शी, मनीषी, प्रतिभू, स्वयम्भू आदि कहते हैं तो इसीलिए।' इस दृष्टि से समाज को बदलने में साहित्यकार का बहुत योग है। 'कुछ साहित्य समाज को बदलने के काम आ सकता है, लेकिन श्रेष्ठ साहित्य समाज को बदलता नहीं, उसे मुक्त करता है। फिर उस मुक्ति में समाज के लिए—और हाँ, संस्कृति के लिए—मानवमात्र के लिए—बदलाव के सब रास्ते खुल जाते हैं।' अपने साक्षात्कारों में अज्ञेय ने इसे मुक्त-होने की बात को बार-बार कहा है। उन्होंने इन साक्षात्कारों में इस विचार को भी निर्भय भाव से व्यक्त किया है कि हमारे राजनीतिज्ञ भाषा के कबाड़िए हैं। वे न लोकतन्त्र का अर्थ समझते हैं, न धर्म का, न धर्मनिरपेक्षता का। भारतीय संस्कृति उनके लिए अर्थहीन है क्योंकि इस संस्कृति से उनका लगाव नहीं है।

हमारे समय के मूर्धन्य चिन्तक—अज्ञेय इन साक्षात्कारों में साहित्य-संस्कृति,

समय, समाज, रचना-स्थिति की सांस्कृतिक-सामाजिक चिन्ताओं का, चुनौतियों का ऐतिहासिक दस्तावेज प्रस्तुत करते हैं। इस चिन्तन को अज्ञेय के आलोचना-कर्म ने जज्ब किया है। यही कारण है कि अज्ञेय की आलोचना-दृष्टि में 'स्वाधीनता' एक मूल्य है। वे अपनी स्वाधीनता को सबकी स्वाधीनता से जोड़ते हैं। इसलिए वे व्यक्तिवाद के समर्थक आलोचक नहीं हैं। उनका आलोचना कर्म उनके संस्कृति-चिन्तन का ही नया भाष्य है।

अज्ञेय : सर्जनात्मक आलोचना की पहल

1. "मिला बहुत कुछ : सब बेपेंदी का। शिक्षा मिली, उसकी नींव भाषा नहीं मिली। आजादी मिली, उसकी नींव आत्म-गौरव नहीं मिला। राष्ट्रीयता मिली, उसकी नींव अपनी राष्ट्रीय पहचान नहीं मिली। यानी आजादी में जन्मे-पले मुझको—आजादी के आदि पुरुष को—चेहरा मिला, व्यक्तित्व नहीं मिला। और बिना व्यक्तित्व के चेहरा क्या होता है?" —(अन्तरा, पृ. 67)
2. "लेखक है? आजाद है? मारो स्साले को। पिटाई से न सधे तो बदनाम करो, संखिया धतूरा कुछ खिला दो, पागलखाने में डाल दो। ये सब भी बेकार हो जायें तो शाल-दुशाला, पद पुरस्कारों से लादकर कुचल दो—वह तो ब्रह्मास्त्र है।" —(अन्तरा, पृ. 61)
3. "चिन्तन 'प्रसाद' ने अधिक किया। काव्य निराला, का श्रेष्ठ है। शब्द का ज्ञान पन्त का सबसे सूक्ष्म है। 'प्रसाद' पढ़ाये जायेंगे। पन्त से सीखा जायेगा।' 'निराला' पढ़े जायेंगे।" —(भवन्ती, पृ. 78)
4. "ऐसा होता है कि संस्कृतियाँ अपनी सर्जनशीलता खो बैठती हैं—वे अपनी आत्मा खो बैठती हैं और तब उनमें यह समझने की भी अन्तर्दृष्टि नहीं रहती कि उनके जीवन का हेतु क्या रहा, क्या है।...भारतीय संस्कृति आज वैसे ही किसी बिन्दु पर पहुँच गयी है? उसने अपनी सर्जनशीलता खो दी है, उसके अस्तित्व का हेतु क्या रहा, यह पहचानने की अन्तर्दृष्टि जैसे उसके पास नहीं है। अपने जीने का कारण खोजने के लिए वह पराया मुँह जोह रही है।" —(भवन्ती, पृ. 95)
5. "यों स्मृति के बिना काल नहीं है। सातत्य नहीं है, कालक्रम नहीं है, सनातनता नहीं है, प्रवाह नहीं है, केवल क्षण का समुत्पाद है।" —(शाश्वती, प. 60)
6. "भारतीय लेखक से सवाल यह पूछेंगे कि वह कहाँ तक मौलिक है, पर परख के लिए कसौटी कोई रखेंगे (या जानेंगे भी) तो एकमात्र पश्चिम के

साहित्यकार की। जहाँ भारतीय लेखक पश्चिम के उन लेखकों से मेल खाता है, या उन पश्चिमी कसौटियों पर खरा दीखता है, वहाँ वह उन्हें ग्राह्य है, क्योंकि उतना तो वह 'अन्तर्राष्ट्रीय कसौटियों पर खरा पाया जा चुका है? जहाँ वह उनसे अलग है वहाँ वे उसे त्याज्य गिनेंगे—क्योंकि उसमें कुछ अच्छा होता तो वह कहीं न कहीं पश्चिम के महान लेखकों में न दीखता? और इस गुलाम मानसिकता के साथ वे खोजने चले हैं, भारतीय कृतिकार की मौलिकता, आँकने चले हैं उसका मोल।" —(शेषा, पृ. 13)

7. आधुनिकता इसमें है कि हम इस चरम स्थिति-संकट को पहचानें। मिथक की इस गहराई का स्पर्श करें। इसमें नहीं कि हम कथा में कतर-ब्यौंत कर के उसे आधुनिक संवेदन या आधुनिक संशय बुद्धि को स्वीकार्य रूप देना चाहें। मिथक एक कहानी भर नहीं होता, एक चुनौती होता है। नये समाज कहानी को नया रूप नहीं देते, चुनौती की नयी पहचान करते हैं।

हर मिथक के भीतर एक गुठली होती है, गुठली के भीतर एक शक्ति बीज। जैसे कर्ण के कवच कुण्डल सहजन्मा ही हो सकते हैं, वैसे ही गुठली भी मिथक की सहजन्मा होती है, उससे अलग नहीं की जा सकती।" —(शेषा, पृ. 18-19)

शायद ही किसी हिन्दी के आधुनिक रचनाकार ने इतना डटकर काव्यालोचन पर विचार किया हो जितना अज्ञेय ने। उनके विचार में सच्चा कवि कविर्मनीषी होता है उसकी रचना शायद भाषा से भी पहले है। वही आर्षवाणी है। कवि-कर्म और कवि-चिन्तन में निष्ठा से पूरा जीवन खपा देने के बाद अज्ञेय जी ने यह जीवन-सत्य पाया कि आरोहण यात्रा में एक बीहड़—पठार के आगे का बीहड़—वह है जहाँ कलाकार को दिख जाता है कि उसके सारे उपकरण और साधन ही उसके मार्ग के रोड़े भी हैं : इनसे नयें सिरे से निबटे बिना आगे बढ़ना नहीं है। चित्रकार के लिए फलक, रंग, कूची आदि सब साधन हैं, उपकरण हैं, इन्हीं के सहारे वह आगे बढ़ता है, इन पर विजय पाता है और फिर पठार पर इन्हीं से बँध जाता है—कवि के लिए कागज़, कलम, काली; शब्द, छन्द, ध्वनियाँ फिर एक दूसरे स्तर पर लिखने का स्वाभाविक श्रम, संचित ज्ञान, अध्ययन, अनुभव, काव्यशास्त्र की परम्पराएँ और काव्य का इतिहास, पहले का समस्त काव्य भण्डार और समकालीन काव्य रचनाएँ—ये सभी साधन हैं, उपयोज्य हैं—और एक स्थल पर पहुँचकर ये सभी बाधाएँ जिनसे कवि को लड़ना है, निबटना है, उबरना है—और फिर एक अनजान बीहट में घुसना है। ऐसे कई पड़ाव, कई पठार आते हैं और संघर्ष-तनाव बढ़ जाता है। क्यों बढ़ जाता है? इसलिए कि इसके बाद ही तो वह साधन या माध्यम जो कवि की यात्रा की—आरोहण यात्रा की असल बाधा है। प्रकट होकर सामने आता है—कवि या

कलाकार स्वयं। सर्जनाकर्म आत्म-विजय है, आत्म विसर्जन है, आत्म-दान है, आत्म-विस्तार है, आत्म उन्मोचन है। सर्जन की मुक्ति वहाँ है जहाँ वह विलय होकर सर्जना-शक्ति के रूप में पुनः अवतरित होता है। इसी अर्थ में ईश्वर ही 'कवि' है और 'कवि' ही ब्रह्म या ईश्वर। यह शब्द की शक्ति ही बीहड़ में घुसने की, नयी राहें बनाने की, राहों के अन्वेषण का साहस देती है। न मिले न मिले—पर राह खोजना है रुकना सम्भव नहीं है। सारे साधन, उपकरण, कौशल, माध्यम इसके आगे अप्रासंगिक हैं। बस बीहड़ और उसमें से एक सम्भाव्य मार्ग निकालने की तड़प—नान्यः पंथा विद्यते। यही वाल्मीकि, व्यास, कालिदास, भवभूति, कबीर, तुलसी, प्रसाद, निराला का रचना-कर्म है। यही कवि-कर्म अज्ञेय के चिन्तन कर्म की आलोचनात्मक चुनौती है—जिस चुनौती को झेलने में वह 'उड़ चल हारिल' का संकल्प रखते हैं।

हिन्दी आलोचना और आलोचनाशास्त्र में अज्ञेय जी ने संस्कृत काव्यालोचन की बुनियादी सोच को ग्रहण करते हुए आचार्य रामचन्द्र शुक्ल, आचार्य हजारीप्रसाद द्विवेदी, प्रसाद और निराला की चिन्तन-परम्परा का नवाविष्कार किया है। उसका नया पाठ-नया भाष्य पाठक तक पहुँचाने का लगभग पाँच दशकों तक लगातार तय किया तो भी कहा गया कि वे तो टी. एस. एलियट, लारेन्स, पाउण्ड के साथ 'न्यूक्रिटिसिज्म', नव्यालोचन को—अमेरिकावाद की 'पाँच संस्कृति' को हिन्दी में लाकर मढ़ रहे हैं—'अमेरिकी एजेण्ट' हैं। वह साहित्य के चिन्तक कहाँ हैं—विज्ञानदाताओं की भड़ैती करनेवाले कलावादी प्रतिक्रियावादी हैं। अपने को प्रगतिशील, प्रगतिवादी कहनेवाले और अज्ञेय को मनगढ़न्त आक्षेपों से बदनाम करनेवाले इन 'नयी जन-संस्कृति' के अधिनायकवादी मसीहाओं से अज्ञेय ने गम्भीर होकर प्रश्न पूछा कि "अगर प्रगतिशीलता का कोई ऐतिहासिक सन्दर्भ भी है—और अगर नहीं है तो प्रगतिवादी जिस प्रगति का शोर मचाते हैं वह है क्या? तो प्रसाद क्यों प्रेमचन्द से कम प्रगतिशील माने जायें? प्रसाद के साहित्य ने भारतीय समाज में एक ऐतिहासिक अस्मिताबोध, एक नियतिबोध (सेन्स ऑफ डेस्टिनी) जगाने का प्रयत्न किया और ऐसे काल में किया जब देश अपनी स्वाधीनता के लिए लड़ रहा था। राष्ट्रत्व के लिए ऐसा अस्मिता बोध और नियति बोध केवल प्रेरक तत्त्व ही नहीं होते, इस बोध पर राष्ट्र खड़ा होता है। आत्म-बोध और ऐतिहासिक नियति बोध से वह आस्था मिलती है जो स्वाधीनता संग्राम का असली बल होती है, और प्रसाद ने उस संग्राम के आरम्भिक युग में इस आस्था का एक पुष्ट आधार दिया। क्या यह युग-धर्म का निर्वाह नहीं था? सामाजिक न्याय का संघर्ष अपनी जगह है वह अभी पूरा तो क्या ठीक से आरम्भ भी नहीं हुआ है : सभी राजनीतिक दलों ने उस संघर्ष की प्रवृत्ति

को सामाजिक न्याय के लिए नहीं, अपनी सत्ता के लिए दुह लेना चाहा है, वह अलग बात है। पर प्रगति को इतना इकहरा क्यों माना जाये? राजनीति में वैसे इकहरेपन के फायदे हों भी तो साहित्य या संस्कृति के क्षेत्र में वैसा इकहरापन चाहना तो संस्कृति की ही हत्या करना चाहता है।" —(शेषा, पृ. 39-40)

हिन्दी साहित्य के पाठक जानते हैं कि 'सर्जना और सन्दर्भ' में साहित्य और साहित्यालोचन से सम्बद्ध अज्ञेय ने जो काव्यशास्त्रीय चिन्तन के निबन्ध एकत्र किये थे वे हिन्दी में एक नवीन समीक्षाशास्त्र की भूमिका का पुष्ट-प्रौढ़ आधार प्रस्तुत करने वाले रहे हैं। 'त्रिशंकु' के निबन्ध छपे 1945 में लेकिन लिखे गये 1938 के आसपास। 'धार और किनारे' 1982 में लगभग पैंतालीस वर्ष का भाषा-संस्कृति-परम्परा-आधुनकिता आदि को लेकर सघन चिन्तन है अज्ञेय औपनिवेशिक गुलामी से पाठक को मुक्ति दिलानेवाला साहित्यालोचन यहाँ निर्मित कर रहे हैं। इसीलिए 'सर्जना और सन्दर्भ' में निबन्धों का क्रम प्राय: रचना का क्रम भी है। जिससे रचनाकार के चिन्तन के इस विकास को पूरे परिदृश्य में देखा जा सके। चिन्तन क्रम में रूढ़ि (परम्परा) और मौलिकता (आधुनिकता) के द्वन्द्व को विभिन्न युगों-सन्दर्भों-प्रकरणों में रखकर परखा गया है। ऐसा करने का लाभ यह हुआ कि 'कला का स्वभाव और उद्देश्य' 'रूढ़ि और मौलिकता' 'परिस्थिति और साहित्यकार' 'साहित्य किसके लिए' 'संक्रान्तिकाल की कुछ साहित्यिक समस्याएँ' 'राजनीति और साहित्य' 'सौन्दर्यबोध्ज्ञ और शिवत्व बोध' 'साहित्य बोध : आधुनिकता के तत्त्व' 'रचना और प्रक्रिया' 'नयी कविता' 'शब्द-मौन, अस्तित्व' 'लेखक और परिवेश' 'लेखक की स्थिति' 'कविता श्रव्य से पठ्य तक' 'काल का डमरू नाद' 'उन्मेषशालिनी प्रतिभा' 'ललित व्यक्तिव्यंजक', 'व्यक्तित्वरंजित' 'भाषा और अस्मिता' 'रचनात्मक भाषा और सम्प्रेषण की समस्याएँ' 'यथार्थ सम्प्रेषण : कथाभाषा की समस्याएँ' 'साहित्य और सामाजिक प्रतिबद्धता' जैसे तमाम काव्यशास्त्रीय निबन्ध नये सन्दर्भों में विचार को रखकर उन्हें नयी अर्थवत्ता देते रहे हैं। वह उनमें से नये-पुराने साहित्य के समक्ष मौजूद नयी चुनौतियाँ उभारते हैं। और इस सच पर बराबर ध्यान दिलाते चलते हैं कि 'सर्वथा मौलिक' विचार का कोई दावा यहाँ नहीं है क्योंकि उसे तो कोई विरला अभिनवगुप्त, आनन्दवर्धन, कुन्तक, भामह, महिम भट्ट या राजशेखर ही लाता है। आचार्य रामचन्द्र शुक्ल और आचार्य हजारी प्रसाद द्विवेदी, प्रसाद-निराला, पुराने का ही नया भाष्य करने में माहिर हैं। अज्ञेय भारतीय साहित्यशास्त्र के साथ पाश्चात्य साहित्यालोचन से भी नया माल ठोंक-बजाकर लाते हैं—चाहे वह, निर्वैयक्तिकता का सिद्धान्त हो या संवेदना का पृथक्करण सिद्धान्त। जब भी लाते हैं तो उस विचार को स्वायत्त जगत को सौंप देते हैं—जो सबकी समान निधि हो जाता है। अज्ञेय—देशी-विदेशी

सभी विचारकों के ऋणी हैं—और समकालीनों से भी विचार-सामग्री पाते रहे हैं। 'सप्तकों' की भूमिकाएँ साक्षी हैं कि जो भी जहाँ से भी उन्होंने पाया और पचाया है उसे अपने अनुभव की भट्टी में गलाया है ताकि धातु के खरे-खोटे की पहचान हो सके। युग के बदलते मूल्यों-सन्दर्भों की नब्ज को ठीक से गहते-पकड़ते हुए उसने कभी भी न तो 'मैं' 'मैं' किया है न मौलिकता का दावा किया है। हमेशा 'अन्य' के घट में पैठकर अपने 'हम' का विस्तार किया है। अपनी इसी शक्ति के कारण उनके चिन्तन ने पाठ-पाठक-लेखक तीनों को नये विमर्शों की ओर उन्मुख किया है। आज पिछले पाँच दशकों की हिन्दी आलोचना गवाह है कि अज्ञेय का चिन्तन लगातार विमर्श या अर्थ मीमांसा के केन्द्र में रहा है। रचनाकार-आलोचकों में अज्ञेय स्वातन्त्र्योत्तर सर्जनात्मक आलोचना में सर्वाधिक विद्रोही-प्रवृत्ति के आलोचक रहे हैं। भाषा, साहित्य, संस्कृति, मिथक, सौन्दर्य-चेतना के सम्बन्ध में परम्परागत अवधारणाओं का मूर्ति भंजन तथा परम्परा-प्रगति-प्रयोग आधुनिकता, काव्य सत्य, व्यक्ति और समाज, स्वाधीनता और निरन्तरता, रचनाकार और राजाश्रय, सांस्कृतिक अस्मिता, जातीय स्मृति भाषा और औपनिवेशिक मानस जैसी अवधारणाओं का नया भाष्य उनके चिन्तन का अनिवार्य अंग रहा है।

अज्ञेय जी के आलोचना-चिन्तन का सार-सर्वस्व 'भवन्ती' 'अन्तरा' 'शेषा' 'शाश्वती' शीर्षक चार डायरियों में (जिन्हें उन्होंने शीलवश 'अन्तःप्रक्रियाएँ' नाम दिया है) मूल्यवान खज़ाने के रूप में पाया जा सकता है। इसी चिन्तन का स्वच्छ-सुलझा सहज विस्तार 'स्मृतिलेखा' 'स्मृतिच्छन्दा' 'आलवाल' तमाम व्याख्यान मालाओं, सम्पादित पुस्तकों की भूमिकाओं, स्वतन्त्र लेखों पत्रकारिता के दौरान लिखे निबन्धों-वक्तव्यों, अनुवाद-कर्म से जुड़े विचारपरक प्रकरणों, यात्रा-संस्मरणों, वाद-विवाद-संवादों में पाठ की बहुलार्थकता के साथ लब्ध होता है। अज्ञेय का सबसे बड़ा अपराध यह माना जाता है कि वह रागात्मक सम्बन्धों में आये बदलावों, व्यक्ति सत्य और व्यापक सत्य, शब्द और मौन, वागर्थ प्रतिपत्ति, साधारणीकरण और सम्प्रेषण की इतनी चर्चा करते हैं कि जिज्ञासु प्रबुद्ध पाठक की खोपड़ी घूमने लगती है। इसलिए आचार्य शुक्ल के काव्य-चिन्तन की तरह अज्ञेय के चिन्तन से पुराना घबराता है—पण्डित सिर हिलाता है, प्रबुद्ध पाठक रम जाता है और द्वेषी-ईर्षालु झल्लाता-चिल्लाता है। मैं मानता हूँ कि आचार्य शुक्ल के चिन्तन का ही नया पाठ अज्ञेय में उठता है और दोनों ही पश्चिम से आतंकित नहीं हैं। दोनों में फर्क यह है कि आचार्य शुक्ल के स्वच्छन्दतावादी चिन्तन में कविता हृदय की मुक्तावस्था है भाव-योग है। अज्ञेय के गैर-रोमाण्टिक चिन्तन में काव्य बुद्धि की मुक्तावस्था है—विचार-योग है।

अज्ञेय जी जैसे प्रश्नाकुल कवि हैं वैसे ही प्रश्नाकुल आलोचक। यह ठीक है कि अज्ञेय जी ने आलोचना पर कोई स्वतन्त्र ग्रन्थ नहीं लिखा है। उनके आलोचनात्मक विचार लेखों, गोष्ठी-वक्तव्यों, डायरियों, यात्रा-संस्मरणों, साहित्यिक संस्मरणों, कविताओं और पत्रकारिता से जुड़े लेखों सन्दर्भों, सम्पादकीयों में बिखरे हुए हैं जिनकी संख्या आठ सौ के करीब है। आज इस विकीर्ण सामग्री को छानकर उसके भीतर से अर्थवान सामग्री से आलोचना पद्धति का निर्माण एक चुनौती है। अज्ञेय में काव्य और आलोचना हवा-पानी की तरह मिले हुए हैं और एकाकार हैं—अद्वैत रूप में हैं। प्रयन्त करने पर भी उन्हें एक-दूसरे से पृथक् नहीं किया जा सकता। इस आलोचना-कर्म को टी.एस. एलियट की तरह निजी काव्य-कर्मशाला (पोयट्री वर्कशाप) का उपजात (बाई प्रोडक्ट) या काव्य-सृजन के प्रसंग में अपने चिन्तन-सत्य का विस्तार कहना चाहिए। अज्ञेय जी भी टी. एस. एलियट की ही तरह अपने को कवि मानते हैं और कवि-कर्म को प्राथमिकता देते हैं। काव्य-सृजन के प्रसंग में उन्होंने जो चिन्तन-मनन किया है—उसी से आलोचना की उत्पत्ति मानते रहे हैं। कभी-कभार ऐसा भी हुआ कि—(जैसे 'तारसप्तक' की भूमिका की आचार्य नन्द दुलारे वाजपेयी द्वारा—'प्रयोगवादी कविता' लेख लिखकर अन्धी आलोचना या फिर कुछ वामपंथी रामविलास शर्मा, नामवर सिंह के द्वारा झूठे आक्षेपों से भरी अनर्गत आलोचना) मूल्य मूढ़ अतार्किक तर्क-विकृति के अद्‌भुत नमूने से भरी आलोचना की गयी है तो उन्हें विवश होकर अपना तर्क या पक्ष रखना पड़ा है। इसी पूरी स्थिति पर निगाह डालते हुए 'आधुनिक बोध की पीड़ा—अज्ञेय' लेख में निर्मल वर्मा ने लिखा है। 'इसका एक छोर यदि अज्ञेय की आत्मसुरक्षा से जुड़ा है तो दूसरा छोर हिन्दी साहित्य के उस भयावह वातावरण से बँधा है—जिसमें अज्ञेय ने अपने सर्वश्रेष्ठ वर्ष गुजारे हैं। शायद ही किसी लेखक ने अपने ऊपर इतने गूढ़, इतने वैमनस्यपूर्ण, कर्कश प्रहार झेले हों, जितना अज्ञेय ने। एक समय था जब उन्हें 'फ्रायड' और लारेन्स का 'नकलची' अनुयायी बताया गया—'मनोवैज्ञानिक ग्रन्थियों का शिकार (खासकर उन मार्क्सवादी आलोचकों ने, जिन्होंने न फ्रायड पढ़ा था न लारेन्स और शायद मार्क्स भी नहीं) फिर 'शीतयुद्ध' के दिनों में वह अमेरिकी एजेण्ट घोषित किये गये, बाद के वर्षों में उन्हें 'गिराने' के लिए समीक्षकों ने बेचारे मुक्तिबोध को अस्त्र बनाया—वही मुक्तिबोध जो अपने जीवनकाल में इतने उपेक्षित रहे।' (सर्जना पथ के सहयात्री, पृ. 49)

सृजन-कर्म और आलोचना-कर्म दोनों का ही सामाजिक दायित्व है कि वह देश और काल में निरन्तर बदलते हुए मनुष्य को परिभाषित करने का प्रयास करे। विद्वेष से भरी मानसिकता को लेकर रचना-कर्म को विकृत और गुमराह करना नहीं है। आलोचक का काम कृति की संवेदना से, सौन्दर्य चेतना से पाठक को साक्षात्कार

कराना है—कृति पर अपने विचार या विचार प्रतिमान आरोपित करना नहीं है। साहित्य की समीक्षा इस अर्थ में परस्पर संवाद एक सहयोगी प्रयास है कि वह सृजन को जानने-समझने और आत्मसात करने में उत्पन्न बाधाओं को दूर करने में ईमानदारी से सहयोग करे। इसी अर्थ में आलोचना साहित्य का सौन्दर्यशास्त्र है, दर्शनशास्त्र है, समाजशास्त्र है कि वह संश्लिष्ट जटिलता का विश्लेषण-विमर्श करे और रचना की बहुलार्थकता को उजागर करे। उसकी जटिलताओं की गाँठें खोलकर उसे पाठक के लिए सम्प्रेषणीय बनाये। जीवन-भर अपने रचनाकर्म में अज्ञेय जी पाठक और सम्प्रेषण पर विचार करते रहे। शायद ही किसी रचनाकार आलोचक ने रचना-पाठक-पाठ की गहनताओं को यन्त्र-युग के दबावों को समझते हुए 'सम्प्रेषणीयता' पर इतना बल दिया हो। 'पाठ' की पाठक केन्द्रित आलोचना को हिन्दी आलोचना में स्थापित और प्रतिष्ठापित करने का पहला श्रेय अज्ञेय जी को ही जाता है। उन्हें पता था कि हिन्दी में एकेडमिक आलोचना, वर्गवादी आलोचना और कृत्रिम रूपवादी आलोचना का आदर नहीं है। उसी आलोचना का आदर है जो समय, समकालीनता, परम्परा, संस्कृति, सभ्यता, नैतिकता और शिव सौन्दर्य को आधार बनाकर आगे बढ़ती है।

हिन्दी के पाठक ने दलबन्दी से ग्रस्त, साम्प्रदायिक गुलाम मानसिकता तथा आइडियोलॉजी के कोल्हू में पिरी आलोचना को कभी स्वीकार नहीं किया है। उसका भीतरी ज्ञान कहता रहा है कि जब किसी साहित्य में अर्थ सन्दर्भ, प्रकरण गुण-ध्वनि से विच्छिन्न, वक्रोक्तियों से बगावत करनेवाली आलोचना पनपने लगती है तो रचना की सन्तुलित समीक्षा पद्धति दिशा भ्रष्ट हो जाती है। समीक्षा पद्धति के नाम पर एक तरह की एकांगी विचारधारा को जोरावरी मढ़ने वाला हरामखोर, अधिनायकवादी दिमाग का साहित्यिक माफिया पनपने लगता है। इस साहित्यिक माफिया में विश्वविद्यालयों के पार्टीबद्ध साहित्यकार आलोचक, दूसरी ओर जड़ अक्खड़-फक्कड़ मसखरे बौद्धिकों की नकाब डालकर और तीसरी तरह के सतही—छिछले ज्ञान के गर्वीले पत्रकार नाभिनाल होकर जुड़ जाते हैं। इनका साहित्य और संस्कृति, परम्परा और आधुनिकता, प्रयोग और प्रगति, मूल्य-चेतना और कलात्मक सौन्दर्य से कोई लेना-देना नहीं होता? अज्ञेय जी ने पाया है कि पिछले वर्षों में इसी साहित्यिक माफिया ने जनवाद के नाम पर पूरे साहित्य और आलोचना कर्म को 'हथिया' लिया है और तमाम 'स्वार्थों के टेरियार' पाले हैं। इनके हाथों में अकूत ताकत जमा हुई है और मूल्यहीन सत्तावादिता का पोषण हुआ है। इसी साहित्य-माफिया ने आलोचना को 'कैद' कर रखा है और जो इनके खिलाफ बोलता है उसको प्रतिगामी पूँजीपतियों का दलाल अमेरिकी एजेण्ट कहकर गरियाते हैं। अज्ञेय इस अनैतिक हस्तक्षेप को

साहित्य कला के क्षेत्र में रोकना चाहते थे। इस दृष्टि से अज्ञेय का 'अकेलापन' किसी तरह का 'पलायन' नहीं है। एक फ्रीडम फाइटर का, विद्रोही देशभक्त का 'प्रोटेस्ट' है—हर जोखिम को झेलनेवाला अस्वीकार है। उनका कथन है "मैं अकेलापन चुनता नहीं, स्वीकार करता हूँ।" इस अर्थ में वह 'स्वाधीनता' का 'स्वाधीन-चिन्तन' का वरण करनेवाले रचनाकार हैं—वह न व्यक्तिवादी हैं—न आत्म-केन्द्रित न अन्य विद्वेषी। जिस अर्थ में खिसियाये प्रगतिवादी उन्हें हिन्दी आलोचना में समझाते हैं। अज्ञेय में 'अन्य' को आत्मीय बनाकर 'दूर-दूर-दूर मैं वहाँ हूँ' कहकर अन्य की आस्था बनने की अद्‌भुत शक्ति है। संवाद और सम्प्रेषण में वह माहिर हैं और रचना-कर्म में सामाजिक दायित्व के प्रति सजग। 'मेरी स्वाधीनताः सबकी स्वाधीनता' उनका पूरा विचार-दर्शन है।

अज्ञेय ने भारतीय काव्य-चिन्तन की परम्पराओं के मूल स्रोतों से एक गहन अन्वेषी साधक की तरह जुड़कर पाया है कि कारयित्री प्रतिभा और भावयित्री प्रतिभाएँ परस्पर पूरक हैं। अतः सर्जक और आलोचक एक ही व्यक्ति के होने में कोई अन्तर्विरोध नहीं है। आलोचना सर्जक की दृष्टि से लिखी जाती है तो उसकी सर्जनात्मकता पाठक को भी प्रभावित करती है। जहाँ सर्जक आलोचना में 'इंटेशनल फैलसी' पैदा करता है—वहाँ वह पाठक के लिए अहितकारी हो जाती है। इसलिए 'रचना' पर भरोसा करना चाहिए रचनाकार के कथनों पर नहीं। अच्छी बात यह है कि अज्ञेय ने 'भवन्ती' 'अन्तरा' 'शाश्वती' 'शेषा' लिखकर 'अन्तःप्रक्रियाएँ' ही व्यक्त की हैं। कोई आलोचना के न तो सिद्धान्त बनाये हैं न नियम न कोई आलोचना में वाद या सम्प्रदाय खड़ा किया, न सेकुलरिज्म की झूठी गंगाजलियाँ उठाईं। वह बार-बार निर्वैयक्तिकता, साधारणीकरण, सम्प्रेषण की बात करते हैं। और कथनों में क्लासिकल-संयम का परिचय देते हैं। कोई भूल हो जाये तो उसे वे सुधारने में हिचकते नहीं। उदाहरण के लिए 'स्मृतिलेखा' का लेख लिया जा सकता है—'वसन्त का अग्रदूत (सूर्यकान्त त्रिपाठी 'निराला' ।) अज्ञेय को इस लेख में वह 'स्मृति' कौंध गयी जब 1937 के 'विशाल भारत' में पण्डित बनारसीदास चतुर्वेदी निराला के विरुद्ध अभियान चला रहे थे। उस अभियान में अज्ञेय जी भी 'अपरिपक्व बुद्धि' से शामिल हुए। अज्ञेय जी ने 'विश्व भारती क्वार्टली के अगस्त 1937 (अंग्रेजी लेख) में जिसका शीर्षक था 'माडर्न (पोस्टवार) हिन्दी पायेट्री' तथा दूसरा लेख 'मॉडर्न (पोस्टवार) हिन्दी पायट्री दि 'मिस्टिक्स' नवम्बर 1939 (विश्वभारती क्वाटर्ली वाल्यूम III पार्ट II) में युद्धोत्तर आधुनिक हिन्दी कविता पर विचार करते हुए पन्तजी को आसमान पर चढ़ा दिया और निराला जी पर उपेक्षापूर्ण ढंग से कहा "एण्ड एज ए लिटरेरी फोर्स, निराला इज़ आलरेडी डेड, आब्सेशन विट टाइम एण्ड हेर्टिड आफ

लॉजिकल आर्डर फ्राम विच मि. पाउंड सफर्स।" (विश्वभारती क्वार्टली नवम्बर 1939)। अज्ञेय जी के इस कथन का चौतरफा विरोध हुआ। अपने इस अपरिपक्व कथन पर क्षमा माँगते हुए लिखा–"इसके बाद की जिस भेंट का उल्लेख करना चाहता हूँ उससे पहले निराला जी के काव्य के विषय में मेरा मन पूरी तरह बदल चुका था। वह परिवर्तन कुछ नाटकीय ढंग से ही हुआ। शायद कुछ पाठकों के लिए यह आश्चर्य की बात होगी कि वह उनकी 'जुही की कली' अथवा 'राम की शक्तिपूजा' पढ़कर नहीं हुआ, उनका 'तुलसीदास', पढ़कर हुआ। अब भी उस अनुभव को याद करता हूँ तो मानो एक गहराई में खो जाता हूँ। अब भी 'राम की शक्तिपूजा' अथवा निराला के अनेक गीत बार-बार पढ़ता हूँ, लेकिन 'तुलसीदास' जब-जब पढ़ने बैठता हूँ तो इतना ही नहीं कि एक नया संसार मेरे सामने खुलता है उससे भी विलक्षण यह है कि वह संसार मानो एक ऐतिहासिक अनुक्रम में घटित होता दीखता है। मैं मानो संसार का एक स्थिर चित्र नहीं बल्कि एक जीवन्त चलचित्र देख रहा होता हूँ। ऐसी रचनाएँ तो कई होती हैं जिनमें एक रसिक हृदय बोलता है। विरली ही रचना ऐसी होती है जिसमें सांस्कृतिक चेतना सर्जनात्मक रूप में अवतरित होती हो। 'तुलसीदास' मेरी समझ में ऐसी ही रचना है।" (स्मृति लेखा, पृ. 62) इसके बाद अज्ञेय ने निराला की कृतियों को बार-बार पढ़ा और हर 'पाठ' के बाद निराला जी के प्रति गहन सम्मान का भाव जागा। उन्होंने परिपक्व होने पर यह भी पाया कि 'जीनियस और पागलपन' के बीच का पर्दा काफी झीना होता है कि निराला का पागलपन जीनियस का पागलपन है।

अज्ञेय के चिन्तन पर स्वाधीनता-आन्दोलन की मुक्ति चेतना का प्रभाव 'भारत-कोकिला' श्रीमती सरोजिनी नायडू के 'औपनिवेशिक स्वराज' से बदलकर 'पूर्ण स्वराज्य' की नयी राग-दीप्ति की गति से भी पड़ा। उन्होंने 'भारत कोकिला' से रस-ज्ञान तथा काव्य विवेक का, भारतीय काव्य-दृष्टि का तथा भारतीय काव्यशास्त्र सम्मत धारणाओं का प्रवाह भी अपने भीतर प्रवाहित होने दिया। यह प्रवाह लगभग पाँच सहस्र वर्षों की अवधि का कलाचिन्तन लेकर आया जिसमें प्रश्नाकुलता थी और कविता कला के विषय पर गहन विस्तृत विमर्श। अज्ञेय ने पाया कि यह 'चिन्तन-प्रवाह' चिन्तन के समस्त परिदृश्य को बदलकर फिर नया हो जाता है। इनके बीच संवाद-विवाद, शास्त्रार्थ-असहमति, तथा पारस्परिक अन्तःसंवाद भी कम नहीं है। इसलिए भरत, भामह, दण्डी, वामन, आनन्दवर्धन, कुन्तक, राजशेखर, अभिनवगुप्त, भोज, पण्डितराज जगन्नाथ के काव्य-विषयक विचार-मंथन में वर्तमान के लिए कम विचार-बीज मौजूद नहीं है। इन चिन्तकों ने बँधी-बँधाई पद्धतियों को हमेशा विद्रोही मुद्रा में निषेध किया है। इस काव्यशास्त्र का सर्वोपरि लक्ष्य समकालीन

तथा पूर्ववर्ती काव्य की व्याख्या तथा उसके आधार पर अपने प्रतिमानों को, लक्षणों को निरन्तर परिष्कृत करते हुए सैद्धान्तिक आधार प्रदान करना रहा है। प्रतिमानों का निर्माण—रामायण, महाभारत, कालिदास, भास-भवभूति-भारवि आदि समर्थ कवियों के लक्ष्य ग्रन्थों के आधार पर किया गया। कविता के अथ से काव्य-स्रोतों, रचना-प्रक्रियायों, दर्शन के वैचारिक बीहड़ों, भेदोपभेद, टीका-टिप्पणी के साथ काव्य-विषयक अनेक धारणाओं को सुलझाने का एकाग्र भाव से प्रयत्न किया गया। कालिदास-भवभूति ने कवि के लिए केवल यशःप्रार्थी होकर रह जाना काम्य नहीं समझा, उससे आगे 'समाज' को 'सामाजिक' को पुकार लगायी। कवयित्री विज्जिका ने तो रचना को वचनीय बनानेवाले आचार्यों, से भयभीत होकर सहृदय काव्य-पारखियों को प्रणाम करते हुए कहा 'जो कवि के अशब्द गोचर अभिप्राय को समझकर रोमांचित देह से सूचित करता हुआ चुप रह जाये।' कालिदास ने सन्त मन के सहृदयों से ही काव्य-परीक्षा कराने के विचार को ही सही ठहराया, लम्पट पण्डितों से नहीं। यही चाहा कि वे लोग ही उनके काव्य पर विचार करें। यही कारण है कि संस्कृत काव्यशास्त्र के उच्चतम विचार प्रतिमान सर्जनात्मकता के भीतर से जन्मे हैं उन्हें बाहर से आरोपित नहीं किया गया। जब कभी आचार्यों ने उन्हें थोपना या आरोपित करना चाहा तो काव्य और काव्यशास्त्र दोनों का अवमूल्यन हुआ है। फलतः कवि प्रतिभा की स्वतन्त्रता को ही यहाँ सर्वाधिक आदर मिला। आचार्यों ने कवि शिक्षक बनकर काव्य को परतन्त्र बनाने का जाल रचा तो नाश ही हुआ। कवि की शब्दार्थ साधना में बाधा पड़ी और ध्वनि-सिद्धान्त जैसा व्यंग्य प्रधान सिद्धान्त ध्वनि भेदों के चक्र में फँसकर भटक गया। इसलिए अज्ञेय ने अपने कवि-कर्म चिन्तन में कालिदास-भवभूति को ध्यान में रखकर 'वागर्थप्रतिपत्तये' वाक में अर्थ की प्रतिपत्ति की प्रार्थना की। जो अभिधय है, जो अर्थवाक में ही है उसकी प्रतिपत्ति की प्रार्थना कवि नहीं करता। अभिधेयार्थ युक्त शब्द तो वह कच्ची मिट्टी है, वह कच्चा माल है जिससे वह रचना करता है, ऐसी रचना जिससे वह अपना नया अर्थ उसमें भर सके, उसमें जीवन डाल सके। यही वह अर्थ प्रतिपत्ति है जिसके लिए कवि वागर्थाविसंपृक्त पार्वती परमेश्वर की वन्दना करता है। और इस प्रार्थना को निरा वैचित्र्य या नयेपन की खोज कहकर उड़ाना चाहना कवि-कर्म को बिल्कुल न समझते हुए उसकी अवहेलना करना है।' (दूसरा सप्तक भूमिका)

अज्ञेय ने काव्य-भाषा के मूल प्रश्न पर—शब्द और अर्थ के सम्बन्ध पर ध्यान केन्द्रित करने की बात कहकर यह प्रश्न उठाया कि शब्द में अर्थ कहाँ से आता है, क्यों और कैसे बदलता है, अधिक या कम व्याप्ति पाता है। जब शब्द का अर्थ-चमत्कार मर जाता है तो वह अभिधेय हो जाता है—इस तरह कविता की भाषा

निरन्तर गद्य की भाषा होती जाती है। इस प्रकार कवि के सामने हमेशा चमत्कार की सृष्टि की समस्या बनी रहती है, वह शब्दों को निरन्तर नया संस्कार देता चलता है और वे संस्कार क्रमशः सार्वजनिक मानस में पैठकर फिर ऐसे हो जाते हैं कि उस रूप में कवि के काम के नहीं रहते। 'बासन अधिक घिसने से मुलम्मा छूट जाता है।' 'जब चामत्कारिक अर्थ मर जाता है और अभिधेय हो जाता है; तब उस शब्द की रागोत्तेजक शक्ति भी क्षीण हो जाती है। उस अर्थ से रागात्मक सम्बन्ध स्थापित नहीं होता। कवि तब उस अर्थ की प्रतिपत्ति करता है जिससे पुनः राग का संचार हो, पुनः रागात्मक सम्बन्ध स्थापित हो। साधारणीकरण का अर्थ यही है।

अज्ञेय ने फिर प्रश्न उठाया कि क्या है जो कविता को आवृत्ति का नहीं, सृष्टि का गौरव दे सकता है? कवि नये तथ्यों को, उनके साथ नये रागात्मक सम्बन्ध जोड़कर, नये सत्यों का रूप दे, उन नये सत्यों को प्रेष्य बनाकर उनका साधारणीकरण करे—यही नयी रचना है। उसे नयी कविता का कवि नहीं भूलता।' आधुनिक ज्ञान-विज्ञान की समूची प्रगति और प्रवृत्ति विशेषीकरण की है, इस बात को पूरी तरह समझकर ही यह अनुभव किया जा सकता है कि साधारणीकरण का काम कितना कठिन हो गया है—समूचे ज्ञान-विज्ञान को उलाँघकर—उससे ऊपर उठकर कवि को विभाजित सत्य को समूचा देखना और दिखाना है।

अज्ञेय ने न कोई दल बनाया न कोई 'वाद' चलाया न किसी एक विचारधारा की गुलामी स्वीकार की। 'शब्द में मेरी समायी नहीं होगी' कहकर सन्नाटे के छन्द रूप में अपना आत्म-परिचय दिया। यह भी ध्यान दिलाना है। कवि-आलोचक ने आवश्यक समझा कि 'प्रयोग' की निन्दा के लिए 'परम्परा' की दुहाई देने का कोई अर्थ नहीं है। 'परम्परा' कवि के लिए पोटली बाँधकर अलग रखी चीज नहीं है जिसे वह उठाकर सिर पर लाद ले और चल निकले। परम्परा का कवि के लिए तभी अर्थ है जब वह आत्मसात् होकर 'गहरा संस्कार' बन जाती है। कवि को संस्कार देनेवाली परम्परा ही कवि की परम्परा है नहीं तो शास्त्र है, इतिहास है। इसलिए प्रयोग उस सत्य को जानने का साधन है जिसे कवि प्रेषित करना चाहता है। अज्ञेय ने अपने कवि अनुभव को आधार बनाकर कहा प्रयोगों के द्वारा ही कोई भी रचनात्मक कार्य आगे बढ़ सका है इसलिए कला में निरन्तर अन्वेषण-प्रयोग करने में ही कवि-कर्म की सिद्धि निहित है। उसी निरन्तरता से प्राप्त कवि-कर्म की सिद्धि के लिए संस्कृत काव्यशास्त्र में कवि-पाक का सिद्धान्त सामने आया है।

नये कवि-कर्म में गहन निष्ठा का भाव ही अज्ञेय जी से कहलवाता रहा है कि हमारे मूल राग-विराग नहीं बदले—किन्तु राग (प्रेम या घृणा) वही रहने पर भी रागात्मक सम्बन्धों की प्रणालियाँ बदल गयी हैं और कवि का क्षेत्र रागात्मक सम्बन्धों

का क्षेत्र होने के कारण इस परिवर्तन का कवि-कर्म पर बहुत गहरा असर पड़ा है। लेकिन जैसे-जैसे बाह्य वास्तविकता बदलती है, वैसे-वैसे हमारे उससे रागात्मक सम्बन्ध जोड़ने की प्रणालियाँ भी बदलती हैं—और अगर नहीं बदलती तो उस बाह्य वास्तविकता से हमारा सम्बन्ध टूट जाता है। कहना होगा जो आलोचक इस परिवर्तन को नहीं समझ पा रहे हैं, वे उस वास्तविकता से टूट गये हैं जो आज की वास्तविकता है।' आज नये ज्ञान-विज्ञान के विशेषीकरण के युग में कवि के सामने समस्या है कि वह नये सत्यों को प्रेषित कैसे करे? साधारणीकरण और सम्प्रेषण को लेकर अज्ञेय ने 'सप्तकों' में जो नवीन स्थापनाएँ की है उनसे हिन्दी काव्यालोचन को एक दृढ़ आधार मिला है। कवि-कर्म से जुड़ी अनेक अवधारणाओं को केन्द्र में लाकर अज्ञेय ने नयी बहसों का आरम्भ किया। श्रव्य से पठ्य तक कविता में जो बदलाव आये उनसे पाठक के काल-बोध के चिन्तन का विकास हुआ—"छपाई ने एक नया काल-बोध उपस्थित करके कविता का स्वभाव बदल दिया।" वास्तविकता यह है कि साहित्य में काल-बोध की समस्या पर अज्ञेय से पूर्व इतनी गहराई और एकाग्रता से किसी भी रचनाकार-आलोचक ने विचार-चिन्तन नहीं किया। 'काल का डमरू नाद' निबन्ध के बाद इसी दृष्टि का विकास 'संवत्सर' के लेखों में हुआ। 'यथार्थ-सम्प्रेषण : कथा भाषा की समस्याएँ' निबन्ध में भी वह वाचिक परम्परा के साथ पाठक के काल-बोध पर विचार-मग्न रहे। मीडिया-सूचना संसार क्रान्ति के प्रति अज्ञेय कम सावधान नहीं रहे। उन्होंने कहा है कि 'सहृदय समाज' का स्थान 'भाए आडिएंस' ले लेती है तो उसका कोई चेहरा नहीं है—जब 'ग्रहीता बिना चेहरे के उपभोक्ता बन जाता है और साहित्य उपभोग्य वस्तु अथवा 'जिन्स' बन जाता है तब साहित्य-स्रष्टा भी स्रष्टा न रहकर 'उत्पादक' हो जाता है जो कि उतना ही व्यक्तित्व रहित हो सकता है।" मीडिया क्रान्ति ने साहित्य के सामने जो खतरे उत्पन्न किये हैं अज्ञेय उनकी ओर अपने परवर्ती लेखन में बार-बार संकेत देते रहे हैं। पश्चिम के आधुनिकतावादी जहाँ परिस्थितियों को विज्ञान और तर्क को सब कुछ मानकर उसके सामने समर्पण कर देते हैं वहाँ अज्ञेय ऐसा नहीं करते। वह इतिहास को चुनौती मानकर 'परम्परा' को नये प्रश्नों से आविष्कृत करते हैं और प्रयोगशीलता की प्रेरणा से नये रचना तर्क प्रस्तुत करते हैं। ध्यान रहे कि परम्परा-आधुनिकता दोनों के साथ अज्ञेय का रिश्ता आलोचनात्मकता से ज्यादा सर्जनात्मक है।

हिन्दी के तीन मध्ययुगीन कवियों पर अज्ञेय ने आलोचनात्मक चिन्तन किया है—तुलसीदास, कबीर और केशवदास। इन तीनों में वह कबीरदास के साथ होने वाले अन्याय को बर्दाश्त नहीं कर पाते। उन्होंने लिखा है "अपने समय में कबीर कवि के रूप में नहीं माने जाते थे; उसके बाद काफी अर्से तक किसी ने यह नहीं सोचा

होगा कि कबीर को भी कवि के रूप में देखा जा सकता है। आज हम कबीर को कवि ही नहीं, क्रान्तिकारी कवि भी मानने लगे हैं।" (स्मृतिच्छन्दा, पृ. 15) हमें कबीर को कवि मानने में तीन, चार सौ वर्ष लग गये। आज हमने यह प्रतिमान भी पा लिया है कि कबीर-तुलसी की कृतियाँ हमें भीतर से बदलती हैं। यह सब होते हुए भी प्रश्न का उत्तर तो नये आलोचक को खोजना होगा कि कबीर को कवि मानने में इतना समय क्यों लगा?

आधुनिक हिन्दी साहित्य में अज्ञेय ने अपने गुरु स्थानीय दद्दा मैथिलीशरण गुप्त पर बार-बार विचार किया है। अज्ञेय का यह कहना "जबसे हिन्दी बोलना और फिर लिखना सीखा उन्हीं की कविता पर पलकर किशोर हुआ।' (स्मृतिलेखा, पृ. 22) हिन्दी आलोचना की विडम्बना देखिए कि दद्दा को हिन्दुत्ववादी कहकर, तुकाराम कहकर अवमूल्यन का शिकार बनाया गया है। अज्ञेय ने दद्दा के कृतित्व पर आलोचनात्मक टिप्पणी की—"दद्दा जब कहते थे, 'मैं आगे आनेवालों का जयजयकार' तब यह एक आलंकारिक युक्ति नहीं होती थी क्योंकि सचमुच उनमें नये के प्रति अद्भुत कौतूहल भी था, एक स्वागत का भाव भी। लेकिन साथ ही नये को कसौटी पर कसते रहना भी वह अनिवार्य समझते थे क्योंकि अतीत और भविष्य के सम्बन्ध की एक अचूक पहचान उनमें थी "मैं अतीत ही नहीं, भविष्य भी हूँ आज तुम्हारा।".
.. लेकिन पचास वर्ष से अधिक हिन्दी काव्य जगत पर छाये रहकर भी वह कैसे परम्परा से बिना नाता तोड़े, नये चिन्तन को भी आत्मसात् करते हुए युवतर पीढ़ी के लिए एक चुनौती बन रह सके, यह हर नये लेखक के लिए समझने की बात है। परम्परा को तोड़े बिना कैसे आधुनिक हुआ जा सकता है, इसका उदाहरण 'हिन्दू' से लेकर 'यशोधरा' तक की उनकी 'काव्ययात्रा प्रत्यक्ष दिखाती है बल्कि यह भी दिखाती है कि परम्परा को तोड़े बिना कैसे उसे आप्त करते हुए उससे मुक्त हुआ जा सकता है।" (स्मृतिलेखा, पृ. 33) स्वाधीनता, स्वाधीन-चिन्तन और मुक्त होने की पुकार अज्ञेय के सृजन और आलोचन कर्म की मूल प्रतिज्ञा है।

यही मूल प्रतिज्ञा 'स्मरण का स्मृतिकार' रायकृष्णदास में नये रूपों में फूट-फट पड़ती है। अज्ञेय जी मानते हैं कि व्यक्तित्व और स्मृति का अभिन्न सम्बन्ध होता है। व्यक्तित्व के खण्डित होने के साथ स्मृतिभ्रंश होता है और स्मृतिभ्रंश होने से व्यक्तित्व पंगु हो जाता है। रायकृष्णदास भारत के राष्ट्रीयताकामी पूरे समाज की सजीव स्मृति थे।" (वही, पृ. 35) वे ऐसे अहिंसक राष्ट्रीय आन्दोलन के स्मृति-यन्त्र थे जिनमें बदला लेने का तो सवाल ही नहीं था बल्कि जिनके स्वाधीनता प्रेम को भी एक ऐसा गौरव अनुप्राणित किये था।' उनके लिए स्वाधीनता केवल राजनीतिक सीमा में बँधी वस्तु न थी बल्कि जिसके सांस्कृतिक आयाम बहुत व्यापक थे। जेल

के लम्बे एकान्तवास से छूटकर क्रान्तिकारी अज्ञेय जब रायकृष्णदास से बनारस में मिले तो दंग रहे। बहुपठित-बहुश्रुत के प्रतिमान थे रायकृष्णदास। 'भारत कला-भवन' के प्राण-पुरुष और प्रेरणा नायक। जानकारियों के अपाार भण्डार सरकार जी। अज्ञेय जी ने उनका मूल्यांकन इस प्रकार किया है। "मर्मज्ञ केवल जानकारी का संग्रह नहीं करता, लगातार उसका पुनर्गठन और पुनः संयोजन करता चलता है जिससे कि संवेदन के आगे नयी दिशाएँ खुलती चलें। और ऐसा शायद ही कोई चित्रकार या संगीतकार या साहित्यकार कवि, कहानी लेखक, उपन्यासकार, आलोचक होगा जो 'सरकार जी' से मिला हो और जिसने अपने ही क्षेत्र के अपने ज्ञान में कुछ न कुछ वृद्धि सरकार जी की प्रेरणा से न की हो, जिसने उस ज्ञान को अपने लिए ही अधिक उपयोगी न बनाया हो, जिसकी दृष्टि कुछ अधिक पैनी या विशद न हुई हो, जिसका संवेदन अधिक ग्रहणशील न हुआ हो। मेरे ही गुरु स्थानीय स्व. मैथिलीशरण गुप्त थे, जिनकी रचनाओं से काव्य का पहला संस्कार मुझे मिला, लेकिन इसके बावजूद मुझे सरकार जी से जितना प्राप्त हुआ और जितनी तरह का प्राप्त हुआ उसकी कोई माप मेरे पास नहीं है। क्योंकि सरकार जी अगर 'कलासाधक' थे तो चित्रकला, संगीत कला या काव्यकला तक ही सीमित नहीं थे, उनकी साधना जीवन की कला की साधना थी।" (वही, पृ. 38) सरकार जी जैसा व्यक्ति सच्चे अर्थों में गहराई तक समाज का निर्माता होता है। क्योंकि वह समाज को नये उदार संस्कार देता है। वह जीर्ण का ही उद्धार नहीं करता, जीर्ण में से उसकी अर्थवत्ता को निकालकर सामने लाता है। प्रसाद, निराला, मैथिलीशरण गुप्त, दिनकर सभी अपनी रचनाओं की खरी आलोचना उनसे सुनने को उत्सुक रहते थे। गुप्त जी की 'भारत भारती' उनके विस्तृत संशोधनों के बाद छपी, उन्होंने निराला के 'तुलसीदास' की भूमिका लिखी। उनकी 'सहृदयता' ने उनके आलोचक को कला पारखी बनाया था। उन्हें पाकर ही अज्ञेय जी ने यह काव्य मर्म जाना कि कविता तनाव की ऊर्जा माँगती है। शायद अज्ञेय ने सांस्कृतिक अस्मिता तथा जातीय स्मृति का अर्थ भी इसी प्रेरणा पुरुष से पाया। टी. एस. इलियट, एजरापाउण्ड, लारेन्स, हेडेगर, सार्त्र-नीत्से आदि को अज्ञेय ने पढ़ा-समझा अवश्य है। लेकिन संस्कारी भारतीय आधुनिकता को प्रसाद जी, गुप्त जी, निराला जी और रायसाहब से ही पाया है। यही संस्कारी आधुनिकता 'स्मृति और देश' 'स्मृति और काल' 'भाषा, कला और औपनिवेशिक मानस' 'साहित्य-संस्कृति और समाज परिवर्तन की प्रक्रिया' 'समकालीन कविता और छन्द' 'वैज्ञानिक सत्ता, मिथकीय सत्ता और कवि' तथा 'साहित्य और भविष्य : कुछ प्रस्तावनाएँ' जैसे चिन्तनपरक निबन्धों में बोलती-बजती है। इन्हीं निबन्धों के आधार पर अज्ञेय की 'भारतीयता' की उस मनोभूमिका को परिभाषित किया जा सकता है जो भारतीय

मानस को, औपनिवेशिक गुलामी के साथ पश्चिम की गुलामी से मुक्त करना चाहती है।

दरअसल, अज्ञेय जी की आलोचना दृष्टि के निर्माण में आचार्य रामचन्द शुक्ल, आचार्य हजारीप्रसाद द्विवेदी की आलोचना-परम्परा के साथ प्रेमचन्द्र, पन्त, रेणु, दिनकर, नवीन जी के साथ माखनलाल चतुर्वेदी का गहरा प्रभाव है। 'एक भारतीय आत्मा : एक चुनौती' माखनलाल चतुर्वेदी से तो वह भीतर तक भीगे हैं। इनकी कविता से कारावास में परिचय हुआ और 'एक पुष्प की अभिलाषा' तथा 'कैदी और कोकिल' को 'काल कोठरी' की लम्बी रातों में गाया। क्योंकि उन दिनों हम बन्दी (विद्रोह गीत) क्या अपने को चुपचाप मधुर विद्रोह बीज बोनेवाले' मानते थे। उनकी कविता की एक सहजता, ओज और प्रवाहमयता 'मुझे निरन्तर आकृष्ट करती रही और अब भी करती है।' (वही, पृ. 92) अज्ञेय जी का बीज-चिन्तन भाषा पर केन्द्रित रहा है क्योंकि वे भाषा को अस्मिता से जोड़ते रहे हैं। भाषा ही उनके विचार से स्मृति है, परम्परा है, इतिहास है, मिथक है, ज्ञान है, पुराण है, अस्तित्व है, व्यक्तित्व है। भाषा पूरा देश और संस्कृति है। माखनलाल जी के कर्म-चिन्तन को याद करते हुए अज्ञेय ने 'संस्कृति' और 'भाषा' के विचार को पूरी शक्ति से उठाया है। उन्होंने लिखा है—"जो बात मैं कहना चाहता हूँ उसका सन्दर्भ 'भारतीयता' का ही है। जिन संस्कारों की मैं चर्चा कर रहा हूँ वे भारतीयता की समस्या के भाषागत पहलू हैं और मेरी समझ में यह समस्या अभी हल नहीं हुई है और अभी दो-एक पीढ़ियों तक हल होनेवाली नहीं है। न राष्ट्र भाषा के नाम पर 'सरल हिन्दी' को अरबी-फारसी का बघार देना चाहनेवाले 'हिन्दुस्तानीवादी उसे हल कर पाये थे। न सरल हिन्दी को संस्कृत की चाशनी में पाक करनेवाले कोई समाधान दे पाये, न नयी काट के 'कास्मोपालिटन हिन्दी' के सपोर्टर उसे चुस्त अंग्रेजी-अमेरिकी जाकेट पहनाकर (या सच कहें तो पुरानी देसी चौबन्द में अंग्रेजी अमेरिकी थिगलियाँ टाँक कर) दे पायेंगे, सब की सदाशयता को सर्वथा और सर्वदा असन्दिग्ध मान लिया जाये तो भी। (वही) एक तरह नारा है कि भारतीय संस्कृति क्योंकि 'मिश्र संस्कृति' है इसलिए जिस भाषा में वह अभिव्यक्ति पायेगी वह भी मिश्र भाषा ही होगी। हिन्दुस्तानी के सारे आन्दोलन के मूल में यह प्रतिज्ञा थी; इसके साथ दूसरी प्रतिज्ञा थी कि इस खिचड़ी संस्कृति में मिश्रण अरबी-फारसी-संस्कृत शब्दों का (मुस्लिम-हिन्दू संस्कारों) चलेगा। एक दूसरा नारा था कि संस्कृति एक मिश्रण या संकर को नहीं कहते, एक समन्वित समग्र रूप को ही कह सकते हैं। भारतीय संस्कृति अनेक धाराओं का संगम है केवल उसमें इस्लाम का ही योग नहीं है अनेक धाराएँ उसमें लय हैं तो उसे 'मिश्र धारा' कैसे कह सकते हैं? इस समस्या से जूझते हुए अज्ञेय जी ने कहा "यहीं स्वीकार कर

लूँ कि मैं दूसरे सम्प्रदाय का हूँ। किसी भी प्रभाव को केवल बाहर का होने के नाते मैं अग्राह्य का प्रतिरोध नहीं मानता। पर साथ ही मैं यह भी मानता हूँ कि अनेक प्रभावों के प्रति अपने को बन्द करना और साथ ही केवल दो सत्ताओं का मिश्रित करने का (या होने देने का) प्रयत्न करना, संस्कृति को गलत समझना भी है और गलत मोड़ देना चाहना भी। मिश्रण की अवस्था संस्कृति से पहले की अवस्था है : वह प्रभावों के आदान-प्रदान और परस्पर संघात की अवस्था है। इस संघात के परिणाम में जो स्थिर, आत्मनिर्भर, संकरत्व के बोध की असहजता से मुक्त, गतिमान और सर्जनात्मक सत्ता सम्पन्न रूप प्रकट होता है, वही संस्कृति है, वही संस्कारवान रूप है।" (वही, पृ. 94) मूल विचार है कि संकरता अपने में संस्कृति नहीं है। माखनलाल चतुर्वेदी तथा अज्ञेय दोनों अखण्ड व्यक्तित्व के चिन्तक हैं और झूठे सेकुलरिज्म के चक्कर में नहीं हैं। दोनों ही 'श्रीमद्‌भागवतगीता' के साथ 'श्रीमद्‌भागवत' की ओर बढ़ते हैं। अज्ञेय अपने परवर्ती चिन्तन में अस्तित्ववाद से छूटकर वैष्णव प्रेम-धारा की ओर निरन्तर बढ़ते हैं भागवत-भाव यात्राएँ करते हैं। ताकि भारतीय संस्कृति के मूल स्रोतों का अवगाहन किया जा सके।

भारत-भवन, भोपाल में 'पूर्वग्रह' की 'समालोचना और समाज' (1978) विषय पर गोष्ठी हुई तो अज्ञेय जी ने वहाँ रचनाकार के साथ आलोचक का पद पाने में हर्ष व्यक्त किया। यह भी कहा कि हिन्दी का एक भाग 'जो मुझे कवि नहीं मानता' ऐसे भी हैं जो अज्ञेय के कवि और आलोचक दोनों को अप्रासंगिक मानते हैं। अज्ञेय जी ने 'आलोचना है, आलोचक हैं आलोक चाहिए' का विचार व्यक्त करते हुए कहा "मैं तो उन लोगों में से हूँ जो मानते आये हैं कि समाज वही है जिससे हम आँख मिलाकर बात कर सकते हैं। इसके बावजूद कि मैं एक घोषित व्यक्तिवादी, समाजद्रोही इत्यादि-इत्यादि सब हूँ मैं दूसरों से आँख मिलाकर बात कर सकता हूँ। इसलिए मैं नहीं पाता कि मेरा कोई समाज नहीं है। लेकिन ऐसे भी लोग हैं जिनको समाज की चिन्ता है, ऐसे भी लोग हैं जो अपने को समाजवादी और जनवादी भी कहते हैं लेकिन जो दूसरों से आँख मिलाकर बात करने को तैयार नहीं हैं।" (पूर्वग्रह अंक 78-79 जनवरी-अप्रैल-78)

अज्ञेय जी ने जोरदार तरीके से कहा कि साहित्य का आलोचक वही है जो समाज और संस्कृति की बात करता है। समाज वही है जिसमें संवाद है जिसमें संवाद नहीं है—वह समाज नहीं है। यह भी कहा कि 'पिछले चालीस वर्षों में सिवाय समालोचक और समाज चर्चा के किया क्या है? समाज और समालोचना की निरन्तर चर्चा में कभी भी अमूर्त्त अवधारणों-परिकल्पनाओं को नहीं जोड़ा है। उन्होंने कहा है कि संस्कृति ही संवाद को सम्भव बनाती है। आज हम वैज्ञानिक इतिहासवाद का

सहारा लिये बिना भी अपनी बात कह सकते हैं। "संस्कृति की बात मैं काफी अर्से से करता आया हूँ उस जमाने में भी मैं संस्कृति की बात करता था और कर सकता था जबकि संस्कृति का नाम लेना अपने को घूरे पर फेंक देने लायक मानने के बराबर था या फिर उन लोगों के साथ जुड़ने की सम्भावना उससे पैदा हो जाती थी जिनसे हम सभी घृणा करते थे और जिनसे घृणा करनी चाहिए। क्योंकि वे संस्कृति को मानव जाति की हत्या का ही एक तरह का साधन बनाना चाहते थे।" आज तो संस्कृति के सवाल समकालीनता के साथ जुड़े हुए हैं। संस्कृति एक तो परम्परा है लेकिन वह समकालीनता भी है। 'परम्परा भी वैसे ही एक शब्द है जिसे सुनते ही कुछ लोग चिढ़ जाते हैं लेकिन परम्परा के बिना संस्कृति नहीं है परम्परा के बिना समाज भी नहीं है। लोग समाज की बात करते हैं पर 'परम्परा' की बात से बचना चाहते हैं।' जबकि अज्ञेय तो 'पुराण' की भी चिन्ता करते हैं 'मिथक' की भी। हमारे भारतीय समाज की सभी भावनाएँ मिथकों से जुड़ी हुई हैं, पुराण और परम्परा से जुड़ी हुई हैं। इतिहास जिन भी चीजों की बात करता है वे सब मिथकों से जुड़ी इकाइयाँ हैं, मिथक से कटकर उन इकाइयों पर विचार नहीं हो सकता। प्रश्न उठता है कि हमारी समालोचना ने इन मुद्दों पर विचार क्यों नहीं किया? अब थोड़ी-बहुत मिथक चर्चा उठी है, नैतिक-मूल्यों की चर्चा उठी है, व्यक्ति स्वातन्त्र्यवाद लघुमानववाद, साहित्य के समाजशास्त्र की चर्चा उठी है। आज तो सभी बोध भी संस्कृति और परम्परा के अंग हैं।

अज्ञेय जी ने रूपवाद, कलावाद, व्यक्तिवाद की आलोचना में कभी स्वीकार नहीं किया। उन्होंने हमेशा कहा है कि संस्कृति, परम्परा, इतिहास, संवाद, समकालीनता सबकी चर्चा होती है पर भाषा पर बात क्यों नहीं होती? "मेरा ख्याल है कि भाषा के बिना इनमें से किसी पर भी बात नहीं हो सकती। क्योंकि भाषा के बिना न इतिहास है न संस्कृति है न परम्परा है न संवाद है न साहित्य है न समालोचना है।" (वही अंक) आचार्य शुक्ल ने भाषा पर समालोचना में बात की है। इधर पश्चिम ने भी भाषा पर कई तरह से विचार किया है। उत्तर-संरचनावादी आलोचना का तो पूरा खेल ही भाषा में खेला जाता है। इन चिन्तकों की राजनीतिक विचारधारा जो भी हो, भाषा पर सबका ध्यान केन्द्रित रहा है। 'भाषा, कला और औपनिवेशिक मानस' लेख में अज्ञेय ने पश्चिम के द्वारा भारत को 'तीसरी दुनिया' कहे जाने पर आपत्ति की है "मुझे इस नाम 'तीसरी दुनिया' पर ही आपत्ति है। मैं अपने को तीसरी दुनिया का नहीं मानता, बल्कि मैं सोचता हूँ तीसरी दुनिया की बात खतरनाक बात भी हो सकती है। (स्मृतिछन्दा, पृ. 46) पश्चिम ने विशाल यन्त्र खड़े करके सारी दुनिया को संकट में डाल दिया है। रही बात सांस्कृतिक उन्नति की सांस्कृतिक विकास की

"क्या यह कहने का कोई आधार है कि यूरोप या अमेरिका या रूस सांस्कृतिक दृष्टि से भारत या चीन या दक्षिण-पूर्वी एशिया से ज्यादा उन्नत हैं।" 'तीसरी दुनिया' नाम से जाहिर है कि सवाल सांस्कृतिक उन्नति का नहीं है? आर्थिक रूप से हमें पिछड़ा मानकर एक तरह से उपनिवेशवाद में धकेलकर ले जाने का है। यह उपनिवेशवाद का ही पहलू है कि 'जिन देशों पर अधिकार करना या बनाये रखना है वहाँ ऐसी उपनिविष्ट मानसिकता पैदा कर दी जाये।" (वही, पृ. 48) ताकि उनमें लूटपाट जारी रहे, कुकर्म दिखाई न दें। पश्चिम ने पूर्व को भाषा-संस्कृति-साहित्य—सभी क्षेत्रों में पिछड़ा मानकर अपना कुकर्मी व्यापारवाद-बाजारवाद भूमण्डलीकरण—अमेरिकीकरण का कपटी-जाल फैलाया है। उसने तमाम नकली साँचे पूर्व को दिये हैं ताकि हम उनके पिछलग्गू बने रहें। समकालीन आलोचना तो पश्चिमवाद को ऐसा करने का मार्ग बनाती है। अज्ञेय का विचार है कि हर कीमत पर हमें इस स्थिति में मुक्त होना है। उनका कथन है कि "जो चिन्ता मैंने आपके सामने प्रकट की है उसे मैं गम्भीर और महत्त्वपूर्ण मानता हूँ।" साधनों की कमी के कारण हमारे देश का औसत आदमी अब भी साहित्य की वाचिक-परम्परा को छोड़कर दूसरी कलाओं की उपलब्धि से बहुत कुछ वंचित है। औपनिवेशिक इतिहास ने उसे दरिद्रतर ही बनाया। आजाद होकर भी देश अपनी प्रतिभा की सृष्टियों को उस तक पहुँचा नहीं सका है बल्कि उस विशाल समाज और एक छोटे से सुविधासम्पन्न तथाकथित अभिजात वर्ग के बीच की खाई को बढ़ने ही देता गया है। आजाद देश में भी औपनिवेशिक मानसिकता अभी बनी हुई है। उसने जान लिया है कि भाषा को भी उसका साधन बनाया जा सकता है।" (वही, पृ. 56) इस तरह जाहिर है कि अज्ञेय की बुनियादी चिन्ता भारतीय मानस को उपनिवेशवाद के इस शिकंजे से मुक्त करने की है। सांस्कृतिक क्षेत्र में स्वाधीनता प्राप्त करने पर ही विस्तीर्ण मरुस्थल से हम बच सकते हैं। अतः हमें अपनी सांस्कृतिक जड़ों की ओर लौटना होगा और अनुवादजीवी संस्कृति से बचकर मौलिक चिन्तन भाषा-संस्कृति के उर्वर क्षेत्र में प्रवेश करना होगा। तभी हम एक समर्थ स्वतन्त्र आलोचक राष्ट्र का निर्माण कर सकेंगे।

अज्ञेय के लगभग पाँच दशकों से भी अधिक के विद्रोही सृजन-चिन्तन में आलोचक अन्तर्व्याप्त रहा है। शुद्ध आलोचक न होते हुए भी उन्होंने हिन्दी आलोचना के इतिहास में एक ऐसा अज्ञेय युग ला दिया है जिसने हिन्दी में मौलिक समीक्षाशास्त्र या साहित्यालोचन की नींव रख दी है। उन्होंने छायावादी कवि-चिन्तकों से अधिक नयी कविता और समकालीन सृजन के 'विमर्श' और मूल्यांकन-विश्लेषण के लिए पोढ़ा आधार निर्मित किया है। 'भवन्ती' का यह कथन पाठक के ध्यान में है कि "आलोचना गौण या उपजीवी कर्म भले ही हो, कवि को उसकी आवश्यकता

रहती है। आलोचना की अनुपस्थिति में वह मुरझाता है, उसकी प्रतिभा मलिन होती है।" (पृ. 44) अपनी प्रतिभा को राग-दीप्त सच से चमकाने के लिए उन्होंने अनथक भाव से आलोचना कर्म के दायित्व का निर्वाह किया है। काव्य और कला के क्षेत्र में नयी से नयी स्थापनाएँ की हैं। शुक्लोत्तर हिन्दी आलोचना में नयी-नयी बहसों के आरम्भ करने का श्रेय अज्ञेय जी को ही दिया जा सकता है। उनके सहयोगी ग. मा. मुक्तिबोध भी 'सभ्यता समीक्षा' के क्षेत्र में पूरे मन से लगे रहे लेकिन साहित्य-सम्बन्धी नयी अवधारणाओं, सैद्धान्तिक स्थापनाओं में अज्ञेय जी ही आगे रहे। मुक्तिबोध ने नयी कविता के सौन्दर्यशास्त्र रचने का जो प्रयास किया था उसे चिन्तन के शिखर तक अज्ञेय जी ही ले गये। उन्होंने सृजनकर्म से कमाये प्रतिमानों से पुराने-नये साहित्य का पुनर्मूल्यांकन किया। वह रीतिवादी, पश्चिमी स्वच्छन्दतावादी काव्यालोचन के पूरे टाट को पलट देनेवाले नये अभिनवगुप्त ही हिन्दी आलोचना में कहे जा सकते हैं। पश्चिमी चिन्तन, वाद-विचार-धाराओं के आतंक से मुक्त होकर उन्होंने हिन्दी को एक नया काव्यशास्त्र दिया है। वह भारतीय चिन्तन-परम्परा की ध्वनियों-प्रतिध्वनियों की ओर लौटे और उसका नया भाष्य सम्भव बनाकर हमें लिया। इस प्रश्नाकुल कवि और आलोचक के सामने नयी दृष्टि के प्रश्न प्रमुख रहे हैं।

'तारसप्तक' को लेकर विद्वानों में महाभारत

सच्चिदानन्द हीरानन्द वात्स्यायन 'अज्ञेय' द्वारा सम्पादित काव्यसंकलन 'तारसप्तक' 1943 से आधुनिक हिन्दी साहित्य के लीक-विद्रोही आधुनिकता और सर्जनात्मकता का सूत्रपात होता दिखाई देता है। 'तारसप्तक' के प्रकाशन से साहित्य से जुड़ी तमाम अवधारणाओं, चिन्ताओं, प्रश्नाकुलताओं को बहस-विवाद-संवाद के केन्द्र में आने का मौका मिला। प्रगतिवाद, प्रयोगवाद की काव्यधाराओं के रचनाकार यहाँ एक साथ हाथ मिलाकर खड़े हुए और बड़ा भारी विचारधाराओं का कोलाहल पाठकों को चौंकाकर आत्म-सजग करने लगा। 'तारसप्तक' का आयोजन और सम्पादन अज्ञेय करते हैं—लेकिन ज्यादातर शामिल कवि—रामविलास शर्मा, नेमिचन्द्र जैन, भारत भूषण अग्रवाल, ग.मा. मुक्तिबोध साम्यवादी हैं। गिरिजाकुमार माथुर भी प्रभाकर माचवे के साथ प्रगतिशीलता की ओर उन्मुख। केवल अज्ञेय जी यौन-प्रतीकों से लदे फ्रायडवादी और क्रान्तिकारी। आज 'तारसप्तक' के प्रथम संस्करण की भूमिका 'विवृति और पुरावृति' शीर्षक से पाठक के सामने हैं।

लगभग चार दशकों से हिन्दी आलोचना में बहस का यह तूफान मौजूद है कि 'तारसप्तक' की योजना किसकी थी और इसके सम्पादन का दायित्व अज्ञेय को किसने सौंपा और क्यों? पता नहीं सच क्या है—प्रभाकर माचवे कहते रहे, 'तारसप्तक' उनकी योजना थी और उन्हीं ने 'तारसप्तक' नाम दिया। गिरिजाकुमार माथुर 'तारसप्तक' की योजना का श्रेय स्वयं को देते रहे और नेमिचन्द्र जैन इसे अपनी योजना और नामकरण का मूल विचार पोषित करते रहे हैं। दुःखद है कि छायावाद के अग्रणी आलोचक आचार्य नन्ददुलारे वाजपेयी ने 'तारसप्तक' पर 'प्रयोगवादी रचनाएँ' शीर्षक से 'आधुनिक साहित्य' पुस्तक में एक ध्वंसात्मक लेख लिखकर अज्ञेय को ही धूल में ध्वस्त करने का हौसला दिखाया और 'तारसप्तक' की भूमिका को बहुत गम्भीरता से न लेकर अज्ञेय के सम्पादकीय विचारों से अपनी खुली असहमति जाहिर की।

आचार्य नन्द दुलारे वाजपेयी के क्षोभ और क्रोध पर विचार करने से पहले अज्ञेय

के कथनों पर हमें ध्यान देना होगा। अज्ञेय ने 'भूमिका' का आरम्भ इस वाक्य से किया—'तारसप्तक' में सात युवक कवियों (अथवा कवि युवकों) की रचनाएँ हैं। ये रचनाएँ कैसे एक जगह संग्रहीत हुईं, इसका एक इतिहास है। प्रश्न उठता है, यह इतिहास क्या है? इस इतिहास को अज्ञेय के मुख से सुनिए—'दो वर्ष हुए जब दिल्ली में 'अखिल भारतीय लेखक सम्मेलन' की आयोजना की गयी थी, उस समय कुछ उत्साही बन्धुओं ने विचार किया कि छोटे-छोटे फुटकल संग्रहों की छपाई पहले तो एक समस्या होती है, फिर छपकर भी वे सागर में एक बूँद-से खो जाते हैं। इन पंक्तियों का लेखक 'योजना विश्वासी' के नाम से पहले ही बदनाम था, अतः यह नयी योजना तत्काल उसके पास पहुँची और उसने अपने नाम (बदनाम होंगे तो क्या नाम न होगा) के अनुसार उसे स्वीकार कर लिया।' अज्ञेय के इस 'टेक्स्ट' या पाठ का उप-पाठ, अन्तर्पाठ और बाहर फुलाकर अनुमानवादी 'पाठ' यदि पाठक करता है तो उसकी व्यंजकता का ध्वन्यर्थ यही निकलता है कि कुछ मित्रों के सुझाव थे लेकिन 'तारसप्तक' की योजना पर अमल करने का दायित्व अज्ञेय को ही सौंपा गया और वे 'योजना विश्वासी' होने के कारण सहज भाव से सहर्ष तैयार हो गये। आरम्भ में योजना का रूप क्या था? इसका उत्तर है कि अज्ञेय ने मान लिया कि सिद्धान्त रूप से योजना का मूल रूप सहयोग होगा। 'दूसरा मूल सिद्धान्त यह था कि संगृहीत सभी कवि ऐसे होंगे जो कविता को प्रयो का विषय मानते हैं; जो यह दावा नहीं करते कि काव्य का सत्य उन्होंने पा लिय है, केवल अन्वेषी ही अपने को मानते हैं।' इस आधार पर संग्रह को व्यावहारिक रूप देने का दायित्व अज्ञेय के सिर पर डाला गया। फिर शुरू हुआ 'तारसप्तक' क वास्तविक इतिहास। अनेक परिवर्तनों के साथ सात कवियों की रचनाएँ देने का नि चय हुआ। हस्तलिपियाँ लेने में साल भर बीत गया। फिर प्रेस में गड़बड़ हुई। अ ी पाण्डुलिपि रेलगाड़ी में खो गयी। 'तारसप्तक' में भवानीप्रसाद मिश्र इसलिए न ीं आ सके कि वे जेल में थे। इस स्थिति में 'दूसरा सप्तक' में भवानी भाई को र ने पड़ा।

'तारसप्तक' के कवियों में अज्ञेय ने अपने को ही केवल राहों का अन्वेषी नहीं कहा। सभी सम्मिलित सातों कवियों को राहों का अन्वेषी घोषित किया। उनका कथन है—'सातों एक-दूसरे से परिचित हैं—बिना इसके इस ढंग का सहयोग कैसे होता? किन्तु इससे यह परिणाम न निकाला जाये कि वे कविता के किसी एक 'स्कूल' के कवि हैं या कि साहित्य जगत् के किसी गुट अथवा दल के सदस्य या समर्थक हैं। बल्कि उनके तो एकत्र होने का कारण यही है कि वे किसी एक स्कूल के नहीं हैं, किसी मंजिल पर पहुँचे हुए नहीं हैं, अभी राही हैं—राही नहीं, राहों के अन्वेषी।' उनमें समानता का आधार क्या है? 'काव्य के प्रति एक अन्वेषी का

दृष्टिकोण उन्हें समानता के सूत्र में बाँधता है।' यहाँ दावा केवल इतना है कि वे सातों राहों के अन्वेषी हैं और जीवन-सत्य को पाने के लिए काव्य-प्रयोगों में विश्वास रखते हैं।

इन सातों कवियों का न कोई 'स्कूल' है, न गुट है, न दल है, न कोई एक विचारधारा का बन्धन है। सभी अपने चिन्तन में मुक्त और स्वाधीन हैं और अलग-अलग तरीके से सोचते हैं। अज्ञेय ने इस बात को स्पष्ट करते हुए 'भूमिका' में कहा है—'उनमें मतैक्य नहीं है, सभी महत्त्वपूर्ण विषयों पर उनकी राय अलग-अलग है, जीवन के विषय में, समाज और धर्म और राजनीति के विषय में, काव्यवस्तु और शैली के, छन्द और तुक के, कवि के दायित्वों के—प्रत्येक विषय में उनका आपस में मतभेद है।' यह मतभेद इतना प्रखर है कि वे एक-दूसरे की जीवन परिपाटी पर; एक-दूसरे के मित्रों और कुत्तों पर भी हँसते हैं। जाहिर है, सृजनशील प्रतिभाएँ एकाग्र और लक्ष्यबद्ध तो होती हैं—अनुगामी नहीं होतीं। 'तारसप्तक' के सात कवि अपने-अपने क्षेत्रों में अनुपम-अपूर्व रहे हैं—कोई भी किसी का किसी भी स्तर पर अनुगामी, नकलची नहीं रहा।

हिन्दी आलोचना का यह दुर्भाग्य ही कहा जायेगा कि छायावाद के प्रतिष्ठापक आचार्य नन्द दुलारे वाजपेयी ने अज्ञेय की 'तारसप्तक' की 'भूमिका' को नकारते, ठुकराते हुए अपनी तर्क-विकृति का एक अद्भुत उदाहरण प्रस्तुत किया। ये वही आचार्य वाजपेयी थे, जो अपने गुरु आचार्य रामचन्द्र शुक्ल की तमाम सैद्धान्तिक मान्यताओं का तार्किक ढंग से खण्डन करने के कारण विद्वानों में अपनी धाक जमा चुके थे। छायावाद की ऐसी सुलझी, स्पष्ट, मार्मिक व्याख्या न शान्तिप्रिय द्विवेदी कर सके थे, न आचार्य हजारीप्रसाद द्विवेदी, न आचार्य नगेन्द्र। फिर आचार्य वाजपेयी जी अच्छे भाष्यकार, सम्पादक, अध्यापक, आलोचक तथा निराला और प्रसाद जी के मित्र थे। उनके मित्र निराला जी को 'तारसप्तक' पसन्द आया था और उन्होंने 'तारसप्तक' के सहयोगी कवि रामविलास शर्मा को 14-6-44 के पत्र में लिखा, "कल 'तारसप्तक संग्रह' मिला। अच्छा निकला है। फिर आलोचना लिखूँगा। अभी बहुत गरमी है। विशेष लिखा नहीं है। अज्ञेय का पता नहीं मालूम। हालाँकि 'तारसप्तक' उन्हीं का भेजा हुआ है। सिर्फ शिलड् लिखा है। इन रचनाओं का रूप मेरी नजर में निखर रहा है।" निराला जी को 'तारसप्तक' की रचनाओं का रूप निखरता हुआ दिखाई दिया। लेकिन निराला के मित्र और 'भारत' पत्र के सम्पादक, सागर विश्वविद्यालय के हिन्दी विभागाध्यक्ष आचार्य नन्द दुलारे वाजपेयी ने अज्ञेय और 'तारसप्तक' को धूल चटा देने का संकल्प 'प्रयोगवादी रचनाएँ' शीर्षक प्रहारात्मक लेख लिखकर पूरा किया। वाजपेयी जी की इस अन्धी आलोचना को

पढ़-समझकर 'तारसप्तक' के पहले ही कवि ग.मा. मुक्तिबोध को 'नयी कविता का आत्मसंघर्ष तथा अन्य निबन्ध' शीर्षक अपनी पुस्तक के प्रथम लेख में विवश होकर लिखना पड़ा—"जब कभी कोई नयी काव्य-प्रवृत्ति अथवा साहित्य-प्रवृत्ति अवतरित होती है तो कला के मूलतत्त्वों के सम्बन्ध में, सिद्धान्तों के बारे में बहस शुरू हो जाती है।" 'फलतः नयी काव्य-प्रवृत्ति अभी तक पण्डितों, आचार्य प्रवरों और आलोचक वरेण्यों द्वारा हृदयंगम नहीं हो सकी है।' हृदयंगम इसलिए नहीं हो सकी, क्योंकि इन आचार्यों पर छायावादी-रसवादी संस्कार हावी रहे हैं। इसलिए नयी काव्य-प्रवृत्तियों को समर्थन देने की इनमें न क्षमता बची थी, न संस्कार।

आचार्य नन्द दुलारे वाजपेयी ने 'तारसप्तक' की समीक्षा 'प्रयोगवादी रचनाएँ' शीर्षक से की है और सातों प्रयोग करनेवाले कवियों का मजाक उड़ाते हुए इन्हें 'प्रयोगवादी' कहा है। यह बात भूलने के विरुद्ध है कि 'प्रयोगवाद' नाम देकर वाजपेयी जी ने कहा—'हिन्दी काव्य-परम्परा में प्रयोगवादी शैली कभी भी अधिक सम्मानसूचक नहीं रही।' (आधुनिक साहित्य, पृ. 15) प्रयोगवाद से उन्होंने अर्थ लिया 'जिसकी रचना में कोई तात्त्विक अनुभूति, कोई स्वाभाविक क्रम-विकास या कोई सुनिश्चित व्यक्तित्व न हो।' साथ ही 'वास्तविक सृजन और क्रान्तिदर्शिता के बदले सामान्य मनोरंजन और शैली-प्रसाधन ही उसकी विशेषता हो।' आचार्य वाजपेयी का यही विचार-सूत्र पकड़कर हिन्दी की मार्क्सवादी आलोचना ने प्रयोगवाद को रूपवाद कहकर उसकी खिल्ली उड़ाई है। उससे ज्यादा अतार्किक प्रहार अज्ञेय पर किये गये। यहाँ तक कहा गया कि रीतिकाल में जो स्थान बिहारीलाल का है—नये सृजन में वही स्थान अज्ञेय का है। इसलिए अज्ञेय रूपवादी, कलावादी, रीतिवादी, नीचट विदेशी, नकलची कवि कहे गये। यह कहने का साहस इसलिए हुआ कि आचार्य वाजपेयी ने सौ कदम बढ़कर कहा, "प्रयोगवादी रचनाएँ पूरी तरह काव्य की चौहद्दी में नहीं आतीं। वे अतिरिक्त बुद्धिवाद से ग्रस्त हैं। प्रयोगवादी रचनाएँ वैयक्तिक अनुभूति के प्रति ईमानदार नहीं हैं और सामाजिक उत्तरदायित्व को भी पूरा नहीं करतीं।" (आधुनिक साहित्य, पृ. 24) ध्यान रहे 'तारसप्तक' का दूसरा संस्करण सन् 1963 में पाठकों की भारी माँग पर सामने आया। अब अज्ञेय की निगाह में 'सप्तक के सहयोगी' 1963 के 'सन्दर्भ' हो गये। 'नये कवियों की काव्य प्रगति को समझने के लिए' यह पुनर्मुद्रण उपयोगी सिद्ध हुआ।

अज्ञेय ने मजबूर होकर आचार्य वाजपेयी के 'तारसप्तक' पर लगाये गये मनगढ़न्त आरापों को 'दूसरा सप्तक' 1951 की 'भूमिका' में 'अर्थ-प्रतिपत्ति और अर्थ-सम्प्रेषण' नाम देकर 'प्रयोग', 'परम्परा', 'आधुनिकता', नये रागात्मक सम्बन्धों के बदलाव की चेतना, युग परिवेश में परिवर्तन तथा कवि-कर्म की जटिलता के

प्रश्नों को उठाकर कहा कि कवि के लिए परम्परा का अर्थ बनता ही तभी है जब वह उसका संस्कार बन जाती है। जो लोग प्रयोग की निन्दा करने के लिए परम्परा की दुहाई देते हैं, वे यह भूल जाते हैं कि परम्परा कम-से-कम कवि के लिए कोई ऐसी पोटली बाँधकर अलग से रखी हुई चीज नहीं है कि वह उठाकर सिर पर लाद ले और चल निकले। परम्परा कवि को कमानी पड़ती है तभी वह गहरा संस्कार बनती है। नहीं तो वह इतिहास है, शास्त्र है, ज्ञान-भण्डार है—जिससे अपरिचित भी रहा जा सकता है। अज्ञेय के विचार में कविता आज आत्माभिव्यक्ति नहीं है—आत्म का उन्मोचन है। आचार्य वाजपेयी के छायावादी आत्माभिव्यक्ति के सिद्धान्त में अज्ञेय की कोई आस्था नहीं है।

अज्ञेय के विचार में प्रयोग अपने आप में इष्ट नहीं है, वह साधन है—सत्य को जानने का साधन और कवि जिसे प्रेषित करता है, उसके साध्य को जानने का साधन। इस सीधी-सी बात को मानने से जो इनकार करता है, वह दुराग्रही है या फिर मूढ़। फिर प्रयोग का कोई 'वाद' नहीं है और निरन्तर प्रयोगों द्वारा ही रचनात्मकता का उत्कर्ष होता है, चाहे वे प्रयोग श्रीधर पाठक के हों या निराला के 'कुकुरमुत्ता' जैसे प्रयोग। यदि कविता में मुक्तिबोध, भवानीभाई जैसी रचनात्मकता नहीं है तो वह कला नहीं है—चमत्कारी शिल्प है। इसलिए अज्ञेय ने साफ कहा, "श्री नन्ददुलारे वाजपेयी का 'प्रयोगवादी रचनाएँ' शीर्षक निबन्ध तर्क-विकृति का आश्चर्यजनक उदाहरण है।" ('दूसरा सप्तक' भूमिका) क्योंकि निष्फल प्रयोग तो प्रयोग है ही नहीं। नया काव्य-प्रयोग तो जड़ीभूत सौन्दर्याभिरुचियों पर प्रहार करता है, उन्हें माँजता, संस्कारित करता है। निरन्तर अपने को माँजना, संस्कारित करना ही आधुनिकता है।

'तारसप्तक' के कवियों पर आचार्य वाजपेयी का यह आक्षेप ही गलत है कि वे साधारणीकरण का सिद्धान्त नहीं मानते। यह दोहरा अन्याय है, क्योंकि वे न केवल इस सिद्धान्त को मानते हैं, बल्कि इसी से नये प्रयोगों की सार्थकता सिद्ध करते हैं। सभ्यता के विकास के साथ-साथ नयी अनुभूतियों का क्षेत्र विकसित होता गया और अनुभूतियों को व्यक्त करने के उपकरण भी विकसित होते गये। हमारे राग नहीं बदले। लेकिन रागात्मक सम्बन्धों को व्यक्त करनेवाली प्रणालियाँ बदल गयी हैं। इस बदलाव का कवि-कर्म पर गहरा असर पड़ा है। अज्ञेय ने 'तारसप्तक' के बाद 'दूसरा सप्तक' 1951 'तीसरा सप्तक' 1959, 'चौथा सप्तक' 1969—सभी सप्तकों में यह प्रश्न किसी न किसी रूप में अवश्य उठाया कि शब्द में अर्थ कहाँ से आता है, क्यों और कैसे बदलता है। निरन्तर प्रयोग से शब्द बासी हो जाते हैं—उनका चमत्कार मर जाता है। कवि के सामने चाहे वह कालिदास, भवभूति, निराला ही क्यों

न हों, वाक् के प्रतिपत्ति की समस्या रहती है। 'बड़ा कवि 'वाक्‌सिद्ध' होता था और बड़ा कवि 'रस-सिद्ध' होता था।' ('तीसरा सप्तक', भूमिका) आज वाक्‌शिल्पी कहलाना कम गौरव की बात नहीं है। इस तरह अज्ञेय ने अपनी रचना-दृष्टि और सिद्धान्त-दृष्टि से 'नयी कविता' को पुनः सम्भव बनाया।

हिन्दी की नयी रचना और आलोचना में 'तारसप्तक' का ऐतिहासिक महत्त्व आज भी कम नहीं हुआ है। उसके प्रकाशन ने तमाम पुरानी जड़ताओं को तोड़कर साहित्य में अनगिनत नयी अवधारणाओं को बहस में केन्द्रीयता प्रदान की है। नये साहित्य में जितनी नयी बहसों को 'तारसप्तक' ने जन्म दिया है, उतना आधुनिक हिन्दी साहित्य के किसी भी काव्य-संकलन की 'भूमिका' से नहीं। पश्चिम के साहित्य-चिन्तन में जो कार्य टी.एस. इलियट, रोलाबार्थ और देरीदा ने किया है—कुछ-कुछ वैसा ही कार्य हिन्दी रचना और आलोचना में अज्ञेय, मुक्तिबोध और विजयदेव नारायण साही ने किया है। 21वीं शदी का हिन्दी साहित्य इन रचनाकारों, आलोचकों के संघर्ष का कम ऋणी नहीं है। आज भी उनकी स्मृति से प्रेरणा की सुगन्ध आती है।

हिन्दी आलोचना को अच्छी तरह याद है कि 'तारसप्तक' पर ओछी राजनीति आलोचक नामवर सिंह ने 'कविता के नये प्रतिमान' पुस्तक में 'तारसप्तक : इतिहास की आवृत्ति' लेख से शुरू की है। उनका यह कथन कि 'तारसप्तक' का पुनर्मुद्रण उस योजना का अंश है जिसकी मुख्य चिन्ता आज इतिहास के निर्माण में नहीं, बल्कि इतिहास के लेखन में है।' (कविता के नये प्रतिमान, पृ. 84) इतिहास का निर्माण करने में रुचि किसकी नहीं है—अज्ञेय की या नेमिचन्द्र जैन की या गिरिजाकुमार माथुर की। सम्पादक अज्ञेय की मंशा साफ न भी हो तो भी उनका यह कथन अनुचित नहीं है कि 'तारसप्तक' ने अपने औचित्य को सिद्ध कर दिया। 'उसका पुनर्मुद्रण इस ऐतिहासिक दस्तावेज को केवल उपलब्ध बनाने के लिए नहीं, बल्कि इसलिए भी संगत है कि परवर्ती काव्य-प्रगति को समझने के लिए इसका पढ़ना आवश्यक है। इन सात कवियों का एकत्रित होना अगर केवल संयोग भी था तो भी वह ऐसा संयोग हुआ जिसका प्रभाव परवर्ती काव्य-विकास में दूर तक व्याप्त है।' ('तारसप्तक' पुनर्मुद्रण की भूमिका) लेकिन यह बात नामवर सिंह के गले नहीं उतरी कि 'तारसप्तक' ने 'परवर्ती काव्य-विकास में दूर तक' प्रभाव-प्रेरणा देने का कार्य किया। उन्हें कहना पड़ा कि 'परवर्ती काव्य-प्रगति समझने की बात तो दूर, पुनर्मुद्रण के अवसर पर नयी पीढ़ी के कवियों ने 'तारसप्तक' में कोई रुचि नहीं ली।' केवल 'तारसप्तक' के कवि ही चर्चा-परिचर्चा को लेकर बहस में दिलचस्पी लेते रहे हों—ऐसी बात नहीं है। इस बहस में मध्यप्रदेश की 'तारसप्तक' टोली के साथ

आलोचक रामस्वरूप चतुर्वेदी, विजयदेव नारायण साही, श्रीकान्त वर्मा आदि से लेकर अशोक वाजपेयी तक ने पर्याप्त रुचि ली। अशोक वाजपेयी ने 'कविता के गल्प' पुस्तक में 'तारसप्तक' के पुनर्मुद्रण पर लेख लिखकर घोषित तौर पर कहा कि "नये हिन्दी साहित्य में अनेक नयी अवधारणाओं, साहित्य-चिन्ताओं से न केवल 'तारसप्तक' ने परिचित कराया, बल्कि उन्हें बहस के केन्द्र में लाकर तमाम तरह की साहित्यिक शास्त्रीय जड़ताओं को तोड़कर नवीन दिशा एवं दृष्टि दी।" जो 1943 के प्रयोगी थे, सन् 1966 के सन्दर्भ हो गये और इन्होंने 'प्रगतिवाद' की संकुचित-सिकुड़ी राजनीतिक तिकड़मों से छायावादोत्तर हिन्दी कविता को मुक्त किया। अर्थ का नया बोध, नये पथ की खोज, छायावादी रोमाण्टिक संस्कारों से मुक्ति पाने की पहल, प्रयोग-प्रगति, परम्परा, आधुनिकता के प्रति जागरूकता की पहल, एक चिन्ता का रूप लेकर 'तारसप्तक' में व्यक्त हुई। इससे कविता का पुराना समाजशास्त्र, सौन्दर्यशास्त्र एवं राजनीतिक गणित बदलने लगा और इस बदलाव ने नयी सर्जनात्मकता की उर्वर भूमि को तैयार किया, उसमें नये बीज बोये।

ऐसा नहीं था कि केवल गिरिजाकुमार या प्रभाकर माचवे या रामविलास शर्मा सामने उपस्थित समस्याओं, प्रश्नों से पलायन करते हुए केवल 'परम्परा' और 'ऐतिहासिक सम्बन्ध' की चिन्ता में गर्क रहे। इन सभी ने पश्चिमी ढंग की आधुनिकता से हटकर भारतीय आधुनिकता को भारतीय परम्परा एवं संस्कृति के सम्बन्ध में समझाने का संकल्प लिया। पश्चिमी अस्तित्ववाद की जो धूल नये हिन्दी-काव्य के चेहरे पर जम रही थी, उसको लेकर भी नये रचनाकार चिन्तित हुए। नयी कविता के कवि और सिद्धान्तकार विजयदेव नारायण साही ने 'लघुमानव के बहाने हिन्दी कविता पर एक बहस' शीर्षक लेख में नये सृजन को लेकर भारतीय मनोभूमिका का प्रश्न जोरदार तर्कों से उठाया। साही जी ने उस मनोभूमि का विश्लेषण किया जो दिनकर, बच्चन, माखनलाल चतुर्वेदी, नवीन, अज्ञेय और सर्वेश्वर में सक्रिय रही है। यह पूरी परम्परा से संवाद है। दुःख है कि हिन्दी आलोचना ने साहित्यकार (अज्ञेय, सर्वेश्वर, रघुवीर सहाय) को समझने की बजाय ज्यादा महत्त्वपूर्ण उनकी प्रशंसा-निन्दा करना समझा है। अज्ञेय और मुक्तिबोध की खोपड़ी से खोपड़ी बजाकर एक अलग तरक की एकांगी-अधूरी आलोचना-शैली को जन्म दिया। इन दोनों महान् रचनाकारों के श्रद्धा-भक्ति के अलग गुट बने और ऐसी घटिया गुटबन्दी से हिन्दी आलोचना ग्रस्त होती गयी कि न 'तारसप्तक' का मूल्यांकन हो पाया, न 'सप्तकों की परम्परा' का, न इस परम्परा के कवियों का। हम सिर्फ तर्क चमत्कार के लिए अज्ञेय-मुक्तिबोध को लड़ाते रहे, जिससे रचना-कर्म की आन्तरिकता एवं जीवन्त जागरूकता पिटती गयी। कृतियों और कृतिकारों का 'पाठ' नहीं हुआ,

आलोचना 'कुपाठ' से पट गयी। 'तारसप्तक' की पहली समीक्षा 1946 में शमशेर बहादुर सिंह ने 'नया साहित्य' में की थी और समझदारी के साथ केवल काव्य के नये प्रयोगों तक अपने को सीमित रखा था, क्योंकि उनके मन में अज्ञेय को पछाड़कर राजनीति करने की बात नहीं थी। उन्हें ध्यान था कि नये काव्य-प्रयोग केवल निराला ही नहीं कर रहे हैं—अज्ञेय के साथ भवानी प्रसाद मिश्र और कुँवर नारायण भी नये ढंग की काव्य-सर्जना कर रहे हैं।

'तारसप्तक' के प्रकाशन से पूर्व 1937-38 के 'विश्वभारती क्वार्टली' के दो अंकों में अज्ञेय ने अंग्रेजी में निबन्ध लिखकर निराला जी पर प्रहार किये और कहा 'एण्ड एज ए लिटररी फोर्स, एट एनी रेट, निराला इज आलरेडी डेड'। अर्थात् साहित्यिक शक्ति के रूप में निराला मर चुके हैं। निराला की साहित्यिक मृत्यु के साथ नये कवियों की सराहना इन निबन्धों का कथ्य है। अपने इस कथन के लिए अज्ञेय ने 'स्मृति लेखा' शीर्षक संस्मरण की पुस्तक में खुले मन से अपनी भूल स्वीकार की। लेकिन उनकी एक नहीं सुनी गयी। पुराने-नये की कलह में अज्ञेय को निराला विरोधी कहकर गरियाया भी कम नहीं गया। लेकिन भूल के लिए माफ नहीं किया। इतना ही नहीं, शीतयुद्ध तथा लघुमानववाद का प्रचारक कहकर अज्ञेय को अमेरिकी पूँजीपतियों का दलाल कहकर घेरा गया। प्रगतिवादी तथा छायावादी आलोचना के शिविरों से अज्ञेय पर इतने सुनियोजित आक्रमण किये गये कि उनकी प्रतिष्ठा धूल में ध्वस्त होती गयी। यौन-कुण्ठा, व्यक्तिवाद, नव्य-रहस्यवाद तथा अस्तित्ववाद के घेरे में घेरकर अज्ञेय के 'उड़ चल हारिल' की हालत खराब की गयी। इस स्थिति-परिस्थिति का अनिवार्य नतीजा यह निकला कि राही नहीं, राहों के अन्वेषियों में एक-दूसरे के खिलाफ खड़े होने की राजनीति रंग लायी।

'तारसप्तक' के एक कवि नेमिचन्द्र जैन ने 'तारसप्तक प्रसंग' का लेख-1966 के 'धर्मयुग' में एक अंश के रूप में प्रकाशित करवाया और इस लेख का दूसरा अंश धर्मयुग में ही 1967 के जून अंक में। यह लेख क्या छपा—अज्ञेय और 'तारसप्तक' को लेकर तहलका मच गया। नेमिचन्द्र जैन ने 'तारसप्तक' के कवि वक्तव्यों को लेकर बीस साल बाद लिखा कि 'सम्पादक महोदय के चुनौती भरे स्वर तथा सिद्धान्तबाजी के कारण उन कवियों के काल्पनिक 'प्रयोगवाद' की ही चर्चा अधिक हुई। उनकी कविता का उचित आकलन या मूल्यांकन नहीं हो सका।' (बदलते परिप्रेक्ष्य, तारसप्तक प्रसंग, पृ. 155) दुर्भाग्यवश नेमिजी ने यह भी कह डाला कि 'साधारणतः यही माना या समझा जाता है कि 'तारसप्तक' किसी सुचिन्तित काव्य-आन्दोलन का अग्रदल था, जिसके झण्डाबरदार और नेता उसके सम्पादक महोदय थे।' नेमिजी को अज्ञेय का निरन्तर फैलता यश-प्रकाश हजम नहीं हुआ—वे

उनके साहित्यिक एवं वैयक्तिक पूर्वाग्रहों की आड़ लेकर कह उठे कि 'अज्ञेय ने 'तारसप्तक' की योजना में उनके साथ धोखा किया है और 'तारसप्तक' की मूल योजना अज्ञेय की नहीं थी, उनकी ही थी। 'तारसप्तक' के सम्पादक महोदय का हाथ उसके प्रकाशन में चाहे जितना रहा हो, पर उसकी परिकल्पना उनकी नहीं थी और न उसमें संग्रहीत कवि ही मूलतः उनकी पसन्द के कारण एकत्र हुए थे।' (बदलते परिप्रेक्ष्य, पृ. 156) इतना ही नहीं, 'तारसप्तक' किसी भी रूप या अर्थ में किसी साहित्यिक आन्दोलन या प्रवृत्ति से प्रेरित न था। उसके कवि 'प्रयोगवादी' नहीं थे, शायद उस अर्थ में भी नहीं जो सम्पादक ने पहले अपनी भूमिका में उन पर आरोपित किया और जिसे फिर बाद में सैद्धान्तिक आधार दे दिया।' (वही) इस कथन में 'आरोपित किया' तथा 'फिर बाद में सैद्धान्तिक आधार' दे दिया जैसे कथनों पर आज भाष्य की जरूरत है। अज्ञेय तथा नेमिचन्द्र जैन के कथनों के 'टेक्स्ट' पर ध्यान केन्द्रित करने पर पाठक पाता है कि अज्ञेय के विरुद्ध बहुत से तर्क गढ़े गये हैं। इस तरह अज्ञेय को ध्वस्त करने के लिए नेमिचन्द्र जैन हिन्दी आलोचना में दूसरे आचार्य नन्ददुलारे वाजपेयी हैं।

अज्ञेय द्वारा लिखित 'तारसप्तक' की भूमिका और बाद में लिखी गयी भूमिकाएँ हिन्दी साहित्य के लिए वरदान सिद्ध हुईं या अभिशाप? इसका निर्णय कौन करेगा—नेमिचन्द्र जैन, नामवर सिंह, रामविलास शर्मा या फिर विजयदेव नारायण साही, रामस्वरूप चतुर्वेदी, शमशेर और अशोक वाजपेयी? उन सभी के साथ उन दावों-वक्तव्यों का क्या होगा, जो गिरिजाकुमार माथुर, प्रभाकर माचवे और भारत भूषण अग्रवाल देते रहे हैं? इनमें से सभी अलग-अलग 'तारसप्तक' की योजना का दावा करते रहे हैं, कभी दबी जुबान से, कभी सीधे-सीधे। निराला जी से अपने प्रथम काव्य संग्रह 'मंजीर' की भूमिका लिखवाने वाले गिरिजाकुमार अपने को प्रयोग-प्रगति एवं 'तारसप्तक' का प्रवर्त्तक दूत मानते रहे हैं। फिर नेमिजी की तुलना में गिरिजाकुमार माथुर की कवि-प्रतिष्ठा भी कम नहीं है। 'दूसरा', 'तीसरा' और 'चौथा सप्तक' के प्रकाशनों से हिन्दी आलोचना को यह मानना पड़ा है कि प्रयोगवाद नामक किसी नये आन्दोलन के प्रवर्त्तक अज्ञेय हैं। विजयदेव नारायण साही जैसा कद्दावर नयी कविता का कवि-आलोचक मानता है कि प्रयोगवाद और नयी कविता दोनों काव्य-आन्दोलनों के प्रवर्त्तक अज्ञेय हैं। उनका प्रसिद्ध कथन है—'अज्ञेय जिन्होंने नयी कविता को पुनः सम्भव बनाया।'

आज इस विचार पर नये साहित्य का कौन पाठक सहमति व्यक्त करेगा कि अज्ञेय ने 'नियमित सिद्धान्त विवेचन' और 'घोषणा पत्रों' से अपने को प्रवर्त्तक सिद्ध किया। 'ये उपमान मैले हो गये हैं' की ओर ध्यान किसने पहले दिलाया और किसने

पहले कहा 'यों मैं कवि हूँ आधुनिक हूँ, नया हूँ।' किसने कहा, 'शब्द में मेरी समाई नहीं होगी मैं सन्नाटे का छन्द हूँ?' अज्ञेय ने काव्य दिशाओं में फूल-फूटकर गुटबन्दी और संकीर्णता को तोड़ा तथा विचारधारा की हथकड़ियों से नये सर्जन को मुक्त किया। यह कहकर मुक्त किया कि मनुष्य और सृजन का सबसे बड़ा और कीमती मूल्य है—'स्वाधीनता'। स्वाधीन व्यक्ति ही स्वाधीन चिन्तन कर सकता है। विचारधाराओं की गुलामी किसी न किसी स्तर पर छोटा करती ही है। इसलिए स्वाधीनता प्राप्ति के बाद अज्ञेय ने स्वाधीन चिन्तन किया—वे 'वाद' के चक्कर से मुक्त सम्पादक और कवि रहे। 1950 के बाद के प्रायः सभी रचनाकार अज्ञेय की ओर 'सप्तकों' में स्थान पाने के लिए झपटे और किसे सप्तक में स्थान मिलेगा—यह चर्चा का विषय भी रहा। इससे भ्रष्टता और संकीर्णता पैदा हुई, यह नहीं कहा जा सकता।

'तारसप्तक' के सम्पादक ने घोषणा के स्वर में कहा कि वैचारिक, सैद्धान्तिक या संगठनात्मक स्तर पर 'सप्तक' के कवियों का सहमत होना आवश्यक नहीं है। वे स्वतन्त्रता से एक-दूसरों पर हँस सकते हैं। उनका कोई गुट या दल नहीं है। केवल उनमें प्रयोग-दृष्टि को लेकर समानता है। इसलिए 'सप्तकों' ने साहित्यिक संरक्षण के बाजार को हवा नहीं दी है। अज्ञेय ने हमेशा जोर देकर कहा है कि पाठक को 'रचनाकार' पर नहीं, रचना पर, रचना के पाठ—अन्तर्पाठ पर भरोसा करना चाहिए, क्योंकि रचना का सच रचना के भीतर ही निवास करता है—उसके बाहर तो व्याख्या है—बहस है, बहक है।

'तारसप्तक' को लेकर श्याम परमार से नेमिचन्द्र जैन ने जो कहा या शेरजंग गर्ग से नगेन्द्र ने जो कहा—उस पर विश्वास करना आज उचित नहीं है, क्योंकि इनकी मुख्य स्थापनाएँ तर्कों से दूर हैं। इन दोनों की स्थापनाओं पर विचार करते हुए हिन्दी का शोध स्वयं भटक चुका है। इसलिए जरूरत है कि पुराने भ्रमों से मुक्त होकर 'तारसप्तक' के प्रदेय पर विचार हो। 'तारसप्तक' की योजना के तथ्यों-तर्कों पर नये सिरे से विचार हो, यह हम सभी का नैतिक और साहित्यिक दायित्व है। आज यह कहना कि 'तारसप्तक' की कल्पना, सूझ या योजना वात्स्यायन की नहीं थी' या नेमिजी की तरह कहना उस कहावत की ओर ध्यान ले जाता है जिसमें कहा गया है—'पिछले साल माँ मरी, पर आँसू आये इस बार'। इस रोदन और अपराध-बोध से क्या लाभ? एक राजनीति में दूसरी राजनीति का प्रवेश तथ्यों को भ्रष्ट करता है। फिर 'योजना-विश्वासी' अज्ञेय पर शंका उठाने के लिए कलेजा चाहिए। मित्रों के आग्रह पर अज्ञेय ने संग्रह छपवाने की योजना स्वीकार की और चन्दा करके धन उगाहा और प्रकाशित किया। आज बिना प्रमाणों के यह कहना कि—'तारसप्तक' का प्रकाशन विदेशी, पैसों से हुआ था और अज्ञेय 'कांग्रेस फॉर कल्चरल फ्रीडम' का

दलाल था—कोई अर्थ नहीं रखता। दलाल था तो दलाली का प्रमाण रामविलास शर्मा जैसे लेखक क्यों नहीं दे सके?

बड़े तेज को स्वीकार करने में असमर्थ लोग प्रायः इस तरह के झूठे हथकण्डों का सहारा लेते हैं। अज्ञेय के साथ यही हुआ है। झूठे प्रचार से अज्ञेय को जितना अपमानित किया गया है, उतना अपमानित-प्रताड़ित हिन्दी का शायद ही कोई अन्य रचनाकार हुआ हो। और तो और, विश्वविद्यालयों के हिन्दी विभागों में आकाश-पाताल के कुलाबे मिलाकर यह अनुसन्धान कार्य करवाये गये कि अज्ञेय चोर है—अमेरिकी एजेण्ट है, अन्तर्मुखी कामुक है और मौन कलावादी, दम्भी, आभिजात्यवादी है। आज उत्तर-आधुनिकतावादी चिन्तन के दौर में अज्ञेय से सम्बन्धित आरोपों पर गहनता से शोध के साथ नये सिरे से पुनर्विचार होना चाहिए। यह हो सकता है—'सप्तक' नाम नेमिचन्द्र जैन को सूझा हो, लेकिन काव्य-सप्तकों की असाध्य वीणा तो अज्ञेय के ही हाथों बनी। अन्य कोई उस सम्पादन-कला का प्रियंवद नहीं बन सका। 'दिल्ली का अखिल भारतीय सम्मेलन' या मई के माह में 'आल इण्डिया पी.डब्ल्यू. कॉन्फ्रेंस' के तथ्यों पर अनुसन्धान होना चाहिए। कितने नाम सुझाये गये थे और 'तारसप्तक' नाम किसने सुझाया—किसने दिया कविता की नयी संवेदना, कथ्य, रूप-कला को 'नयी कविता' का नाम। 'तारसप्तक' दिसम्बर 1943 के अन्त में हजार बाधाओं को पार करते हुए छप गया तो नेमिचन्द्र जैन ने लिखा—'स्पष्ट है वात्स्यायन जैसे व्यक्ति की रुचि, पहल, अथक उत्साह, लगन और साधनशीलता के बिना वह कभी न छप पाता।' (बदलते परिप्रेक्ष्य, 165) यहाँ यह जानना भी अपेक्षित है कि यह अज्ञेय की ही परख और लगन का नतीजा था कि भवानी प्रसाद मिश्र, भारतभूषण अग्रवाल और प्रभाकर माचवे तार 'तारसप्तक' में आसानी से प्रवेश पा सके। अज्ञेयजी ही सर्वेश्वर, रघुवीर सहाय, साही, भारती, कुँवर नारायण आदि को लेकर आये, जिन पर आज का पूरा साहित्य जगत् गर्व कर रहा है।

'तारसप्तक' की विवृत्ति और पुनरावृत्ति में अज्ञेय ने अपने को 'संकलनकर्ता' माना है—सम्पादक या मूल योजनाकार नहीं। दूसरा, तीसरा, चौथा सप्तक के अज्ञेय को विवशताओं के कारण भूमिकाओं की बहस में पड़ना पड़ा। वे उधर स्वयं नहीं गये, उधर आचार्य नन्द दुलारे वाजपेयी जैसे प्रबल-प्रखर छायावादी आलोचक के द्वारा धकेले गये। आचार्य वाजपेयी के तर्कों, तर्क-विकृतियों के विरुद्ध अज्ञेय चुप रह जाते तो सभी का 'तारसप्तक' में किया जप-तप निरर्थक हो जाता। 'तारसप्तक' के प्रकाशन तक 'अज्ञेय' एक प्रसिद्ध नाम था और वे मैथिलीशरण गुप्त की शिष्यता में पलकर पक चुके थे। इसलिए सैद्धान्तिक धरातल पर अपने को 'मैं कवि

द्रष्टा-उन्मेष्टा' कहनेवाले अज्ञेय ने प्रयोग और नयी कविता का 'महासमर' लड़ा। इस महासमर में ग.मा. मुक्तिबोध और विजयदेव नारायण साही ने अज्ञेय का नयी कविता संघर्ष में साथ दिया—यह बात आज भूलने के विरुद्ध है। वात्स्यायन जी ने कहा कि नया कवि नये तथ्यों को उनके साथ नये रागात्मक सम्बन्ध जोड़कर नये सत्यों का रूप दे, उन सत्यों को प्रेष्य बनाकर उनका साधारणीकरण करे, यही नयी रचना है। इसलिए प्रयोग अपने आप में इष्ट नहीं है—वह साधन है। अज्ञेय का 'तीसरा सप्तक' की भूमिका का कथन याद कीजिए। आज बड़ा कवि वाक्‌सिद्ध होता है और भी बड़ा कवि रससिद्ध होता था।' अज्ञेय द्वारा साधारणीकरण की महत्ता को स्वीकार करने का अर्थ है—प्रयोग-परम्परा पर विश्वास करनेवाली भारतीयता की शरण गह लेना। यह संयोग ही है कि अज्ञेय निरन्तर विदेश से टूटकर देश और देशीयता—भारतीयता की ओर बढ़ते रहे हैं—अपने आत्म का उत्खनन करते हुए। टी. एस. इलियट, पाउंड और जेन के साथ मसीही-दर्शन से उन्होंने सीखा-जाना। लेकिन अपने को कालिदास, भवभूति, मैथिलीशरण गुप्त, जयशंकर प्रसाद और निराला की परम्परा में ही अद्वैत-एकाग्र मन से खपाया।

इसी मनोभूमिका की दृष्टि से रामस्वरूप चतुर्वेदी ने 'आधुनिक कविता-यात्रा' पुस्तक में 'अज्ञेय' और 'तारसप्तक' पर विचार किया। साथ ही कहा, "'तारसप्तक' के आगे-पीछे उठे कई काव्यान्दोलनों की तुलना में विद्रोह का रूप यहाँ बुनियादी तौर पर सर्जनात्मक था। 'प्रपद्यवाद' तथा 'अकविता' जैसे आन्दोलन वैचारिक धरातल पर अधिक सक्रिय हुए, वहाँ 'तारसप्तक' के कवि मूलतः रचना-समस्याओं से अधिक जूझ रहे थे।" (पृ. 96) यह कथन इस दृष्टि से महत्त्वपूर्ण है कि अज्ञेय, मुक्तिबोध ने रचना-समस्याओं से सीधा संघर्ष किया और काव्य की चली आती हुई तमाम काव्य-रूढ़ियों को तोड़कर एक नयी रचना-स्थिति की प्रतिष्ठा की। अज्ञेय अपने साक्षात्कारों, निबन्धों में कहीं भी 'तारसप्तक' के आयोजन का श्रेय नहीं लेते। हाँ, यह अवश्य कहते हैं कि कवि-मित्रों के आग्रह पर 'तारसप्तक' के संकलन-सम्पादन का दायित्व उन्हें उठाना पड़ा। हाँ 'तारसप्तक' की परिकल्पना से जुड़े मध्यप्रदेश मूलक विवाद के थमने पर उन्होंने यह अवश्य कहा कि 'तारसप्तक' की योजना बुनियादी तौर पर मेरी नहीं थी। लेकिन जो उसका रूप बना वह बिल्कुल मेरा था।' (अज्ञेय अपने बारे में—आकाशवाणी, नयी दिल्ली) इसमें संकलित कवियों की भंगिमा साक्षी है कि 'कौन-सा पथ है? मार्ग में आकुल अधीरातुर बटोही यों पुकारा' (भारतभूषण अग्रवाल) 'संशय के दो कण लाया हूँ, लाया हूँ आज ज्ञान की झोली में' (प्रभाकर माचवे) उन्हें पथ की तलाश थी और यह पथ 'तारसप्तक' के संशयों-तथ्यों

से मुठभेड़ के बाद मिला। न जाने कितने—कविता के कितने मिथकों को तोड़कर अज्ञेय कह सके—'झूठ वह आकाश का निरवधि गहन विस्तार'। इसलिए नयी कविता में अज्ञेय की स्थिति रचना-उद्घोषक के रूप में रही। लेकिन वामपंथियों ने उसे पूँजीवाद का मुखौटा-नाटक ही माना। कुछ भी किसी ने माना हो, अज्ञेय मौन झेलते रहे और 'वाद' लिखने के चक्कर में नहीं पड़े—लिखते कविता ही रहे—कितनी नावों में कितनी बार बैठकर। हो सकता है आचार्य रामचन्द्र शुक्ल का यह कथन अज्ञेय को अनजाने ही याद रहा हो कि 'कुछ दिनों में लोग कविता न लिखकर 'वाद' लिखने लगते हैं।' अज्ञेय ने 'प्रयोगवाद' नामकरण का प्रतिवाद करते हुए 'दूसरा सप्तक' 1951 की भूमिका में छायावाद के व्याख्याता आचार्य नन्द दुलारे वाजपेयी के कथन का प्रत्याख्यान करते हुए कहा—'प्रयोग' का कोई 'वाद' नहीं है।' निराला के व्यक्तित्व की उग्रता ने अज्ञेय की 'सागर मुद्रा' में आकर सहना सीखा। इसलिए कि वह क्लासिकल संवेदना को बटोरकर गैर रोमाण्टिक भाव-बोध की ओर अग्रसर होने का अपराजेय संकल्प धारण कर सके। अज्ञेय का ठण्डापन उन नायकों-खलनायकों का विरोध करने में चूकता नहीं है, जो जनवाद या साहित्य में लोकतन्त्र के नाम पर घृणा और हिंसा की राजनीति करते हैं। वे उन छलनाओं को 'त्रिशंकु' में ही समझ गये थे—जो मीडिया और मल्टीमीडिया के नाम पर भाषा के सत्यानाश पर आमादा हैं और रहे हैं। इसलिए अज्ञेय ने एक देशभक्त, भाषा-चिन्तक और सर्जक के रूप में अपने को अर्पित कर दिया। उनका विश्वास था कि रचनाकार भाषा की सर्जनात्मक शक्ति को वापस भी करता है और भरता भी है। भाषा वह कल्पवृक्ष है उससे जो माँगा जाता है—वह देती है। फिर 'तारसप्तक' के आयोजन में एक पक्ष सर्जनात्मक वैचारिकता का है तो दूसरा सहभागी कवियों का प्रबल मतवाद भी। मार्क्सवादी और कम्युनिस्ट क्रमशः सम्पादक के सहयोग में समाते गये और बाद में कड़के-भड़के। इन्हें लाल कपड़ा दिखाकर बीस-तीस वर्षों के बाद किसने भड़काया—यह अलग अनुसन्धान का विषय है। आज अर्द्धशताब्दी से भी ज्यादा समय के बाद आधुनिक मतवादों और प्रबल राजनीति में पड़े आलोचक अज्ञेय के 'तारसप्तक' प्रसंग को 'प्रकरण-वक्रता' बनाकर 'महाभारत' कर उठे हैं—यह एक दिलचस्प साहित्यिक उठान है। पूछा जा रहा है कि 'तारसप्तक' के प्रयोगों की आगे चलकर क्या परिणति हुई? 'तारसप्तक' के सम्पादक की 'भूमिका' का क्या क्या बना? परम्परा में नये प्रंयोग की सैद्धान्तिकी का उत्तर-आधुनिक परिदृश्य में कोई नाम-लेवा है भी या नहीं? फिर मुझे अज्ञेय के सप्तक-क्रम की भूमिकाओं से उठती उनकी आवाज सुनाई दे रही है, जो कह रही है कविता का खतरा कोरे गद्य-विन्यास से भरी गद्य-कविता से नहीं है, असली खतरा यह है कि आज का कवि विचार के नाम पर

इतना अधिक बोलता है कि कविता की बोलती बन्द हो जाती है। मुक्त-छन्द की लय का निरसन, कविता के गहनार्थ की खोज में निरा गद्य आज की खतरनाक स्थिति है। 'तारसप्तक' का अर्थ—लयवाला संगीत समकालीन कविता में गद्य बनकर कहाँ गायब हो गया है।

आज का प्रबुद्ध पाठक आधुनिक कविता यात्रा में 'तारसप्तक' को लेकर बेचैन है। इस बेचैनी पर सोचने की जरूरत है।

आलोचना का वैचारिक आधार

विचारधारा विशेष के खेमेबन्द आलोचक अज्ञेय के सृजन और चिन्तन को चाहे कितने ही आरोपों से प्रतिगामी व्यक्तिवादी 'कांग्रेस फॉर कल्चरल फ्रीडम' का दलाल सिद्ध करने में आकाश-पाताल के कुलाबे मिलाते रहे, पर उससे कुछ बना नहीं है। सार्थक कुछ नहीं उपजा; इसलिए कि 'विचारधारा' के चक्रव्यूह में घेरकर मारने के उनके सभी द्रोणाचार्यी प्रयास खोटी नीयत को सामने लाते हैं। वे रचनाकार अज्ञेय के वैयक्तिक जीवन के आस-पास चक्कर काटकर उन्हें विदेशी मानसिकता का रचनाकार और समाजद्रोही सिद्ध करते रहते हैं। वे अज्ञेय के रचना-कर्म के भीतर प्रवेश नहीं करते। साथ ही यह भूल जाते हैं कि साहित्य विचारधारा मात्र नहीं है और अनुभव-अनुभूति की भट्ठी में गलकर-ढलकर निकला साहित्य तो विचारधारा का अतिक्रमण करता है। उसमें मानव मात्र की आन्तरिक प्रेरणाएँ, आकांक्षाएँ, मनोभूमिकाएँ व्यंजित होती हैं। सृजन में व्यक्ति नहीं, आदिम भावनाएँ बोलती हैं और वह देश-विदेश की विरोधी विचारधाराओं में सामंजस्य स्थापित करता है—कवि का हृदय 'लोक का हृदय' हो जाता है और जातीय स्मृतियाँ उसके बिम्बों, प्रतीकों, मिथकों, रूपकों, अभिप्रायों, युक्तियों में पुनर्नवा रूप धारण करके आती हैं। इसलिए सृजन जीवन के सत्य-सौन्दर्य की अभिव्यक्ति है, विचारधारा की किसी भी कीमत पर गुलामी नहीं। जबकि सर्जनात्मकता में 'आइडियोलॉजिकल' आग्रह अपने ढंग से सक्रिय रहते हैं, किन्तु वे रचना की केन्द्रीय अनुभूति को शासित नहीं करते। शासन तो सम्पूर्ण जीवन-सौन्दर्य की सांस्कृतिक लय ही करती है। मैं इसी अर्थ-सन्दर्भ में कहना चाहता हूँ कि अज्ञेय का सृजन और चिन्तन किसी भी विचारधारा का गुलाम नहीं है। उन्हें मार्क्सवाद के राजनीतिक प्रतिमानों से कसकर भाववादी, रहस्यवादी, क्षणवादी, प्रतिक्रियावादी आदि सिद्ध करने की कोशिश समीक्षा-कर्म की ईमानदारी का न केवल अपमान है, अपितु बुद्धि का दिवालियापन भी है। क्योंकि रचना का सच और विचार रचना के भीतर निवास करता है, बाहर तो कोरी एकांगी निरर्थक छलना है।

यह बात भूलने की नहीं है कि 'विचारधाराओं के अन्त' के इस उत्तर-आधुनिक समय में कोई भी विचारधारा किसी भी कोण से रचना के मूल्यांकन का न प्रतिमान हो सकती है, न कसौटी। प्रायः रचना में 'युग-समय-परिवेश' के अन्तर्ध्वनित सत्य मौजूद रहते हैं, जिन्हें सावधानी से मथकर गहने की आवश्यकता होती है। रचना समय-संवाद है और परिवेश की व्यंजना। अज्ञेय ने अपने समय, समाज, परिवेश की चुनौतियों से मुठभेड़ करते हुए अपने सृजन-कर्म से बाहर सृजन-चिन्ताओं, प्रेरणाओं, स्रोतों को अपने मनन-चिन्तन का विषय बनाया है। रचनाओं के सृजन-स्रोतों की जानकारी के लिए वे सभ्यता, संस्कृति, परम्परा, धर्म, इतिहास, मिथक और दर्शन के भीतर अवगाहन करने उतरते हैं—चाहे वह अरविन्द, विवेकानन्द, गाँधी, लोहिया, जयप्रकाश नारायण का चिन्तन हो या यास्पर्स, नीत्से, मार्क्स और फ्रायड-एडलर, युंग का चिन्तन हो। अज्ञेय में वैचारिक कोलाहलों की तीव्र ध्वनियाँ हैं और उफनते सागरों की दहाड़ों का आतंक। अज्ञेय के इन वैचारिक कोलाहलों को हिन्दी-आलोचना 'बहरेपन' के कारण और 'घटिया किस्म की प्रतिबद्धता' के कारण सुन नहीं पायी है। तुलसी के 'रामचरितमानस' में कहा गया है कि रचना को ठीक-ठीक समझने के लिए 'अस मानस मानस चख चाही। आज यही बात अज्ञेय को समझने-जानने के लिए कही जा सकती है।

अज्ञेय की विचारधारा का सच क्या है? वे अपने समय के सृजन-कर्म संकट की विडम्बनाओं से उलझते और जूझते रहे हैं। उनके क्रान्तिकारी देशभक्त मन ने कभी भी थकान, पस्ती और निराशा-हताशा का वरण नहीं किया। उनके चुप में चिन्तन का प्रवाह है और उनके सृजन-कर्म में मानव-मुक्ति की आकांक्षा, स्वाधीनता की खोज। इस खोज का दायरा मूर्त और अमूर्त दोनों है, तभी तो 'राही नहीं राहों के अन्वेषी' का अदम्य-अरमान उनकी प्रेरणा की आन्तरिक आग बना है। इस भाव यज्ञ में वे जीवन-भर स्वाधीनता प्राप्त करने के लिए आहुति देते रहे। तमाम सीमाओं को लाँघकर अज्ञेय के 'रचनात्मक-सृजन' ने काफ़ी हदतक मूलगामी चिन्तन किया है। परम्पराओं के वृक्षों को भीतर से जानने के लिए अज्ञेय उसकी जड़ों की ओर लौटे। आधुनिक हिन्दी कविता की विचारयात्रा में अज्ञेय की इस तलाश का बहुत बड़ा अर्थ है। इस अर्थ की उपेक्षा करना, उपहास करना प्रश्नाकुल भारतीयता और देशी आधुनिकता पर अविश्वास करना है। अज्ञेय को समय, काल-मृगया, समकालीनता, प्रासंगिकता, परम्परा, नैतिकता जैसे तमाम प्रश्न परेशान करते हैं, उन्हें घेरे रहते हैं। इस घिराव में भी अज्ञेय का 'उड़ चल हारिल मन' अपने दम पर 'अनथक पंखों की चोटों' से 'नभ में एक मचा दे हलचल' का अपराजेय संकल्प रखता है।

'एक बूँद सहसा उछली' के यात्रा-निबन्ध में अज्ञेय जब यास्पर्स से मिले थे तो

वैचारिक, सांस्कृतिक-संवाद में वे यह नहीं भूले थे कि वे मूलतः लेखक हैं दार्शनिक नहीं हैं। उन्होंने राधाकृष्णन और कुमारस्वामी का सन्दर्भ आने पर बेहिचक कहा था कि दार्शनिक विचारधाराओं का क्षेत्र उनके चिन्तन का विषय-क्षेत्र नहीं है। इसलिए अज्ञेय को अस्तित्ववादी विचारधाराओं में खोजने की गलती नहीं करनी चाहिए। जबकि इस विचारधारा के चिन्तकों को अज्ञेय ने मनोयोग से पढ़ा है, ताकि वे पश्चिमी संस्कृति के संकट को समझ सकें। अज्ञेय ने सार्त्र के दार्शनिक चिन्तन के गुलाम हैं, न नीत्से के, न कामू-हाइडेगर-यास्पर्स के, जबकि उनके रचना-कर्म पर इन अस्तित्ववादी चिन्तकों की धमक है। इस दृष्टि से अज्ञेय ने काव्य-दर्शन को दार्शनिक स्थापनाओं में नहीं खोजना चाहिए। उनके कवि और दार्शनिक के सामने सोचने की समस्याएँ चाहे एक सी हों किन्तु दोनों के चिन्तन औजारों में, सोचने की प्रक्रियाओं में फर्क होता ही है।

निर्मल वर्मा ने अज्ञेय के सन्दर्भ में पाल वैलरी के विचारों से असहमति व्यक्त करते हुए 'अज्ञेय : आधुनिक बोध की पीड़ा' नामक लेख में लिखा है—"लेखक का दर्शन सोच के विषयों में नहीं, बल्कि स्वयं सोच की प्रक्रिया और उसके व्यवहार में निहित होता है।" पाल वैलेरी का यह कथन हमेशा ही अज्ञेय की सोच पर लागू नहीं होता, वह अक्सर दार्शनिक सूक्तियों में फिसल जाते हैं, किन्तु अधिकांश समय वह इस तथ्य के प्रति सचेत रहते हैं कि 'लेखक का सृजन-संघर्ष विचारों से नहीं, शब्द और भाषा से जुड़ा रहता है।' (शताब्दी के ढलते वर्षों में, पृ. 214) अज्ञेय की सृजन-समस्या कालिदास की सृजन-समस्या से जुड़ी रही है कि 'वागर्थ की प्रतिपत्ति' कैसे हो? शब्द के भीतर मौजूद अर्थ के बासीपन को निकालकर उसमें नयी संवेदना के अनुकूल नवार्थ का संचार कैसे किया जाये। फिर अज्ञेय को मलार्मे और कालिदास, तुलसी और प्रसाद का यह कथन याद है कि कविता विचारों से नहीं, शब्दों से बनती है। कविकर्म और शब्दकर्म है गद्यकर्म—भाषाकर्म। इस तरह काव्यकार और गद्यकार की समस्याएँ अलग-अलग होती हैं। शब्द और सत्य, शब्द और मौन, शब्द और अर्थ की लय, शब्द और काल के प्रति अज्ञेय जैसा जागरूक कवि उत्तर-छायावादी परिदृश्य में तो कोई दूसरा नहीं है। दरअसल, शब्द-मौन और अस्तित्व की समस्या को अज्ञेय एक लेख लिखकर उठाते हैं—हर समय याद रखते हैं—*'मन निज मुकुर, मुकुर निज पानी। गहि न जाय अस अद्भुत बानी ॥'* इस अद्भुत-अपूर्व वाणी के लिए ही जीवन-भर अज्ञेय शब्द-साधना में लगे रहे। शब्द का सम्बन्ध भाव-विचार से है, कल्पना से है, स्मृति-परम्परा प्रयोग से है। पूरी भारतीय चिन्तन परम्परा 'रमणीयार्थ प्रतिपादक शब्द' पर अपने को केन्द्रित करती रही है। स्वयं आचार्य रामचन्द्र शुक्ल ने 'कविता क्या है' पर विचार करते हुए कविता को

'शब्द-विधान' माना है यह सच है कि अज्ञेय की कविताएँ हृदय की मुक्तावस्था न होकर, बुद्धि की मुक्तावस्था हैं और निरी बौद्धिक नहीं हैं। उन पर आधुनिकतावाद का तर्कवादी बौद्धिकतावाद पागलपन की हद तक सवार नहीं है। केवल उनमें उतनी ही बौद्धिक आँख है, जो रचना के राग-दीप्त सच को वैचारिक आलोक प्रदान करती है।

यह वही अज्ञेय हैं जिन पर एक समय जयशंकर प्रसाद और टी.एस. इलियट, डी.एच. लॉरेंस और मानवेन्द्र राय का गहरा प्रभाव रहा। इन प्रभावों ने प्रेरणाओं का रूप ग्रहण किया और ऐसी प्रश्नाकुलताओं को जन्म दिया और आत्ममंथन की शुरुआत हुई। एक औपनिवेशिक नागरिक होने के नाते अज्ञेय ने मन में धँसी गुलामी से मुक्त होना चाहा है। उन्होंने यूरोपीय मानस की 'अन्यता' को पहचानकर अपने 'आत्म' की सांस्कृतिक-अस्मिता को आकार दिया। उन्हें तिलक के गीता-भाष्य ने जगाया भर, लेकिन गाँधी ने उन्हें कभी उद्वेलित नहीं किया। मन के भीतर झाँकने में फ्रायड ने मदद की और पाया कि आज के मनुष्य का मन यौन-प्रतीकों से लदा हुआ है। लेकिन मार्क्स को समझने निकले तो मार्क्सवादी नहीं बने। अज्ञेय के कई विश्वासों को सुभाष ने दृढ़ किया और नेहरू-युग के विचार-मण्डल ने पक्का। एक रेडिकल और रिबेलियन मानस लोकतन्त्र की मान्यताओं से निर्मित हुआ और इसी मनोभूमिका ने 'व्यक्ति-स्वातन्त्र्यवाद' के सिद्धान्त को जीवन और साहित्य में अपनाने को विवश किया। अज्ञेय एक खास अर्थ में उपनिषदों की उस बौद्धिक परम्परा के उत्तराधिकारी रहे, जिसके मन में पूर्व-पश्चिम, दोनों के भाव-बोध के प्रति खुला आकर्षण रहा है। द्वितीय विश्वयुद्ध के संकट को अज्ञेय ने समझा तो पाया कि एक 'लघुमानव' जन्म ले चुका है। मूल्यों को ध्वस्त पाकर मानव अकेला हो गया है और उस पर मशीन ऐसी हावी हो गयी है कि वह व्यक्ति को ही कुचल दे रही है। वह अपने को अधिकाधिक नगण्य पाकर दौड़ रहा है और दौड़ता हुआ भी क्रमशः और नगण्य हो गया है।

अज्ञेय ने पाया कि अस्तित्ववाद के नाम पर यूरोप में जो कुछ आया, सब स्वस्थ नहीं था। उससे कई दिमागी बीमारियाँ उत्पन्न हुईं और आत्मपीड़ा, अमानवीकरण के नाम पर सार्त्र का 'मितली का दर्शन' परोसा गया। आतंक की छटपटाहट से ग्रेब्रिएल आर्सेल और कार्ल यास्पर्स का दर्शन आधुनिक यूरोप के चिन्तन की मौलिकता बनकर सामने आया। इसमें 'परम्परा' क्या बिखरी, बहुत कुछ छूट गया। परम्परा में जो पूर्वापरत्व निहित है, वह तभी सार्थक हो सकता है जबकि 'पूर्व' के साथ 'अपर' भी हो। हम पूर्वोन्मुखता के नशे में अपने से यह पूछना ही भूल गये कि अपर क्या है। अज्ञेय ने अपने चिन्तन में भारत की क्लासिकल परम्परा को मुख्य

प्रेरणा-स्रोतों की तरह कमाया और पाया कि इसकी ताकत से वे तमाम रोमाण्टिक मोहों से मुक्त हो सकते हैं और उनके कदम गैर-रोमाण्टिक पथों की ओर मुड़ गये। यह अकारण नहीं है कि अज्ञेय ने भारत की सांस्कृतिक-साहित्यिक परम्परा से साक्षात्कार मैथिलीशरण गुप्त, रायकृष्णदास, माखनलाल चतुर्वेदी और आचार्य हजारीप्रसाद द्विवेदी की राह पर चलकर किया। सांस्कृतिक परम्पराओं में विचारक मरते नहीं, वे जातियों, युगों, समाजों को नया संस्कार दे जाते हैं। यूरोप यात्रा से अज्ञेय ने यह ज्ञान पाया कि 'बिना एक भाषा में पूरी तरह डूबे रचनात्मक साहित्यिक कार्य नहीं हो सकता, क्योंकि भाषा संस्कृति का जीवन-रस है।' इस भाषा, संस्कृति का जीवन-रस पाने के लिए ही अज्ञेय ने कई भाषाओं को सीखने पर भी अपनी जड़ों से जुड़ने के लिए हिन्दी के लिए अपने को पूरी तरह अर्पित कर दिया। देश-विदेश के चिन्तन और विज्ञान को लाकर हिन्दी को सम्पन्न किया और सम्पन्न करने का 'कर्तापन' भाव कभी नहीं पाला। केवल विनम्र भाव से इतना संकेत दिया—'यों मैं कवि हूँ, आधुनिक हूँ, नया हूँ।' और इस नये के साथ जुड़ा है—स्वाधीनता प्रेम।

दरअसल, अज्ञेय ने अपनी जातीय परम्परा और भाषा के प्रति गहन निष्ठा से 'भारतीयता' का नया अर्थ पाया—सत्य, करुणा और स्वतन्त्रता। इस सत्य और करुणा में वैष्णव-बौद्ध परम्पराओं के संगम से एक नया अर्थ—खमीर उठा, जिसमें 'अन्य' है ही नहीं। वैयक्तिक-स्वतन्त्रता को महत्त्व देने के कारण अज्ञेय एक ओर तो उपनिषदों की नचिकेता-परम्परा से जुड़े, दूसरी ओर नेहरू युग की भव्य-उदात्त मानसिकता से। निर्मल वर्मा ने पाया है कि नेहरू युग का उदात्त सौन्दर्य और जड़गत सीमाएँ—दोनों ही अज्ञेय के कर्म और चिन्तन में देखी जा सकती हैं। मानवेन्द्र राय के 'रेडिकल ह्यूमेनिज्म' अ. लोहिया, नरेन्द्रदेव, जयप्रकाश नारायण के समाजवादी चिन्तन को भीतर तक धारण कर अज्ञेय अस्तित्ववाद की ओर क्यों बढ़े—इसका उत्तर उन्होंने स्वयं दिया है—"अस्तित्ववाद में मेरी दिलचस्पी क्यों रही? इसके कारणों में जाना आवश्यक नहीं है। हिन्दी के जो परिश्रम-विरोधी सहजवादी आलोचक मुझको ही अस्तित्ववादी और सार्त्र का अनुयायी कह देते हैं, उनके सम्मुख तो यह निवेदन करना भी निष्प्रयोजन है कि सार्त्र का साहित्यिक अस्तित्ववाद मेरे लिए विशेष आकर्षक कभी नहीं रहा है, यद्यपि मैंने पढ़ना और समझना उसे भी चाहा जैसे कि अन्य साहित्य-सिद्धान्तों को समझना चाहता रहा हूँ। लेकिन उन दो प्रवृत्तियों में जिन्हें 'ईसाई अस्तित्ववाद' और 'वैज्ञानिक अस्तित्ववाद' कहा जाता है, मेरी विशेष रुचि नहीं रही, क्योंकि मैं समझता था और अब भी मानता हूँ कि यूरोप की वर्तमान मनःस्थिति और उसके संकट को समझने के लिए इन प्रवृत्तियों का अध्ययन आवश्यक है।" (एक बूँद सहसा उछली, पृ. 37) इसी दृष्टि से अज्ञेय सार्त्र से ज्यादा

यास्पर्स की स्पष्ट और सतर्क विचार-पद्धति की ओर विशेष रूप स आकृष्ट हुए। क्या गजब की बात है कि अज्ञेय में इटली का पुनर्जागरण, जर्मन स्वभाव की कल्पनाशीलता, कालिदास का सौन्दर्य-बोध, इलियटीय चिन्तन की आधुनिकता और भारतीय चिन्तनधारा के प्रति गहरे सम्मान का एकाग्र भाव रहा है। इसलिए अनेक प्रकार के विदेशी विचार और प्रभाव लेकर भी उनके कवि कर्म का 'टेम्पर' एकदम भारतीय है। अज्ञेय ने यह पाया कि आधुनिक पश्चिमी समाज अपनी धर्म-परम्पराओं से कट गया है। आधुनिकता और मानववाद की छलनाओं ने मानव को केन्द्र में लाकर प्रकृति को दासी बनाने की ठान ली है। यही अन्तःसंघर्ष उसके तनाव और अनिश्चयजन्य आशंकाओं का कारण है। चर्च ने कलाओं और कलाकारों को अपदस्थ बल्कि बहिष्कृत कर दिया। तब से धार्मिक प्रेरणाओं से कला का सम्बन्ध टूट गया और कलाकारों का विकास-बिल्कुल लौकिक ढंग से होने लगा? साहित्य में इसी परिवेश ने आन्तरिक और बाह्य संघर्ष की प्रतिष्ठा की। रेनेसाँ का बौद्धिक उन्मेष और रोमाण्टिक आन्दोलन भी उसी दूरी के परिणाम थे जिसे कला, साहित्य, विज्ञान और यन्त्र की चिन्ताधाराओं ने जन्म दिया था। मनुष्य अपने अस्तित्व को सब कुछ मानकर ही आत्मानुभूतियों को प्राथमिकता देने लगा। मानव ने प्रकृति से कटकर पाया कि उसकी हरकतों ने उसको नगण्य बना दिया है—इस नगण्यता के हाड़-फोड़ दर्द ने ही उन्हें कसकने वाला अनुभव दिया।

वैज्ञानिक यन्त्र-शिल्प सबको एक-सा बनाना चाहता है और यह असम्भव इच्छा है। एक हद तक वह व्यक्ति-वैचित्र्य का अर्थ मिटा देता है। यन्त्र-शिल्प का उपयोग करनेवाले तमाम मतवाद व्यक्ति-स्वतन्त्रता को मिटाने की भरसक कोशिश करते हैं, जिससे भौतिक चिन्तन रुक जाता है। हिन्दी में व्यक्ति-स्वातन्त्र्य सिद्धान्त को मानने के कारण अज्ञेय को वामपंथियों ने पानी पी-पीकर कोसा है और पूँजीवाद का एजेण्ट, अमेरिकी दलाल तक कहने में नहीं चूके हैं। लेकिन वे स्वाधीनता को मानव का चरम मूल्य मानते हैं और घोषित तौर पर कहते हैं कि स्वाधीन जाति ही स्वाधीन व्यक्ति को जन्म दे सकती है, जो जाति ही पराधीन है, वह स्वाधीन व्यक्ति और स्वाधीन चिन्तन को जन्म देने में असमर्थ है। मानव को वरण की स्वतन्त्रता होनी चाहिए। अगर हम मनुष्य की वरण की स्वतन्त्रता को नहीं मानते तो हम उसकी नैतिकता की सम्भावना भी नहीं मानते। आत्मिक उन्नति को यन्त्र बाधित करता है। आत्मिक उन्नति की प्रेरणा के स्रोत की खोज आधुनिक मानव की खोज है। जो विचारधाराएँ व्यक्ति-स्वातन्त्र्य और सांस्कृतिक-आध्यात्मिक स्वातन्त्र्य का विनाश करना चाहती हैं, वे ही मानव में बंजरता पैदा करती हैं। पूर्व और पश्चिम की सभ्यता-संस्कृति की अन्तर्यात्रा में अज्ञेय ने पाया है कि पाश्चात्य संस्कृति का केन्द्र

है—'मैं'। उसकी मूल स्थिति में शेष जगत् से विरोध का सम्बन्ध है। भारतीय संस्कृति के मूल-स्रोत में 'मैं' और 'हम' की एकात्मता का बोध है। इसके लिए किसी सम्बन्ध की खोज का प्रश्न नहीं है, होने की स्थिति ही उसका स्रोत है। पश्चिमी सभ्यता-संस्कृति सभी क्षेत्रों में संघर्ष को आदर्श मानती है और भारतीय सभ्यता-संस्कृति के मूल में विरोधों के सामंजस्य का सौन्दर्य है, समस्वरता का आदर्श है। पश्चिम का काल बोध एकांगी है लेकिन देश बोध व्यापक। भारत का देश बोध एकांगी है लेकिन काल बोध व्यापक और अनन्त। यूरोप का आदमी काल के एक बिन्दु पर जाता है, भारत का मनुष्य अनन्त काल के विस्तार में। 'संवत्सर' और 'काल का डमरू नाद' सुननेवाले अज्ञेय अपने चिन्तन की अन्तःप्रज्ञात्मक भाषा को स्वीकार करते हैं।

क्या यह सच नहीं है कि अज्ञेय के लिए स्वाधीनता का अर्थ व्यक्तिवादी, स्वकेन्द्रित, समाज-निरपेक्ष चिन्तन नहीं है। उनके लिए स्वाधीनता का विस्तार है—व्यापक सामाजिकता। अज्ञेय ने 'शाश्वती' (अन्तःप्रक्रियाओं का एक संग्रह) में उन्मुक्त भाव से कहा है, "सामाजिकता को स्वाधीनता का विपर्यय न मानकर उसका विस्तार ही मानना होगा। मानव की सामाजिकता ही वह पीठिका होगी जिस पर उसकी स्वाधीनता की इमारत खड़ी होती है। मानव स्वाधीन है तो अपने आप-मात्र में स्वाधीन नहीं है, वह अपने से इतर में, दूसरे में स्वाधीन है। जितना, जिस मात्रा में, वह समाज को स्वाधीन बनाने में योग देता है, उतना, उस मात्रा में वह स्वाधीन है।" (पृ. 38) आज बड़ी पीड़ा से कहना पड़ता है कि अज्ञेय के इस स्वाधीन चिन्तन को व्यक्तिवाद से जोड़कर कोसा गया है। औपनिवेशिक गुलामी की मानसिकता भारत के नये बुद्धिजीवी में यह स्थायी भाव बैठा गयी है कि वह तर्करहित बुद्धि से स्वाधीनता को सामाजिकता का विरोधी मान बैठता है। हमारा राजनीतिक चिन्तन इस ढंग से निकम्मा हो गया है कि वह संस्कृति-सभ्यता की सोच को राजनीति से ऊपर स्थान नहीं दे पाता। अज्ञेय के लिए संस्कृति का परिष्कृत रूप स्वाधीनता की अवधारणा है, इसका अर्थ सामाजिकता को नकारना नहीं है। उनके लिए स्वतन्त्र होने का अर्थ समाज से स्वतन्त्र होना नहीं है, समाज स्वतन्त्र होना है। इसलिए अज्ञेय मानते हैं, "मेरी स्वतन्त्रता एकान्त मेरी स्वतन्त्रता नहीं है, बल्कि ममेतर की स्वतन्त्रता है, दूसरे के मुकुर में ही मैं अपनी स्वतन्त्रता को और स्वयं अपने को पहचानता हूँ।" (केन्द्र और परिधि, पृ. 256) यह कितनी गहरी सच्चाई है कि गाँधीवादी चिन्तक और अज्ञेय के प्रसिद्ध आलोचक नन्द किशोर आचार्य अज्ञेय की स्वतन्त्रता की अवधारणा और महात्मा गाँधी के विचारों में अद्‌भुत साम्य पाते हैं। (साहित्य का अध्यात्म, पृ. 80)

मूल बात यह है कि अज्ञेय अपनी विचारधारा में न सर्वसत्तावाद को स्वीकार करते हैं, न फासीवाद-अधिनायकवाद को। वे अपने चिन्तन में लोकतन्त्रात्मक मूल्यों को सर्वोपरि स्थान देते हैं।

अज्ञेय को अमेरिकी पूँजीवाद या अधिनायकवाद का प्रचारक सिद्ध करने के लिए भारत के वामपंथी बौद्धिकों, सिद्धान्तकारों ने एक सुनियोजित साजिश ही रच डाली। इस साजिश से कम्युनिस्टों ने यह सिद्ध करने में एड़ी-चोटी का जोर लगा दिया कि अज्ञेय का पूरा चिन्तन व्यक्तिवादी, भाववादी और जनविरोधी है। पूँजीवादी, साम्राज्यवादी चिन्तन में नाक तक गर्क अज्ञेय छद्म क्रान्तिकारी, दिमाग से रीतिवादी मूल्यों का रक्षक, समूह की स्वाधीनता का विरोधी, अभिजात्यवादी विचारों के नरक से भरा बुर्जुआ-प्रतिगामी रचनाकार है। यहाँ तक कहा गया कि अज्ञेय का पूरा रचना-कर्म और उसका वैचारिक आधार इस देश की जनता को विकृत-भ्रष्ट एवं दिशाहीन करनेवाला है। हिन्दी का शायद ही कोई रचनाकार हो, जिसने अपने विरोधियों का इस कदर अन्धा विरोध झेला हो और उसे झेलकर भी वह अपनी रचना यात्रा और चिन्तन-कर्म में निर्भय रहा हो। हिन्दी के वामपन्थी आलोचक पागलपन की हद तक अज्ञेय के विरोधी रहे और कहते रहे कि अज्ञेय का नयी कविता में वही स्थान रहा है, जो रीतिकाल में बिहारीलाल का रहा। उन्हें 'केशवदास की कविताई' लेख के आधार पर केशवदास से जोड़ा गया। अज्ञेय को लेकर ऐसा कोई मौका नहीं छोड़ा गया, जब उन्हें हर तरफ से ध्वस्त करने का षड्यन्त्र न रचा गया हो। हिन्दी आलोचना का कैसा दुर्भाग्य है कि इस षड्यन्त्र करनेवालों के महानायक रहे हैं—'तारसप्तक' के एक सहयोगी कवि और प्रसिद्ध आलोचक डॉ. रामविलास शर्मा। इसी आलोचक की राह पर चलनेवालों में नेमिचन्द्र जैन, नामवर सिंह जैसे आलोचक भी पीछे नहीं रहे। नेमिचन्द्र जैन ने कविता और राजनीति के सम्बन्ध को 'कविता और राजनीति' शीर्षक निबन्ध में विस्तार से प्रस्तुत किया और पूरा झुकाव मार्क्सवादी चिन्तन की ओर रखा। फलतः वे बहक गये। इसी बहक में उन्होंने अज्ञेय को निशाना बनाते हुए कहा कि "मौजूदा दौर में परिवेश के साथ कवि के सर्जनात्मक सम्बन्ध के मानक राजनीति में सिर से पैर तक डूबे हुए मुक्तिबोध के काव्य में मिलते हैं, किसी चक्रान्त-शिला के खोजी अज्ञेय की कविता में नहीं।" (जनान्तिक, पृ. 16) जाने कौन-सी अज्ञात प्रेरणा है जो नेमिजी को हर समय अज्ञेय पर व्यंग्य कसने पर विवश किये रहती है। इस प्रेरणा के अन्तःसूत्र बहुत उछले हुए हैं।

भारत के (विशेषकर हिन्दी के) वामपंथियों ने अज्ञेय की साहित्यिक हत्या करने के लिए यह पूरा 'चक्रव्यूह' कैसे रचा था, इस इतिहास की पृष्ठभूमि में है, पश्चिमी देशों के बुद्धिजीवियों का संगठन—'कांग्रेस फॉर कल्चरल फ्रीडम'। इस संगठन का

श्रीगणेश 1950 में बर्लिन में हुआ। ततस्ततः 1955 में इटली के मिलान नगर में मध्य सितम्बर में यह सक्रिय हो गया। इसमें लगभग डेढ़ सौ व्यक्ति शामिल हुए, जिनमें विश्वविद्यालयों के प्रोफेसर, पत्रकार, राजनीतिज्ञ, रचनाकार, संस्थाओं से जुड़े तमाम बौद्धिक किस्म के व्यक्तित्व शामिल थे। इस कॉन्फ्रेंस का केन्द्रीय विषय था—'फ्यूचर ऑफ फ्रीडम।' इस कॉन्फ्रेंस का उद्देश्य था—अपने समय की टकरानेवाली विचारधाराओं पर एकाग्र होकर विचार करना। यहाँ कॉन्फ्रेंस का अभिप्राय स्पष्ट करते हुए कहा गया—उदारवादी और समाजवादी विचारों को विभाजित करनेवाली प्रक्रिया पर विचार करना और समाजों को मुक्त करने की पहल करना एवं रचनात्मक विचारों को सूत्रबद्ध करते हुए उन्हें एक समान आधार देने का ईमानदारी से प्रयास करना। मूलतः यह कॉन्फ्रेंस राजनीतिज्ञों का सोचा-समझा जमघट था, जिसमें थोड़े-से संस्कृतिकर्मी भी थे। विभिन्न राजनीतिज्ञों का यह जमघट क्या था—पूँजीवाद का हित साधक दल और कम्युनिस्टों की आँधी को रोकने का उपाय खोजता आवारा दल। इसमें कंजर्वेटिव या लिबरल और लेबरपार्टियों के सभी लोग उद्देश्य को लेकर सहमत लोग थे।

किस तरह का जमावड़ा था यह? इसमें अमेरिकी समाजशास्त्री आर्थर स्लाहसिंगर, डेनियल बेल, मार्टिन लिपसेट, सिडनी हुक तथा लेबर पार्टी के नेता ह्यू गैटस्केल आदि शामिल थे। ये लोग वामपंथियों के झूठे हुल्लड़ से थक गये थे—इसलिए इनकी रणनीति कम्युनिस्टों पर सीधा आक्रमण करने की थी। फलतः 'मिलान कॉन्फ्रेंस' में यही राजनीति हावी रही। नव उदारवाद के चेहरे पर कम्युनिस्टों ने जो तेजाब फेंकनी चाही थी, उससे उसे बचाना जरूरी था। इसलिए प्रत्येक लेख विचारधारात्मक वर्चस्ववाद से युक्त था। सारतः सभी अपने अमेरिकी अस्तित्व की रक्षा में संकल्पबद्ध लोग थे। इसकी रणनीति का यज्ञ-मन्त्र था, विचारधारा से मुक्ति। यहाँ विचारधारा से मुक्ति का अर्थ रहा है—'विचारधारा से मुक्ति या विदाई का सिद्धान्त'। इस सिद्धान्त को पाकर 'कांग्रेस फॉर कल्चरल फ्रीडम' के लोग बाँसों उछले। यहाँ तक कि कम्युनिस्ट विरोधपत्र के रूप में रेमण्ड ओटान ने 'द ओपियम ऑफ इंटेलैक्चुअल्स' शीर्षक से पुस्तक ही लिख डाली। विचारधारा का अन्त अर्थात् मार्क्सवादी चिन्तन की बुद्धिजीवियों के मानस से धुलाई। तमाम तरह के क्रान्तिकारी छलावों की रोकथाम का रेमण्ड ओटान को यह रामबाण तरीका दिखाई दिया था। इसे ही घुमाकर 'विचारधारात्मक युग की समाप्ति' का नाम दिया गया था। इस घोषणा का अलग समाजशास्त्रीय, राजनीतिशास्त्रीय अर्थ लिया गया। रेमण्ड ओटान के तर्क को और दृढ़ता से स्थापित करने के लिए उत्तर-आधुनिकतावादी चिन्तक डेनियल बेल ने प्रसिद्ध पुस्तक लिखी, जो बहुत हंगामेदार सिद्ध हुई। बेल ने इस पुस्तक का नाम

रखा—'द एण्ड ऑफ आइडियोलॉजी' वैसे भी विचारधारा के सितारे डूबे ही रहे। 1799 में नेपोलियन ने 'आइडियोलॉजी' शब्द का प्रयोग असफल क्रान्ति के उन विचार-निर्माताओं के सन्दर्भ में किया था, जिनका उसने जनाजा निकाल दिया था। स्वयं मार्क्स ने 'द जर्मन आइडियोलॉजी' में इसका प्रयोग तिरस्कार के तौर पर किया। लेकिन विडम्बना यह है कि जब भी इस शब्द का प्रयोग किया जाता है तो इसका अर्थ-संकोच से अर्थ किया जाता है—'मार्क्सवाद'। मार्क्सवादी इसका प्रयोग कर्म-विहीन समाज की शोषणमुक्त स्थापना के लिए करते हैं लेकिन इसके पीछे के निहितार्थ को खोजनेवाले इसके प्रयोग की निन्दा। निन्दा का कारण यह है कि मार्क्सवाद विचारधारा की स्वायत्तता को स्वीकार नहीं करता। वह विचारधारा को हथकड़ी की तरह पहनाकर गुलाम बनाता है। स्वयं मार्क्स को अहसास था कि विचारधारा वर्गीय स्वार्थों पर परदा डालती है—'उन्हें यथार्थ के नाम पर विकृत करती है।' फ्रांसीसी चिन्तक द तरेसे ने अपनी पुस्तक 'एलिमेण्ट्स ऑफ आइडियोलॉजी' में माना है कि 'आइडियोलॉजी व्यक्ति के पूर्वाग्रहों-रुझानों के स्रोतों की ओर पक्का संकेत करती है।' इस तरह 'आइडियोलॉजी' शब्द का अर्थ-विस्तार हुआ और मैनहोम ने पुस्तक लिखी 'आइडियोलॉजी एण्ड यूटोपिया'। लेकिन सन् 1960 में डेनियल बेल ने पुस्तक लिखी—'द एण्ड ऑफ आइडियोलॉजी' तो बहस-विवाद का अखाड़ा फिर खुल गया। रेमण्ड विलियम्स ने कहा 'मूर्खों की आइडियोलॉजी' होती है और बुद्धिमानों को खुले अनुभव का दर्शन ही पथ दिखाता है। (द आइडियोलॉजी इन द वर्ड्स : ए वोकेब्यूलरी ऑफ कल्चर एण्ड सोसाइटी)। इस शताब्दी में मार्क्सवाद के सामने तीन वैचारिक प्रश्न अड़ गये—1. आधुनिकता, 2. लिबरेशन आन्दोलन, 3. उत्तर-आधुनिकता। उत्तर-आधुनिकता ने विचारधाराविहीन, मूल्यविहीन भौतिकता विकसित की है। यह भी कहा कि विचारधारा एक संगठित स्थिर व्यवस्था है, जिसमें अस्वीकृत-असहमतियों को जगह नहीं है। इसलिए उत्तर-आधुनिकतावाद की राजनीति में मार्क्सवाद एक गयी-गुजरी विचार-व्यवस्था है।

दरअसल, उत्तर-आधुनिकतावाद ने 1960 के बाद जिस परिवेश की उत्तर-औद्योगिक समाज में परवरिश की, उसमें कोई भी विचारधारा स्वीकार्य नहीं है। यह भी कहा गया कि मार्क्सवाद का हाल यह है कि वह चिन्तन-स्वातन्त्र्य पर हावी होकर उसकी रचनाशीलता को नष्ट कर देता है। यही बात लिपसैट ने 'पॉलिटिकल मैन : द सोशल बेसेज ऑफ पॉलिटिक्स-1960' पुस्तक में अनेक तर्कों से रेखांकित की है। इस तरह 'कांग्रेस फॉर कल्चरल फ्रीडम' के प्रवक्ताओं ने विचारधारा की विदाई के सिद्धान्त को जोरदार हवा दी और ज्ञान-विज्ञान के सभी क्षेत्रों में इसे लागू करने का खुला समर्थन किया। 'विचारधारा की विदाई सिद्धान्त' का ऐसा माहौल बना कि

अर्थशास्त्री, इतिहासज्ञ, दार्शनिक, समाजशास्त्री, पत्रकार, राजनीतिज्ञ, साहित्यकार—सभी इसके समर्थन में आ गये। इतना ही नहीं, इसके समर्थन में तमाम पुस्तकें, जर्नल्स आदि से सातवाँ दशक पट गया। सभी ने एक स्वर में कहा—"उत्तर-औद्योगिक समाज और उत्तर-मार्क्सवादी समाज में विचारधारा का खात्मा हो चुका है। इस यन्त्र युग में नयी-नयी डिजिटल डिवाइसिस सामने आ रही हैं और नया समाज जन्म ले रहा है। इस नये समाज, नये मनुष्य के लिए 'विचारधारा' का कोई अर्थ नहीं रह गया है। नये उत्पादन-सम्बन्धों के कायम होने से 'वर्ग' का अर्थ मर गया है।" इसी समय को समझते हुए कार्ल मेनहार्हम ने 'द सोशियोलॉजी ऑफ नॉलेज' में विचारधाराओं के अन्त का नारा बुलन्द किया। इस नारे ने मार्क्सवाद की तनी गरदन को मरोड़कर उसे बेजान कर दिया। साथ ही समूह के स्वतन्त्र-चिन्तन को सच्चे ज्ञान के लिए उपयोगी घोषित किया।

'विचारधारा की विदाई सिद्धान्त' से भयभीत मार्क्सवादियों ने फिर पैंतरा बदला। उन्होंने बौद्धिक दण्ड-बैठक करते हुए कहा कि 'विचारधारा से मुक्ति' का सिद्धान्त शीतयुद्ध की प्रतिगामी, बुर्जुआ शक्तियों का माया मृग है। यह अमेरिकी पूँजीवाद का नया चेहरा है, जो आर्थिक साम्राज्यवाद का विस्तार करना चाहता है। नव-उदारवाद एक छलावा है, जो सांस्कृतिक-राजनीतिक साम्राज्यवाद की नींव दृढ़ करता है। यहाँ विचारधारा की मुक्ति से तात्पर्य है—नयी व्यवस्था की स्वीकृति। यह नयी व्यवस्था पूरी तरह से मार्क्सवादी विचारधारा को नकारती है। इसी नकार के भीतर से नये सांस्कृतिक, साहित्यिक आन्दोलनों, संगठनों ने जन्म लिया। इन संगठनों ने कम्युनिस्ट विचारधारा और समाजवादी-व्यवस्था की हवा निकालने के लिए नये बौद्धिक ईडियम्स को उछाला और उनके समर्थन में बौद्धिक तर्क गढ़े। इन सभी संगठनों में सबसे ताकतवर संगठन था—'कांग्रेस फॉर कल्चरल फ्रीडम।' इस संगठन को 'नाटो' देशों के बुद्धिजीवियों ने पूरे उत्साह से 1950 में शुरू किया और अपने प्रभाव से संचार के संस्कृतिकर्मियों-बुद्धिजीवियों को अपनी ओर आकृष्ट किया। इस संगठन का एक बड़ा ही चौंकानेवाला इतिहास है, क्योंकि इसने अनगिनत सेमिनार किये और अनेक पत्र-पत्रिकाओं का प्रकाशन किया। इसके पास खर्च करने को अरबों डॉलर थे और थे—नामी-गिरामी डेनियल बेल जैसे बुद्धिजीवी। इसी समूह ने अन्तरराष्ट्रीय स्तर पर 'ऐन्काउण्टर' जैसी पत्रिका के प्रकाशन से नये समाज के चिन्तन का कोलाहल पैदा किया। हमारे भारत में 'क्वैस्ट', 'थॉट' तथा 'फ्रीडम फर्स्ट' जैसी पत्रिकाओं का प्रकाशन हुआ। कहना होगा कि इन पत्रिकाओं ने भारत की नयी पीढ़ी—विशेषकर साहित्यिक पीढ़ी को चुम्बक की तरह अपनी ओर खींचा। भारतीय मार्क्सवादियों की चरित्रहीनता, संकल्पहीनता, अवसरवादिता, दलदल

साम्प्रदायिकता से ऊबे बौद्धिकों ने इन नयी पत्रिकाओं से राहत की साँस ली। भारत में 1965 तक बहुत कम बौद्धिकों को शीतयुद्ध की जानकारी थी और अमेरिकी गुप्तचर संस्था (सी.आई.ए.) की गतिविधियों से भी कम लोग परिचित थे। कहते हैं कि यह गुप्तचर संस्था 'विश्व स्तर पर संस्कृति की स्वतन्त्रता के लिए संकल्पबद्धता' का नारा लेकर आयी और इसका उद्देश्य था—अमेरिकी साम्राज्यवादी नीतियों का प्रचार-प्रसार तथा मार्क्सवाद की जड़ों में मट्ठा डालना। यह संस्था इसी तरह मार्क्सवादी छलनाओं के खेल को समाप्त करना चाहती थी। इसी अर्थ-ध्वनि को लेकर क्रिस्टोफर लेच ने 'द कल्चरल कोल्डवार' जैसा तहलका मचानेवाला निबन्ध लिखा और शीतयुद्ध के इतिहास-गणित को पेश कर दिया। इस संगठन के जरिये अमेरिकी समर-सेनाओं से नाभिनाल जुड़े माइकल जोसल्सन और मैल्विन जे. लास्की ने एक नया वैचारिक संग्राम ही शुरू कर दिया। इसकी प्रथम कॉन्फ्रेंस पश्चिमी बर्लिन में हुई। इस कॉन्फ्रेंस (1950) से फ्रांसीसी लेखक-चिन्तक सुजन लेबिन, दार्शनिक जी.ए. बोर्गेज, ए.जे. आपर, वाल्टरुथेर, सिंकलेपर, इलीनोर रुजबेल्ट, हांस थिटिंग जैसे लोग जुड़े और वे प्रसिद्ध मार्क्सवादी-चिन्तन के विरोधी भी जुड़े थे, जो मार्क्सवाद को 'शैतान की औलाद' कहते थे। इनमें जेम्स टी. फैरल, आर्थर कोस्लर, लॉस्की, सिडनी हुक, फांज बोर्कनो, जेम्स बर्नहम जैसे कम्युनिस्ट विरोधी थे। इन सभी ने अपने लेखों, भाषणों से नये विचारों की अगवानी के लिए मैदान बनाया। इन लोगों ने कहा कि 'विचारधारा का अन्त' हो गया है और बोल्शेविज्म के खिलाफ एक नये संगठित मोर्चे की जरूरत है। रुगवे घोषणा करते हुए आर्थर कोस्लर ने कहा, "समाजवाद, पूँजीवाद, वामवाद, दक्षिणवाद या पन्थ का पूरा अर्थ चुक गया है"—इनका ऐतिहासिक सन्दर्भ अपनी भूमिका में अर्थहीन सन्दर्भ रह गया है।

1951 के बर्लिन सम्मेलन के बाद 'कांग्रेस फॉर कल्चरल फोरम' के बुद्धिजीवियों ने प्रत्येक देश में कमेटियाँ बनाकर अपना झण्डा लहराने का प्रयत्न शुरू किया। इसी वर्ष अमेरिका में सिडनी हुक की चेयरमैनशिप में 'अमेरिकन कमेटी फॉर कल्चरल फ्रीडम' का आरम्भ हुआ, जिसका एकमात्र उद्देश्य था, कम्युनिज्म को बधिया कर देना। इस सेमिनार में लगभग 600 बौद्धिकों-संस्कृतिकर्मियों ने हिस्सेदारी की और कम्युनिज्म की बखिया उधेड़कर धज्जियाँ उड़ा दीं। इस 'कांग्रेस फॉर कल्चरल फ्रीडम' का झण्डा सांस्कृतिक गतिविधियों से जुड़े टामस डब्ल्यू ब्रेडेन ने स्वयं उठाया और कम्युनिस्टों की जड़ें खोदने का कार्य किया। 'कांग्रेस फॉर कल्चरल फ्रीडम' के बुद्धिजीवी समूह में 'ऐनकाउण्टर' पत्रिका के सम्पादक मिल गये और सुविचारित ढंग से कम्युनिस्ट विरोध कार्यक्रम चलाया। आज इस कार्यक्रम का 'टेक्स्ट' एक नया

भाष्य चाहता है।

भारत में 'कांग्रेस फॉर कल्चरल फ्रीडम' की पहली कॉन्फ्रेंस 1951 में हुई। पहले दिल्ली को चुना गया था, लेकिन इसे बाद में इसका स्थान बम्बई किया गया। इस कॉन्फ्रेंस में एक कमेटी बनी और 'इण्डियन कमेटी फॉर कल्चरल फ्रीडम' द्वारा जारी अपील से प्रभावित होकर हिन्दी के रचनाकार उधर मुड़े। इस 'इण्डियन कमेटी फॉर कल्चरल फ्रीडम को लोकप्रिय बनाने के लिए एक अपील अज्ञेय जी द्वारा 'प्रतीक' (वर्ष-1, 1951 सं. सच्चिदानन्द हीरानन्द वात्स्यायन अज्ञेय) में प्रकाशित की गयी।

अज्ञेय ने अपनी अपील में कहा, "संसार की समकालीन प्रगति और विशेष रूप से मानसिक क्षेत्र में ऐसे राजनीतिक मतवादों का प्रवेश—आतंक, जो व्यक्ति के स्वातन्त्र्याधिकार को ही अस्वीकार करते हैं, हमें बाध्य करता है कि जिन मानों को हम अपने सांस्कृतिक जीवन का आधार मानते हैं—उन पर आनेवाले संकटों को पहचानें। ये मतवाद न केवल स्वातन्त्र्याधिकार का खण्डन करते हैं, वरन् स्वातन्त्र्य की कल्पना जिन नैतिक मानों पर आधारित है जिन नैतिक स्रोतों से उद्‌भूत होती है, उन्हीं को दूषित करने में प्रवृत्त हैं। द्वन्द्ववाद के नाम पर लोकतन्त्रात्मक स्वाधीनता का विनाश और सर्वसत्तावाद के प्रचार की चेष्टा ऐसे संगठित ढंग से हो रही है कि जनमानस पर एक नैतिक नास्तिकता छा रही है।" उन्होंने आगे यह भी कहा कि "इस नैतिक नास्तिकता के कारण—सांस्कृतिक स्वातन्त्र्य अथवा व्यक्तिगत स्वातन्त्र्य सम्पूर्णतया नष्ट हो सकता है। इस संकट के निवारण का एकमात्र उपाय यही है कि संसार के सभी देशों के स्वाधीनचेता संस्कृतिकर्मी उत्तराधिकार से पायी हुई अथवा स्वयं उपार्जित की हुई प्रत्येक प्रकार की सांस्कृतिक स्वतन्त्रता की रक्षा, खोयी हुई स्वतन्त्रताओं की पुनः प्राप्ति और नयी स्वतन्त्रताओं की रचना के लिए दृढ-प्रतिज्ञ हो जायें। ऐसे स्वाधीनचेता के लिए संगठन का अरुचिकर होना स्वाभाविक है किन्तु सम्मेलन और विनिमय द्वारा एक ऐसी दृढ़ मानसिक और वैचारिक भित्ति तैयार करना उनका कर्तव्य है जो कि एक कर्मप्रेरक, रचनात्मक, आध्यात्मिक, बौद्धिक मूल शक्ति का काम करे। सर्वसत्तावाद के आक्रमण के सम्मुख तटस्थ होना मानवता के प्रति अवज्ञा और आध्यात्मिक स्वातन्त्र्य की पदच्युति है।" अज्ञेय के इस कथन में बौद्धिक खुलापन है और एक रचनाकार का गहन चिन्तन। फिर 'तारसप्तक' 1943 के सम्पादक और 'शेखर : एक जीवनी' के उपन्यासकार की निर्भयता का प्रमाण भी यहाँ मौजूद है कि वैचारिक-मानसिक स्वातन्त्र्य के लिए हमें नयी दिशाओं की खोज करनी चाहिए। इसी मनोभूमिका से भरकर अज्ञेय ने कहा कि अपने उत्तरदायित्व के प्रति सजग और अपनी दाय में पायी हुई या स्वयं उपार्जित की हुई स्वतन्त्रता की रक्षा के लिए दृढ़निष्ठ भारतीय बौद्धिकों, लेखकों, कलाकारों, वैज्ञानिकों, दार्शनिकों,

शिक्षाविदों और लोक-सेवकों को सम्मिलित करने और इतर सहयोगियों से सम्पर्क स्थापित करने के उद्देश्य से दिल्ली के साप्ताहिक 'थॉट' ने एक भारतीय सांस्कृतिक सम्मेलन (11-14 फरवरी, 1951) का आयोजन किया है। यह आयोजन क्या हुआ, हिन्दी के वामपंथियों को ईंट दिखाई देने लगी कि उनका गढ़ ढहनेवाला है।

उस समय तक हिन्दी के नये रचनाकारों, संस्कृतिकर्मियों, बुद्धिजीवियों में इतना अधिक सम्मान-भाव पैदा हो चुका था कि भारतीय स्वाधीनता आन्दोलन में प्राणों की बाजी लगानेवाले रचनाकार अज्ञेय की अपील पर उमड़ पड़े। उत्साह का आलम यह था कि इस अपील पर लगभग चौहत्तर बुद्धिजीवियों ने (पत्रकार, साहित्यकार, सामाजिक कार्यकर्ता, राजनीतिज्ञ और वैज्ञानिकों ने) हस्ताक्षर किये। हिन्दी पाठक के लिए क्या 'अपूर्व' अनुभव था कि इस पर एक ओर शान्तिस्वरूप भटनागर के हस्ताक्षर थे तो दूसरी ओर छायावाद के प्रवर्तक कवि सुमित्रानन्दन पन्त, नाटककार सेठ गोविन्द दास, कवि-चिन्तक प्रभाकर माचवे, बंगला के बनफूल दास, आचार्य हजारीप्रसाद द्विवेदी, स. ही. वात्स्यायन, क.मा. मुंशी, रायकृष्णदास, शंकर कुरूप्प, जैनेन्द्रकुमार, रामधारी सिंह दिनकर, नरेन्द्र शर्मा, राष्ट्रकवि मैथिलीशरण गुप्त, रामवृक्ष बेनीपुरी के हस्ताक्षर थे। इतना ही नहीं अपील करनेवालें राजनीतिज्ञों में फिलिरस्प्रेट, आचार्य नरेन्द्र देव, मीनू मसानी, अशोक मेहता और हुमायूँ कबीर भी थे।

इन सभी बुद्धिजीवियों, रचनाकारों का हिन्दी जगत् में बड़ा आदर था। इन सभी ने बम्बई कॉन्फ्रेंस में भारत के विकासशील समाज की चिन्ताओं, समस्याओं पर तत्कालीन परिवेश में विचार किया। विचार के केन्द्र में स्वतन्त्रता-नैतिकता के ज्वलन्त प्रश्न रहे और शीतयुद्ध की ओर भी ध्यान दिया गया। इन बौद्धिकों के चिन्तन का सार था कि भारत सरकार निर्गुट आन्दोलन में निहित सोवियत प्रभाव के खतरों पर सावधान होकर विचार करे। जरूरी हो तो सोवियत संघ के खतरे से बचने के लिए पश्चिमी देशों के साथ सैन्य-सन्धियाँ करे ताकि देश केवल कम्युनिस्ट जाल में फँसकर ही अपनी स्वतन्त्रता-स्वायत्तता नष्ट न कर दे। कम्युनिस्ट वर्चस्ववाद भारत में गाँधी, लोहिया और नरेन्द्रदेव के समाजवाद की पीठ में छुरा घोंप रहा था। वे भारतीय स्वाधीनता आन्दोलन के नायक राष्ट्रपिता गाँधी को बुर्जुआ, सनकी बूढ़ा कहकर ठुकराते थे और भारत के भक्ति-आन्दोलन को बुर्जुआ विचारधारा से भरी अफीम कहते थे। इस तरह हिन्दी के कम्युनिस्ट भारतीय सांस्कृतिक-साहित्यिक परम्पराओं की पूरी सोच को नष्ट करने पर आमादा थे। वे सन्त तुलसीदास, सूरदास, मीरा के सृजन-चिन्तन को हिन्दूवाद का घटियापन कहते थे। एक तरह से हिन्दी के तमाम छद्म वामपन्थी—विचारधारा के नाम पर 'प्रगति' की बात तो कहते थे पर

करते क्या थे—'आँखों में मिर्च झोंककर भारतीय विचारधाराओं को समाप्त करना और रूस तथा मार्क्सवाद का साहित्य में कीर्तन। इनकी निगाह में न रायकृष्णदास का आदर था, न मैथिलीशरण गुप्त का, न दिनकर का। इन कवियों को राष्ट्रीय, सांस्कृतिक कविता-धारा का बहका, बहंगा कवि कहकर वामपन्थी मजाक उड़ाते थे।

इस अन्धे कम्युनिस्टी पागलपन के माहौल में अज्ञेय ने अपने स्थानीय गुरु मैथिलीशरण गुप्त और समाज-निर्माता रायकृष्णदास से प्रेरणा लेकर अँधेरे में दीपक जलाया। निर्भयता का ही तो नाम हिन्दी के नये साहित्य में अज्ञेय है। इसलिए उनकी निर्भयता से कम्युनिस्टों के पाँव काँपने लगे और इधर-उधर भागते हुए वे अपने सेमिनारों, पत्र-पत्रिकाओं, विश्वविद्यालय के मंचों पर अज्ञेय को गालियाँ बकने लगे। उन्हें लगा—उनकी बौद्धिक ठेकेदारी को साहित्य में खत्म करने के लिए ही अज्ञेय एण्ड कम्पनी ने भूमि तैयार करने की ठान ली है। इस तरह दोतरफा घमासान हुआ। साम्राज्यवादी शीत-युद्ध का 'महाभारत' क्या शुरू हुआ—सत्ता की द्रौपदी ने अपने बाल खोल लिए कि भारत की सभ्यता, संस्कृति-परम्परा का चीरहरण करनेवालों का नाश होना चाहिए। क्रिस्टोफरलीच के लेख का कथन है—"भारत सरकार ने दिल्ली में कॉन्फ्रेंस करने की इजाजत को रोकने का प्रयास किया और बलपूर्वक कहा कि यह कॉन्फ्रेंस राजधानी दिल्ली में नहीं होनी चाहिए, इसे बम्बई ले जाया जा सकता है।" कभी-कभार भारतीय समाज की दरिद्रता, अशिक्षा को देखकर लीच के मन का एक कोना कहता था—भारतीय 'मुक्त' नहीं होना चाहते। प्रश्न उठता है कि आजाद भारत के बुद्धिजीवी क्या वास्तव में साम्राज्यवाद विरोधी बुर्जुआ दृष्टि के शिकार थे? शिकार थे भी या नहीं? यह निर्णय कौन करेगा? फिर भारतीय जनता ने स्वाधीनता आन्दोलन के दौरान 'दक्षिणपन्थी' और 'वामपन्थी' दोनों का नंगा-नाच देखा था। 1942 में सभी बहाना बनाकर गाँधी का साथ छोड़ गये और गाँधी को अकेले ही डटना पड़ा। यह एक दुःखद कथा है। हिन्दी में निर्मल वर्मा, मनोहर श्याम जोशी, मोहन राकेश जैसे लेखकों का इस दौर में मार्क्सवाद से मोहभंग हुआ। सन् 1950-51 के दौर में बनी 'दिल्ली कल्चर फोरम' के सभी रचनाकार देवेन्द्र इस्सर सहित मार्क्सवाद की विचारधारा में आस्था खो बैठे। (दे. निर्मल वर्मा—मेरे साक्षात्कार)

हिन्दी साहित्य के बौद्धिक रचनाकारों में दो तरह के व्यक्तित्व थे—एक वे जो फिरोजी होठों पर जिन्दगी न्यौछावर किये घूमते थे—दूसरे वे जो क़िसान, मजदूर का नाम लेकर शराब की एक बोतल पर जी रहे थे। दोनों का उद्देश्य बड़े पदों को हथियाकर कामिनी, कांचन को हथियाना था। इसी लीला पर निराला 'प्यारी श्यामा के प्रति' कविता लिख रहे थे और भगवती चरण वर्मा 'भूले बिखरे चित्र'। माखनलाल

चतुर्वेदी और भवानी प्रसाद मिश्र गाँधीवादी विचारधारा में आस्था रखने के कारण बुर्जुआ प्रतिक्रियावादी कहला रहे थे और हर साँस में कम्युनिस्ट गाँधी को बेनकाब कर रहा था—'गाँधीवाद की शव यात्रा' निकाल रहा था। जैनेन्द्र कुमार को यथास्थितिवादी और यशपाल को प्रगतिवादी कहने से उसका सीना फूलता था। हिन्दी के राष्ट्रीय-सांस्कृतिक और उत्तर-छायावाद के कवि बच्चन-दिनकर को वह भावावेशवादी कहकर अपमानित-लांछित करता था और सभी मंचों पर इनकी नाक काटने में हिचकता नहीं था। इस दुर्दशा भरे परिवेश ने ही अज्ञेय की मानसिकता को छद्म-छली वामपन्थ से दूर रहने को विवश किया। वे निकट से देखते रहे कि साम्राज्यवाद विरोधी और कम्युनिज्म विरोधी परिप्रेक्ष्य का लीला-नाटक कैसा है। वामपन्थी करे तो कृष्ण लीला, दक्षिणपन्थी करे सो पाप। एक पापी दूसरे पापी पर चढ़-उतर रहा था।

नयी कविता के दौर में ग.मा. मुक्तिबोध और स.ही. वात्स्यायन के विचारों को लेकर जो विचारधारात्मक संघर्ष हुआ, उससे हिन्दी साहित्य का रणक्षेत्र पट गया। हिन्दी के बुद्धिजीवियों का इस रणक्षेत्र से सीधा पाला पड़ा। इस कारण हिन्दी का बुद्धिजीवी चौकन्ना होता गया और वह नरेन्द्रदेव, लोहिया, जयप्रकाश नारायण के विचारों के साथ रहा नयी कविता के आन्दोलन पर लोहियावादी विचारों की गहरी रंगत सर्वेश्वर, रघुवीर सहाय, विजयदेव नारायण साही और कुँवर नारायण जैसे रचनाकारों में साफ दिखाई देती है। इन सभी पर कांग्रेस के नारों की धमक भी रही लेकिन विचारक का झुकाव लोहियावाद-समाजवाद की ओर पड़ा। नयी कविता का एक शिविर 'परिमल' नामक साहित्यिक संस्था बनाने लगा और दूसरा 'कांग्रेस फॉर कल्चरल फ्रीडम' के नाम पर अज्ञेय के प्राणों के पीछे पड़ा रहा।

एक याद और। 28 मार्च 1951 को इण्डियन मर्चेण्ट्स चेम्बर के लाइब्रेरी हाल में 'कांग्रेस फॉर कल्चरल फ्रीडम' के प्लैनरी सम्मेलन की कमेटी में पाँच सदस्य मनोनीत हुए—अशोक मेहता, मीनू मसानी, डी. कटक्का, एस. नटराजन और स.ही. वात्स्यायन। इसमें वात्स्यायन जी को सर्वसम्मति से सचिव का दायित्व सौंपा गया। इस स्टीयरिंग कमेटी की मीटिंगों में यूरोप और अमेरिका से भी प्रतिनिधि आते-जाते रहे। 28 मार्च की शाम के सत्र में लोकनायक जयप्रकाश नारायण को अध्यक्ष बनाया गया और स्वागत-सत्कार किया मीनू मसानी ने। 'कांग्रेस फॉर कल्चरल फ्रीडम' के सचिव वात्स्यायन जी ने कहा कि सांस्कृतिक स्वातन्त्र्य के अनिवार्य तत्त्व हैं—शब्द, मौन और स्वीकृति-अस्वीकृति। भारतीय जन ने हमेशा सांस्कृतिक स्वातन्त्र्य को गले लगाया है। अज्ञेय ने कहा, "संस्कृति राजनीतिक सिद्धान्तों से मूल रूप से सम्बन्धित है। इस सम्बन्ध पर कोई कितना ही अफसोस करे, यह एक सामाजिक सत्य है,

जिसकी उपेक्षा नहीं की जा सकती।" प्रश्न उठता है कि क्यों उपेक्षा नहीं की जा सकती? इसका उत्तर अज्ञेय ने इस प्रकार दिया—"फ्रांस की क्रान्ति के आरम्भ होने के दौरान यूरोप में मुक्तिमूलक विचारों के प्रसार से शुरू होकर यह प्रक्रिया मार्क्सवाद एवं उसके परवर्ती रूपों तक आती है, जहाँ संस्कृति को राजनीतिक विचारधारा के साथ पूरी तरह जोड़ दिया गया। नतीजा यह हुआ कि जो देश निरंकुशवादी या एक विचारवादी विचारधारा से शासित हैं, वहाँ संस्कृति नियमित और नियोजित किये जाने का मसला बनकर रह गयी है। सृजनात्मक वृत्ति को बेड़ियाँ पहना दी गयी हैं और सत्ता में बने रहने की आकांक्षी पार्टी या व्यक्तियों के आदेशों का गुलाम बना दिया गया है।" क्या विडम्बना है कि स्वातन्त्र्य भावनावाले देशों में स्वातन्त्र्य की हत्या का दाँव चल रहा है। "ऐसी मनःस्थिति में एक सतही सुरक्षा और छलनामय शान्ति का स्थायी आधार ओझल हो जाता है। किन्तु इसे जोर देकर कहना जरूरी है कि शान्ति एवं सुरक्षा अविभाज्य हैं। सभी देशों में, चाहे वहाँ जो भी राजनीतिक व्यवस्था हो, जनता युद्ध से घृणा करती है और उसका विरोध करती है। सभी देशों के बुद्धिजीवी और कलाकार सुरक्षा और शान्ति चाहते हैं ताकि सृजनात्मक भावना की अभिव्यक्ति हो।" इस सर्जनात्मक भावना की रक्षा के लिए ही अज्ञेय सक्रिय हुए और अन्यों को सक्रिय करने का प्रयास किया। वे हर कीमत पर निरंकुशतावादी स्थितियों से संसार को मुक्त करने में लगे रहे एवं राजनीति से संस्कृति की अविभाज्यता का सिद्धान्त प्रतिपादित करते रहे। इस स्वातन्त्र्य-चिन्तन सिद्धान्त में पता नहीं, कैसे कम्युनिस्टों ने शीतयुद्ध की विचारधारा को पाया। मेरा अनुमान है कि डेनियल बेल वाली विचारधारा के अन्त की घण्टियाँ उनके कानों में गूँज उठीं और वे डर गये। क्योंकि वे मार्क्सवादी विचारधारा की गुलामी को गुलामी समझते ही नहीं थे।

क.मा. मुंशी के मन में प्राचीन सांस्कृतिक-मूल्यों के प्रति आदर था और वे उसे अपनी चिन्तन-परम्परा में नष्ट नहीं करना चाहते थे—लेकिन यह काम कम्युनिस्ट जी-जान से कर रहे थे। इसलिए उन्हें कहना पड़ा—"बुद्धिजीवियों को रिझाने के काम में कम्युनिस्ट माहिर हैं।" माहिर क्या, इस बात की तो पार्टी उन्हें ट्रेनिंग देती है कि कहो कि कम्युनिज्म मानव-गरिमा को रक्षित करना सिखाता है, अतः बनो कम्युनिस्ट। इतना ही नहीं, "कम्युनिस्ट पार्टी एक सांस्कृतिक आन्दोलन भी चलाती है जो 'प्रगतिशील' या 'जनवादी' जैसे आकर्षक लेबलों से चलता है। इस साहित्यिक समूह का प्रकट उद्देश्य स्थापित लेखकों की स्थिर रूपवादी शैली से लड़ना और साहित्य एवं कला में सामाजिक उद्देश्य लाना है।" सामाजिकता का जाल फेंककर कम्युनिस्ट शिकार करता है। "साथ ही यह संगठन पहले साहित्यिक और सांस्कृतिक

संगठन की तरह काम करता है। उसने आलोचना की नयी पद्धतियाँ बतायीं जिसमें पुराने विचारों की धज्जियाँ उड़ायी गयीं और सृजन के शाश्वत मूल्यों की हँसी उड़ायी गयी। दुर्भाग्यपूर्ण बात यह है कि ऐसे आन्दोलन अब हमारे शिक्षा-संस्थानों, टेक्स्ट बुक कमेटियों, अखबारों और सांस्कृतिक संगठनों में भी घुसपैठ करने लगे हैं।" इस तरह क.मा. मुंशी ने कम्युनिज्म का डटकर विरोध किया।

यहाँ कांग्रेस के अन्तरराष्ट्रीय स्तर के नेता और अध्यक्ष रुजमोंट का यह वक्तव्य स्मरणीय है कि 'कांग्रेस फॉर कल्चरल फ्रीडम' जो पिछले साल बर्लिन में हुई थी, आज एक अन्तरराष्ट्रीय आन्दोलन है। अब वह सुसंगठित है और उसके कार्यालय पेरिस, लन्दन, बर्लिन, रोम, जेनेवा और न्यूयॉर्क में हैं। रुजमोंट ने तटस्थता के सिद्धान्त पर प्रहार करते हुए स्वातन्त्र्य का लोभ दिया और यह भी कहा "यह कांग्रेस एक सांस्कृतिक वृद्धि का प्रतीक है—कोरा राजनीतिक नहीं है।" उसने पूरे जोश से कहा कि यह आरोप गलत है कि हम सब स्तालिन विरोधी हैं और यह सब अमेरिकी ड्रामा है। लेकिन यह कैसे भूला जा सकता है कि निरंकुशतावाद तो स्तालिनवाद ही है। उसने 'तटस्थता' और तटस्थतावाद का फर्क भी बतलाया तथा अपने को तटस्थतावादी कहा है। साथ ही इस ओर संकेत दिया कि संस्कृति को राजनीति की सेवा में अर्पित नहीं किया जा सकता, क्योंकि राजनीति ही वह भेड़िया है जो शान्ति की बकरी को गप्प कर जाता है। मूल बात यह है कि उसने सांस्कृतिक स्वातन्त्र्य के सवाल को मानव-चिन्तन के केन्द्र में ला दिया। संस्कृति की राजनीति में उसने राजनीति की संस्कृति को खोज निकाला। साथ ही संस्कृति और स्वतन्त्रता के रिश्तों को रिला-मिलाकर एक करने का पथ दिखाया। इधर, भारत में जयपकाश नारायण धीरे-धीरे गाँधी की ओर आये, लोहिया की ओर आये और मानव की स्वतन्त्रता को जीवन का प्रथम और परम पुरुषार्थ घोषित किया। उन्होंने नेहरू के जनतन्त्र पर टीका-टिप्पणी करते हुए कहा कि स्वतन्त्रता को मूलतः अवसर की समानता से जोड़कर देखना होगा। जयप्रकाश के पास भारतीय स्वाधीनता आन्दोलन के मूल्यवान अनुभव थे और वे अनुभव अमेरिका से उधार नहीं लिये गये थे। उनमें भारतीय स्वाधीन चिन्तन की आन्तरिक लय थी। इसी जयप्रकाशीय लय ने अज्ञेय को उनकी ओर धकेला और वे जयप्रकाश नारायण के साथ हो गये। आज जयप्रकाश नारायण और अज्ञेय के स्वाधीनता संग्राम से निकले स्वाधीन चिन्तन को विदेशी कहना कम्युनिस्टी बुद्धि का दिवालियापन है।

जयप्रकाश नारायण के पास भारतीय स्वाधीनता आन्दोलन से कमाये मूल्य और विश्वास थे—जिन्हें कम्युनिस्टों ने जान-बूझकर या अनजाने में नकारा है। नयी कविता के वैचारिक आधार में लोहिया जयप्रकाश नारायण का समाजवाद है और

नेहरू-युग से मोहभंग। पश्चिमी आधुनिकतावादी और निरंकुशतावादी चिन्तन से निराशा का भाव भी गहराया है। यह पूँजीवादी विकास का रास्ता नहीं है और न यह आधुनिकतावाद का पेट फाड़कर निकला नव-मानववाद, नव-उदारवाद है, न यह तटस्थतावादी नीति का कच्चा-बच्चा है। मूल बात इतनी है कि सांस्कृतिक स्वतन्त्रता को बचाया कैसे जाये? साथ ही इस पर कम्युनिस्टी छूतछाया भी पड़नी चाहिए। इसे तो गाँधी-लोहिया चिन्तन परम्परा में ही पाला-पोसा जा सकता है। इसलिए कांग्रेस के प्रभाव में 'कण्टीन्यूएशन कमेटी' को गठित करने का प्रस्ताव पारित किया गया। इस कमेटी में देश-विदेश के तमाम डेलीगेट्स को स्थान दिया गया तथा सोच-समझकर कमेटी का नामकरण किया गया—'इण्डियन कमेटी फॉर कल्चरल फ्रीडम।' इसके सात अवैतनिक अध्यक्ष बनाये गये—आचार्य नरेन्द्रदेव, बुद्धदेव बसु, सुमित्रानन्दन पन्त, जयप्रकाश नारायण, के.एम. मुंशी, रुक्मिणीदेवी तथा सोफिया वाडिया।

दिन-प्रतिदिन का काम रुकना नहीं चाहिए, यह सोचकर पाँच सदस्यों की कार्यकारिणी बनायी गयी—स.ही. वात्स्यायन, मीनू मसानी, फिलिप सम्राट्, अशोक मेहता और रामसिंह। यहाँ नौ प्रस्ताव भी पारित किये गये, जिनमें तीन प्रस्ताव कम्युनिस्ट पार्टी के घोर विरोधी थे। कुछ ऐसे भी महत्त्वपूर्ण प्रस्ताव थे जैसे—अन्तर्भाषीय अनुवाद को प्राथमिकता, नस्लवाद का विरोध आदि। यहाँ यह भी विचार किया गया कि कैसे रचनाकर्मियों, बुद्धिजीवियों को आदर देकर अपने साथ लाया जाये। हमारे पाठकों के लिए आज भी इन प्रस्तावों का महत्त्व कम नहीं हुआ है और इधर सोवियत संघ तो ताश के पत्तों की तरह बिखर गया है। ज्यादातर बुद्धिजीवियों का मार्क्सवादी-विचारधारा से मोह भंग हो गया है। नया बौद्धिक अब मार्क्सवाद के ध्वस्त खँडहरों में निवास नहीं करना चाहता। फिर पास्तरनाक का अपमान पैदा करनेवाली विचारधारा मलिन भी तो हो गयी है। स.ही. वात्स्यायन जिस कमेटी में थे, उसके प्रस्ताव थे—

1. एक साहित्यिक पुरस्कार की स्थापाना।
2. भारत में सांस्कृतिक स्वतन्त्रता की शक्ति एवं सीमाओं का अध्ययन करना।
3. सांस्कृतिक आदान-प्रदान को बढ़ावा देना।
4. स्वतन्त्र साहित्य चिन्तन-केन्द्र के लक्ष्य को ध्यान में रखकर एक मुखपत्र की स्थापना का कार्य।
5. निरंकुशतावादी देशों से दण्डित शरणार्थियों के लिए कोष की स्थापना।
6. शरणार्थियों की प्रतिभा का विभिन्न शिविरों के माध्यम से सांस्कृतिक स्वतन्त्रता आन्दोलन को बढ़ाने में उपयोग करना।

7. सांस्कृतिक स्वतन्त्रता आन्दोलन में सक्रिय सामान्य या विशिष्ट लोगों की सहायता करना।

यह बात आज भी भूलने के विरुद्ध है कि ये सभी प्रस्ताव अज्ञेय ने ही प्रस्तुत किये थे। कुछ समय बाद इस संस्था ने 'फ्रीडम फर्स्ट' नाम से एक समाचार-पाक्षिक का प्रकाशन भी किया। यायावर अज्ञेय ने शहर-शहर में इस संगठन की इकाइयों को गठित करने का अभियान चलाया। लेकिन कम्युनिस्टों ने लगातार यह प्रचार किया कि यह सब कम्युनिस्टों को नष्ट करने के लिए किया जा रहा है। अज्ञेय भारत में अमेरिका का बिका हुआ बुद्धिजीवी है, जो 'संस्कृति' और सांस्कृतिक स्वातन्त्र्य के नाम पर प्रगति की शक्तियों को नष्ट करना चाहता है। उसी ने अपने अमेरिकीवाद के प्रचार के लिए तमाम व्यक्तियों एवं संस्थाओं को पैसा बाँटने का कार्य शुरू किया है। अज्ञेय पापी है और खतरनाक फासिस्ट, जो इस देश की परम्पराओं पर आग रखना चाहता है। वह मूलतः पूँजीवाद की दलाली करता है और अपने विकृत चिन्तन को फैलाने के लिए 'शेखर : एक जीवनी' और 'नदी के द्वीप' जैसे अश्लील, देहभोगी उपन्यास लिखता है। उसे तो भीड़ से घृणा है, वह भाववादी-रहस्यवादी तान्त्रिक है, जो आध्यात्मिकता का जहर नयी पीढ़ी की नसों में घोल रहा है। 'कांग्रेस फॉर कल्चरल फ्रीडम' की आड़ में वह नयी पीढ़ी के चिन्तन को फ्रायडवादी, मूल्यान्धता की ओर ले जाने में रात-दिन लगा हुआ है।

अज्ञेय और इलाहाबाद की साहित्यिक संस्था 'परिमल' को लेकर वामपंथियों ने इतना अधिक विचारों का महाभारत खड़ा किया है कि उनके वक्तव्यों को लेकर हजार पृष्ठ भी कम पड़ सकते हैं। इनकी एक ही राम-धुन थी कि अज्ञेय ने 'परिमल' में घुसकर प्रगतिवाद विरोधी आन्दोलन का डंका बजा दिया है। इधर 'परिमल' की गतिविधियों पर केशवचन्द्र वर्मा ने 'परिमल स्मृतियाँ और दस्तावेज' (2003) शीर्षक से बीन-बटोरकर एक जगह 'परिमल' से जुड़ी सामग्री प्रस्तुत की है। 'परिमल' संस्था के नामकरण में निराला जी की गन्ध है और यह गन्ध कहती है कि इन सभी के मन में निराला ही रचे-बसे थे। 'परिमल' संस्था और अज्ञेय पर जब वामपन्थी प्रहारों की झड़ी लग गयी तब केशवचन्द्र वर्मा (परिमल संस्था के सदस्य-संयोजक) ने 'परिमल बनाम प्रगतिशील आन्दोलन : एक एफीडेविट' नाम से एक विवरणात्मक टिप्पणी में हलफनामा उठाते हुए कहा कि जो कहा जा रहा है, वह सच है और सच के सिवा कुछ नहीं है।

केशवचन्द्र वर्मा ने लिखा है और जो लिखा है उससे मैं लम्बे कथन उद्धृत करूँगा ताकि विचार को तोड़-मरोड़कर सामने लाने के आक्षेप से बचा जा सके—

1. "हिन्दी साहित्य में आज जहाँ एक तरफ साइबर स्पेस और हिन्दी की

बेवसाइट और कम्प्यूटरीकरण की चर्चा चल रही है, वहीं दूसरी ओर घटिया स्तरों पर एक वर्ग द्वारा यह प्रवाद बड़े जोर-शोर से, अनेक स्रोतों से प्रचारित किया जा रहा है कि 'परिमल' नामक गोष्ठी का गठन और संचालन केवल प्रगतिशील आन्दोलन का विरोध करने के लिए किया गया था। लेखकों के वर्तमान युवा-समूह को भ्रान्ति में डालने के लिए कम्युनिस्ट लेखकों ने यह अभियान आज भी चला रखा है। इस षड्यन्त्र में पुराने कम्युनिस्ट लेखक तो शामिल ही हैं, नयों को भी उन्होंने इसी अभियान में दीक्षित कर रखा है। इस हद तक इस गन्दे प्रचार द्वारा यह अभियान चलाया गया है, जिसकी कोई सीमा नहीं रह गयी है। वे कहते हैं कि वामपन्थी कम्युनिस्ट आन्दोलन से घबराकर अमेरिकी प्रचारतन्त्र ने 'परिमल' के नाम से साहित्य में विरोध की राजनीति को मुखर किया है। इसके लिए वे अमेरिकन डॉलर भी बाँटते थे। कुछ बुजुर्ग प्रगतिशील लेखकों ने बिना किसी आधार-भूमि के ही अपनी लाज और हया को ताक पर रखकर खुलेआम लिख मारा कि "परिमल का गिरोह प्रगतिशील आन्दोलन का विरोध करने के लिए बनाया गया था।" (परिमल स्मृतियाँ और दस्तावेज, पृ. 14 प्रदीपन प्रकाशन एकांश, इलाहाबाद की ओर से 2003 में प्रकाशित) जिन आलोचकों ने अज्ञेय और 'परिमल' संस्था पर लाज और हया छोड़कर 'अभियोग' लगाये हैं, वे कोई सबूत नहीं दे पाये। क्यों नहीं दे पाये? उनके पास सबूत था ही नहीं। केवल जीभों की लपालप का भरोस. था।

2. इस बे-लगाम (प्रगतिवादी) अभियान को देखते हुए भी एग वर्ग ऐसा भी आया जो कह रहा था कि 1950-55 से सन् 1975-80 के दशकों में ही हिन्दी साहित्य में उभार आया है। इसमें परिमल के सदस्यों की प्रमुख भूमिका और योगदान रहा। उनका कहना यह भी है—'उसके बाद जो भी लिखा जा रहा है, वह सब कुछ अपनी जड़ों से कटा हुआ लेखन है। सब मिला-जुलाकर आज एक ऐसी स्थिति बन गयी है जहाँ आज का युवा लेखक न तो अपनी परम्परा से जुड़ पाता है और न वह आज के वर्तमान से अपना सामंजस्य ही बिठा पा रहा है। वरिष्ठ सत्ताधारी प्रगतिशील लेखकों द्वारा अपनी पत्र-पत्रिकाओं में जो लिखा जा रहा है और छप रहा है, उस सबका सही आकलन अब बहुत जरूरी हो गया है।' प्रश्न उठता है, यह आकलन करेगा कौन? वे जो कहते हैं कि अज्ञेय के नेतृत्व में 'कांग्रेस फॉर कल्चरल फ्रीडम' ने साहित्य में प्रगतिवाद विरोध की एक सुनियोजित भूमिका निभायी और कम्युनिस्ट विरोध में डट गये। समाजवादी-लोहियावादी केशवचन्द्र वर्मा शुरू से ही

'परिमल' से जुड़े रहे और आचार्य नरेन्द्र देव को मॉडल बनाकर आगे बढ़े—उन पर कैसे भरोसा किया जा सकता है—क्योंकि आचार्य नरेन्द्र देव लम्बे समय तक 'अज्ञेय कांग्रेस' में थे।

यह भी ध्यान में रखना होगा कि 'परिमल' के सम्पूर्ण सदस्यों की संख्या सीमित मात्र इक्कीस (21) थी। उसमें अनेक मूर्धन्य साहित्यकार भी थे और युवा लेखक भी। 'परिमल'का न तो कोई अपना वैचारिक दृष्टि से प्रतिबद्ध ग्रुप था, न किसी तरह प्रयासों को भावभूमि बनाकर रचना करने का केन्द्रीय आग्रह था। परिमल न केवल नयी रचनात्मक प्रतिभाओं को रचना पढ़ने-सुनाने का एक मंच प्रदान करता था, उनके यहाँ-वहाँ जाने-आने पर भी कोई प्रतिबन्ध न था। जहाँ एक तरफ परिमल की गोष्ठियाँ होती थीं, वहीं दूसरी तरफ प्रगतिशील लेखक संघ के आयोजनों में वे लोग सहर्ष जाते थे। 'परिमल' के इन इक्कीस सदस्यों में केवल तीन-चार ऐसे थे जो अपने-अपने निजी कारणों से कम्युनिस्ट राजनीति के मुखौटे 'प्रगतिशील लेखक संघ' से न केवल अलग हुए, बल्कि उन पर अपनी लेखनी से तीखा प्रहार भी करते रहे। उनका हवाला सुनें—"एक थे धर्मवीर भारती। भारती प्रगतिशील लेखक संघ के बड़े सक्रिय सदस्य हुआ करते थे। परन्तु उनके लेखन पर जब भीतरी अंकुश लगने लगा तब उन्होंने उसका विरोध किया। प्रगतिशील लेखक संघ की आन्तरिक अनुशासनबद्धता ने उनका विरोध सहन करने से इनकार कर दिया और चिन्तन को एक दिशा में जबरन मोड़ने के सन्देश का प्रतिवाद किया। भारती ने वह लेखक संघ छोड़ दिया। उसके तत्कालीन संयोजकों में से एक श्री रमाप्रसाद घिल्डियाल ने भारती को सरे-बाजार धमकी दी कि लेखक संघ उन्हें मिट्टी में मिला देगा। भारती की 'प्रगतिवाद : एक समीक्षा' तथा 'मानव मूल्य और साहित्य' जैसी कृतियों में इस प्रसंग के हवाले हैं।" स्वाभाविक था कि वे उस कम्युनिस्ट राजनीति से खिन्न हुए और उन्होंने अपने व्यक्तिगत लेखन में उसका बराबर विरोध किया। उस लेखन का परिमल से कोई वास्ता न था।

दूसरे थे—विजयदेव नारायण साही। वे अपने विद्यार्थी काल से ही समाजवादी आन्दोलन से जुड़े थे। मार्क्सवाद का उनका गहरा अध्ययन था। हिन्दी में उनका स्थान वरिष्ठ और श्रेष्ठ चिन्तकों में उत्तरोत्तर बनता गया। वे अपनी समाजवादी समझ और उसमें गहरी सूझ-बूझ के लिए प्रसिद्ध थे। उन्होंने अनेक विचारोत्तेजक लेखों और आलोचना के प्रकरणों को पत्र-प्रत्रिकाओं के माध्यम से उठाया, उसकी तीखी मार कम्युनिस्ट राजनीति पर निरन्तर होती ही रही। उन पर 'परिमल' की कोई धमक नहीं रही। वे अज्ञेय को खुला समर्थन देते रहे।

'परिमल' से जुड़े तीसरे सक्रिय रचनाकार थे—केशवचन्द्र वर्मा। वह आचार्य

नरेन्द्र देव की राह पर चलनेवाले समाजवादी चिन्तक थे। वह हमेशा कहते थे कि हिन्दुस्तान की कम्युनिस्ट पार्टी, हिन्दुस्तान के ढंग से न सोचकर रूस, चीन के संकेत पर सोचती है। फलतः न उनका चिन्तन मौलिक है, न कार्य-व्यापार। इसलिए वे तो इस देश की मिट्टी से कटे लोग हैं। व्यंग्य लेखक होने के नाते वे रूस-अमेरिका पर व्यंग्य ही करते रहे। कभी अन्य चक्कर में नहीं पड़े। उन्होंने लिखा है कि कम्युनिस्ट कैसे झूठ का पहाड़ खड़ा करता है, "मैं एक सरकारी तन्त्र में था, इसलिए उन्होंने मुझे अपना शिकार बनाया। प्रगतिशील संघ की एक बैठक श्री प्रकाशचन्द्र गुप्त (कम्युनिस्ट आलोचक) के घर पर हुई, जिसमें यह प्रस्ताव पास करके आकाशवाणी केन्द्र के महानिदेशालय को भेजा गया कि मेरे जैसे 'अमेरिकी एजेण्ट' को तत्काल नौकरी से हटाया जाये। दूसरा प्रहार किया कि मैं अपनी मार्क्सवाद विरोधी कविताएँ रेडियो से प्रसारित करता हूँ। उस पर महानिदेशालय ने एक जाँच कमेटी बनायी। उसके सदस्यों ने उस कविता की बखिया उधेड़ी और पाया, उसमें कोई घातक तत्त्व नहीं है।" (वही, पृ. 16) इस तरह कम्युनिस्ट पुराण के पाप-अध्यायों की बहुत-सी—चर्चाएँ तमाम लोग करते रहे हैं।

'परिमल' में इन तीन सदस्यों के अलावा बाकी अठारह सदस्य थे, जिनमें पं. इलाचन्द्र जोशी, श्रीगंगाप्रसाद पाण्डेय, रमानाथ अवस्थी, उमाकान्त मालवीय, लक्ष्मी नारायण लाले, हरदेव बाहरी, फादर कामिल बुल्के, जगदीश गुप्त आदि शामिल थे। इनमें से किसी ने कम्युनिस्ट विरोधी न तो लेखन किया, न कोई कम्युनिस्ट अभियान चलाया। इनका दोष यही था कि वे न कम्युनिस्ट थे, न कम्युनिस्ट दगा के साथ। इसलिए इक्कीस सदस्यों के 'परिमल' में तीन सदस्यों के आधार पर 'परिमल' को कम्युनिस्ट विरोधी कह देना अपने आप में हास्यास्पद है। यह कैसे भुलाया जा सकता है कि आरम्भ में परिमल में चार-पाँच विद्यार्थी मित्र थे। उन मित्रों ने अपनी गोष्ठी को काफी बाद में 'परिमल' नाम दिया। साहित्य चर्चा के लक्ष्य से बिशन नारायण टण्डन के घर गोष्ठी होती रही, जिसे औपचारिक नाम 10 दिसम्बर, 1944 को दिया गया। 'परिमल' की प्रतिज्ञा थी कि वह साहित्य-चर्चा करेगी और किसी भी विचारधारा की गुलामी के लिए किसी के सामने घुटने न टेकेगी और हर प्रकार की बाहरी आर्थिक सहायता से दूर रहेगी। इस तरह 'परिमल' ने नयी सर्जना को अपनी चर्चाओं में केन्द्रीय स्थान दिया और तमाम मुक्त चिन्तक देश को दिये। इस सर्जनात्मकता का ऐसा विस्फोट हुआ कि 'परिमल' और 'नयी कविता' एक-दूसरे के पर्याय बनते गये। लेकिन इस पूरे रचना-दृश्य की उपलब्धियों को बर्दाश्त न कर पाने के कारण कम्युनिस्टों ने 'परिमल' को शीतयुद्ध से जोड़ने की चाल चली। यहाँ तक कहा कि 'परिमल' शीतयुद्ध को बढ़ावा देकर भारतीय प्रगतिशील आन्दोलन की

छाती में छुरा भोंक रहा है। अज्ञेय इसके पीछे हैं जो यह सब करवा रहे हैं—यह भी कहा गया कि अंग्रेजों ने भारत में पूँजीवाद और आधुनिकता की जो प्रक्रिया शुरू की थी, उस पर धीरे से अमेरिकन पूँजीवाद का कब्जा हो गया। इस अमेरिकन पूँजीवाद ने भारत के सामाजिक-सांस्कृतिक जीवन में भी प्रवेश करने की जुगत निकाली। फलतः देशी पूँजीवाद को हटाकर विदेशी पूँजीवाद का प्रभुत्व स्थापित हो गया। यही प्रभुत्व अज्ञेय को सचिव बनाकर 'कांग्रेस फॉर कल्चरल फ्रीडम' ने पैदा किया। इन आधुनिकता की पक्षधर शक्तियों ने आधुनिकतावादी विदेशी मॉडल अपनाकर इस देश को भ्रष्ट एवं विकृत किया।

हर साँस में कहा गया कि कांग्रेस की स्थापना के पीछे 'हिडन एजेण्डा' यही था—भारत में पूँजीवाद की व्यवस्था को तेज करना। अधिक से अधिक सुविधाभोगी बुर्जुआजी को बढ़ावा देना। किसान-मजदूर की तरफ पीठ करके मध्य-वर्ग के भोगवाद को उकसाना तथा धर्म के इस्तेमाल से निकम्मी पीढ़ी पैदा करना। और कम्युनिस्ट पार्टी पर प्रतिबन्ध लगाकर कांग्रेस सोशलिस्टों को सींचना-पनपाना। यह भी प्रचार किया गया कि द्वितीय विश्वयुद्ध के बाद गाँधी ने अंग्रेजों को बिना शर्त समर्थन की पेशकश की। उन्होंने ही ब्रिटेन, फ्रांस जैसे साम्राज्यवादी और जर्मनी, इटली, जापान जैसे फासिस्टवादी देशों के लिए भारत में रेड कार्पेट बिछायी। उन्होंने भारतीय क्रान्तिकारियों का उपयोग न करके दगा किया। इसलिए 1942 के 'अगस्त प्रस्ताव' अंग्रेजों भारत छोड़ो का कम्युनिस्टों ने विरोध किया। इस विरोध को प्रतिक्रियावादियों ने '1942 में कम्युनिस्टों की अंग्रेजपरस्त' भूमिका कहकर बदनाम किया। इस पर कम्युनिस्टों का कहना है कि पूँजीपतियों की दलाली करके गाँधी ने 'जनता की वास्तविक आजादी के संघर्ष के साथ विश्वासघात' किया। गाँधी के इस विश्वासघात को सिद्ध करने के लिए कम्युनिस्टों ने विश्वविद्यालयों में शोध-प्रबन्ध लिखवाये ताकि इस देश के राष्ट्रपिता को धकेलकर अँधेरे में गर्क किया जा सके और नयी पीढ़ी के दिमाग में यह बैठाया जा सके कि गाँधी पूँजीवादी-बनियावादी शक्तियों का छिपा-रुस्तम था, दलाल था। उससे हटो और मार्क्स की लाल मशाल जलाओ। कम्युनिस्टों ने गाँधी, पटेल, सुभाष, लोहिया, जयप्रकाश नारायण के खिलाफ अपना सुनियोजित आक्रमण इतना तेज किया कि आज भी भारतीय इतिहास कि देह पर उसके दाग हैं। कम्युनिस्टों के एक बड़े दल के शोध का सार-सर्वस्व यह है कि गाँधी ने इस देश को क्रान्ति और सुधार के मुक्ति-पथ की ओर नहीं जाने दिया। उन्होंने अहिंसा का पाठ पढ़ाकर कायरतावाद की महत्त्व-प्रतिष्ठा कर डाली। इसी माहौल के कारण कम्युनिस्ट क्रान्ति नहीं कर सके।

1960 में मास्को में आठ देशों की कम्युनिस्ट पार्टियों ने राष्ट्रीय बुर्जुआ वर्ग की

भूमिका का मूल्यांकन करते हुए माना कि साम्राज्यवाद, सामन्तवाद, पूँजीवाद के साथ बुर्जुआ समझौतापरस्ती करता है और क्रान्ति के रथ की विजय-यात्रा को रोकता है। देखिए न, भारत की अर्थव्यवस्था का गठबन्धन विदेशी इजारेदार की शक्तियों के साथ है। इनके ही कारण भारत में अर्थ-वैषम्य, बेरोजगारी, असन्तुलित विकास, निर्धनता, असन्तोष हाय-हत्या फैल रही है। इनके ही कारण भारत में एक वामपन्थी आन्दोलन जड़ नहीं जमा पा रहा है। इस स्थिति का लाभ उठाकर प्रतिक्रियावादी शक्तियों ने अन्तरराष्ट्रीय स्तर पर शीतयुद्ध की राजनीति से विचारधारात्मक प्रेरणा ग्रहण करते हुए जन-असन्तोष को गलत दिशा दी है। इतना ही नहीं, इन दक्षिणपन्थी प्रतिगामियों ने मध्यवर्ग के बुद्धिजीवियों को दिशाहीन करके भटका दिया है। भारत में शीतयुद्ध के दौर का समय पूँजीवाद की हाँ-हुजूरी का था। भारत इस दौर में समाजवाद और पूँजीवाद की सीधी टकराहट में तटस्थ रहना चाहता था। लेकिन इस दौर में यहाँ एक वर्ग ऐसा भी था, जो नहेरू जी की सोवियत सघं की मित्रता को सन्देह से देखता था और इसी वर्ग ने मार्क्सवाद के विरोध को हवा दी। भारत में कम्युनिस्टों से यह रोना बहुत जोर-जोर से रोया कि उनकी हवा जयप्रकाश नारायण, एम.आर. मसानी, अशोक मेहता, आचार्य नरेन्द्रदेव और अज्ञेय जैसे लोग निकाल रहे हैं।

सत्तासीन भारतीय बुर्जुआ ब्रिटेन, अमेरिका की ओर देख रहा था। नेहरू जी ने अमेरिका यात्रा की और खाली हाथ लौटे। भारत की गुटनिरपेक्ष नीति साम्राज्यवादी देशों की ओर झुकी रही लेकिन कुछ समय बाद, सोवियत संघ की ओर। वामपन्थ ने आन्ध्र, बंगाल, केरल में अपना झण्डा फहराया, लेकिन बात बनी नहीं, क्योंकि केन्द्र पर कांग्रेस का कब्जा रहा। पंचवर्षीय योजनाओं का समाजवादी ढाँचा ढीला ही रहा और जनमन पर लोहिया, जयप्रकाश नारायण छाये रहे। 1956 की कांग्रेस में वामपन्थी गले मिले, लेकिन दरार बनी रही। कांग्रेस ने कभी भी पूँजीवाद के रास्ते को छोड़कर समाजवाद का रास्ता नहीं अपनाया। वह भीतर से 'ज्यादा हिन्दू पार्टी' बनी रही और ऊपर से हिन्दू-मुस्लिम एकता का ढोल पीटकर वर्चस्व कायम किये रही इसलिए 'जनवाद' में 'जन' और 'वाद' दोनों को कांग्रेस पीटती रही। कांग्रेस का 'वामपन्थी झुकाव' भी नाटक सिद्ध हुआ और उसने जातिवाद, सम्प्रदायवाद, धर्मवाद के पत्ते अन्य दक्षिणपन्थी पार्टियों की तरह उछाले। फलतः कम्युनिस्ट राष्ट्रीय स्तर पर कभी भी प्रभावी नहीं हो पाये, वे कांग्रेस के दुमछल्ले बनकर ही राब-राबड़ी चाटते रहे।

भारत में प्रगतिशील आन्दोलन के अपने अन्तर्विरोध थे। 1936 में प्रगतिशील लेखक संघ की स्थापना हुई, लेकिन प्रेमचन्द का सभापतित्व पाकर भी वामपन्थी ढंग

से फले-फूले नहीं। चौथे दशक में निराला और पन्त भी वामपन्थ की ओर लपके लेकिन कुछ बना नहीं। निराला 'कुकुरमुत्ता' तो अज्ञेय सब्जी बनाकर चाट गये और पन्त के 'युगान्त' को भवानीप्रसाद मिश्र, रघुवीर सहाय और विजयदेव नारायण साही ने ठेंगा दिखाया। प्रेमचन्द के 'गोदान' और 'कफन' की मानसिकता पर बाबा साहेब अम्बेडकर चढ़ बैठे और प्रेमचन्द के गाँधीवाद, आदर्शवाद की अम्बेडकरवाद ने हवा निकाल दी। प्रेमचन्द ने सज्जाद जहीर और मुल्कराज आनन्द के साथ जो खेल शुरू किया था, उसकी लीला आगे नहीं बढ़ सकी, क्योंकि जैनेन्द्र कुमार ने हिन्दी के 'डिवोशनल लिटरेचर' (भक्तिकाल) को रि-एक्शनरी माननेवाले सज्जाद जहीर का साथ नहीं दिया। उनकी 'मेरे भटकाव' पुस्तक साक्षी है कि प्रेमचन्द के कहने पर भी जैनेन्द्र कुमार ने उस प्रस्ताव-पत्र पर हस्ताक्षर नहीं किये, जिसमें हिन्दी के भक्ति-साहित्य (डिवोशनल लिटरेचर) को 'रि-एक्शनरी' कहा गया था। इस घटना के बाद जैनेन्द्र कुमार और नरेन्द्र देव वामपंथियों के न पास फटके, न उन्हें अपने पास फटकने दिया। जले-भुने वामपंथियों ने जैनेन्द्र के सृजन को 'प्रतिगामी, यथातथ्यवादी' कहा। लेकिन जैनेन्द्र थे कि उनकी परवाह कभी नहीं की। जैनेन्द्र के मन में गाँधी, मार्क्स, फ्रायड के प्रति आदर रहा, लेकिन इनमें से उन्होंने किसी भी विचारधारा की गुलामी स्वीकार नहीं की। सौभाग्य कहिए या दुर्भाग्य अज्ञेय भी जैनेन्द्र की राह पर चले और उसे आगे बढ़ाया। अज्ञेय ने 'अन्तःप्रक्रियाओं' में कहा—"स्वातन्त्र्यमानन्दम्। स्वातन्त्र्यमानन्दम्। स्वातन्त्र्यमानन्दम्...।" (कविमन अज्ञेय, पृ. 65) अज्ञेय ने स्वाधीनता, स्वतन्त्रता के मूल्य को सर्वोपरि माना और वामपन्थ को ललकारकर दूर हटाया। इसलिए वामपन्थी उनके शत्रु हो गये। अज्ञेय ने स्वयं कहा कि मैंने मार्क्सवाद का विरोध नहीं किया, किन्तु वामपन्थी मेरे विरोधी हुए।

इस स्वतन्त्र चिन्तन और व्यक्ति-स्वातन्त्र्यवाद का सर्वाधिक विरोध वामपंथियों ने किया और कहा—'लेखक है? आजाद है? मारो साले को। पिटाई से न सधे तो बदनाम करो; संखिया, धतूरा कुछ खिला दो, पागलखाने में डाल दो।' (कवि मन, पृ. 62) अज्ञेय ने अपने व्यक्ति की स्वतन्त्रता को रक्षित करते हुए कहा, 'जिसने आजादी का स्वाद जाना है, उसी को तो गुलामी की तड़पन सता सकती है। जिसने गुलामी के सिवा कुछ जाना ही नहीं, उसमें वह तड़प कहाँ से आयेगी?—यह नहीं कि कभी आ ही नहीं सकती, पर उसकी प्रक्रिया कहीं दीर्घतर, कठिनतर, अधिक श्रम-साध्य होगी।' (वही, पृ. 62) फिर कहा—'अगर अक्ल भारतीय इंटेलेक्चुअल की और भैंस संस्कार की तो, निस्सन्देह भैंस बड़ी है। बल्कि इंटेलेक्चुअल तो भैंस को पूजने को भी तैयार है।' (वही, पृ. 63) अगर आप इस कथन के भीतर-भीतर अर्थान्वेषण करें तो उस 'टेक्स्ट' में बुद्धिजीवी के बहाने से भारतीय वामपन्थी पर ही व्यंग्य है।

प्रगतिशील लेखक संघ के प्रथम अधिवेशन में प्रेमचन्द ने कहा "उच्च कोटि का साहित्य वही है जिसमें उच्च चिन्तन हो, स्वाधीनता का भाव हो, सौन्दर्य का सार हो, सृजन की आत्मा हो, जीवन की सच्चाइयों का प्रकाश हो जो हममें गति, संघर्ष और बेचैनी पैदा करे, सुलाये नहीं, क्योंकि अब और ज्यादा सोना मृत्यु का लक्षण है।" कुछ समय बाद सितम्बर 1947 में प्रयाग में 'अखिल भारतीय प्रगतिशील लेखक संघ' का सम्मेलन हुआ। महापण्डित राहुल जी ने अध्यक्षता की। यहाँ संस्कृति की स्वाधीनता के साथ राजनीतिक दलों से प्र.ले.सं. की स्वतन्त्रता घोषित की गयी। लेकिन जननाट्य मंच तथा इससे जुड़े रचनाकारों, कलाकारों और पत्र-पत्रिकाओं को सरकारी दमन का सामना करना पड़ा। स्थिति की गम्भीरता को समझते हुए 1949 में 'अखिल भारतीय प्रगतिशील लेखक संघ का सम्मेलन भिवण्डी में हुआ। कम्युनिस्ट पार्टी अपनी समझ से राजनीतिक स्थितियों के भाष्य पर पिली रही लेकिन विचारों में प्राण नहीं डाले जा सके। इसलिए 'कला जीवन के लिए' का नारा कबन्ध दिखायी दिया। सज्जाद जहीर, शिवदान सिंह चौहान, प्रकाशचन्द्र गुप्त आदि विचारों की लाठी भाँजते रह गये एवं कहा—'स्वतन्त्रता एक धोखा है, क्योंकि इसमें सब कुछ अभी पुराना है।' इस पुराने और नये की समस्या को वामपन्थी हल न कर सके और इस दिशा में नायकत्व अज्ञेय ने सँभाला। वे सेना में रह चुके थे। उन्होंने 'तारसप्तक' में नवीन राह 'राही नहीं राहों के अन्वेषी' कहकर दिखायी। अज्ञेय के साथ 'तारसप्तक' में चार-पाँच वामपन्थी भी थे। यह अलग बात है कि वे रामविलास शर्मा, नेमिचन्द्र जैन के रूप में अज्ञेय को कोसते रहे। लेकिन अज्ञेय की 'सप्तक-1 बुलट ट्रेन रुकी नहीं। चार सप्तकों में अट्ठाईस कवि इसमें चढ़े-उतरे। साहित्य की स्वाधीनता का यह अभियान अज्ञेय के हाथों ही आगे बढ़ा।'

सन् 1950 में प्रगतिशील लेखकों की बहस में कम्युनिस्ट पार्टी के भीतर संकीर्णतावाद, सुधारवाद के डायनासोर उछलने लगे। बहस इतनी विकराल हो गयी कि प्र.ले.स. के महामन्त्री रामविलास शर्मा के किरुद्ध वामपन्थी संकीर्णतावादी, टीटोवादी, ट्राटस्कीवादी होने के आरोप खुलकर लगे। इन आरोपों की मार से रामविलास शर्मा आँधी में पेड़ से झड़ गये। उनके विचारों का ढोल फट गया। बाद में वे पार्टी छोड़ने को भी विवश हुए। वामपन्थी साम्राज्यवाद रामविलास शर्मा को ही दगा दे गया। लेकिन इस दौर में अज्ञेय ने 'परिमल' से जुड़कर बहुत आदर पाया और 'परिमल' के लोगों ने विजयदेव नारायण साही से शत-प्रतिशत सहमत होते हुए कहा—'अज्ञेय ही हैं, जिन्होंने नयी कविता को पुनः सम्भव बनाया। इस तरह अज्ञेय को श्रीधर पाठक, रामनरेश त्रिपाठी, माखनलाल चतुर्वेदी, प्रसाद का उत्तराधिकारी मान लिया गया और इन सभी ने 'लघुमानव सिद्धान्त' पर लक्ष्मीकान्त वर्मा, जगदीश गुप्त

और सर्वेश्वर के साथ अपनी सहमति प्रकट की। साही जी ने वामपंथियों को छकाने-थकाने के लिए ही अपना प्रसिद्ध निबन्ध 'लघुमानव के बहाने हिन्दी कविता पर एक बहस' लिखा। और नयी कविता के प्रमुख सिद्धान्तकार साही जी ने चिन्तन के केन्द्र में अज्ञेय को ही रखा। उनके हाथों वामपन्थी ऐसे पिटे कि 'कविता के प्रतिमान' बनाने निकल पड़े और साही माला के मनके ही फेरते रहे। हर साँस में विजयदेव नारायण साही के विचारों का जाप वामपंथियों को महँगा पड़ा और वे खेत रहे। चिन्तन की मौलिकता इस बार मार्क्स के साथ नहीं, लोहिया, जयप्रकाश नारायण के हाथ रही। फलतः नयी शक्ति पर लोहियावादी-समाजवाद धूप की तरह खिलता हुआ दिखायी दिया। अज्ञेय को सर्वेश्वर और रघुवीर सहाय जैसे शिष्य नसीब हुए और इन दोनों ने अज्ञेय का अनुकरण न करते हुए अपने सृजन का स्वतन्त्र मुहावरा निर्मित किया। अज्ञेय की यह बड़ी विजय है कि नये सृजन में रघुवीर सहाय ही 'मैन ऑफ द मैच' मान लिये गये। 'दिनमान' की इस अज्ञेय जोड़ी ने खबर की कविता बनाकर दम लिया और प्रगतिवाद की मार्क्सवादी खाट खड़ी कर दी। वामपन्थ का नेतृत्व ग.मा. मुक्तिबोध ने करना चाहा लेकिन वे 'फंतासी' की खाई में ऐसे गिरे कि निकल न सके। प्रगतिशील लेखक संघ की त्रुटिपूर्ण नीतियों के कारण संगठन लँगड़ा हो गया। इस लँगड़ेपन की सूचना स्वयं अमृतराय को देनी पड़ी। अमृतराय के अनुसार प्र.ले.सं की संकीर्णतावादी समझ के कारण नुकसान हुआ। साहित्य में संयुक्त मोर्चे का प्रश्न उठा—मजदूर वर्ग की क्रान्तिकारी कम्युनिस्ट पार्टी आगे बढ़ी, लेकिन रास्ता सरल नहीं था। साम्राज्यवाद, सामन्तवाद और पूँजीवाद की शक्तियाँ एक हो गयीं लेकिन वामपन्थी एक नहीं हो सके।

साहित्य में संयुक्त मोर्चा बनाने की पेशक़श डॉ. रामविलास शर्मा ने की थी और कहा कि—'यह संयुक्त मोर्चा साम्राज्यवाद, बड़े पूँजीपतियों और सामन्ती शक्तियों के खिलाफ होगा।' यह संयुक्त मोर्चा साम्राज्यवाद, सामन्तवाद की विचारधारा और संस्कृति के विरोध का कार्य करेगा। इस तरह पूँजीवादी संस्कृति का विरोध करना भी संयुक्त मोर्चे के लेखकों का फर्ज रहा है। लेकिन प्रगतिवादी शिविर में फूट पड़ी और कहा गया कि रामविलास शर्मा अपनी कुत्सित समाजशास्त्रीयता को ढकने के लिए यह सब कर रहे हैं। जहाँ एक समय ऐसा भी आया कि जब अखिल भारतीय जनवादी लेखक सम्मेलन में जैनेन्द्र, अज्ञेय को शामिल करने की आवाज उठी लेकिन उसे दबा दिया गया। यह भी कहा गया कि अज्ञेय, जैनेन्द्र जैसे लेखक आये तो सशस्त्र समाजवादी क्रान्ति का क्या होगा? रांगेय राघव ने डॉ. रामविलास शर्मा पर ट्राटस्कीवाद का आरोप लगाया और उनके संकीर्णतावाद की निन्दा की। लेकिन प्रकाशचन्द्र गुप्त ने यह कहकर नया प्रकाश पैदा किया कि 'भारत में अन्य शोषित

वर्गों की तरह बुद्धिजीवी भी एक शोषित वर्ग ही है।' लेकिन 'हंस' के 1951 के जुलाई अंक में संयुक्त मोर्चे की बात फिर उठी—अमृतराय, शिवदानसिंह चौहान, प्रकाश चन्द्र गुप्त, नेमिचन्द्र जैन, केदारनाथ अग्रवाल आदि ने संयुक्त मोर्चे के लिए एक व्यापक आधार प्रस्तुत किया। इसमें शान्ति, स्वतन्त्रता की रक्षा तथा अन्ध राष्ट्रवाद, अश्लीलता तथा हर तरह के अन्धकारवाद के खिलाफ कमर कसने का संकल्प लिया गया तथा सलाह दी कि रामविलास शर्मा के संकीर्णतावाद से दूर रहें।

वस्तुतः प्रगतिवादियों के संकीर्णतावाद का ग.मा. मुक्तिबोध ने 'नयी कविता का आत्म-संघर्ष तथा अन्य निबन्ध' पुस्तक के निबन्धों में डटकर विरोध किया। उन्होंने कहा कि प्रगतिवादी सिकुड़ रहे हैं और वे छायावादियों की भाँति काव्य-वस्तु का संकोच कर रहे हैं। मुक्तिबोध ने 'समीक्षा की समस्याएँ' लेख में कहा कि "किसी जमाने में प्रयोगवादी कविता प्रगतिवाद के अधिक निकट थी, किन्तु प्रगतिवादियों ने उसकी खूब उपेक्षा की। जो अपने से भिन्न है, वह अपना विरोधी भी है। जो काव्य के अपने माने हुए ढाँचे में जमा हुआ नहीं है, वह गलत भी है, असुन्दर भी है, प्रतिक्रियावादी है।" (पृ. 127) प्रगतिवादियों की यह दुष्ट प्रवृत्ति मुक्तिबोध को भयानक पीड़ा प्रदान करती रही। उन्होंने यह पीड़ा लिखकर इस प्रकार व्यक्त की, "प्रगतिवादियों के व्यवहार द्वारा यह सूचित होता है कि वे मुक्ति संघर्ष, राष्ट्रप्रेम, प्राकृतिक सौन्दर्य, नारी सौन्दर्य, प्रगतिवादी यथार्थ, आलोचना भावना, आशा, उत्साह तथा तत्समान अन्यभावों को प्रगतिशील समझते हैं। किन्तु शेष भावनाएँ जैसे भयानक ग्लानि, निराशा, अनाशा, वैकल्य तथा इसी श्रेणी की अन्य भावनाएँ प्रतिक्रियावादी हैं। इस प्रकार लगता था मानो यह एक योजनाबद्ध विभाजीकरण है।" (पृ. 127) यह न भूलना चाहिए कि कोई भी भावना अपने आप में न प्रतिक्रियावादी है, न प्रगतिशील। वह वास्तविक जीवन-सम्बन्धों से युक्त होकर ही उचित या अनुचित, संगत या असंगत सिद्ध हो सकती है। रचना-कर्म एक सांस्कृतिक प्रक्रिया है और परिमार्जित भाव-संस्कार है। जो लोग जनसाधारण की उपेक्षा करके लघु-मानव सिद्धान्त ला रहे हैं--वे साहित्य को दिशा तो नहीं दे रहे हैं। समाज और जनता को भीड़ कहकर उसका अपमान करना घटिया सामन्तवादी-पूँजीवादी प्रवृत्ति है।

अज्ञेय की उपेक्षा पर भी ग.मा. मुक्तिबोध का ध्यान गया और उन्होंने प्रगतिवादियों को धिक्कारते हुए लिखा, "और, क्या अपने वास्तविक काव्यकृतियों को उनकी समग्रता में लेकर किसी कवि-विशेष का सर्वांगीण अध्ययन प्रस्तुत किया (क्या आपने प्रगतिशील लेखक जैसे यशपाल उनके सम्बन्ध में; अथवा अन्य जैसे डॉक्टर हजारीप्रसाद द्विवेदी इनके सम्बन्ध में ऐसा किया।) सर्वाधिक काव्य-संग्रह अज्ञेय जी के ही प्रकाशित थे। आप सबको पढ़कर (अपने दृष्टिकोण से) विशेष

विश्लेषण प्रस्तुत कर सकते थे—इनका मूल्यांकन उपस्थित कर सकते थे।" (पृ. 129) लेकिन ऐसा नहीं किया गया, क्योंकि वे लोग प्रयोगवादी और नयी कविता के आधारभूत को समझने से कतराते रहे। "ऐसा न कर पाने के अपराध के परिणामस्वरूव प्रगतिवादी समीक्षकों के प्रति लेखक-वर्ग की आदर भावना जाती रही। उनकी श्रद्धा का क्षय हुआ।" (पृ. 132) प्रगतिवादी ऐसा इसलिए भी न कर सके कि एक विचारधारा के प्रति प्रतिबद्धता ने उनकी दृष्टि को एकांगी और सीमित कर दिया। अज्ञेय जैसे प्रगाढ़ जीवनानुभूति वैविध्यपूर्ण अनुभव सम्पन्नता तथा विवेक वयस्कता के रचनाकार और चिन्तक के पास जो खुलापन था, उसे वे आत्मनिरपेक्ष होकर गह नहीं सके। इसलिए उन्होंने अज्ञेय को पूँजीवाद और शीतयुद्ध से जोड़कर लघुमानव सिद्धान्त की आड़ में भयानक विभ्रम पैदा किये। क्या यह सच नहीं है कि 'परिमल' ने नयी कविता के सृजन और चिन्तन का एक बौद्धिक-सांस्कृतिक परिवेश निर्मित किया? नयी कविता ने एक नयी काव्य-पद्धति, नयी प्रतीक-योजना, बिम्ब योजना, कथ्यगत संवेदना से विकसित की। इसमें एक स्वर अज्ञेय का है, एक स्वर मुक्तिबोध का है, एक स्वर गिरिजाकुमार माथुर का है तो एक अलग स्वर सर्वेश्वर, भवानी प्रसाद, रघुवीर सहाय और विजयदेव नारायण साही का है। ये सभी न किसी विचारधारा के भोंपू हैं, न दलाल हैं। इसीलिए मुक्तिबोध ने व्यक्ति-स्वातन्त्र्य और लघुमानववाद की चर्चा करते हुए भी अज्ञेय का चरित्र हनन नहीं किया। उन्होंने बड़ी शालीनता से कहा है, "सच तो यह है कि नयी कविता के भीतर कई स्वर हैं, कई शैलियाँ हैं, कई शिल्प हैं और कई भाव पद्धतियाँ हैं। इस काव्य प्रकार के भीतर अनेक व्यक्तिगत शैलियाँ, शिल्प, रचना-विधान और जीवन-दृष्टियाँ हैं। नयी कविता की प्रतिभा किस लेखक में कहाँ है और कहाँ तक है, यह विवाद का विषय है।" (नयी कविता का आत्म-संघर्ष तथा अन्य निबन्ध, पृ. 13) यह कविता अपने परिवेश की द्वन्द्व-स्थिति से सामने आयी और वास्तविकता में बौद्धिक दृष्टि द्वारा भी अन्तःप्रवेश करके विश्व दृष्टि का विकास करना चाहती है। इस अर्थ में वह जीवन-जगत् के व्यापकत्व की व्याख्या है—सभ्यता-समीक्षा का नया बोध। अज्ञेय या मुक्तिबोध ने प्रयोगवाद और नयी कविता को न अध्यात्मवादी विचारधारा की विरासत में गर्क किया, न भौतिकवादी विचारधारा की ओर धकेला। हाँ, नयी कविता ने कुछ क्षेत्रों में जोरदार हमला किया और पाया कि 'प्रगतिवादी विचारधारा के भारतीय व्याख्याता पर्याप्त अपरिपक्व थे।' (पृ. 31)

विडम्बना ही है कि इन अपरिपक्व प्रगतिवादियों को यह तक समझ नहीं आया कि यह कविता स्व-स्थिति की, स्व-दशा की कविता है और इसमें मानव समस्याओं के जटिल संवेदनात्मक-ज्ञान व्यवस्था के आग्रह हैं। मुक्तिबोध को लगता था कि

"स्वाधीनता प्राप्ति के उपरान्त, भारत में एक ओर अवसरवाद की बाढ़ आयी। शिक्षित मध्यवर्ग में भी उसकी जोरदार लहरें पैदा हुईं। साहित्यिक लोग भी उसके प्रवाह में बहे और खूब ही बहे। इस भ्रष्टाचार, अवसरवाद, स्वार्थपरता की पार्श्वभूमि में, नयी कविता के क्षेत्र में पुराने प्रगतिवाद पर जोरदार हमले किये गये और कुछ सिद्धान्तों की एक रूपरेखा प्रस्तुत की गयी। ये सिद्धान्त और उनके हमले, वस्तुतः उस शीतयुद्ध के अंग थे, जिनकी प्रेरणा लन्दन और वाशिंगटन से ली गयी थी। पश्चिम की परिपक्व मानववादी परम्परा से साहित्यिक प्रेरणा ग्रहण न करके इन नये व्याख्याताओं ने उसकी अत्यन्त प्रतिक्रियावादी साहित्यिक विचारधारा को अपनाया और फैलाया। नयी कविता के आस-पास लिपटे हुए बहुत से साहित्यिक सिद्धान्तों में शीतयुद्ध की छाप है।" (वही, पृ. 37) मुक्तिबोध के इस कथन के इतने पाठ, कुपाठ, अन्तर्पाठ और पाठ के भीतर के पाठ के अनेक ध्वन्यर्थ पाठ हुए। दक्षिणपन्थी और वामपन्थी आलोचकों ने 'जाकी रही भावना जैसी' दृष्टि से इस कथन को लेकर तमाम तरह की अनुमानपरक हवाबाजी की। अज्ञेय पर गढ़-गढ़कर झूठ पर झूठ के पहाड़ खड़े किये गये। अमेरिकी दलाल तक कहा गया।

भारत का स्वातन्त्र्य युग ब्रिटिश साम्राज्यवाद की राजनीतिक दासता से मुक्त होने पर भी सांस्कृतिक-सामाजिक रूप से गुलाम और पिछड़ा बना रहा। नेहरू युग की पश्चिमी आधुनिकता ने स्वाधीनता आन्दोलन के सभी सपनों और मूल्यों को धो-पोंछ दिया। विश्वभर के आकाश पर 'द्वितीय विश्वयुद्ध' के बाद शीतयुद्ध के बादल उमड़-घुमड़कर गरजे। भारत ही क्यों, जहाँ-जहाँ ब्रिटिश साम्राज्यवाद छाया रहा, वहाँ-वहाँ आजाद होने के बाद भी नया चिन्तन, भाषा, संस्कृति-साहित्य इतिहास में नहीं उभर सका। 'तीसरी दुनिया' के ज्यादातर देश पश्चिमवाद, अमेरिकावाद के नकलची बनकर अपना 'मौलिक' खोते रहे और खो रहे हैं। वे 'ग्लोबल विलेज' और 'ग्लोबल कल्चर' के अमेरिकावाद के चक्कर में फँस गये और इस चक्रवात से बाजार की संस्कृति, उपभोक्तावादी, नव पूँजीवादी, उदारवादी संस्कृति पनपी है। भारत के कम्युनिस्टों ने इस युग में जोर-जोर से छाती पीटकर रोना-धोना शुरू कर दिया कि हाय समाजवाद को साम्राज्यवाद मारे डाल रहा है। इस समय में लोकतन्त्र, जन-साधारण, स्वतन्त्रता-स्वाधीनता के नाम पर 'कांग्रेस फॉर कल्चरल फ्रीडम' को यह कहकर बदनाम किया गया कि यह 'विचारधारा से मुक्ति' की दुहाई देता है और समूहवाद, जनवाद में विश्वास न करके व्यक्तिवाद, व्यक्ति-स्वातन्त्र्यवाद, भाववाद, अध्यात्मवाद, रहस्यवाद, धर्मवाद की रक्षा में प्रवृत्त दिखाई देता है। यह सब बहुत सुनियोजित पाठ के साथ किया गया कि 'कांग्रेस' सम्मेलन में अज्ञेय सहित कई नामी-गिरामी कवि, कलाकार, चिन्तक इसमें शामिल हुए और अज्ञेय को भारतीय

शाखा के संगठन का सचिव बनाया गया। जनता को यह भय दिखाया गया कि शीतयुद्ध से अगले विश्व-युद्ध का खतरा बढ़ रहा है और शान्तिप्रिय जनता की छाती पर पूँजीवाद और सांस्कृतिक-साम्राज्यवाद बेहद क्रूरता से सवारी करनेवाला है।

भारत में सत्तासीन बुर्जुआ शासकों ने जनता को बहुत ही लुभावने सपने—'पंचवर्षीय योजना' बनाकर दिखाये। उन्होंने चालाकी से अखण्डता, बन्धुता के नष्ट होने का खतरा दिखाकर अंग्रेजी भाषा, अंग्रेजी संस्कृति के वर्चस्ववाद को भारतीय भाषाओं के ऊपर कायम किया। इन शासकों ने सबसे ज्यादा दगा हिन्दी के साथ किया, क्योंकि पूरा स्वाधीनता आन्दोलन हिन्दी में लड़ा गया और हिन्दी को सम्पर्क भाषा, राष्ट्रभाषा, राजभाषा बनाने का छद्म राजनीतिक खेल खेला गया। इसी खेल ने अंग्रेजी, साम्राज्यवाद के उन सभी मूल्यों को कायम रखा और उन सभी मूल्यों को नष्ट किया जिनके लिए पूरा स्वाधीनता संग्राम संकल्प लेकर बढ़ा था। मातृभूमि को स्वाधीनता दिलाने के लिए न जाने कितने शहीदों ने प्राण दिये। 1857 का प्रथम स्वाधीनता संग्राम आजाद भारत में केवल 'एकेडेमिक' बहस बनकर रह गया, इतिहास के साथ एक क्रूर मजाक। बहुत से दोगले बुद्धिजीवी, सामन्तवाद, पूँजीवाद को गालियाँ देकर तृप्ति का अनुभव करते रहे। वे सत्ता के इशारे पर भारत के स्वाधीनता-आन्दोलन का इतिहास लिखने लगे और सब गणित गोबर कर दिया। भारत के मार्क्सवादी अपने अंग्रेजी-प्रेम में जीकर 'जनता' की बात करते रहे और शीतयुद्ध की विचारधारा को लेकर चिन्तित होने का लीला-नाटक भी। यह भी कहा गया कि किसानों-मजदूरों, दलितों-शोषितों, नारियों-उपेक्षितों की चिन्ता मार्क्सवादियों को है—बाकी तो 'अन्य' व्यक्ति की स्वतन्त्रता के नाम पर समाज को तोड़ने-फोड़नेवाले हैं और अज्ञेय, भवानी भाई जैसे रचनाकार को 'अधिनायकवाद' का कीर्तन करने में जुटे हुए बताया गया। कथित पूँजीवाद ही 'व्यक्ति स्वातन्त्र्य' का दूसरा नाम है—यह भी कहा गया। मार्क्सवाद सही एवं वैज्ञानिक चिन्तन है और लोक-कल्याण के लिए समर्पित है तथा गाँधीवाद बुर्जुआ, गया-बीता, भाववादी, नकारा विचार-दर्शन। भारत के ऊपर इसी समय चाहे दक्षिणपन्थी हों या वामपन्थी, अस्तित्ववादी विचारधारा का प्रभाव और रुतबा कायम हुआ। नयी कविता की एक पूरी पीढ़ी 'वरण की स्वतन्त्रता' के नाम पर गुमराह हुई और अज्ञेय ने 'कांग्रेस फॉर कल्चरल फ्रीडम' के इशारों पर हिन्दी लेखकों को डॉलर बाँटकर 'जनसंघर्ष' से विमुख किया। शीतयुद्ध प्रेरित अज्ञेय तथा उनके साथियों—विशेषकर 'परिमल' संस्था से जुड़े साथियों ने प्रगतिवादी आन्दोलन को धूल में ध्वस्त करने का बीड़ा उठाया और इलाहाबाद की सड़कों पर निकल पड़े। इसी तीर्थस्थान पर अज्ञेय ने अपना आसन बनाया। अज्ञेय ने सौन्दर्यशास्त्रीय और सांस्कृतिक प्रश्नों से 'सप्तकवाद' को तेज किया और ऐसे निबन्ध, ऐसी भूमिकाएँ

लिखीं कि बौद्धिक चकित होकर चकचक, बकबक में 'सिनिक' दिखाई देने लगे। छायावाद के प्रसिद्ध आलोचक आचार्य नन्द दुलारे वाजपेयी का तो ऐसा धैर्य टूटा कि वे अज्ञेय से भिड़ गये। इस भिड़न्त में जीत अज्ञेय की हुई और आचार्य वाजपेयी को 'तर्क विकृति' का नमूना मानकर 'सप्तक बहस' आगे चल पड़ी। इस 'सप्तक बहस' में 'प्रगतिवाद' का समूह न केवल पिछड़ा, बल्कि वह अज्ञेय और नयी कविता-विरोध में डट गया। बड़ा भारी संग्राम हुआ—भीष्म-संग्राम।

इसी बीच अज्ञेय ने 'त्रिशंकु' नामक निबन्ध-संग्रह के निबन्धों से तमाम नयी बहसों का बीज बोया तथा टी.एस इलियट के निबन्ध 'ट्रडीशन एण्ड इंडिविजुअल टेलेण्ट' का छायानुवाद 'रूढ़ि और मौलिकता' नाम से किया। निराला जी कहते रह गये—'इलियट का रोड़ा—हिन्दी के सिर पर दे मारा।' उधर, नेहरू जी भी पश्चिमी चिन्तक इलियट को लेकर चौंके और चर्चाओं में ला उठे। बहुत से लोग कहने लगे कि टी.एस. इलियट और डी.एच. लारेंस—हिन्दी में अज्ञेय के कन्धों पर बैठकर आये। बस, फिर क्या था, शीतयुद्ध की राजनीति को चर्चा के केन्द्र में लाया गया। तर्क दिये जाने लगे कि क्यों मार्क्सवाद और सोवियत संघ ने अपनी रक्षा के लिए अमेरिका और अन्य पूँजीवादी देशों से शीतयुद्ध की घोषणा कर दी।

लेकिन 1991 के आस-पास सोवियत संघ अपने ही भीतरी अन्तर्विरोधों से ताश के पत्तों की तरह बिखर गया। महाबली का यह पतन इतिहास की छाती का घाव बन गया और अर्थ-व्यवस्था चौपट हो गयी। इतिहास की कड़ी टूटी तो हमने पाया कि 'मानववाद' की पवित्रता का मार्क्सवादी नारा 'धोखा' था, उसका विपुल बहुलतावादी स्वभाव 'अन्य' को साथ नहीं ले सका। इससे पश्चिम के मार्क्सवादी और उदार लोकतन्त्रवादी दोनों ही 'अविश्वास' के घेरे में आ गये। निर्मल वर्मा ने 'भारत और यूरोप : प्रतिश्रुत के क्षेत्र' पुस्तक के निबन्ध 'मानववाद कुछ आत्मछलनाएँ' में कहा कि "हम यह कहकर छुट्टी नहीं पा सकते कि 'साम्यवाद का पतन' सिर्फ मानववादी दर्शन का स्खलन मात्र है। हमें उस स्खलन के पीछे स्वयं मानववादी दर्शन की सीमाओं को जाँचना होगा।" (पृ. 21) यूरोपीय मानववाद की बुनियादी अवधारणा रही है कि मनुष्य सृष्टि के केन्द्र में है और उसकी तर्क-बुद्धि सृष्टि के अन्य प्राणियों से उसे अलग करती है। "मार्क्स का पश्चिमी लोकतन्त्र से विरोध, मनुष्य की इस आत्म केन्द्रित प्रतिमा से नहीं था। इस दृष्टि से वे यूरोप के मानववादी मनीषियों में से ही एक थे। उनका विरोध उस पूँजीवादी व्यवस्था से था, जो मनुष्य की इस गौरवपूर्ण छवि को अपनी अमानवीय शोषण-वृत्ति से धूमिल और विकृत करती है। मार्क्सवाद ने पूँजीवादी लोकतन्त्र की जो एक स्पष्ट, तर्कपूर्ण, ऐतिहासिक आलोचना की थी, उसका केन्द्रीय सन्दर्भ-बिन्दु वह मानववादी दर्शन था, जो यूरोपीय संस्कृति

का आधार स्तम्भ रहा है।" (वही, पृ. 22)

मानववाद की इस आक्रामक पाखण्डपूर्ण अवधारणा से पूर्व के चिन्तक हमेशा असन्तुष्ट रहे। उनके लोकतन्त्र और मार्क्सवाद का अधिनायकवादी चरित्र हमेशा पूर्व की निगाह में रहा। गाँधीजी ने 'हिन्द स्वराज' में पश्चिमी देशों के लोकतान्त्रिक चरित्र की बखिया यों ही नहीं उधेड़ी है और तर्कमूलक मानववाद का समर्थन नहीं किया। पश्चिम के रचनाकारों में टॉल्सटाय, नीत्शे, इलियट, लॉरेंस आदि ने मानववादी-दर्शन की आत्मछलनाओं पर कभी भरोसा नहीं किया। इलियट का मरुस्थलीय अकेलापन अज्ञेय को याद था और याद थी औद्योगिक यान्त्रिक क्रूरता। कम्युनिज्म ने मध्यकालीन समाज के कायाकल्प का विकल्प पेश किया था, जिसके भीतर सामूहिक भाईचारे के नाम पर रीछ, भेड़िये पल रहे थे। मार्क्स ने बुर्जुआ लोकतन्त्रों के अन्तर्विरोधों को खोलकर उद्‌घाटित किया था। वर्गहीन समाज की स्थापना—रामराज्य की तरह 'यूरोपिया' था, स्वप्न था; जिसका क्रूर-हिंसक चेहरा बोल्शेविक क्रान्ति की भयानक घटना से शुरू हुआ था। क्रान्ति के बाद सोवियत रूस अनगिनत अत्याचारों से पट गया—मनुष्य की छाती पर सत्ता के साँड सवार हो गये। इनका भण्डाफोड़ तो आर्वेल, कामू, सोलेजित्सन, पास्तरनाक आदि ने किया। "यदि पिछले पचास वर्षों से यूरोप और भारत के प्रगतिवादी सोवियत क्रान्ति की भयानक विकृतियों पर परदा डालते रहे तो इसलिए नहीं कि उन्हें परदे के पीछे छिपी घिनौनी असलियत का पता नहीं था। लेनिन द्वारा अन्य विरोधी पार्टियों का दमन, स्तालिन के लेबर कैम्प, सैकड़ों रूसी कवियों, चित्रकारों की हत्याएँ, सेंसरशिप, झूठे मुकदमे, यूक्रेन का दुर्भिक्ष, घोर आर्थिक विपन्नता—ये तथ्य बराबर लौह-परदे के बावजूद बाहर आते रहते थे, अखबारों, पुस्तकों में छपते थे।" (पृ. 24) "इसलिए गोर्बाचोव ने ही अचानक रहस्य से परदा नहीं उठाया। भीतरी खराब हालत और शासन की अनीतियों से मरनेवालों की संख्या तीन-चार करोड़। इनमें वे लोग शामिल नहीं हैं, जो द्वितीय विश्व युद्ध में मारे गये। नाजी कॉन्सस्ट्रेशन कैम्पों में मरनेवाले यहूदियों की संख्या साठ लाख थी। इस तरह 'कम्युनिज्म का रिकॉर्ड फासिज्म की तुलना में कुछ ज्यादा ही वजनदार रहा है।" (पृ. 24) इस तरह सोवियत संघ ने हर तरह से मानवीय स्वाधीनता का गला घोंटा था। अज्ञेय इस मार्क्सवादी चरित्र को निर्मल वर्मा और मनोहर श्याम जोशी की तरह बहुत गहराई से न समझते हों—यह कौन मान सकता है।

निर्मल वर्मा ने चुप्पी तोड़कर आखिरकार हिन्दी के बौद्धिक समाज को यह सच भारी आँकड़ों के साथ बता दिया है कि "सोवियत व्यवस्था का 'फासिज्म' सिर्फ इसलिए कम निन्दनीय नहीं हो जाता, क्योंकि उसके कुकृत्य 'समाजवाद और

मानववाद' के आदर्शों के तले किये जाते रहे, उलटे वह फासिज्म से कहीं अधिक प्रपंचपूर्ण और छलनामय साबित होते हैं, क्योंकि वहाँ शब्द वही रहते हैं, जिन्हें हम पूजते आये हैं, समता, न्याय, स्वाधीनता जबकि उनके अर्थ कभी के नष्ट हो चुके हैं। फासिज्म के झूठ को पहचानना मुश्किल नहीं, क्योंकि वह किसी आदर्श के वेश में हमें नहीं भटकाता, जबकि सोवियत कम्युनिज्म ने जिन मानवतावादी आदर्शों की ओट में अपने झूठ को छिपाया था, उसे पहचानने में देर लगती है। किसी राक्षस के राक्षसी चेहरे को पहचान लेना मुश्किल नहीं, किन्तु जब वही चेहरा संन्यासी के मुखौटे में आता है तो उसे सीता जैसी स्त्री को छलना भी आसान हो जाता है।" (पृ. 25) अज्ञेय इन राक्षसी चेहरों को यायावर होने के कारण अच्छी तरह से पहचान गये थे—इसलिए उन्होंने न पश्चिमी मानववाद का समर्थन किया—न मार्क्सवाद का। क्योंकि उन्हें पता था, अमेरिका के एक विश्वविद्यालय में कार्यरत चोम्स्की निधड़क अमेरिकी सरकार की वियतनाम नीति की निन्दा कर सकते थे किन्तु जब सखारोव ने अफगानिस्तान में सोवियत हस्तक्षेप का विरोध किया तो उन्हें मास्को के अपने एपार्टमेण्ट से निकालकर गोर्की शहर में अनेक वर्ष 'गृह-कारावास' में रहने को विवश किया गया। इसलिए मानववाद की कसौटी खोटी है और मार्क्सवाद की छलना राक्षसी। इस राक्षसी छलना के भारत में प्रचारक रामविलास शर्मा एण्ड कम्पनी ने अज्ञेय जी को हर कोण, हर मोड़ पर बदनाम किया। फिर अज्ञेय जी अपने यायावरी के अनुभवों की ताकत से एक क्या, एक हजार रामविलासों को अँगूठे पर रखने की क्षमता से सम्पन्न कवि थे। वे 'नदी के द्वीप' पर कविता-उपन्यास लिखते थे—नदी के द्वीप का दर्शन स्वीकार नहीं करते थे। उन्हें तो सागर-पर्वत वन का दर्शन ही पसन्द था और उसकी ही दृष्टि से उन्हें रचनाकार और स्वाधीन चिन्तक बनाया था। 'शब्द में उनकी समाई हो नहीं सकी।' वे वन से खुले-बन्द सन्नाटे के कवि थे, मौन के कवि थे। इस मौन में बुद्ध और विवेकानन्द के मौन का निवास था।

अज्ञेय के साथ 'परिमल' संस्था तथा 'नयी पत्रिका' से जुड़े सभी रचनाकार, चिन्तक यह भीतर से महसूस करते थे कि समस्त सर्वसत्तावादी विचारधाराएँ हिन्दी-प्रदेशों की जनता का भला नहीं कर सकतीं। मानववाद के स्वकेन्द्रित, क्रूर पाश से 'मुक्त' रहकर ही 'अन्य' को गले लगाया जा सकता है, फिर भारतीय मनीषा और चिन्तन में आत्म-विस्तार की शक्ति के कारण 'अन्य' कोई नहीं है। हम भारतीयों ने पश्चिम के इस भेदवाद, अलगाववाद, नस्लवाद, इन्द्रियवाद को कभी स्वीकार नहीं किया। भारत के मार्क्सवादियों ने अपने स्वार्थों को पूरा करने के लिए 'विचारधारा' को इतना कुत्सित-बदबूदार बना दिया कि उससे सामान्य आदमी को 'एलर्जी' होने लगी। वे 'सेकुलरिज्म' का नारा लगाते रहे लेकिन रहे घोर जातिवादी,

क्षेत्रीयतावादी, हिंसावादी। इसलिए इस लम्पटवाद को लोहियावादियों-जयप्रकाशवादियों ने कभी स्वीकार नहीं किया। हिन्दी में मार्क्सवादियों ने अज्ञेय, भवानी प्रसाद मिश्र, मोहन राकेश, सर्वेश्वर, कुँवर नारायण और गिरिजाकुमार माथुर के साथ जो किया है उस पर विचार-पुनर्विचार, पुनर्भाष्य की आवश्यकता है। मार्क्सवादी आलोचना ने अपने प्रतिमानों को कृतियों पर आरोपित किया है, फलतः 'कामायनी' जैसी कृति का कचूमर निकल गया है। आज मार्क्सवाद के प्रेत से मुक्त होकर कृति केन्द्रित, पाठकवादी आलोचना को विकसित करने की आवश्यकता है।

'परिमल' विदेशी विचारधाराओं की गुलामी से मुक्त संस्था थी और विचारधारा की 'प्रतिबद्धता' का भीतरी अर्थ जानती थी। "परिमल में नये सदस्य बनाने के लिए परिपाटी थी कि यदि वह नाम एक बार अस्वीकृत कर दिया जाये तो दुबारा उसी नाम की वकालत नहीं की जा सकती थी। उसके लिए जरूरी था कि पहले से ही उस नाम की वकालत करके वर्तमान सदस्यों को नरम और उनके पक्ष में कर लिया जाये। लक्ष्मीकान्त वर्मा इलाहाबाद के साहित्यिक परिवेश में थे ही लेकिन उनके बारे में तरह-तरह की अफवाहें फैली हुई थीं जैसे कि वे सरकार के साथ मिले रहते हैं और गुप्त रिपोर्ट दिया करते हैं। जैसे यह भी कि उनका कम्युनिस्टों से लगाव है—आदि-आदि। लोग यह सब सुनकर भड़क जाते थे। हमारे आदरणीय सदस्य पं. इलाचन्द्र जोशी तो यह सब सुनकर बहुत नाराज थे और चाहते नहीं थे कि लक्ष्मीकान्त वर्मा को 'परिमल' में लिया जाये।" (केशवचन्द्र वर्मा : परिमल स्मृतियाँ और दस्तावेज, पृ. 19) मित्रों के अनुनय-विनय पर लक्ष्मीकान्त वर्मा का 'परिमल' में प्रवेश हुआ। इन लक्ष्मीकान्त वर्मा ने 'नई कविता के नये प्रतिमान' तथा 'नये प्रतिमान पुराने निकष' जैसी दो पुस्तकों से हिन्दी साहित्य में तहलका मचा दिया। वर्माजी नयी कविता के महत्त्वपूर्ण सिद्धान्तकार, भाष्यकार और रचनाकर्मी बने। वर्माजी का साथ विजयदेव नारायण साही ने दिया और साहीजी ने 'नयी कविता के प्रतिमान' बनाने की बजाय 'कविता के नये प्रतिमान' बनाने का प्रस्ताव 'शमशेर की काव्यानुभूति की बनावट' का विश्लेषण करते हुए दिया। साहीजी नयी कविता के अज्ञेय-प्रशंसक सिद्धान्तकार रहे हैं और उनकी विजय-यात्रा का ऐसा प्रबल प्रताप रहा कि मार्क्सवादी उनके पीछे-पीछे चले। 'कविता के नये प्रतिमान' के लेखक नामवर सिंह ने तो साही की माला जपकर ही आलोचना की वैतरणी में पैर रखा।

'परिमल' में नरेश मेहता को लेकर भी बड़ा वाद-विवाद हुआ। नरेश जी के पीछे साम्यवादी पृष्ठभूमि थी। इसलिए सदस्यों का उनके प्रति बहुत ही नकारात्मक दृष्टिकोण था। 'परिमल' में नरेश मेहता को लाने का विरोध धर्मवीर भारती तथा विजयदेव नारायण साही दोनों कर रहे थे। केशवचन्द्र वर्मा के प्रयासों से नरेश जी

'परिमल' में आये और अपने निर्णय मनवाने पर अड़ जाते। न मानने पर गोष्ठी से उठकर चले जाते। विजयदेव नारायण साही उनकी खिल्ली उड़ाते हुए उन्हें 'वाक् आउट कवि' कहते थे। इस तरह हिन्दी साहित्य में 'परमेलियन' अपनी हैसियत बनाने में आगे रहे और नयी सर्जनात्मकता, नयी कविता, नवलेखन का ताज उनके सिर पर ही रखा गया।

'परिमल' में साहित्यिक उखाड़-पछाड़, बड़े-बड़े नये विषयों पर बहस-संवाद। लखनऊ में 'लखनऊ लेखक संघ' और दिल्ली का 'शनिवार समाज', 'दिल्ली कल्चरल' समाज सक्रिय थे। लेकिन सर्जनात्मक बेचैनी को थोड़ी-सी राहत 'परिमल' की बहसों से ही मिलती है। परिमल की 'साहित्यिक गोष्ठियाँ' शीर्षक से साप्ताहिक दिनमान-8 फरवरी, 1970 में एक रपट अज्ञेय ने छापी है। यहाँ यह भी कहा गया कि 'परिमल' ने पच्चीस वर्ष पूरे किये हैं और अपना रजत-पर्व मना रहा है। 'परिमल' सर्जनात्मकता के तप से चली। कोई भी साहित्यिक-गोष्ठी मात्र सृजनात्मकता के आग्रह पर इतने दिन नहीं टिकी। 'परिमल' ने रचनाकार को रचना से ही बाँधा; किसी प्रकार के संगठन, सत्ता, विचारधारा या साहित्यिक आन्दोलन से नहीं। 'परिमल' ने लगभग चार सौ चर्चित गोष्ठियाँ कीं और हिन्दी साहित्य का बड़ा से बड़ा साहित्यकार उसके सम्पर्क में आया। 'परिमल' ने रचनाकार की अन्तःप्रवृत्तियों का परिष्कार करते हुए उसे वृहत्तर सामाजिकता प्रदान की। 'प्रगतिशील लेखक संघ' रचनाकार से 'प्रतिबद्धता' के नाम पर 'स्वतन्त्रता' छीन रहा था और उस 'स्वतन्त्रता' को 'परिमल' रचनाकार को पुनः वापस कर रहा था। इस तरह रचनाकार की स्वाधीन-चेतना के निर्माण ्. 'परिमल' की अविस्मरणीय ऐतिहासिक भूमिका रही है। 1957 की रिपोर्ट में कहा गया कि परिमल 'सत्ता' की गुलामी को स्वीकार नहीं करता—वह स्वाधीन चिन्तन का मंच है। इस तरह 'परिमल' ने छायावाद, नयी कविता, नवलेखन में एक गौरवपूर्ण इतिहास की नींव रखी है। यह तो 'परिमल' का ही दम था कि वह 'साहित्य पर राजनीति का अंकुश और कलाकार की व्यक्तिगत स्वतन्त्रता' पर सभी को बुलाकर वाद-विवाद-संवाद करने का कलेजा रखता था। उस गोष्ठी में यशपाल बोले, प्रभाकर माचवे बोले, अश्क बोले, भगवतीचरण वर्मा बोले। यहाँ परस्पर विरोधी विचारधारा के रचनाकारों में सामंजस्य हुआ—सेतु—संवाद बना।

'परिमल' की गोष्ठियाँ साक्षी हैं कि हिन्दी जगत् में पहली बार गोष्ठियों का स्वरूप बना और सर्जनात्मकता को केन्द्र में लाकर विचार शुरू हुआ। इससे पूर्व हिन्दी साहित्य सम्मेलन में 'स्वतन्त्रता' की लड़ाई कई मोर्चों पर लड़ी तो जा रही थी पर प्रभाव कम था। हिन्दी आन्दोलन में राजर्षि पुरुषोत्तम दास टण्डन और मदनमोहन मालवीय प्राण फूँक चुके थे और गाँधी का आशीर्वाद प्राप्त किया था। इसी राष्ट्रीय

आन्दोलन से पं. माखनलाल चतुर्वेदी, नवीन, दिनकर, नरेन्द्र शर्मा, भगवतीचरण वर्मा, सुभद्रा कुमारी चौहान, सोहनलाल द्विवेदी, पन्त, प्रसाद, निराला, महादेवी और बाद में अज्ञेय-भवानी भाई फले-फूले हैं। लगभग पचास वर्षों में परिमल की 500 गोष्ठियों में हिन्दी साहित्य के महत्त्वपूर्ण अंश रचे गये। 'परिमल' में गोपीकृष्ण गोपेश और जगदीश गुप्त 'विश्व' ने कवियों को बुला-बुलाकर आदर दिया और स्वयं भी काव्य रचना की। इन सभी ने मैथिलीशरण गुप्त के जन्मदिवस को 'राष्ट्रीय कवि दिवस' के रूप में मनाये जाने की शुरुआत की। इस प्रेरणा से सर्वेश्वर, साही और भारती भी भरे रहे और अज्ञेय जी पास आकर 'परिमल' के अन्तरंग सखा, प्यारे ही बनते गये।

'परिमल' से ही नवगीत-धारा का विकास हुआ। रमानाथ अवस्थी, उमाकान्त मालवीय, शम्भूनाथ सिंह के गीतों की धूम रही और नयी कविता आन्दोलन की नयी पीढ़ी, मलयज, रमेशचन्द्र शाह, श्रीराम वर्मा बनकर सामने आयी। कथा-साहित्य में 'परिमल' ही अज्ञेय, इलाचन्द्र जोशी, धर्मवीर भारती, केशवचन्द्र वर्मा, लक्ष्मीकान्त वर्मा, रघुवंश, गिरधर गोपाल, लक्ष्मीनारायण लाल को सामने लाया। इस तरह अज्ञेय 'परिमल' के बहुत सक्रिय सदस्यों में रहे और 'सप्तकों' से उन्होंने नयी कविता आन्दोलन खड़ा किया। उनके कहानीकार, उपन्यासकार रूप ने भी नयी पीढ़ी को सृजन का नया पथ सुझाया। इसी गोष्ठी में पन्तजी का 'लोकायतन' छपने पर गोष्ठी में साहीजी ने कहा, 'न पढ़ा है, न पढ़ूँगा।' साही ने हिन्दी आलोचना को नये जनवादी खाँचों से मुक्त किया। प्रयोगवाद को रूपवाद, कलावाद और मात्र शिल्प का आन्दोलन कहनेवालों को गर्दन पकड़कर रगड़ा और कहा, 'प्रयोग' रचना में कीमती चीज है, हमें इसके लिए अज्ञेय की कद्र करनी चाहिए। वामपंथियों की कोरी निन्दा रचनात्मक नहीं है—खिसियाये मुँह की गालियाँ-भर हैं। अमृतराय और फिराक गोरखपुरी कम्युनिस्ट होते हुए भी 'परिमल' से जुड़े। (दे. वही, पृ. 69) अपनी बात सभी तक पहुँचाने के लिए 'परिमल' ने 'नये पत्ते', 'नयी कविता', 'निकष', 'तुंग-शृंग' जैसी पत्रिकाओं का प्रकाशन किया और कुछ समय तक दिल्ली की पत्रिका 'आलोचना' का सम्पादन कार्य भी। इस तरह 'परिमल' को—मैथिलीशरण गुप्त, माखनलाल चतुर्वेदी, निराला, महादेवी, पन्त, के.एम. मुंशी, बच्चन, दिनकर, रामस्वरूप चतुर्वेदी, अज्ञेय सभी का सहयोग प्राप्त हुआ। अज्ञेय ने नये प्रयोग और नयी राहों की खोज में वामपन्थी रचनाकारों को भी साथ लिया और किसी भी 'विचारधारा' को आरोपित करने की कोशिश नहीं की। 'तारसप्तक' इसका प्रमाण है। इन्हीं दिनों 'सह-परिमल' नाम से एक और साहित्यिक संस्था बनी—जिसमें रचनाकार की स्वतन्त्रता, प्रतिबद्धता पर जोरदार बहसें हुईं और इन बहसों से नयी

पीढ़ी में नया सांस्कृतिक जागरण आया।

भारती जी ने यह प्रश्न उठाया कि प्रकाशचन्द्र गुप्त, रामविलास शर्मा, शिवदान सिंह चौहान, नामवर सिंह ने अज्ञेय को 'भीतर' से कभी स्वीकार नहीं किया। इन सभी ने अज्ञेय को भाववाद, कलावाद, व्यक्तिवाद, नवरहस्यवाद से जोड़कर मनचाहे प्रहार किये। आज इन प्रहारों की सत्यता की जाँच होनी चाहिए। 'अज्ञेय' को मानवेन्द्र राय, लोहिया, जयप्रकाश नारायण का चिन्तन भारत के सन्दर्भ में 'विचारधारा' के स्तर पर लुभाता रहा। वे कभी न फ्रायडवादी रहे, न पूरी तरह अस्तित्ववादी। लोहिया का समाजवादी-दर्शन मार्क्स को नकारता है, क्योंकि भारतीय सभ्यता-संस्कृति साहित्य, दर्शन, धर्म की आन्तरिक लय और तरह की है और वह किसी भी तरह से पश्चिमी संस्कृति-चिन्तन से मेल नहीं खाती। इसलिए 'सेकुलरिज्म' हमारी समीक्षा का प्रतिमान नहीं हो सकता। इस प्रतिमान से भारतेन्दु, मैथिलीशरण गुप्त, प्रसाद और भवानी भाई की इधर जो हत्या की जा रही है, वह कितनी पीड़ादायक है। कुछ सिरफिरे 'नवजागरण' को नकारकर नयेपन का जोश दिखा रहे हैं और एक ऐसी अति बौद्धिक क्रान्ति कर रहे हैं कि 'क्रान्ति' ही 'क्रान्ति' है। यहाँ 'परिमल पर्व' शीतयुद्ध में गल गया है। 'नवजागरण' बचा था, उसे नयी बकरियाँ चरे लिए ले रही हैं तथा युग की सभी साहित्यिक विचारधाराएँ बिखर गयी हैं। लेकिन अच्छी बात यह है कि लेखक की वैचारिक स्वतन्त्रता और वैयक्तिक स्वतन्त्रता का संघर्ष जारी है। 'परिमलन' ने वैचारिक स्तर पर हिन्दी साहित्य में पाँच नये आन्दोलनों का सूत्रपात किया है–(1) वैयक्तिक स्वतन्त्रता (2) लेखक और राज्य (3) नयी कविता क्या है? (4) नितान्त समसामयिकता के दायित्व तथा (5) मानव-मूल्यों के सन्दर्भ में लघुमानव की कल्पना।

'लेखक और राज्य' मई 1957 की परिमल परिगोष्ठी में डॉ.जगदीश गुप्त ने 'वक्तव्य' में कहा, "इस दिशा में सोचने का सूत्रपात परिमल की व्यक्ति स्वातन्त्र्य पर आयोजित गोष्ठी में हो चुका है। 'एशियाई लेखक सम्मेलन' में भी यह प्रश्न कुछ विचारकों द्वारा उठाया गया किन्तु राष्ट्रीय धरातल पर परिमल का यह पहला आयोजन था।" (पृ. 161) विजयानगरम् हॉल प्रयाग में 'लेखक की वैयक्तिक स्वतन्त्रता' गोष्ठी का 3 मई, 1957 को ताराशंकर बनर्जी ने सभापतित्व किया और उद्‌घाटन सुन्दरम् जी ने। स्वागत भाषण धर्मवीर भारती ने पढ़ा और प्रारम्भिक वक्तव्य स. ही. वात्स्यायन अज्ञेय ने दिया। इस गोष्ठी में शिवराम कारंत, यशपाल, आर.बी. जोशी तथा धीरेन्द्र वर्मा ने भी भाषण दिये। अपने प्रारम्भिक वक्तव्य में अज्ञेय ने कहा, "हम आपको मुक्त होकर इस प्रश्न पर विचार करना है। यह हमारा एक नागरिक प्रश्न है।" (पृ. 173)

स्पष्ट है कि अज्ञेय की 'विचारधारा' का कोई सम्बन्ध 'कांग्रेस फॉर कल्चरल फ्रीडम' से सिद्ध नहीं होता। इसलिए शीतयुद्ध की विचारधारा और अज्ञेय पर जो विचार हुआ है, वह सतही, छिछला और विद्वेषपूर्ण है। अस्तित्ववाद और आधुनिकतावाद का प्रभाव होने पर भी अज्ञेय उन विचारधाराओं के न प्रचारक हैं, न गुलाम। अज्ञेय की पूरी विचारधारा मानव-मुक्ति की खोज में सक्रिय रही है और उनका यह स्वाधीन चिन्तन हिन्दी के मार्क्सवादियों को खिजाता रहा है, तभी वे अज्ञेय विरोध में लगभग पाँच दशकों से हिन्दी आलोचना में काँव-काँव कर रहे हैं।

परिशिष्ट

(क) रचनाकार : अज्ञेय का जीवन वृत्त

नाम	—	सच्चिदानन्द वात्स्यायन
	—	बचपन का नाम—सच्चा
	—	ललित निबन्धकार नाम—कुचिट्टातन
	—	रचनाकार नाम—अज्ञेय
	—	(जैनेन्द्र-प्रेमचन्द का दिया नाम है—अज्ञेय)
	—	व्यन्ती देवी—पण्डित हीरानन्द शास्त्री
1911	—	(7 मार्च) जन्म कुशीनगर (कसया) जिला देवरिया (उ.प्र.) में एक पुरातत्त्व-उत्खनन शिविर में।
1915	—	बचपन, लखनऊ में, संस्कृत मौखिक परम्परा से शिक्षा का आरम्भ
1929	—	श्रीनगर एवं जम्मू में, संस्कृत, फारसी और अंग्रेजी की प्रारम्भिक शिक्षा
1921	—	उडुपी (नीलगिरि) में मध्वाचार्य-संस्थान में यज्ञोपवीत संस्कार।
1925	—	नालन्दा एवं पटना में स्वर्गीय काशीप्रसाद जायसवाल रायबहादुर हीरालाल और स्व. राखालदास बन्द्योपाध्याय का सम्पर्क मिला।
	—	स्व. राखालदास बन्द्योपाध्याय से बंगला सीखी।
	—	सन 1921 में माँ के साथ जलियाँवाला काण्ड की घटना को लेकर पंजाब-यात्रा के फलस्वरूप देशभक्ति का संकल्प और अंग्रेजी साम्राज्यवाद के प्रति विद्रोह की भावना।
	—	पंजाब से 1925 में प्राइवेट हाईस्कूल की परीक्षा उत्तीर्ण की।
1927	—	इण्टर-साहित्य क्रिश्चियन कॉलेज, मद्रास।

1929 – बी.एस-सी. फारमन कॉलेज, लाहौर से–प्रथम श्रेणी में प्रथम।

– मद्रास में अंग्रेजी के प्रोफेसर एण्डरसन के साथ टैगोर-मण्डल की स्थापना।

– लाहौर में अमेरिकी प्रोफेसर जे.बी. बनेड एवं प्रोफेसर डोनियल से सम्पर्क।

– लाहौर में क्रान्तिकारी जीवन का श्री गणेश हिन्दुस्तान रिपब्लिकन पार्टी से जुड़े चन्द्रशेखर आजाद, भगवतीचरण वोहरा, सुखदेव के सम्पर्क में आने पर हुआ।

– पहली कहानी 1924 में पंजाब की यात्रा के फलस्वरूप अंग्रेजी साम्राज्यवाद के प्रति विद्रोह भावना का जन्म।

1936 – क्रान्तिकारी जीवन

– हिन्दुस्तान रिपब्लिकन आर्मी में सक्रियता

– वहीं पर देवराज, कमलकृष्ण एवं वेदप्रकाश नन्दा से परिचय

– 1930 में भगतसिंह को छुड़ाने का प्रयत्न। लेकिन भगवतीचरण वोहरा के एक घटना में शहीद हो जाने के कारण योजना का स्थगन।

– दिल्ली में हिमालियन टॉयलेट फैक्ट्री में बम बनाने का कार्य क्रान्तिकारी मित्रों के साथ आरम्भ किया, जिसकी परिणति अमृतसर में ऐसी ही फैक्ट्री कायम करने के सिलसिले में 15 नवम्बर, 1930 में देवराज एवं कमल कृष्ण के साथ गिरफ्तारी में हुई।

– एक महीने लाहौर जेल में। तत्पश्चात् अमृतसर की हवालात में बन्द रहे।

– 1931 में अन्य मुकदमा जो 1933 तक चला। दिल्ली जेल में कालकोठरी में बन्द रहे। इसी बीच 'चिन्ता' काव्य एवं 'शेखरः एक जीवनी' यहीं पर सृजित हुआ। साथ ही 'भग्नदूत' की कविताओं का प्रकाशन।

– सन् 1933 में अपने घर में नजरबन्द। घर लौटने पर छोटे-एवं माता की मृत्यु पर दुःख तथा पिता की नौकरी से सेवानिवृत्ति।

– क्रान्तिकारी जीवन में 'रावी' के तट पर छलांग लगाने से घुटने की टोपी उतर गयी जिसकी पीड़ा जीवन-भर झेलते रहे।

1936 – जीवन में आजीविका की तलाश। 'सैनिक' अखबार आगरा में

श्री कृष्णदत्त पालीवाल के साथ साल भर 'सैनिक' के सम्पादक मण्डल में रहे।

— इसी समय किसान आन्दोलन में सक्रिय रहे।

— इसी अवधि में रामविलास शर्मा, प्रकाशचन्द्र गुप्त, भारतभूषण अग्रवाल, प्रभाकर माचवे तथा नेमिचन्द्र जैन से परिचय हुआ।

1937 — पण्डित बनारसीदास चतुर्वेदी के आग्रह पर 'विशाल भारत' में गये। लगभग डेढ़ वर्ष वहाँ रहे। यहीं पर पुलिनसेन, बुद्धदेव वसु एवं आचार्य हजारीप्रसाद द्विवेदी के साथ बलराज साहनी से परिचय में आये।

— व्यक्तिगत कारणों से 'विशाल भारत' छोड़कर पिता के पास बड़ौदा रहे।

— विदेश जाने का कार्यक्रम युद्ध-छिड़ जाने के कारण स्थगित करना पड़ा और रेडियो में नौकरी कर ली। इस दौरान साहित्य के अनेक पक्षों से गहन-सम्पर्क हुआ। सन् 1937 में ही 'विपथगा' का प्रकाशन हुआ।

1940 — जुलाई 1940 में सिविल पद्धति से बंगाली युवती सन्तोष से विवाह। अनमन होने से अगस्त 1940 में ही सन्तोष से अलग हो गये। सन् 1946 में पूरी तरह विवाह-विच्छेद।

1941 — 'शेखर : एक जीवनी' का प्रकाशन। हर ओर विरोध और प्रशंसा का दौर।

1942 — दिल्ली में अखिल भारतीय फासिस्ट विरोधी सम्मेलन का आयोजन एवं प्रगतिशील लेखक संघ के सदस्यों में कृश्नचन्दर एवं शिवदान सिंह के साथ। इसी सम्मेलन में प्रगतिशील गुट से अलगाव।

— इसी वर्ष 'आधुनिक हिन्दी साहित्य' का सम्पादन।

1943 — 'तारसप्तक' का सम्पादन। हिन्दी आलोचना में भूचाल।

— सेना में नौकरी—असम-वर्मा फ्रंट पर नियुक्ति।

1944 — 'शेखर : एक जीवनी' के दूसरे भाग का प्रकाशन 'परम्परा' का प्रकाशन।

1945 — सेना की नौकरी से मुक्ति पाने का आवेदन जो 1946 में स्वीकृत। 'कोठरी की बात' का प्रकाशन।

1946 — गुरुदासपुर पंजाब में पिता की मृत्यु से भारी धक्का।

— मेरठ साहित्य परिषद् की स्थापना।

— 'इत्यलम्' 'प्रियजन डेज एण्ड अदर पोयम्स' एवं जैनेन्द्र के उपन्यास 'त्यागपत्र' का 'दि रिजिग्नेशन' नाम से अंग्रेजी अनुवाद का प्रकाशन।

1947-55 — इलाहाबाद और फिर दिल्ली से 'प्रतीक' पत्रिका सम्पादन। दिल्ली ऑल इण्डिया रेडियो में कार्य। इसी काल में 'बाबरा अहेरी' 'नदी के द्वीप' 'अरे यायावर रहेगा याद' तथा 'जयदोल' का प्रकाशन, सांस्कृतिक स्थलों का भ्रमण।

— 'दूसरा सप्तक' का 1951 में सम्पादन।

— मानवेन्द्र राय के साथ गहन सम्पर्क तथा प्रभाव।

— 'थॉट' अंग्रेजी पत्रिका सम्पादन।

— अंग्रेजी पत्रिका 'वाक्' का सम्पादन।

1955-56 — यूनेस्को की ओर से भारत-भ्रमण। कपिला मलिक से विवाह।

1957-58 — जापान-भ्रमण। जेन-बुद्धिज्म का प्रभाव।

— इन्द्रधनु रौंदे हुए का प्रकाशन। कुछ समय तक इलाहाबाद में निवास।

1958-60 — 'तीसरा सप्तक' का 1959 में सम्पादन।

— यूरोप-भ्रमण एवं 'पिएर-द क्विर' के मठ में एकान्तवास।

1961-64 — 'आँगन के पार द्वार' काव्य-संग्रह पर साहित्य अकादेमी, दिल्ली से पुरस्कार।

— कैलिफोर्निया विश्वविद्यालय में भारतीय संस्कृति एवं साहित्य के प्रोफेसर।

— 'अपने अपने अजनबी' उपन्यास का प्रकाशन।

— इस बीच अमेरिकी कवियों के सहयोग से हिन्दी कवियों और अपनी कविताओं के अनुवाद किये।

1964-1971 — 'दिनमान' साप्ताहिक का सम्पादन।

— इसी बीच आस्ट्रेलिया, पूर्वी यूरोप के देशों, सोवियत यूनियन एवं मध्य यूरोप के देशों की यात्रा एवं व्याख्यान।

— 1969 में 'दिनमान' से अलग हो गये। तत्पश्चात् कुछ समय तक बर्कले विश्वविद्यालय में विजिटिंग प्रोफेसर।

1977 — सन् 1971-72 में जोधपुर विश्वविद्यालय में 'तुलनात्मक-साहित्य' के प्रोफेसर।

— 1973-74 में जयप्रकाश नारायण के अनुरोध पर 'एवरी मेन्स वीकली' का सम्पादन।

— दिसम्बर 1973 में 'नया प्रतीक' का प्रकाशन-सम्पादन। अल्मोड़ा के पास उत्तर वृन्दावन में श्रीकृष्ण प्रेम आश्रम में कुछ समय निवास।

— 1976 में छह माह के लिए हाइडेलबर्ग-जर्मनी के विश्वविद्यालय में अतिथि प्रोफेसर।

— आपातकाल का गहरा विरोध तथा उद्विग्नता।

1977-80 — प्रमुख हिन्दी दैनिक 'नवभारत टाइम्स' का सम्पादन।

— 'कितनी नावों में कितनी बार' कविता-संग्रह पर 'भारतीय ज्ञानपीठ पुरस्कार।'

— 1979 में पुरस्कार राशि के साथ अपनी राशि जोड़कर 'वत्सल निधि' की स्थापना—1980 में।

— 'चौथा सप्तक' का सम्पादन।

1980-87 — 'वत्सल निधि' के तत्त्वावधान में प्रतिवर्ष लेखन-शिविरों, हीरानन्द शास्त्री व्याख्यानों एवं रायकृष्णदास व्याख्यानों का आयोजन।

— 'जन जानकी यात्रा' एवं 'भागवत भूमि यात्रा' का आयोजन। जिसमें प्रमुख लेखक सम्मिलित होते रहे।

— 1983 में स्त्रुगा-यूगोस्लाविया के कविता-सम्मान 'गोल्डन रीथ' से सम्मानित।

— 1984 में हालैण्ड के 'पोयट्री इंटरनेशनल' में भागेदारी।

— 1985 में साहित्य अकादेमी के शिष्ट मण्डल में चीन-यात्रा।

— 1986 में फ्रेंकफर्ट पुस्तक मेले में शिरकत।

— 1987 में 'भारत-भारती' सम्मान की घोषणा।

— भारत-भवन, भोपाल में आयोजित 'कवि-भारती' समारोह में भागेदारी।

— 4 अप्रैल, 1987 की सुबह, दिल्ली में देहावसान।

(ख) रचनाएँ

अज्ञेय : कृतित्व

कविता

1.	भग्नदूत	वी.एच.वात्स्यायन, लाहौर	1933
2.	चिन्ता	सरस्वती प्रेस, बनारस	1942
3.	इत्यलम	प्रतीक प्रकाशन, दिल्ली	1946
4.	हरी घास पर क्षण भर	प्रगति प्रकाशन, दिल्ली	1949
5.	बावरा अहेरी	भारतीय ज्ञानपीठ, दिल्ली	1954
6.	इन्द्रधनु रौंदे हुए ये	सरस्वती प्रेस, बनारस	1957
7.	अरी ओ करुणा प्रभामय	भारतीय ज्ञानपीठ, काशी	1959
8.	पुष्करिणी	साहित्य सदन, झाँसी	1959
9.	आँगन के पार द्वार	भारतीय ज्ञानपीठ, काशी	1961
10.	पूर्वा (भग्नदूत,, इत्यलम, हरी घास पर क्षणभर–का संकलन)	राजपाल एण्ड संस, दिल्ली	1965
11.	सुनहले शैवाल	अक्षर प्रकाशन, नयी दिल्ली	1966
12.	कितनी नावों में कितनी बार	भारतीय ज्ञानपीठ, काशी	1967
13.	क्योंकि मैं उसे जानता हूँ	भारतीय ज्ञानपीठ, काशी	1970
14.	सागर मुद्रा	राजपाल एण्ड संस, दिल्ली	1970
15.	पहले मैं सन्नाटा बुनता हूँ	राजपाल एण्ड संस, दिल्ली	1974
16.	महावृक्ष के नीचे	राजपाल एण्ड संस, दिल्ली	1977
17.	नदी की बाँक पर छाया	राजपाल एण्ड संस, दिल्ली	1981
18.	सदानीरा (दो खण्डों में)	नेशनल पब्लिशिंग हाउस, दिल्ली	1984
19.	ऐसा कोई घर आपने देखा है।	नेशनल पब्लिशिंग हाउस, दिल्ली	1986
20.	मरुथल	प्रभात प्रकाशन, दिल्ली	1995

नाटक

1.	उत्तर प्रियदर्शी		1967

कहानी संग्रह

1.	विपथगा	भारती भण्डार, लीडर प्रेस, इलाहाबाद	1937

2. परम्परा	सरस्वती प्रेस, बनारस	1944
3. अमर बल्लरी और अन्य कहानियाँ	सरस्वती प्रेस, बनारस	
4. कड़ियाँ तथा अन्य कहानियाँ	सरस्वती प्रेस, बनारस	
5. कोठरी की बात	प्रतीक प्रकाशन, दिल्ली	1945
6. शरणार्थी	शारदा प्रकाशन, बनारस	1948
7. जयदोल	प्रगति प्रकाशन, नयी दिल्ली	1951
8. ये तेरे प्रतिरूप	राजपाल एण्ड संस, दिल्ली	1961
9. सम्पूर्ण कहानियाँ (दो खण्डों में)	राजपाल एण्ड संस, दिल्ली	1975

उपन्यास

1. शेखर : एक जीवनी खण्ड-1	सरस्वती प्रेस, बनारस	1941
शेखर : एक जीवनी खण्ड-2	सरस्वती प्रेस, बनारस	1944
2. नदी के द्वीप	सरस्वती प्रेस, बनारस	1951
(Trans. Island in the Stream)		1979
3. अपने-अपने अजनबी	भारतीय ज्ञानपीठ, काशी	1961
(Trans. To each his Stranger)		1967-82
4. बारह खम्भा – संयुक्त कृति दस अन्य लेखकों के संग एक प्रयोग		
5. छाया मेखल	प्रभात प्रकाशन, दिल्ली	
6. बीनू भगत	प्रभात प्रकाशन, दिल्ली	

डायरी/संस्मरण/यात्रा

1. भवन्ती	राजपाल एण्ड संस, दिल्ली (64-70)	1972
2. अन्तरा	राजपाल एण्ड संस, दिल्ली (70-74)	1975
3. शाश्वती	राजपाल एण्ड संस, दिल्ली (75-79)	1979

4. **शेषा**	प्रभात प्रकाशन, दिल्ली	
5. **अरे यायावर रहेगा याद**	सरस्वती प्रेस, बनारस	1953
6. **एक बूँद सहसा उछली**	भारतीय ज्ञानपीठ, दिल्ली	1960

निबन्ध/गद्य

1. **त्रिशंकु**	सरस्वती प्रेस, बनारस	1945
2. **सबरंग**		1946
3. **आत्मनेपद**	भारतीय ज्ञानपीठ, काशी	1960
4. **हिन्दी साहित्य : एक आधुनिक परिदृश्य**	अभिनव भारती ग्रन्थमाला, कोलकाता	1967
5. **सबरंग और कुछ राग**		1969
6. **आलवाल**	राजकमल, दिल्ली	1971
7. **लिखि कागद कोरे**	राजपाल एण्ड संस, दिल्ली	1972
8. **अद्यतन**	सरस्वती विहार, दिल्ली	1977
9. **जोग लिखी**	राजपाल एण्ड संस, दिल्ली	1977
10. **संवत्सर**	नेशनल पब्लिशिंग हाउस, दिल्ली	1978
11. **स्रोत और सेतु**	राजपाल एण्ड संस, दिल्ली	1978
12. **व्यक्ति और व्यवस्था**	नेशनल पब्लिशिंग हाउस, दिल्ली	1979
13. **अपरोक्ष**	सरस्वती विहार, दिल्ली	1979
14. **युग सन्धियों पर**	सरस्वती विहार, दिल्ली	1981
15. **धारा और किनारे**	सरस्वती विहार, दिल्ली	1982
16. **स्मृति लेखा**	नेशनल पब्लिशिंग हाउस, दिल्ली	1982
17. **कहाँ है द्वारका**	राजपाल एण्ड संस, दिल्ली	1982
18. **छाया का जंगल**	सरस्वती विहार, दिल्ली	1984
19. **अ सेंस आव टाइम**	ओ.यू.पी. दिल्ली	1981
20. **स्मृति छन्दा**	नेशनल पब्लिशिंग हाउस, दिल्ली	1989
21. **आत्मपरक**	नेशनल पब्लिशिंग हाउस, दिल्ली	1983
22. **केन्द्र और परिधि**	नेशनल पब्लिशिंग हाउस, दिल्ली	1884

अनुवाद

1. अंग्रेज़ी 'विजिर'स एलीफेण्ट' (इवो आंद्रिक) से 'वज़ीर का फ़ीला'

2. अंग्रेज़ी 'विवेकानन्द' (रोमां रोलां) से हिन्दी 'विवेकानन्द'
3. हिन्दी 'त्यागपत्र' (जैनेन्द्र कुमार) से अंग्रेज़ी 'द रेजिग्नेशन' 1946
4. बाङ्ला 'गोरा' (रवीन्द्रनाथ ठाकुर) से हिन्दी 'गोरा'
5. बाङ्ला 'राजा' (रवीन्द्रनाथ ठाकुर) से हिन्दी 'राजा'
6. लागरक्विस्त के तीन उपन्यासों का अंग्रेज़ी से हिन्दी अनुवाद
7. बाङ्ला 'श्रीकान' (शरतचन्द्र चट्टोपाध्याय) से हिन्दी 'श्रीकान्त'
8. लिंकन वाणी 1959

सम्पादित ग्रन्थ

1. होमवती स्मारक		
2. रूपाम्बरा	साहित्य सदन, काशी	1960
3. पुष्करिणी	साहित्य सदन, झाँसी	1959
4. तारसप्तक	प्र.सं. 1943, द्वितीय परिवर्द्धित संस्करण	1966
5. दूसरा सप्तक	प्रगति प्रकाशन, दिल्ली	1957
6. तीसरा सप्तक	भारतीय ज्ञानपीठ, काशी	1959
7. चौथा सप्तक	सरस्वती विहार, दिल्ली	1979
8. नेहरू बर्थ डे बुक		1951
9. बाद की पीढ़ियों के संग्रह	रघुवीर सहाय सर्वेश्वर दयाल सक्सेना अजित कुमार शान्ति मेहरोत्रा	
10. द इण्डियन पोएटिकट्रेडिशन	पं. विद्यानिवास मिश्र एवं लेनार्ड नाथन के साथ।	
11. सर्जन और सम्प्रेषण	नेशनल पब्लिशिंग हाउस, दिल्ली	1984
12. सामाजिक यथार्थ और कथा-दृष्टि	नेशनल पब्लिशिंग हाउस, दिल्ली	
13. साहित्य और समाज	नेशनल पब्लिशिंग हाउस, दिल्ली	
14. साहित्य और परिवेश	नेशनल पब्लिशिंग नाथनहाउस, दिल्ली	

15. समकालीन कविता छन्द	नेशनल पब्लिशिंग हाउस, दिल्ली	
16. भारतीय कला-दृष्टि	प्रभात प्रकाशन, दिल्ली	
17. जय जनक जानकी	प्रभात प्रकाशन, दिल्ली	
18. भागवत भूमि यात्रा	प्रभात प्रकाशन, दिल्ली	2010

❖❖❖